Redaktion: Kirsten Krause
Bildrecherche: Eireen Junge

Illustrationen:
Uta Bettzieche, Leipzig: S. 79, 80, 142–144, 175, 187, 195, 201, 202, 217, 222–230, 232–235
Thomas Binder, Leipzig: S. 82
Maja Bohn, Berlin: S. 109, 110, 112, 114, 116–118, 120, 121, 123–125, 127, 129, 139–141
Klaus Ensikat, Berlin: S. 131–134
Nils Fliegner, Hamburg: S. 206, 207, 209, 211–215, 241–243, 247, 248, 250–253, 255–258
Peter Menne, Potsdam: S. 36, 38–40, 42, 44, 49, 90, 92, 95, 96, 98, 101, 103, 105, 107, 163, 167, 168, 260, 262–264, 267, 268, 270, 271, 273, 274, 276, 277, 279, 290, 293
Juliane Steinbach, Wuppertal: S. 52, 53, 57–59, 61, 62, 64, 66, 68, 69, 149, 150
Detlef Surrey, Berlin: S. 135–136, 138

Umschlagfoto: Thomas Schulz, Teupitz
Gesamtgestaltung und technische Umsetzung: werkstatt für gebrauchsgrafik, Berlin

www.cornelsen.de

1. Auflage, 5. Druck 2019

Alle Drucke dieser Auflage sind inhaltlich unverändert und können im Unterricht nebeneinander verwendet werden.

Druck: Mohn Media Mohndruck, Gütersloh

ISBN 978-3-06-062404-1 (Schülerbuch)
ISBN 978-3-06-062539-0 (E-Book)

PEFC
PEFC/04-31-1033

PEFC zertifiziert
Dieses Produkt stammt aus nachhaltig bewirtschafteten Wäldern und kontrollierten Quellen.

www.pefc.de

Wortarten bestimmen

Einzelne Wörter kann man nach ihrer Wortart bestimmen, z. B.:

Satzglieder erkennen

Satzglieder sind Bausteine in einem Satz, z. B.:

Satzreihe und Satzgefüge

Nebensätze unterscheiden

Je nach Funktion im Satz unterscheidet man unterschiedliche Arten von Nebensätzen.

Zeichensetzung

Groß- oder Kleinschreibung?

Getrennt- oder Zusammenschreibung?

Gymnasium Rheinland-Pfalz

Deutschbuch

Sprach- und Lesebuch

7

Herausgegeben von
Bernd Schurf und Andrea Wagener

Erarbeitet von
Gerd Brenner, Ulrich Campe,
Dietrich Erlach, Ute Fenske,
Heinz Gierlich, Cordula Grunow,
Alexander Joist, Rolf Kauffeldt,
Markus Langner, Angela Mielke,
Deborah Mohr, Norbert Pabelick,
Christoph Schappert, Marlene Stahl-Busch
und Klaus Tetling

Cornelsen

Euer Deutschbuch auf einen Blick

Das Buch ist in **vier Kompetenzbereiche** aufgeteilt.
Ihr erkennt sie an den Farben:

- Sprechen – Zuhören – Schreiben
- Lesen – Umgang mit Texten und Medien
- Nachdenken über Sprache
- Arbeitstechniken

Jedes **Kapitel** besteht aus **drei Teilen** (Dreischritt):

1 Hauptkompetenzbereich
Hier wird das Thema des Kapitels erarbeitet, z. B. in Kapitel 1 „Berichten".

1.1 Soziale Netzwerke – Über Erfahrungen berichten

2 Verknüpfung mit einem zweiten Kompetenzbereich
Das Kapitelthema wird mit einem anderen Kompetenzbereich verbunden und vertiefend geübt.

1.2 Computerspiele – Berichte untersuchen

3 Klassenarbeitstraining oder Projekt
Hier trainiert ihr für eine mögliche Klassenarbeit oder einen Test (Fit in …).
Oder ihr erhaltet Anregungen für ein Projekt.

1.3 Fit in … – Berichten

Das **Orientierungswissen** findet ihr in den blauen Kästen mit den Bezeichnungen **Information** und **Methode**.

Auf den blauen Seiten am Ende des Buches (► S. 303–348) könnt ihr das gesamte Orientierungswissen aus allen Kapiteln noch einmal nachschlagen.

Die **Piktogramme** neben den Aufgaben bedeuten:

- Partnerarbeit
- Gruppenarbeit
- Arbeiten mit dem Computer
- 2 Zusatzaufgabe

Die Punkte sagen etwas über die Schwierigkeit einer Aufgabe:

- ●○○ Diese Aufgabe ist eher einfach.
- ●●○ Diese Aufgabe ist schon etwas kniffliger.
- ●●● Diese Aufgabe ist etwas für Profis.

Inhaltsverzeichnis

3 China – Beschreiben und erklären 51

Sprechen – Zuhören – Schreiben

Kompetenzschwerpunkt

in einem funktionalen Zusammenhang informieren und beschreiben (Personen, Bilder und Vorgänge adressatenbezogen und intentionsgemäß beschreiben), dabei Textstruktur, adressatenbezogenen Sprachgebrauch, sprachliche Mittel und Zeitform beachten, Schreibprozesse selbstständig gestalten (Ideenfindung, stilistische Varianten und Formulierungsentscheidungen erproben, Textüberarbeitung), Ergebnisse auswerten und dokumentieren (Portfolio)

4 Mit allen Sinnen – Schildern 73

Sprechen – Zuhören – Schreiben

Kompetenzschwerpunkt

Erzählvorgaben wirkungsbewusst gestalten, gestalterische Mittel des Erzählens planvoll und differenziert einsetzen (alltägliche Szenen schildern, Atmosphäre einfangen), Schreibprozesse selbstständig gestalten (Ideenfindung, stilistische Varianten und Formulierungsentscheidungen erproben, Textüberarbeitung), Texte verfremden und umgestalten (Reportagen schreiben, literarische Texte schildernd ausgestalten)

Lesen – Umgang mit Texten und Medien

Kompetenzschwerpunkt

5 „Nennt mich nicht Ismael!“ – Einen Jugendroman lesen und verstehen 89

fiktionale Texte (Jugendroman) erschließen und bewerten, Fragen zum Text und dessen Gestaltung beantworten (Thema, Problemgehalt, Konflikte, Handlungsführung, Figuren, Erzähler, sprachliche Bilder), Figuren beschreiben und charakterisieren, produktive Möglichkeiten der Auseinandersetzung mit literarischen Figuren nutzen, Texte verfremden und umgestalten

Lesen – Umgang mit Texten und Medien

Kompetenzschwerpunkt

6 Clevere Typen – Alte und neue Erzählungen 109

fiktionale Texte (Anekdoten, Kalendergeschichten) erschließen und bewerten, Merkmale der Gattung erkennen, Fragen zum Text und dessen Gestaltung beantworten (Thema, Konflikte, Handlungsführung, Figuren, Erzähler), Texte verfremden und umgestalten, literarische Texte strukturiert zusammenfassen (Inhaltsangabe schreiben, Aussagemodi und texttypische Konstituenten berücksichtigen)

Lesen – Umgang mit Texten und Medien

Kompetenzschwerpunkt

7 „Mit Erstaunen und mit Grauen" – Balladen verstehen und gestalten 131

fiktionale Texte (Balladen, Songs) erschließen und bewerten,
Merkmale der Gattung erkennen,
Zusammenhänge von Aussage, Formelementen und Sprache an unterschiedlichen Gedichten erfahren,
motivgleiche Balladen gegenüberstellen,
Texte verfremden und umgestalten (eine Ballade in ein Hörspiel umwandeln)

Lesen – Umgang mit Texten und Medien

Kompetenzschwerpunkt

8 „Träum weiter!“ – Theaterträume 153

fiktionale Texte (dramatische Texte) erschließen und bewerten,
Merkmale der Gattung erkennen,
sich mit den Figuren auseinandersetzen,
auf Grund gewonnener Spielerfahrungen die Textgrundlage abändern,
szenische Texte umgestalten und weiterschreiben (Entwurf einer Spielszene)

Lesen – Umgang mit Texten und Medien

Kompetenzschwerpunkt

9 Ausgefallene Sportarten – Sachtexte untersuchen 169

über Erschließungsmethoden und Arbeitstechniken des Textverstehens verfügen (Lesestrategien),
Sachtexten gezielt Informationen entnehmen und verschiedene Darbietungsformen unterscheiden und bewerten,
Skizzen, Bilder, Grafiken auswerten und deren Inhalt verbalisieren,
Texte strukturiert zusammenfassen (Inhaltsangabe),
zielgerichtet Informationen besorgen (recherchieren) und auswerten,
einen Sachverhalt mit eigenen Worten wiedergeben,
nach Stichpunkten sprechen,
ein Referat sinnvoll gliedern und möglichst frei vortragen

Lesen – Umgang mit Texten und Medien

Kompetenzschwerpunkt

10 Verlocken, verführen, verkaufen – Werbung untersuchen und gestalten 189

Texte audiovisueller Medien (Werbespots) im Hinblick auf ihre Intention untersuchen, Inhalte, Gestaltungs- und Wirkungsweisen reflektieren und bewerten,
Werbesprache untersuchen und beschreiben,
Werbetexte verfassen, die Aussageabsicht durch eine entsprechende Textstruktur und gezielte Wort- und Syntaxwahl verstärken,
Besonderheiten der Sprache des Films erfahren und beschreiben (Kameraeinstellung und -perspektive, Schnitt- und Montagetechnik),
ein Drehbuch für einen Werbespot verfassen

Sicherheit in der Erschließung und korrekten Anwendung von Wortbedeutungen gewinnen (Homonyme, Oberbegriff/Unterbegriff, Synonym/Antonym, umgangs-sprachliche und idiomatische Wendungen), Formen des metaphorischen Sprachgebrauchs verstehen, mit Fremdwörtern umgehen können, geeignete Hilfsmittel (Wörterbuch) nutzen, Sprachvarianten (Standard-, Umgangssprache, Jugendsprache) unterscheiden, empirisches Arbeiten üben (Lexikon der Jugendsprache)

verschiedene Wortarten kennen und sie sicher und funktional gebrauchen, Tempusformen und deren Funktionen beherrschen, Formen der Verbflexion kennen und korrekt bilden, Aktiv und Passiv unterscheiden, den funktionalen Wert erkennen und deuten, stilistische Varianten unterscheiden und ausprobieren (Ersatzformen für das Passiv), operationale Verfahren zur Ermittlung der Satz- und Textstruktur selbstständig anwenden (Passivprobe, Ersatzformen), Methoden der Textüberarbeitung anwenden

13

Nachdenken über Sprache

Kompetenzschwerpunkt

Grammatiktraining – Sätze und Satzglieder 237

Kenntnisse im Bereich der Syntax festigen, differenzieren und erweitern und sie zur Analyse und zum Schreiben von Texten nutzen (Satzglieder unterscheiden, Satzbauformen untersuchen, beschreiben und sie fachlich richtig bezeichnen), komplexe Satzgefüge bilden, Gliedsätze (Subjektsatz, Objektsatz, Adverbialsatz, Attributsatz) unterscheiden, Zeichensetzung in Satzgefügen und Satzreihen beherrschen, Methoden der Textüberarbeitung anwenden

14 Rechtschreibtraining – Übung macht den Meister 259

Kompetenzschwerpunkt

Groß- und Kleinschreibung sicher anwenden (Kennzeichen für die Nominalisierung von Verben und Adjektiven, Groß- und Kleinschreibung von Zeitangaben), Grundregeln der Zusammen- und Getrenntschreibung erkennen und anwenden, Zeichensetzung beherrschen (Satzreihe, Satzgefüge, Apposition, nachgestellte Erläuterung), Schreibungen mit Hilfe der Fehleranalyse kontrollieren und sie nach individuellen Fehlerschwerpunkten berichtigen (individuelle Fehlerwörter markieren und Fehlerursachen finden)

15

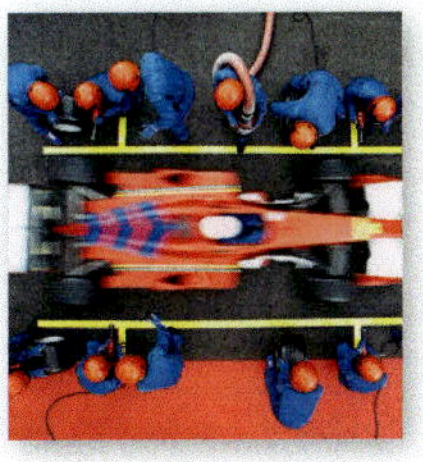

zielgerichtet Informationen besorgen und auswerten (in Büchern und anderen Medien recherchieren),
über Strategien und Techniken des Textverstehens verfügen,
einen Sachverhalt mit eigenen Worten wiedergeben,
nach Stichpunkten sprechen,
ein Referat sinnvoll gliedern,
möglichst frei vortragen und mediengestützt präsentieren (Bildschirmpräsentation, Handout),
interessengeleitet und strategisch schreiben (appellative Texte gestalten),
Methoden der Textüberarbeitung (Schreibkonferenz) anwenden

Orientierungswissen

1 Wer bin ich, wer will ich sein? – Informieren und berichten

1 **a** Tragt zusammen, was ihr über soziale Netzwerke im Internet wisst. Welche kennt ihr? Warum und wie häufig nutzt ihr sie?
b Beschreibt, welche Möglichkeiten man beim Erstellen eines eigenen Profils hat.

2 Berichtet von einem besonderen Erlebnis, das ihr im Zusammenhang mit einem sozialen Netzwerk hattet.

3 Besprecht gemeinsam, was einen guten Bericht ausmacht.

In diesem Kapitel ...

- berichtet ihr über eure Erfahrungen mit sozialen Netzwerken und Computerspielen,
- informiert ihr euch über die Möglichkeiten und die Gefahren bei der Selbstdarstellung in sozialen Netzwerken,
- untersucht und schreibt ihr Berichte.

1.1 Soziale Netzwerke – Über Erfahrungen berichten

Mein Profil im Netz – Über sich informieren

mybook 1 2 6 Suche

Freunde (596)

Than-Cong Vui

Patricia Morau

Julia Müller

Sven Bender

Michael Süß

Francesca Pisu

Lisa Schmidt

Geht hier zur Schule: Erich-Kästner-Gymnasium
Wohnt in: Düsseldorf Geburtstag: 1. Mai 2001

Kontaktinformationen:

Lange Straße 77 45678 Düsseldorf, Germany
Mail: lisaschmidt@xy.de Handy: 0123-897...

Schule

Ich bin: Lehrerschreck
Lieblingsfach: Schule *gähn*
Hassfach: Erdkunde
Nebenjob: Arbeiten? Ist doch voll doof!
Was ich mache: Schlafen, fernsehen, abhängen und so.

Persönliches

Auf der Suche nach: netten Leuten, Freunden, Partys, was sich so ergibt ...
Politische Richtung: unpolitisch
Hobbys: Fernsehen, Computerspiele, Schlafen, Shoppen
Lieblingsmusik: Lady Gaga, Seeed, Hip-Hop
Lieblingsfilme: Avatar, Fluch der Karibik, Twilight
Was ich mag: Partys, Ferien, meine Freundinnen, süße Jungs
Was ich nicht mag: Schule, Hausaufgaben
Über mich selbst: Ich bin nicht kompliziert, ich bin eine Herausforderung!

Gruppen

Abschreiben? Wir nennen das Teamwork
Partyteufel
Guten Morgen ^^^^ Halt die Fresse!!!!

1
a Schaut euch das Profil von Lisa Schmidt an.
b Fasst zusammen, welche Informationen ihr über Lisa erhaltet.
c Beschreibt mit Hilfe des Wortspeichers, welchen Eindruck ihr von Lisa habt. Begründet eure Einschätzung anhand der Angaben aus dem Profil.

bescheiden • faul • interessant • ernst • kontaktfreudig • schüchtern • fleißig • selbstbewusst • klug • engagiert • langweilig • dumm • unkritisch • leichtsinnig • sportlich • unsportlich

2 a Überlegt, welches Bild ein Außenstehender, z. B. ein Lehrer, von Lisa bekommt, wenn er Lisas Netzwerk-Profil sieht.
b *Dein Profil im Netzwerk – Du bist, was du preisgibst.* Diskutiert über diese Aussage.
c Nennt Dinge, die Lisa in ihrem Profil ändern sollte. Begründet, warum.

3 Was gebt ihr in einem sozialen Netzwerk von euch preis?
a Notiert in einer Tabelle, welche Angaben ihr in euer Profil aufnehmen möchtet und wer welche Informationen sehen darf.

Sichtbar für ...	niemanden	Freunde	jeden
Meine Adresse	*X*		
Meine Handynummer			
Mein Profilbild			
Welche Musik ich gerne höre			
...			

b Tragt in einem Steckbrief zusammen, welche Angaben ihr in eurem Profil machen würdet. Überlegt dabei auch, wie diese Eintragungen auf andere wirken, z. B.:
- *Hobbys: Klettern, Fußball spielen, Freunde treffen → wirkt sportlich und unternehmungslustig*
- *Lieblingsfilme: ...*

c Stellt euch eure Ergebnisse vor und diskutiert eure Einschätzungen.

4 Tauscht euch in der Klasse aus:
– Wie geht ihr mit Freundschaftsanfragen, z. B. von unbekannten Personen, um? Welche Empfehlungen könnt ihr geben?
– Wie könnt ihr euer Profil schützen, sodass eure Angaben nur für eure Freunde oder gar nicht sichtbar sind?
– Welche Regeln für einen respektvollen und fairen Umgang im Netzwerk kennt ihr?

Methode **Ein Profil in einem sozialen Netzwerk erstellen**

- Gebt in eurem Profil auf keinen Fall **private Daten** wie eure Adresse, eure Telefonnummer und eure Passwörter an.
- Legt nach der Anmeldung in den **persönlichen Einstellungen** fest, welche Informationen unsichtbar sein sollen und welche Angaben nur Freunde sehen sollen.
  TIPP: Mit der Profilvorschau könnt ihr jederzeit einsehen, wie euer Profil mit den persönlichen Einstellungen für andere aussieht.
- Bedenkt genau, welche Wirkung Informationen, Statusmeldungen, Kommentare oder Fotos auf andere haben. Wenn auf den **Fotos** außer euch noch andere Personen zu sehen sind, müsst ihr sie vorher um Erlaubnis fragen.
- Wenn ihr **Freundschaftsanfragen** bestätigt oder Einladungen an andere versendet, solltet ihr bedenken, dass diejenigen alles sehen können, was ihr in eurem Profil veröffentlicht.
  Bestätigt auf jeden Fall **nur Freundschaftsanfragen von Personen, die ihr wirklich kennt,** und trefft euch nicht mit fremden Personen.

Der Pillow Fight Day – Von einem Ereignis berichten

Martin wurde über das Internet auf den „Pillow Fight Day“ aufmerksam. Er war bei dieser Kissenschlacht in Köln dabei und will nun in der Schülerzeitung über dieses Ereignis berichten. Im Folgenden findet ihr den Aufruf aus einem sozialen Netzwerk und Martins Notizen.

Kissenschlacht auf der Domplatte!

Bringt euer Kissen mit!

4. April, Start: 16 Uhr

Am Samstag ist *Pillow Fight Day* (Kissenschlacht-Tag).
Weltweit treffen sich in über 80 Städten Menschen, um an einer Kissenschlacht teilzunehmen.
Köln ist auch dieses Jahr wieder dabei.
Der *International Pillow Fight Day* macht die Welt für ein paar Minuten zu einem gemeinschaftlichen Spielplatz und alle, die in den letzten Jahren dabei waren, können sicherlich bestätigen: Diese Kissenschlacht macht einfach Spaß!

Ein paar Grundregeln gilt es allerdings zu beachten:
- Nur weiche Kissen schwingen und diese mit nicht allzu viel Elan.
- Jeder nimmt sein Kissen wieder mit nach Hause.
- Steckt eure Brillen weg!
- Alle helfen nach der Kissenschlacht auch beim Aufräumen.
- Wartet, bis ihr um 16 Uhr das Startsignal hört!

Chill-out: Nach der Schlacht könnt ihr am Rheinufer mit euren Kissen ein Nickerchen halten.

Weitere Infos unter: **www.pillowfightday.com**

- schriller Pfiff als Startschuss
- mindestens 1000 Menschen, überwiegend Jugendliche
- wird morgen sicher in allen Kölner Zeitungen zu lesen sein
- krasse Kissenschlacht, megacool, hat Spaß gemacht
- voll viele Menschen und Kissen
- Domplatte war voll mit Federn
- nach ca. 15 Minuten war plötzlich alles wieder vorbei
- habe während der Kissenschlacht mein Handy verloren
- Passanten gerieten zufällig in die Kissenschlacht, ergriffen die Flucht, Touristen betrachteten verwundert das Chaos

1 a Lest den Aufruf und die Notizen von Martin zum „Pillow Fight Day".
b Erklärt, was der „Pillow Fight Day" ist und was ihr über die Kissenschlacht am Kölner Dom erfahrt.

2 Plant für eure Schülerzeitung einen Bericht über die Kissenschlacht auf der Domplatte.
a Überlegt, welche Informationen ihr für diesen Bericht verwenden könnt und welche nicht. Begründet eure Meinung.
b Sucht aus den Notizen von Seite 18 die wichtigsten Informationen für euren Bericht heraus und bringt sie in die richtige Reihenfolge. Übertragt dazu die folgende Tabelle in euer Heft.

W-Fragen	Informationen
Was?	*Kissenschlacht*
Wann?	...
Wo?	*Kölner ...*
Wer?	...
Wie und warum? (Verlauf des Geschehens)	*Pillow Fight Day ...*
Welche Folgen? (Ausblick)	...

3 a Der Anfang dieses Berichts ist nicht sachlich genug verfasst. Überarbeitet den Bericht, indem ihr unsachliche oder umgangssprachliche Wendungen umformuliert oder weglasst.

VORSICHT FEHLER!

Am 4. April gab's um 16 Uhr auf der Kölner Domplatte eine megacoole Kissenschlacht. Ungefähr 1000 Personen, überwiegend Jugendliche, sausten zu einer riesigen Kissenschlacht. Anlass dieser Aktion war der Pillow Fight Day (Kissenschlacht-Tag), der auf der ganzen Welt in 80 Städten abgefeiert wird. Verschiedene Gruppen in sozialen Netzwerken hatten zu dieser weltweiten Kissenschlacht die Leute zusammengetrommelt. Nachdem ein schriller Pfiff den Startschuss gegeben hatte, startete die krasse Aktion. Die ganze Meute hämmerte mit Kissen, die sie von zu Hause mitgeholt hatten, aufeinander ein. Zuerst sah man nur voll viele Menschen und Kissen, wenig später war die Domplatte total voll mit Federn.

b Umkreist in eurem Text die Wörter und Wendungen, die die Reihenfolge der Ereignisse deutlich machen (z. B. *zuerst, dann, später*).

4 Untersucht den Tempusgebrauch in euren überarbeiteten Berichten. Geht so vor:

a Unterstreicht in euren Texten die Verbformen im Präteritum einfach und die im Plusquamperfekt doppelt.

b Erklärt, wann man das Präteritum und wann man das Plusquamperfekt verwendet.

c Setzt die folgenden Sätze in das richtige Tempus und schreibt sie in euer Heft:

- *Passanten, die zufällig in die Kissenschlacht geraten, ergreifen die Flucht.*
- *Nach etwa 15 Minunten ist die Kissenschlacht beendet.*
- *Nachdem die Kissenschlacht beendet ist, legen sich viele Teilnehmer auf die Wiese am Rhein.*

5 Verfasst nun auf Grundlage eures Schreibplans (▶ S.19, Aufgabe 2) einen eigenen Bericht über die Kissenschlacht in Köln. Schreibt sachlich, macht die Reihenfolge der Ereignisse deutlich und achtet auf den richtigen Tempusgebrauch.

6 Die Überschrift eines Berichts sollte knapp, sachlich und informativ sein. Begründet, welche der folgenden Überschriften für euren Bericht geeignet wäre.

Die Kissenschlacht in Köln • ~~Federn rund um den Kölner Dom~~ • ~~1000 verrückte Kölner~~ •
Das Kissenchaos • Kissenschlacht auf der Domplatte • ~~Ein aufregendes Erlebnis~~

Information **Einen Bericht verfassen**

Ein Bericht **informiert knapp und genau** über ein vergangenes Ereignis. Er beschränkt sich auf die **wesentlichen Informationen** und beantwortet die **W-Fragen.**

Aufbau:
- In der **Einleitung** informiert ihr knapp darüber, worum es geht. (Was ist geschehen? Wann geschah es? Wo geschah es? Wer war beteiligt?)
- Im **Hauptteil** stellt ihr den Ablauf der Ereignisse in der zeitlich richtigen Reihenfolge dar. (Wie lief das Ereignis ab? Warum?)
- Im **Schlussteil** nennt ihr die Folgen des Ereignisses (Welche Folgen?) oder gebt einen Ausblick.
- Findet eine knappe und treffende **Überschrift,** die das Ereignis genau benennt.

Sprache:
- Schreibt **sachlich und nüchtern.** Vermeidet erzählende Ausschmückungen, Umgangssprache oder Vermutungen.
- Verwendet als Tempus das **Präteritum** *(startete, begann)*. Verwendet das Plusquamperfekt, wenn etwas vorher passiert ist, z. B.: *Nachdem ein Pfiff den Startschuss gegeben hatte, begann die Kissenschlacht.*
- Macht die **Reihenfolge der Ereignisse** deutlich, z. B.: *Als Erstes ..., Zuerst ..., Anschließend ..., Danach ..., Später ..., Zum Schluss ...*
- Verdeutlicht die Zusammenhänge, indem ihr die Sätze durch **treffende Verknüpfungswörter** verbindet, z. B.: *weil, und, obwohl, sodass, da, aber, jedoch, denn.*

TIPP: Überlegt, zu welchem **Zweck** ihr den Bericht schreibt. Wenn ihr z. B. einen Unfallbericht für die Polizei schreibt, beschränkt ihr euch auf die nötigsten Informationen. Schreibt ihr einen Bericht für die Schülerzeitung, könnt ihr auch eure persönliche Meinung wiedergeben.

Ein falscher Klick – Einen kritischen Bericht verfassen

M. Bittner, L. Gehrmann

Interview mit Thessa (16): „Ich hab die Schnauze voll von Facebook“

Hamburg, 7. 6. 2011 – Bis vor einer Woche war die Hamburger Schülerin Thessa K. (16) ein ganz normales Mädchen, das Cello spielt, gern shoppen geht und mit Freunden Kaffee trinkt. Dann postete sie die Einladung zu ihrem 16. Geburtstag auf Facebook und lud aus Versehen nicht nur ihre Freunde, sondern die ganze Online-Welt ein. 1500 Partygäste stürmten vergangenen Freitag (3. 6. 2011) die kleine Wohnstraße im Hamburger Stadtteil Bramfeld.

BILD.de: Wie hattest du deinen Geburtstag ursprünglich geplant?

Thessa: Eine Woche vor meinem 16. Geburtstag wollte ich 15 Freunde einladen, die jeweils jemanden mitbringen durften. Meine Eltern wussten das, haben es erlaubt. Am Freitag wollte ich die Einladung über Facebook noch einmal offiziell machen. Aber es sollte nur für meine engen Freunde sein.

BILD.de: Was passierte dann?

Thessa: Als ich am Montag darauf zur Schule gekommen bin, war noch alles normal. Aber in der letzten Stunde bekam ich eine SMS von einem Freund. Er schrieb mir, dass sich 3000 Leute angemeldet hätten, und fragte mich, ob das so gewollt ist.

BILD.de: Wie hast du reagiert?

Thessa: Noch am Montag hat ein Freund für mich mein Facebook-Profil gelöscht. Er hatte meine Login-Daten. Da war schon klar, dass es die Party nicht geben wird. Meine Eltern haben die Polizei informiert.

BILD.de: Wie hast du deinen Geburtstag verbracht?

Thessa: Am Freitagmorgen gegen zehn Uhr hat mein Freund mich mit dem Auto zu meiner Oma nach Schleswig-Holstein gefahren. Wir haben dort auf dem Sofa gesessen und Fußball im Fernsehen geguckt.

BILD.de: Hast du mitbekommen, was an dem Abend vor deiner Haustür los war?

Thessa: Ja, alle halbe Stunde haben meine Freunde und meine Eltern mich angerufen, was vor der Haustür passiert. Sie meinten, es sei total krass, man könne es sich nicht vorstellen und ich solle froh sein, dass ich nicht hier sei. Sie würden sonst die Zäune einrennen. Mir wurde später auch erzählt, dass die Situation immer aggressiver wurde: Flaschen splitterten und Polizeihunde wurden eingesetzt. Da wurde mir richtig mulmig. Das hatte ich nicht erwartet. Ich dachte, dass bestimmt nur ein paar Schaulustige kommen würden. Ich war total geschockt.

BILD.de: Wann bist du nach Hause zurückgekommen?

Thessa: Am Sonnabend gegen elf Uhr. Da war schon alles sauber. Ich musste zu den Nachbarn gehen und mich entschuldigen. Das wollten meine Eltern. Es war ein schlechtes Gefühl. Aber ich musste es ja tun, denn alles war ja meine Schuld. Es tut mir leid, dass sogar Menschen verletzt worden sind. Ich war erleichtert, dass mir dann aber niemand wirklich böse war.

BILD.de: Was war die schlimmste Reaktion auf die Party?
Thessa: In der Schule haben sich die anderen darüber lustig gemacht und blöde Kommentare gemacht. Sie haben zum Beispiel gefragt, wie man so blöd sein könne.
BILD.de: Wie lange bist du schon bei Facebook?
Thessa: Ich habe ein Facebook-Profil, seit ich 13 Jahre alt bin. Dort hatte ich ungefähr 600 Facebook-Freunde.
BILD.de: Und jetzt?
Thessa: Ich bin erst mal gar nicht mehr bei Facebook. Ich habe die Schnauze voll! Ich vermisse es auch nicht, habe gemerkt, dass ich es gar nicht brauche. Echte Freunde melden sich per SMS oder Telefon.

1 a Erklärt, was Thessa bei ihrer Facebook-Einladung falsch gemacht hat.
b Habt ihr in sozialen Netzwerken auch schon einmal etwas getan, was ihr bereut habt, z. B. zu viele Informationen bei eurer Selbstdarstellung preisgegeben oder jemanden beleidigt? Berichtet euch gegenseitig davon.

2 a Beschreibt, was für ein Bild die Nachbarn und Mitschüler/-innen von Thessa wohl bekommen haben.
b „In der Schule haben sich die anderen darüber lustig gemacht und blöde Kommentare gemacht" (▶ Z. 67–69). Überlegt: Was würdet ihr Thessa raten? Wie sollte sie sich verhalten?

3 Plant einen sachlichen Zeitungsbericht über Thessas Erlebnis.
Geht so vor:
a Nennt Beispiele aus dem Text, die ihr in einen sachlichen Bericht nicht aufnehmen oder umformulieren würdet.
b Sucht aus dem Interview die wichtigsten Informationen für euren Bericht heraus. Legt dazu einen Schreibplan nach dem Muster auf Seite 19 an.
c Verbindet die folgenden Sätze durch treffende Konjunktionen, sodass der Zusammenhang deutlich wird. Verwendet dabei das richtige Tempus.

Konjunktionen
weil • nachdem • obwohl • sodass • da • aber • denn

Thessa lud versehentlich die ganze Online-Welt ein.
1500 Gäste kamen zu ihrer Party.

Die Polizei wurde von Thessas Eltern verständigt.
Die Polizei konnte nicht verhindern, dass die Partygäste aggressiv wurden.

Thessa verbrachte ihren Geburtstag bei ihrer Oma.
Sie wollte die Menschenmassen durch ihre Anwesenheit nicht zusätzlich provozieren.

4 Verfasst nun einen Bericht für die Zeitung. Achtet auf eine sachliche Sprache, passende Verknüpfungswörter und das richtige Tempus. Vergesst die Überschrift nicht.

5 Überarbeitet eure Berichte in einer Schreibkonferenz (▶ S. 343).
Erstellt zuerst eine Checkliste zum Berichten.
Der Merkkasten (▶ S. 20) hilft euch dabei.

Checkliste zum Berichten
– Beantwortet der Bericht die W-Fragen?
– …

Testet euch!

Berichten

1 Welche Aussagen zum Thema „Berichten" stimmen, welche nicht?

a Schreibt den Text mit den richtigen Aussagen in euer Heft.

- Ein Bericht informiert über ein vergangenes Ereignis/einen Vorgang/ein zukünftiges Ereignis.
- In einem Bericht wird die Spannung schrittweise gesteigert/werden die W-Fragen beantwortet/werden verschiedene Argumente angeführt.
- Die Abfolge der Ereignisse in einem Bericht kann nach Belieben gewählt werden/entspricht der tatsächlichen Reihenfolge der Ereignisse/sollte mit dem wichtigsten Ereignis beginnen.
- Ein Bericht schildert vor allem die Gefühle des Berichtenden/enthält Vermutungen/beschränkt sich auf die wichtigsten Informationen.
- Die Überschrift eines Berichts wirft eine Frage auf/ist knapp, sachlich und informativ/weckt die Neugierde der Leser.
- Bei der Sprache sollte man auf Sachlichkeit/anschauliche Adjektive/Spannungsmelder achten.
- Als Tempus wird in der Regel das Präsens/Präteritum/Perfekt verwendet.

b Vergleicht eure Ergebnisse in Partnerarbeit.

2 Der folgende Bericht für die Website des Erich-Kästner-Gymnasiums ist nicht gelungen.

a Überarbeitet den Bericht und schreibt eine verbesserte Fassung in euer Heft.

b Überprüft gemeinsam mit eurem Lernpartner oder eurer Lernpartnerin eure Berichte.

VORSICHT FEHLER!

Letztens gab's am Erich-Kästner-Gymnasium einen Projekttag zum Thema „Jnternet-Mobbing". Alle Schülerinnen und Schüler der Jahrgangsstufen 7 und 8 kamen dahin. Die Schulleitung und die SV haben sich für diese Veranstaltung entschieden. Es sind nämlich vorher einige Schüler im Netz gedisst worden. Wir hörten alle in der Aula den Vortrag eines voll guten Experten. Der sagte uns was über Jnternet-Mobbing. Die häufigsten Arten von Jnternet-Mobbing sind das Verbreiten von Gerüchten oder das Hochladen peinlicher Fotos oder Videos. Wir machten nach dem Vortrag in kleineren Gruppen Jnformationsplakate zu verschiedenen Themen wie „Motive der Täter", „Situation der Opfer", „Auf Jnternet-Mobbing reagieren" oder „Umgang mit privaten Jnformationen in sozialen Netzwerken". Nachdem wir uns in den Gruppen abgerackert haben, wurden die Plakate im Foyer der Schule aufgehängt. Der Projekttag fand übrigens am 24. Mai statt.
Der Projekttag war supi und wird im nächsten Jahr wieder gemacht.

1.2 Computerspiele – Berichte untersuchen

Die Sims Social auf Facebook

Der Spielehersteller *Electronic Arts (EA)* gab auf der *Electronic Entertainment Expo 2011* in Los Angeles bekannt, sein weltweit erfolgreiches PC-Spiel *Die Sims* auf Facebook laufen zu lassen.

Schon 2002 hatten die Macher des Spiels versucht, *Die Sims* als Online-Spiel zu vermarkten. Damals waren sie allerdings gescheitert: Am 31. Juli 2008 schloss *Electronic Arts* die Pforten der Online-Welt, die trotz des riesigen Erfolgs der PC-Version immer mit niedrigen Nutzerzahlen zu kämpfen hatte. Offenbar war die Fangemeinde der *Sims* nicht zum Abschluss teurer Abonnements bereit.

Jetzt soll endlich auch online der Durchbruch gelingen. Mit *Die Sims Social* hält eine der erfolgreichsten Spielreihen der Welt Einzug auf Facebook und stößt damit in das größte soziale Netzwerk der Welt vor. Das Neue an diesem Spiel, das laut Spielehersteller weltweit in fünf Sprachen auf Facebook verfügbar sein soll: Die Spieler können mit ihren Facebook-Freunden zusammen spielen. Die Idee dahinter: *Die Sims Social* erscheint als Facebook-Spiel und kostet die Spieler im Grunde kein Geld. Dafür übernehmen die Spieler die Werbung, indem sie ihre vernetzten Freunde ins Spiel locken. Bei 500 Millionen Facebook-Nutzern ein lohnendes Geschäft.

Schon die diversen Offline-Versionen der *Sims* sorgten für reichlich Faszination bei den Computerspielern. Mit mehr als 140 Millionen verkauften Spielen innerhalb von elf Jahren gehört es zu den meistverkauften Computerspielen aller Zeiten. Mit der Software konnte man das Leben simulieren. Man erschuf eine Spielfigur, einen computergenerierten Menschen, den man ganz nach seinen eigenen Vorstellungen kleidete, frisierte und mit bestimmten Charaktereigenschaften ausstattete. Mit diesem Sim ließ sich dann in der künstlichen Spielwelt das Leben spielen. Inhaltlich lehnte sich der Spielverlauf stark an das Leben in einer etwas spießigen Vorstadt an: Das wesentliche Ziel eines Sim bestand darin, ein Haus zu bauen und es einzurichten, Freundschaften zu pflegen und die eigene Karriere voranzutreiben. Ein Großteil der weiblichen Fans schätzte am Spiel vor allem die Möglichkeit, sich in den Hütten und Palästen als Innenarchitektinnen auszutoben. Nirgendwo sonst ließ sich ein Tapetenwechsel oder eine Badrenovierung schneller durchführen, nie musste man sich mit unzuverlässigen Handwerkern herumärgern. Schließlich konnte man mit einem Sim des anderen Geschlechts eine Familie gründen.

Das alles klappte jedoch nur, wenn der eigene Sim den „richtigen“ Charakter aufwies und sich in der Spielwelt erfolgreich bewährte. Flirtfaule Loser hatten es naturgemäß schwerer, sich millionenteure Villen und schicke Modelfreundinnen zuzulegen. Dafür war das

Leben der weniger angepassten Sims meist interessanter, denn sie konnten in lustige Missgeschicke stolpern.

Für all diese Entwicklungsmöglichkeiten in der virtuellen Sims-Welt waren die Spielfiguren von den Programmierern mit einer künstlichen Intelligenz ausgestattet worden. So konnten die programmierten Figuren auf die Aktionen des menschlichen Spielers reagieren, indem sie z. B. auf einen Flirtversuch eingingen oder nicht. Im Grunde hatte man also nur einen direkten Einfluss auf den eigenen Sim. Die übrigen Figuren, ihr Verhalten und die gesamte Umgebung steuerte das Programm.

Laut *EA* soll mit *Die Sims Social* jetzt noch mehr Lebensnähe ins Spiel kommen. Das fängt schon bei den Finanzen an: Wer sich schnell chic ausstaffieren will, braucht Sim-Cash und muss hierfür – wie im wirklichen Leben – mit echtem Geld bei den Spielemachern bezahlen. Die kleinste Einheit der virtuellen Währung, die mit dem Handy bezahlt werden kann, sind acht Sim-Cash und die kosten 0,99 Euro. Zudem ermöglicht die neue Version des Online-Spiels eine Verknüpfung der Sims unter Facebook-Freunden. Der eigene Sim kann zum Beispiel die Sims der Freunde besuchen, ihnen im Haus helfen oder ihnen fiese Streiche spielen, indem er einen Fisch im Bett versteckt. Man entscheidet also, ob man mit den Sims der Facebook-Freunde befreundet oder verfeindet sein will, ob man mit ihnen zusammen eine Party feiern oder eine Band gründen möchte oder nicht. Die Produzenten des Spiels drückten es auf der Pressekonferenz so aus: „*Die Sims Social* sind jetzt genauso unvorhersehbar wie das Leben."

1 a Lest den Artikel aus einer Computerzeitschrift und fasst dann zusammen, über welches Ereignis berichtet wird. Beantwortet dabei die folgenden W-Fragen: Was? Wer? Wann? Wo?

b Habt ihr das Computerspiel *Die Sims* schon einmal gespielt oder davon gehört? Berichtet davon.

2 Erklärt, was die folgenden Wörter und Wendungen im Text bedeuten. Lest hierzu noch einmal genau im Text nach.

> Online-Welt (▶ Z. 10) • Abonnements (▶ Z. 14) • diversen (▶ Z. 30) • Offline-Versionen der *Sims* (▶ Z. 30) • simulieren (▶ Z. 36) • computergenerierten (▶ Z. 37) • spießig (▶ Z. 44) • virtuellen Sims-Welt (▶ Z. 68) • künstlichen Intelligenz (▶ Z. 69–70)

3 a In dem Artikel heißt es, dass man mit den Sims „das Leben simulieren" kann (▶ Z. 36). Erklärt genau, was damit gemeint ist.

b „Laut *EA* soll mit *Die Sims Social* noch mehr Lebensnähe ins Spiel kommen" (▶ Z. 79–80). Besprecht, wie diese „Lebensnähe" aussieht. Welche Probleme könnten hierbei entstehen?

4 a „Das wesentliche Ziel eines Sim besteht darin, ein Haus zu bauen und es einzurichten, Freundschaften zu pflegen und die eigene Karriere voranzutreiben“ (Z. 44–48). Findet ihr diese Ziele interessant oder erstrebenswert? Welche Ziele habt ihr in eurem Leben?
b Begründet, was genau ihr an dem Spiel „Die Sims“ bzw. „Die Sims Social“ reizvoll findet und was euch weniger gefällt.

5 a Lest die Informationen im Merkkasten unten.
b Nennt Textabschnitte, in denen über die Hintergründe des Ereignisses informiert wird. Besprecht, welchen Zweck diese Zusatzinformationen in dem vorliegenden Artikel haben.

6 Mit dem Computerspiel „Die Sims“ bzw. „Die Sims Social“ kann man in die Rolle eines selbst erschaffenen Sim schlüpfen. Beschreibt, was für eine Sim-Figur ihr gerne entwickeln würdet.

7 Für einen Sim kann man aus einer Liste fünf Persönlichkeitsmerkmale auswählen.
a Wählt aus der Liste unten fünf Merkmale aus, die ihr eurem Sim gerne zuweisen würdet. Begründet eure Auswahl.
b Überlegt, ob die Merkmale eurem Sim beim Erreichen des Spielziels dienlich sein können.
c Vergleicht und erläutert die Merkmale eurer Sim-Figuren: Habt ihr einen Sim erschaffen, der euch sehr ähnelt, oder seid ihr in eine völlig neue Rolle geschlüpft?

Draufgänger/-in • ehrgeizig • familienbewusst • genügsam • hasst die Natur • Hitzkopf • kindisch • liebt die Natur • Perfektionist/-in • überemotional • Vegetarier/-in • begeistert • Bücherwurm • Computerfreak • geistesabwesend • Genie • geschickt • grüner Daumen • scharfsinnig • künstlerisch • flirtfaul • athletisch • Chaot • Feigling • Glückspilz • ordentlich • Pechvogel • Schlafmütze • Stubenhocker/-in • tapfer • tollpatschig • zugeknöpft • Einzelgänger/-in • Sinn für Humor • freundlich • romantisch • jähzornig • kein Sinn für Humor • kokett • Loser • mürrisch • Partylöwe • umweltbewusst

Information **Der Hintergrundbericht**

In Zeitungen findet man häufig Hintergrundberichte, in denen **ausführlicher über Sachverhalte informiert** wird. Der Hintergrundbericht geht von einem Ereignis aus und beantwortet W-Fragen. Darüber hinaus informiert er auch über die Hintergründe des Ereignisses. Durch diese zusätzlichen Informationen, die meist im Präsens verfasst sind, wird das Ereignis in einen größeren Zusammenhang eingeordnet. Dadurch erhalten die Leserinnen und Leser ein umfassenderes Bild.

Aktionstag „Computerspiele“ am Friedrich-Schiller-Gymnasium

Immer mehr Eltern machen sich Sorgen, wenn sie ihren Nachwuchs am Computer spielen sehen. Sie fürchten, dass der digitale Spielspaß einen negativen Einfluss auf ihre Kinder ausübt oder dass diese sogar eine Spielsucht entwickeln. Wann wird jedoch der Umgang mit dem Computer wirklich problematisch?

Um dieser Frage nachzugehen, fand am 12. März am Friedrich-Schiller-Gymnasium ein Aktionstag zum Thema „Computerspiele“ statt.

Im Laufe des Vormittags nahmen Schülerinnen und Schüler der siebten Klassenstufen Computer-, Konsolen- und Online-Spiele genauer unter die Lupe. In Gruppen von vier bis sechs Personen wurden insgesamt neun Spiele getestet und vorgestellt. Jede Gruppe konzentrierte sich auf ein Spiel, das mit Hilfe eines Fragebogens genauer untersucht und bewertet wurde. Kriterien wie Spielspaß, Grafik, Sound und Steuerung wurden beurteilt, aber auch das Spielverhalten der Testpersonen wurde beobachtet.

Im folgenden Plenum, zu dem sich alle Schülerinnen und Schüler zusammensetzten, wurden die Ergebnisse der Gruppenarbeit vorgestellt. Es entwickelte sich ein offenes Gesprächsklima, bei dem auch das Thema „exzessives Spielen“ diskutiert wurde.

Nach der Mittagspause gab der Erfahrungsbericht eines 24-Jährigen, der sich selbst als ehemaligen „PC-Junkie“ bezeichnete, einen Einblick in das Thema „Spielsucht“. Er berichtete, dass er ein wahrer Meister im Rollenspiel *World of Warcraft* war. Hier kreierte er über einen langen Zeitraum hinweg einen so genannten Avatar, ein virtuelles Ich, und konkurrierte oder paktierte im Netz mit anderen Spielern. Er kämpfte gegen böse Bosse, legte sich Reittiere, Gold und immer neue Waffen zu. Er schuf ein immer mächtigeres und erfolgreicheres virtuelles Ich, indem er immer länger und geschickter spielte. Im echten Leben liefen die Dinge für ihn nicht so gut: Er vernachlässigte seine Freunde, ging nur noch unregelmäßig zur Schule und hatte deutliches Untergewicht, weil er vor dem Bildschirm immer wieder vergessen hatte zu essen. Auf dem Höhepunkt seiner Karriere als „PC-Junkie“ hatte er über einen Zeitraum von zwei Jahren 300 Tage (in Stunden zusammengerechnet) am PC gesessen. Hilfe aus der Sucht fand er in einer Beratungsstelle für Computerspiel- und Internet-Abhängige. Hier stieß er auf Experten, die sich mit dem Thema „Spielsucht“ genauestens auskannten und vor allem nicht der Meinung waren, dass Computerspiele an sich etwas Schlechtes sind. Falsch sei übrigens auch zu glauben, dass Computerspieler abgestumpfte Leute seien, so der junge Mann, denn bei den meisten Computerspielen gehe es vor allem um taktisch intelligentes Vorgehen.

Unter großer Beteiligung der Schülerinnen und Schüler wurden am Nachmittag unter der Leitung der Kinder- und Jugendtherapeutin Birgit Volk Merkmale von exzessivem Spielverhalten gesammelt und praktische Hilfestellungen hierzu gegeben. Nach Ansicht der Expertin entfaltet *World of Warcraft* von allen Online-Rollenspielen das größte Suchtpotenzial. Je mehr Zeit ein Spieler in seinen Charakter investiere, desto wertvoller werde die Figur, sodass das Aufhören zunehmend schwererfalle. Verstärkt werde die Suchtgefahr auch durch das Glücksgefühl, das die Spieler erleben, wenn sie schwierige Gegner besiegen oder weitere Stufen im Spiel aufsteigen. Ebenso verhindere der Gruppendruck in den Gilden, zu denen sich mehrere Spieler zusammenschließen, dass sich Mitglieder für längere Zeit vom Spiel abmelden.

Zu der abendlichen Informationsveranstaltung waren auch die Eltern der Schülerinnen und Schüler eingeladen. Damit auch die Erwachsenen einen Einblick in die Welt der Computerspiele gewinnen, wurden die am Vormittag getesteten Spiele vorgestellt und zusammen ausprobiert.

Der Aktionstag führte bei den Schülerinnen und Schülern sowie den Eltern zu einer fruchtbaren Auseinandersetzung mit den Themen „Computerspiele“ und „Computersucht“. Ein mehr als gelungener Start für ähnliche Folgeprojekte, die geplant sind.

1 **a** Lest den Text und fasst zusammen, worum es bei dem Aktionstag „Computerspiele“ ging.
b Klärt unbekannte Wörter oder Wendungen aus dem Text.

2 Tragt zusammen, an welchen Merkmalen ihr erkennt, dass es sich bei dem Text um einen Bericht handelt. Beantwortet dabei auch die W-Fragen.

3 **a** Beschreibt, worin der Reiz des Spiels „World of Warcraft“ besteht. Bedenkt dabei auch, worin sich das Leben in der Online-Welt von dem in der realen Welt unterscheidet.
b Erklärt, warum gerade das Online-Rollenspiel „World of Warcraft“ ein großes Suchtpotenzial entfaltet.

4 Diskutiert, ob ein solcher Aktionstag auch für euch interessant wäre. Begründet eure Meinung.

5 **a** Erklärt mit Hilfe der folgenden Fragen, woran man erkennt, dass der 24-jährige ehemalige „PC-Junkie“ süchtig nach Computerspielen war.

Treffen drei der folgenden Merkmale zu, könnte eine Computerspielsucht vorliegen:
– Meine Computerspielzeiten werden immer länger; ich kann kaum noch aufhören.
– Ohne Computerspiele werde ich nervös oder bekomme schlechte Laune.
– Ich spiele lieber am Computer, als etwas mit meinen Freunden zu unternehmen.
– Ich schaffe wegen eines Computerspiels öfter meine Hausaufgaben nicht.
– Wenn ich am Computer spiele, achte ich nicht auf Essen und Körperpflege.

b Prüft, ob einzelne Merkmale auf euch selbst zutreffen.

6 Formuliert gemeinsam Tipps, wie man eine Abhängigkeit von Computerspielen vermeiden kann, z. B.:
– *Lege vor dem Spielen fest, wie lange du spielen willst. Stelle dir einen Wecker, um ...*
– *Hausaufgaben ...*

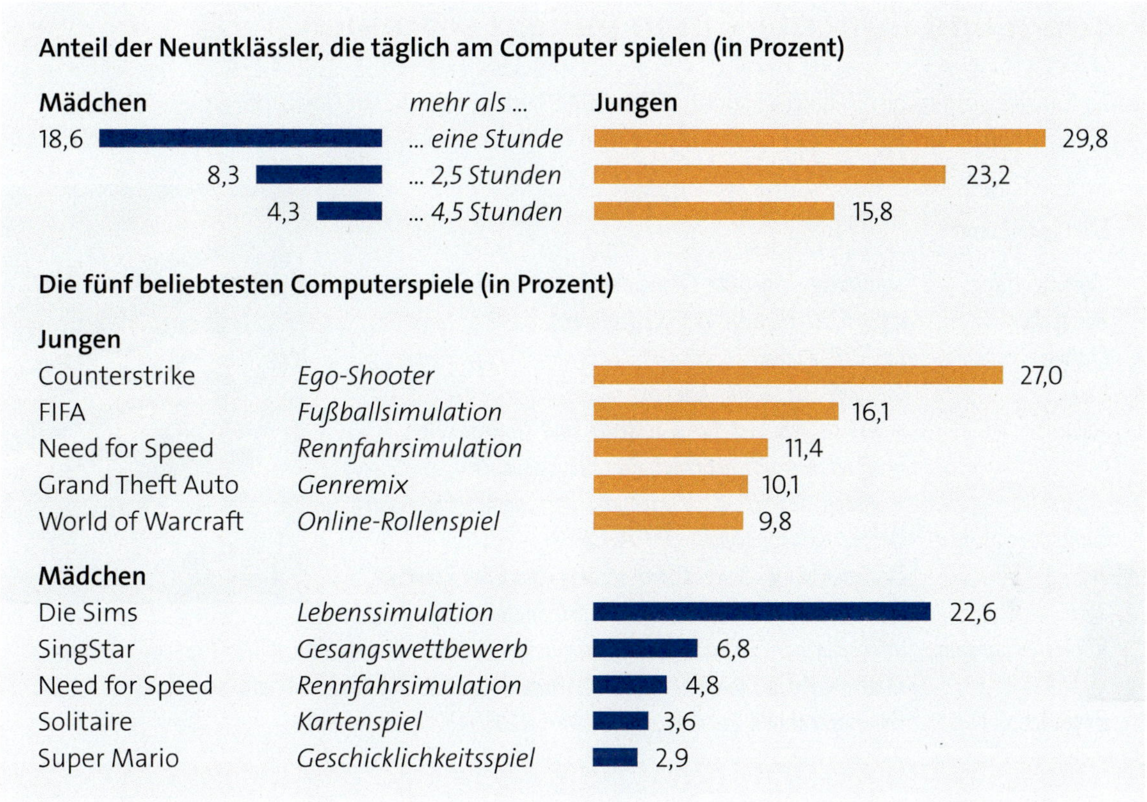

7 Untersucht die Balkendiagramme in Partnerarbeit (▶ Diagramme auswerten, S. 315). Geht so vor:

a Schaut euch die Diagramme genau an, lest die Überschriften und die übrigen Angaben.

b Beschreibt das Diagramm mit eigenen Worten. Beantwortet dabei die folgenden Fragen:
- Worüber informiert das Diagramm? Für welche Personen gilt es?
- Welche Zahlenangaben werden gemacht?
- Vergleicht die Angaben. Was fällt euch auf?

> *Das erste Balkendiagramm informiert über ...*
> *Der Vergleich der täglichen Spielzeit am Computer zeigt, dass ...*
> *Mehr als 4,5 Stunden täglich spielen 15,8 Prozent der Jungen mit dem Computer, während es bei den Mädchen ...*
> *Das zweite Balkendiagramm macht Angaben darüber, welche ...*
> *Auffällig/Bemerkenswert/Erstaunlich ist ...*

8 Die Angaben aus den Diagrammen gelten für Neuntklässler. Untersucht, ob die Zahlen eurem Umgang mit Computerspielen entsprechen. Geht so vor:

a Entwerft ein Arbeitsblatt, auf dem ihr eintragen könnt, wie viel Zeit ihr am Tag mit welchen Computerspielen verbringt.

b Legt fest, über welchen Zeitraum ihr eure Untersuchung durchführen wollt, z. B. zwei Wochen.

c Wertet eure Untersuchungsergebnisse aus und veranschaulicht sie in einem Balkendiagramm. Vergleicht sie dann mit den vorliegenden Diagrammen.

Fordern und fördern – Einen Bericht schreiben

Jonas hat die *gamescom* in Köln besucht, sich einige Notizen zu dieser Computerspielmesse gemacht und mit anderen Jugendlichen über ihre Erfahrungen auf dieser Messe gesprochen.

Die „gamescom"

Veranstaltung:	„gamescom": größte Computerspielmesse der Welt
Aussteller:	über 550 Firmen aus 33 Ländern
Datum:	18.–21. August
Ort:	Gelände der Köln-Messe
Ablauf:	– 18. 8. geöffnet für Fachleute und Journalisten – 19. 8.–21. 8. geöffnet für alle Besucher – Abend des 18. 8.: Verleihung des „gamescom award"
gamescom award:	Bestes Konsolenspiel: „FIFA 12" Bestes Online-Spiel: „Star Wars: The Old Republic" Bestes Browser-Spiel: „Die Sims Social"
Rahmenprogramm:	Während der „gamescom" abends in der Kölner Innenstadt „City-Festival" (riesiges Open-Air-Festival mit musikalischen Topacts, alles umsonst und draußen)
Ergebnis:	Besucherrekord bei der „gamescom" (275 000 Besucher)

Ich war gestern, am 20. 8., schon einmal hier, aber da war die Tageskasse wegen Überfüllung leider geschlossen. Darum bin ich heute noch einmal wiedergekommen. Eben hatte ich die Gelegenheit, „FIFA 12" zu testen. Die Bewegungen der Spieler sind noch realistischer als bei „FIFA 11" und durch das neue Precision Dribbling kann man den Ball viel besser kontrollieren. Man schlüpft so tatsächlich in die Rolle eines Fußballstars.

Mir hat hier bisher „Star Wars: The Old Republic" am besten gefallen. Ich habe es eben angespielt. Es ist ein Online-Rollenspiel, bei dem man zum Helden der „Star-Wars-Saga" wird und auf der hellen oder dunklen Seite der Macht kämpft.

Im Gegensatz zur PC- und Konsolenversion von „Die Sims" läuft „Die Sims Social" online auf Facebook. Ich kann also mit den Sims meiner Facebook-Freunde zusammen spielen. Schade nur, dass man für die Extras, die man zum Lösen der Aufgaben braucht, Sim-Cash benötigt und hierfür mit echtem Geld bezahlen muss.

●●● **1** Verfasst für die Schülerzeitung einen Bericht über die „gamescom". Geht so vor:

a Sucht aus den Notizen von Jonas und den Aussagen in den Sprechblasen die wichtigsten Informationen für euren Bericht heraus. Erstellt hierzu einen Schreibplan, indem ihr euch Notizen zu den W-Fragen macht und wichtige Informationen zu den Spielen notiert.
▷ Hilfen zu dieser Aufgabe findet ihr auf Seite 31.

b Verfasst nun den Bericht. Achtet dabei auf eine sachliche Sprache und das richtige Tempus. Vergesst nicht die Überschrift.
▷ Hilfen zu dieser Aufgabe findet ihr auf Seite 31.

Aufgabe 1 mit Hilfen

Verfasst für die Schülerzeitung einen Bericht über die „gamescom“.
Geht so vor:

a Sucht aus den Notizen von Jonas und den Aussagen der Jugendlichen in den Sprechblasen die wichtigsten Informationen heraus. Vervollständigt hierzu den folgenden Schreibplan in eurem Heft.

Einleitung:	
Wer war beteiligt?	*über 550 Firmen aus 33 Ländern, 275 000 Besucher*
Was ist geschehen?	*„gamescom“ (größte Computerspielmesse der Welt), Verleihung des „gamescom awards“, der Auszeichnung für die besten Spiele*
Wann geschah es?	*...*
Wo geschah es?	*...*
Hauptteil:	
Wie und warum geschah es?	*Am ersten Tag (18. 8.): Nur für ...* *Abend des 18. 8.: Verleihung ...* *19.–21. 8.: ...* *20. 8.: Wegen Überfüllung musste Tageskasse ...*
Hintergrund-informationen:	*„FIFA 12“:* *...*
Rahmenprogramm:	*Während der „gamescom“ City-Festival ...*
Schluss:	
Welche Folgen hatte das Ereignis?	*Besucherrekord*

b Verfasst nun den Bericht. Achtet dabei auf eine sachliche Sprache und das richtige Tempus. Gebt dem Bericht auch eine passende Überschrift. Beim Schreiben helfen euch die folgenden Formulierungen.

In der Zeit vom 18. bis zum 21. August fand in ... die „gamescom“ ...
An der Veranstaltung nahmen ... aus ... Ländern und ... teil.
Der erste Tag ... Am Abend des 18. August wurden ...
Als bestes Konsolenspiel wurde ..., weil ...
Zum besten Online-Spiel ... Es zeichnet sich dadurch aus, dass ...
Bestes Browser-Spiel ...
Vom 19. bis zum 21. August war die Messe für alle Besucher ...
Allerdings war am 20. August ... wegen ...
Während der „gamescom“ fand abends in der Kölner Innenstadt ...
Mit 275 000 Besuchern stellte die „gamescom“ einen neuen Besucherrekord auf.

1.3 Fit in … – Berichten

Die Aufgabenstellung richtig verstehen

Stellt euch vor, ihr bekommt in der nächsten Klassenarbeit die folgende Aufgabenstellung:

Beim Schulfest am Heinrich-Heine-Gymnasium hat ein SingStar-Wettbewerb stattgefunden. Verfasse auf Grundlage des folgenden Materials einen Bericht für die Schulwebsite, in dem du über den Wettbewerb und das Spiel „SingStar" informierst.

SingStar ist ein voll cooles Karaoke-Spiel für die Playstation. Man kriegt ein Mikrofon und kann dann zu Rock- und Popmusik die Liedstimme trällern. Auf dem Bildschirm gibt's den Liedtext und die Tonhöhen und -längen zu sehen. *(Alina, Schülerin der 6 c)*

Ich habe gar nicht geahnt, was für Talente in meinen Schülerinnen und Schülern schlummern! Selbst Jungen und Mädchen, die in meinem Unterricht eher schüchtern sind, haben auf der Bühne mit einem selbstbewussten Auftritt beeindruckt! Im nächsten Jahr wird auf jeden Fall wieder ein SingStar-Wettbewerb stattfinden. *(Herr Noll, Schulleiter)*

SingStar ist ein geniales Spiel! Ich habe auf der Bühne einen Song von Lady Gaga gesungen und mich wie ein echter Star gefühlt. *(Vanessa, Schülerin der 8 b)*

Der SingStar-Wettbewerb war echt cool. Alle Teilnehmer durften sich vorher einen Song auswählen. Ich habe zwar selbst nicht mitgesungen, aber die Auftritte von Sven und Lea waren echt klasse. Mit dem Song „König von Deutschland" von Rio Reiser hat Sven Winter aus der 7 a dann ja auch den ersten Platz gemacht und einen Gutschein über zwei Kinokarten bekommen. *(Paolo, Schüler der 7 b)*

1 a Lest euch die Aufgabenstellung auf Seite 32 sorgfältig durch.
b Habt ihr verstanden, was ihr machen sollt? Entscheidet, welche der folgenden Antworten richtig sind, und schreibt die zutreffenden Sätze in euer Heft.

Ich soll ...
- eine spannende Reportage über den SingStar-Wettbewerb verfassen.
- für die offizielle Schulwebsite sachlich über den SingStar-Wettbewerb berichten und dabei die W-Fragen beantworten.
- meine Meinung zum SingStar-Wettbewerb äußern.
- die Einladung und die Kommentare der Beteiligten als Basis für den Bericht verwenden.
- mir neue Informationen ausdenken, um meinen Text auszuschmücken.
- den Bericht so formulieren, dass er auf der Schulwebsite veröffentlicht werden kann.

Informationen sammeln und einen Schreibplan erstellen

2 a Schaut euch die Materialien genau an und überlegt, welche Informationen daraus in euren Bericht gehören.
b Erstellt einen Schreibplan nach dem folgenden Muster, z. B.:

1) Einleitung (Wer? Was? Wann? Wo?):
- *Schülerinnen und Schüler der Jahrgangsstufen ... des ...*
- *SingStar-Wettbewerb*
- *...*

2) Hauptteil (Wie? Warum?):
- *SingStar ist ein ...*
- *Vor dem Wettbewerb ...*
- *...*

3) Schluss (Welche Folgen?):
- *...*

3 Wählt aus den folgenden Überschriften die aus, die am besten zu dem Bericht über den SingStar-Wettbewerb passt. Tragt sie in euren Schreibplan ein.

- *Der SingStar-Wettbewerb am Heinrich-Heine-Gymnasium*
- *Sven ist unser neuer Superstar!*
- *Sven Winter erhält den ersten Preis beim SingStar-Wettbewerb*
- *Eine großartige Veranstaltung!*

Sachlich und genau berichten

4 Der folgende Anfang des Berichts über den SingStar-Wettbewerb ist noch nicht gelungen. Überarbeitet die Sätze und schreibt eine verbesserte Fassung in euer Heft.

VORSICHT FEHLER!

Letztens gab's am Schulfest einen SingStar-Wettbewerb.
SingStar ist ein voll cooles Karaoke-Spiel für die Playstation. Man kriegt ein Mikrofon und kann dann zu Rock- und Popmusik die Liedstimme trällern. Auf dem Bildschirm gibt's den Liedtext und die Tonhöhen und -längen zu sehen.
Vor dem Wettbewerb durften sich alle Teilnehmer einen Song für den Vortrag auswählen.
Nachdem im Vorentscheid zwischen zehn und elf Uhr die drei besten Teilnehmer ausgewählt werden, treten diese um elf Uhr noch einmal gegeneinander an.

Den Bericht verfassen und überarbeiten

5 Verfasst nun einen Bericht über den SingStar-Wettbewerb am Heinrich-Heine-Gymnasium.
- Formuliert einen Einleitungssatz, der die wichtigsten W-Fragen (Wer?, Was?, Wann?, Wo?) beantwortet.
- Informiert im Hauptteil über den Wettbewerb sowie das Spiel „SingStar".
- Schreibt einen Schlusssatz, in dem ihr einen Ausblick auf die Folgeveranstaltung gebt.

6 **a** Setzt euch zu zweit zusammen und überprüft eure Berichte mit Hilfe der Checkliste unten. Gebt euch gegenseitig eine Rückmeldung darüber, was besonders gut gelungen ist und was ihr noch überarbeiten solltet.
b Überarbeitet eure Berichte.

7 Notiert euch zwei bis drei Dinge, auf die ihr in der nächsten Klassenarbeit besonders achten wollt.

Checkliste

Einen Bericht schreiben
- Beantwortet der Bericht alle W-Fragen?
- Ist das Geschehen in der zeitlich richtigen Reihenfolge wiedergegeben?
- Beinhaltet der Bericht das Wesentliche und ist er ohne Nachfrage verständlich?
- Ist der Bericht sachlich formuliert?
- Habt ihr die Reihenfolge der Ereignisse deutlich gemacht *(Zuerst ..., Nachdem ..., Anschließend ..., Zum Schluss ...)*?
- Ist die Überschrift knapp und informativ?
- Wurde das richtige Tempus (Präteritum) verwendet? Verwendet ihr das Plusquamperfekt, wenn etwas vorher passiert ist?
- Sind die Rechtschreibung und die Zeichensetzung korrekt?

2 Respekt und Benehmen – Strittige Themen diskutieren

1 Kennt ihr ähnliche Auseinandersetzungen? Erzählt, in welchen Situationen ihr z. B. mit euren Eltern über Respekt und Benehmen sprecht.

2 Versetzt euch in eine der beiden Personen: Welche Argumente fallen euch ein, um die Position des Vaters oder des Sohnes zu stützen?

3 Formuliert Tipps, wie man seine Meinung überzeugend begründen kann.

In diesem Kapitel ...

- trainiert ihr, eure Meinungen durch Argumente und Beispiele sachlich zu begründen,
- übt ihr, in einer Pro-und-Kontra-Diskussion eure Position zu vertreten,
- lernt ihr, in einem Leserbrief euren Standpunkt überzeugend zu formulieren.

2.1 Wozu Regeln? – Argumentieren und überzeugen

Gutes Benehmen ist in? – Meinungen begründen

Benimmkurse in der Schule

Knigge[1] im Klassenzimmer

Von Markus Peter

Essen mit Messer und Gabel und Reden ohne Kaugummi: Weil Wirtschaft und Lehrer häufig über ungehobelte Schüler klagen, setzen Schulen auf Benimmkurse – mit überraschenden Resultaten.

Schwarzes Hemd, schwarze Hose, schwarze Lackschuhe. So steht Andreas Lassen vor einer Gruppe von Achtklässlern. Eigentlich betreibt er eine Tanzschule, heute aber steht Benimmunterricht auf dem Stundenplan. Er soll Schülern gute Manieren beibringen, ihnen zeigen, wie man mit ungewohnten Situationen umgeht, wie man sich richtig vorstellt oder sich im Gespräch mit dem Chef verhält. Zweimal 45 Minuten – diese Zeit steht ihm dafür zur Verfügung. Es ist noch nicht lange her, da war ein Tanzkurs für viele Jugendliche ein wichtiger Schritt in die Erwachsenenwelt. Und nebenbei, spätestens zum Abschlussball, kam dabei auch das zur Sprache, was Andreas Lassen „moderne Umgangsformen" nennt und nun doziert[2]. Denn gutes Benehmen soll Schule machen.

Tugenden wie Höflichkeit oder Pünktlichkeit feiern Renaissance[3]. Ratgeber wie „Der neue Knigge" stehen in den Verkaufsregalen. Konnte es Lehrern bislang eher egal sein, wie sich Kinder etwa am Esstisch benehmen, so ist das Thema inzwischen im Schulalltag angekommen. Jugendliche verbringen durch Ganztagsangebote immer mehr Zeit in der Schule.

Hinzu kommen konkrete Klagen: Einer Umfrage des Deutschen Industrie- und Handelskammertages (DIHK) zufolge sind immer weniger Bewerber ausbildungsreif. Nicht nur Rechnen oder Schreiben seien dabei das Problem, vielmehr fehle es oft an Disziplin, Pünktlichkeit und Teamfähigkeit – schlicht an den Grundvoraussetzungen für eine Berufsausbildung.

Grüßen und Konversation[4] sind Teil der heutigen Lektion. Daniel ist an der Reihe, er soll sich vorstellen. Er nennt seinen Vor- und Nachnamen, spricht bestimmt und freundlich. Nur: Er hat seine Kappe auf dem Kopf. Darauf an-

1 Freiherr Adolph Franz Friedrich Ludwig Knigge (1752–1796) ist durch seine Schrift „Über den Umgang mit Menschen" bekannt geworden. Sein Name steht heute stellvertretend für Benimmratgeber.

2 dozieren: unterrichten, lehren

3 die Renaissance, hier: Wiedergeburt, Neubelebung, Comeback

4 die Konversation: Unterhaltung; häufig unverbindliche Plauderei, die um der Unterhaltung willen geführt wird

gesprochen, nimmt er sie ab, pfeffert sie in eine Ecke und setzt sich wieder wortlos. „Ich werde hier keine starren Regeln predigen", sagt Coach[5] Lassen, „ich möchte nur einige Fettnäpfchen zeigen, in die man leicht treten kann." Die Kappe ist so eines.

5 der Coach (engl.): Trainer/Trainerin

1 a Äußert euch spontan: Was haltet ihr von Benimmkursen für Jugendliche? Begründet eure Meinung.
b Formuliert das Thema des Zeitungsartikels in einem vollständigen Satz.

2 a Erklärt anhand des Textes, was in einem Benimmkurs vermittelt werden soll.
b Ergänzt selbst Themen, die für einen Benimmkurs geeignet wären.

3 a Untersucht den Text in Partnerarbeit, indem ihr wichtige Argumente und stützende Beispiele für Benimmkurse mit Zeilenangaben notiert.
b Unterstreicht in eurem Heft die Argumente grün und die Beispiele blau.

4 a Notiert eure Meinung zu der folgenden Frage: Benimmkurs – ja oder nein? Begründet euren Standpunkt mit einem Argument und einem anschaulichen Beispiel.
- *der Meinung sein • für gut/falsch halten • für/gegen ... sein*
- *..., weil ... • ..., da ... • ..., denn ...*
- *... zum Beispiel ... • ... letztens ... • Aus eigener Erfahrung kann ich sagen, ...*

b Prüft, ob die Argumentation überzeugt und die Sätze sinnvoll miteinander verknüpft sind.

5 a Führt in Kleingruppen eine kurze Diskussion (ca. fünf Minuten) zur Frage „Benimmkurs – ja oder nein?" durch. Achtet auf ein faires Gesprächsverhalten und versucht, an den Beitrag eures Vorredners anzuknüpfen, z. B.: *Ich stimme dir zu: ... • Das sehe ich anders, weil ... • Ich finde, dass ...*
b Beurteilt eure Diskussion: Was ist gut gelungen, was könnt ihr verbessern?
c Benimmkurs – ja oder nein? Einigt euch und findet einen Kompromiss.
Ich bin einverstanden, wenn ... • Ich möchte einen Kompromiss vorschlagen: ...

Information **Argumentieren: Meinung, Argument, Beispiel**

Beim Argumentieren versucht man, seine Meinung überzeugend zu begründen. Man stellt eine **Meinung** (Behauptung) auf, die man durch **Argumente** stützt und durch **Beispiele** veranschaulicht bzw. erklärt:

- **Meinung:** *Bei einem persönlichen Gespräch sollte man das Handy ausschalten.*
- **Argument:** *..., weil es unhöflich ist, wenn man sich durch das Handy ablenken lässt.*
- **Beispiel:** *Als mein Handy neulich nicht funktionierte, konnte ich mich viel besser auf meinen Gesprächspartner konzentrieren und aufmerksamer zuhören.*

TIPP: Argumente könnt ihr mit den folgenden Konjunktionen einleiten: *weil, da, denn.*

Gesprächsverhalten: Eine Diskussion kann man durch sein Verhalten fördern oder hemmen. Zu einer guten Diskussion gehören das **Einhalten von Gesprächsregeln,** das Nachfragen, wenn man etwas nicht verstanden hat, und das **Vermeiden von Killerphrasen,** die den Gesprächspartner unter Druck setzen, z. B.: *Du immer mit deinem ... Jedes Kind weiß doch, dass ...*

Benimmkurs als Schulfach? – Eine Pro-und-Kontra-Diskussion führen

Die Schülerinnen und Schüler fit zu machen für das Leben, ist unsere Aufgabe. Dazu gehören auch ein höflicher Umgangston und angemessene Umgangsformen. Höfliches Auftreten, nicht zu verwechseln mit „Schleimen", eröffnet die Chance, positiv von anderen wahrgenommen zu werden. Auch das Kennenlernen nützlicher Verhaltensregeln, die man z. B. im Ausland beachten sollte, können im Leben hilfreich sein.
(Herr Mayer, Lehrer)

Wenn es einen Benimmkurs an unserer Schule gibt, müssen wir bestimmt noch für ein weiteres Fach lernen. Außerdem bleibt mir jetzt schon am Nachmittag wenig Zeit für meine Freunde und meine Hobbys. Deshalb bin ich gegen einen Benimmkurs als Unterrichtsfach.
(Katharina, 13 Jahre)

Ich habe an einer anderen Schule an einem solchen Benimmkurs teilgenommen. Viele sagen, dass sich der Kurs positiv auf das Schulklima ausgewirkt hat.
(Tim, 13 Jahre)

Ich finde es nicht gut, einen Benimmkurs in der Schule einzuführen, weil es die Aufgabe der Eltern ist, die Kinder zu erziehen. Was würde ein Benimmkurs außerdem bewirken, wenn die Schüler keine Lust auf diesen zusätzlichen Nachmittagskurs haben?
(Doris Schmitt, Mitglied des Elternbeirats)

1 a Lest die oben stehenden Aussagen zum Thema „Benimmkurs".
b Begründet: Welcher Argumentation könnt ihr euch anschließen?

2 a Erstellt eine Positionslinie zu der folgenden Frage: Soll es an unserer Schule für alle 7. Klassen einen Benimmkurs am Nachmittag geben?
- Denkt euch eine Linie im Klassenraum, deren eine Seite für (pro), die andere gegen (kontra) einen Benimmkurs steht.
- Nehmt nun euren Standpunkt (pro oder kontra) auf der Linie ein, indem ihr euch links oder rechts positioniert.

b Wertet die Positionslinie aus und stellt fest, wie die Meinungen in der Klasse verteilt sind.

3 Bereitet in Gruppen eine Pro-und-Kontra-Diskussion zu folgender Frage vor:
Soll es an unserer Schule für alle 7. Klassen einen Benimmkurs am Nachmittag geben?

a Bildet mit den Schülerinnen und Schülern, die eure Position vertreten, eine Gruppe.

b Legt eine Stoffsammlung für die Diskussion an: Notiert Argumente, die eure Meinung stützen. Sucht anschauliche Beispiele für eure Argumente.
TIPP: Nutzt hierzu auch den Text von Seite 36–37 und die Aussagen von Seite 38.

c Bestimmt in eurer Gruppe eine Sprecherin oder einen Sprecher, die/der eure Position in einem kurzen Eingangsvortrag (Statement) zusammenfasst:
– Formuliert gemeinsam das Statement und haltet es fest, z. B. auf einer Karteikarte.
– Notiert den stärksten Einwand gegen eure Position und entkräftet ihn.

Eingangsvortrag (Statement)

1. Position:
Wir sind der Auffassung, dass ...

2. Überleitung:
Für unsere Position gibt es mehrere Argumente ...

3. Argumente und Beispiele:
- Ein besonders wichtiges Argument ist ...
- Außerdem ...
- Ein weiterer Gesichtspunkt ist, dass ...

4. Zusammenfassender Schlusssatz:
Die genannten Argumente zeigen, dass ...

Einwände entkräften
Wenn ihr einen möglichen Einwand vorwegnehmt und entkräftet, nehmt ihr euren „Gegnern" sozusagen den Wind aus den Segeln, z. B.:
- *Es stimmt schon, dass ..., aber ...*
- *Wir können verstehen ... Dennoch ...*

4 **a** Führt nun eine Pro-und-Kontra-Diskussion durch mit Diskussionsleitung, Pro- und Kontra-Gruppe und Beobachtern. Die Informationen im Merkkasten unten helfen euch.

b Wertet nach mehreren Diskussionsrunden aus, wie eure Diskussionen verlaufen sind.

5 **a** Nehmt nach der Diskussion erneut einen Standpunkt auf der Positionslinie (► S. 38, Aufg. 2) ein.

b Prüft, ob sich das Meinungsbild in eurer Klasse verändert hat.

Information **Eine Pro-und-Kontra-Diskussion führen**

Die Sprecher der **Pro-** und der **Kontra-Gruppe** tragen nacheinander ihren Eingangsvortrag (Statement) vor. Danach beteiligen sich alle an der Diskussion.
Diskussionsleitung: eröffnet die Diskussion, erteilt den Sprechern der Statements das Wort, leitet und beendet die Diskussion.
Beobachter: notieren während der Diskussion, was ihnen auffällt, z. B.:
- Meinung gut begründet?
- Auf andere eingegangen?
- Bei der Sache geblieben?
- Gesprächsregeln eingehalten?

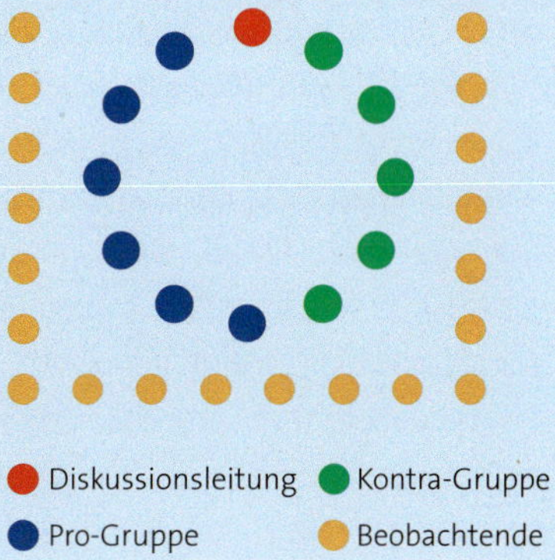

Respekt vor dem Alter? – Einen Leserbrief schreiben

Oma und Opa wissen es besser als wir – oder?

Müssen Jugendliche die Meinung älterer Menschen ohne Widerspruch annehmen, nur weil diese mehr Lebenserfahrung haben?

Pro

Laura: Keine Frage: Natürlich hat die Meinung eines jeden Menschen, ob klein oder groß, Respekt verdient. Zumindest so lange, bis er uns vom Gegenteil überzeugt hat. Allerdings haben Ältere etwas, das selbst der schlaueste 16-Jährige aus keinen Büchern der Welt lernen kann: Lebenserfahrung. Und da man die eben nur mit der Zeit mühsam sammeln und durch nichts in der Welt ersetzen kann, ist sie kostbarer als alles übrige Wissen.

Selbst die Urvölker unserer Erde wussten das schon. Sie verehrten ihre Stammesältesten und begegneten ihrem Wissen mit dem größten Respekt. Selbst wenn wir Jugendlichen denken, wir seien die Größten und wüssten alles – unsere Eltern und Großeltern wissen es mit Sicherheit besser, ob es uns nun passt oder nicht.

Ältere Menschen sind meiner Meinung nach nicht dazu da, uns zu bauchpinseln und uns Honig um den Mund zu schmieren. Im Gegenteil: Ich erwarte Aufrichtigkeit, ganz besonders von ihnen. Sie können und sollen mir sagen, wenn ich mich völlig in irgendwas hineinsteigere, mich egoistisch benehme oder sonst irgendeinen Fehler mache. Das machen sie nicht, weil sie wahnsinnige Lust am Korrigieren haben, sondern weil sie so ein Verhalten und dessen Konsequenzen schon hinter sich haben. Sie wollen uns die gleichen Erfahrungen ersparen.

Von Älteren können wir viel lernen, wenn wir ihnen nicht beleidigt gegenüberstehen und mit vorgeschobener Unterlippe jammern: „Ihr nehmt mich gar nicht ernst!“ Dass wir Jugendlichen so eine Behandlung nicht mögen, ist eine Sache für sich. Ich bin schon gespannt, wie wir als vom Leben gezeichnete Rentner reagieren, wenn ein halbstarker Naseweis uns die Meinung geigen will.

Kontra

Simon: „Nein, was du da sagst, ist doch absolut lachhaft! Du bist eben noch zu jung, um dir eine echte Meinung bilden zu können. Komm erst mal in mein Alter, dann wirst du das genauso sehen wie ich“, sagt der schon etwas in die Jahre gekommene Mann.

Natürlich, er ist ein erfahrener Mann, aber das gibt ihm nicht das Recht, meine Meinung mit einem hämischen Spruch zu quittieren. Ihm begegne ich ja auch nicht mit dem Satz: „Du hast in deinem Alter ja gar nicht mehr den Überblick über das Leben, kennst unsere Probleme und Herausforderungen doch überhaupt nicht und kannst dir gar keine richtige Meinung bilden.“

Ein weiteres Beispiel: eine Diskussion mit der Verwandtschaft. Ich teile die Meinung der älteren Herrschaften nicht und werde noch dazu ungeduldig, weil man mich offensichtlich nicht ernst nimmt. Quittiert wird das mit Sätzen wie: „Na, der Junge weiß es eben nicht besser." Ist das etwa eine Art zu diskutieren? Sind Meinungen nur relevant, wenn sie mit Alter unterstützt werden können?

Hätte ich das laut ausgesprochen, hätte ich mir einen langen Vortrag zum Thema „Respekt" anhören müssen. Aber was ist „Respekt" eigentlich? Respekt ist zunächst einmal die Wertschätzung eines anderen Lebewesens. Doch er ist auch die Anerkennung von Errungenschaften, seien es zum Beispiel Wissen oder Erfolg oder wie in unserem Fall Lebenserfahrung. Ein Phänomen[1] ist jedoch: Je älter das Gegenüber ist, desto mehr Respekt bringt man ihm entgegen. Und umgekehrt: Je jünger eine Person ist, desto weniger Respekt hat man vor ihrer Meinung. Schaut ein Opa also auf mich herunter, sieht er in mir nur ein unerfahrenes Wesen, das noch viel, viel lernen muss.

Ist Alter eine Leistung? Sind meine Standpunkte nicht zu respektieren, nur weil ich noch „grün hinter den Ohren" bin? Lebenserfahrung kann ich respektieren. Man muss damit aber auch richtig umgehen.

Auch ältere Menschen müssen einsehen, dass die Jugendlichen von heute keine unwissenden und unerfahrenen Geschöpfe sind, die sich keine eigene Meinung bilden können. Sie müssen verstehen, dass auch unsere Ansichten eine kleine Portion Respekt verdient haben.

Quelle: Kölner Stadt-Anzeiger vom 15.3.2012

1 das Phänomen: etwas, was sich beobachten lässt; Besonderheit

1 a Lest den Zeitungsartikel. Erklärt mit eigenen Worten, um welche Diskussionsfrage es geht.
b Könnt ihr die Meinung von Laura oder Simon teilen? Ergreift spontan Partei für einen der beiden Standpunkte.

2 a Klärt Wörter oder Textstellen aus dem Zeitungsartikel, die euch unklar sind.
b Untersucht, an welchen Stellen die Meinung von Laura und die von Simon deutlich werden. Nennt entsprechende Zeilenangaben.
c In dem Artikel spielt der Begriff „Respekt" eine große Rolle. Erklärt, was Laura und was Simon unter „Respekt" verstehen. Was bedeutet „Respekt" für euch?

3 Wertet die Positionen (pro und kontra) aus. Beantwortet hierzu die folgenden Fragen:
– Welche Meinung wird jeweils vertreten?
– Welche Argumente und stützenden Beispiele werden jeweils genannt? Notiert sie mit Zeilenangaben.

Meinung Lauras:
Laura vertritt den Standpunkt, dass …

Argumente	**Beispiele**
– jeder Mensch … (Z. x–y)	– …
– …	– …

Meinung Simons:
Simon ist der Meinung, dass …

Argumente	**Beispiele**
– …	– …

In einem Leserbrief äußern die Leserinnen und Leser ihre Meinung zu einem Artikel oder Thema in der Zeitung. Schreibt nun einen Leserbrief an die Redaktion des Kölner Stadt-Anzeigers, in dem ihr euren Standpunkt zu dem Artikel „Oma und Opa wissen es besser als wir – oder?" begründet. Geht so vor:

4 Legt euch eine Stoffsammlung für euren Leserbrief an.

a Schreibt eure Meinung zu der folgenden Diskussionsfrage aus dem Zeitungsartikel auf: Müssen Jugendliche die Meinung älterer Menschen ohne Widerspruch hinnehmen, nur weil diese mehr Lebenserfahrung haben?

- *Ich bin der Meinung, dass ...*
- *Ich vertrete den Standpunkt/die Position, dass ...*

b Sammelt Argumente und Beispiele, die für eure Position sprechen. Ihr könnt hierzu auch den Zeitungsartikel (▶ S. 40–41) bzw. eure Ergebnisse aus Aufgabe 3 (▶ S. 41) zu Hilfe nehmen.

Argumente	Beispiele
...	...

5 Bildet ein Schreibteam mit einer Schülerin oder einem Schüler, die/der eure Meinung vertritt. Bearbeitet dann die folgenden Aufgaben:

a Sucht weitere Argumente (und Beispiele) für eure Position und ergänzt sie in eurer Tabelle.

b Ordnet eure Argumente nach ihrer Überzeugungskraft, indem ihr Punkte verteilt (1 = schwaches Argument; 2 = stärkeres Argument ...). Wählt die zwei überzeugendsten Argumente aus.

c Teilt euch abwechselnd eure Meinung mit und begründet sie mit Hilfe der Argumente (und Beispiele). Nehmt hierzu die Formulierungsbausteine im Kasten unten zu Hilfe.

d Notiert einen Einwand, der gegen eure Position spricht, und entkräftet ihn. Auch dafür findet ihr im Kasten unten Formulierungshilfen.

Information **Formulierungshilfen für die Argumentation**

Einleitungen und Überleitungen

- *Ein Argument/Beispiel für ... ist ...*
- *Hinzu kommt, dass ...*
- *Ein weiterer Grund für/gegen ... ist ...*
- *Besonders wichtig ist ...*
- *zudem/außerdem/darüber hinaus/daher/deshalb/weil/da/denn*
- *Für/Gegen spricht außerdem die Tatsache, dass ...*
- *Es darf nicht übersehen werden, dass ...*
- *Außerdem sollte man bedenken, dass ...*
- *Noch wichtiger ist ...*

Einwände entkräften

- *Sicherlich kann man einwenden, dass ... Dennoch habe ich die Erfahrung gemacht, dass ...*
- *Obwohl ... denken, dass ..., muss man berücksichtigen, dass ...*
- *Es ist schon richtig, dass ... Es darf aber nicht übersehen werden, dass ...*

6 Verfasst nun euren Leserbrief, der nicht länger als 20 Zeilen ist. Die folgende Vorlage und die Formulierungshilfen auf Seite 42 helfen euch dabei.

Betreffzeile	– Artikel „Oma und Opa ...?“, Kölner Stadt-Anzeiger vom 15. 3. 2012
Anrede	– Sehr geehrte Redaktion,/Sehr geehrte Damen und Herren,
Einleitung Anlass des Leserbriefs (Überleitung zum Hauptteil)	– ich habe mit Interesse Ihren Artikel über ... gelesen, in dem ... – In dem Artikel ... vertritt ... die Meinung, dass ... – Weil ich selbst ..., möchte ich meine Position ...
Hauptteil Meinung Argumente und Beispiele (Einwand entkräften)	– Ich vertrete die Auffassung, dass ... – Ein wichtiges Argument für/gegen ... ist, dass ... – Hinzu kommt, dass ... – Zwar ..., aber ...
Schluss Zusammenfassung, Vorschlag	– Aus diesen Gründen bin ich der Meinung, ... – Ich fände es gut, wenn ...
Grußformel Unterschrift	– Viele Grüße/Mit freundlichen Grüßen ...

7 Überarbeitet eure Leserbriefe in Gruppen. Beachtet die folgenden Fragen:
- Ist die Meinung klar formuliert? Überzeugen die Argumente und Beispiele?
- Sind die Teile der Argumentation sprachlich gut verknüpft (▶ Formulierungshilfen, S. 42)?

Information **Stellung nehmen in einem Leserbrief**

In einem Leserbrief nehmt ihr persönlich Stellung zu einem Thema oder einem Artikel aus einer Zeitung oder einer Zeitschrift.
Einleitung: Hier stellt ihr knapp den Anlass des Leserbriefes dar. Dann leitet ihr zum Hauptteil über. Man kann auch schon kurz seine Meinung zum Thema sagen (ohne Begründung).
Hauptteil: Im Hauptteil formuliert ihr eure Meinung zum Thema und nennt Argumente und Beispiele, die eure Meinung stützen. Macht den Zusammenhang eurer Argumentation deutlich und entwickelt eine Argumentationskette, indem ihr die Argumente und Beispiele sprachlich gut einleitet und miteinander verknüpft (▶ Formulierungshilfen, S. 42).
- Eure Argumentation wird noch überzeugender, wenn ihr auf die Anordnung der Argumente achtet. So kann z. B. das erste oder das letzte Argument besonders schlagkräftig sein.
- Mögliche Einwände (Gegenargumente) könnt ihr nennen, um sie zu entkräften.

Schluss: Fasst zum Schluss noch einmal euren Standpunkt zusammen oder formuliert einen Vorschlag oder einen Wunsch für die Zukunft.

TIPP: Der Leserbrief ist übersichtlicher, wenn ihr zwischen Einleitung, Hauptteil und Schluss Absätze setzt. Wie andere sachliche Briefe enthält er meist eine Betreffzeile (Bezug zum Zeitungsartikel), eine Anrede und endet mit einer Grußformel und eurer Unterschrift.

Testet euch!

Argumentieren und Stellung nehmen

1 a Bestimmt bei jeder Aussage, ob sie eine Meinungsäußerung (M), ein Argument (A) oder ein Beispiel (B) ist. Schreibt die Ziffern der Aussagen in euer Heft und notiert daneben: **M** für Meinungsäußerung, **A** für Argument oder **B** für Beispiel.

> **1** Ein Schulvertrag sorgt für ein besseres Schulklima und stärkt die Schulgemeinschaft.
> **2** Ich finde, dass wir einen Schulvertrag einführen sollten, in dem wir festhalten, wie wir miteinander umgehen wollen.
> **3** Ich habe die Erfahrung gemacht, dass ich mehr Spaß und bessere Lernerfolge in der Schule habe, wenn wir freundlich miteinander umgehen und uns gegenseitig helfen.
> **4** Das Kant-Gymnasium hat schon seit zwei Jahren einen Schulvertrag. Eine Schülerin berichtete, dass es seitdem keinen Mobbing-Fall mehr gegeben hätte.
> **5** Es würde weniger Streitigkeiten auf dem Schulhof geben.

b Entwickelt eine Argumentationskette, indem ihr die Meinungsäußerung und die Argumente und Beispiele aus dem obigen Kasten sinnvoll miteinander verknüpft.
Verwendet hierfür geeignete Verknüpfungswörter und verschiedene Überleitungen.

Meinung — *1. Argument mit Beispiel* — *2. Argument mit Beispiel*

c Überprüft und korrigiert eure Ergebnisse aus den Aufgaben 1a und b in Partnerarbeit.

2 In der Schülerzeitung wurde ein Artikel abgedruckt, in dem ein Schüler für die Einführung eines Schulvertrags wirbt. Lino hat den Artikel gelesen und will nun an die Redaktion der Schülerzeitung einen Leserbrief schreiben.

a Überarbeitet den Anfang des Leserbriefs, sodass die Anrede und die Einleitung stimmig sind.

VORSICHT FEHLER!

Hi, ich bin der Lino!

Euren Artikel über den Schulvertrag fand ich echt krass. Jst man da denn echt vertraglich verpflichtet, sich zu benehmen?
Also die Jdee ist auf alle Fälle klasse, denn Teamgeist ist echt wichtig, so für später.
Jetzt möchte ich euch aber mal meine Meinung zu der ganzen Sache sagen.

b Vergleicht und prüft eure Überarbeitung in Partnerarbeit.

2.2 Eine Kultur des Beleidigens? – Stellung nehmen

„Das war nicht schlecht, das war richtig gruselig!"

16. September
Von oneworld2share

Mit dem Respekt voreinander geht es anscheinend bergab. Manchmal habe ich das Gefühl, dass jeder nur darauf aus ist, den anderen als Idioten dastehen zu lassen. Auch bei uns an der Schule passiert es immer wieder, dass Mitschüler peinliche Situationen im Sport, auf dem Schulhof oder sogar auf der Toilette fotografieren oder filmen. Dann stellen sie die Aufnahmen mit hässlichen Kommentaren ins Netz. Wenn man die Missetäter auf solche Respektlosigkeiten gegenüber anderen anspricht, reden sie sich mit einer Pseudo-Witzigkeit heraus. Und wer nicht die Ellenbogen ausfährt und auf hart macht, bekommt schnell das Etikett „Loser" aufgeklebt.
Wundern müsste ich mich eigentlich nicht darüber. Die Medien liefern uns schließlich genügend schlechte Vorbilder. Dieter Bohlen steht mit seinen fiesen Sprüchen zum Beispiel als Held da. Er hat bei „Deutschland sucht den Superstar" schon Hunderte Nachwuchsmusiker vor aller Welt lächerlich gemacht. Bei einem Kandidaten ging er sogar so weit, dass der einen Nervenzusammenbruch erlitt und mit dem Krankenwagen abtransportiert werden musste. Das Fernsehen ist voll von Sendungen, in denen Beleidigungen und Respektlosigkeit völlig normal sind und als tolle Show verkauft werden. Wenn Journalisten die Fernsehmacher deswegen kritisieren, tun diese ganz unschuldig. Die Teilnahme sei ja freiwillig und die Zuschauer wollten solche Unterhaltungsshows sehen. Außerdem helfe den wirklich Guten eine originelle Kritik. Bohlen behauptet sogar, dass eine solche Show junge Menschen auf die harten Realitäten des Showbusiness vorbereiten würde. Das ist jedoch nicht der Fall: Erst kürzlich habe ich im Internet eine Studie entdeckt, in der ca. 1200 junge Zuschauer von „Deutschland sucht den Superstar" befragt wurden. Das Ergebnis: Obwohl die Jugendlichen denken, dass Tugenden wie Disziplin, Üben oder Kritik annehmen eine wichtige Rolle im Leben spielen, finden sie die blöden Sprüche von den Jurymitgliedern eher nervig.
Aber in Wirklichkeit geht es den Sendern nur um die Quote. Sie spielen mit den Träumen Zehntausender Jugendlicher, die auf ein Leben als Star hoffen. Aber die Fernsehmacher verschweigen, dass solche Träume in der Realität praktisch nie in Erfüllung gehen. Wer kann sich noch an den ersten Gewinner von „DSDS" erinnern? Echte Stars werden woanders gemacht.
Am wenigstens verstehe ich, dass praktisch alle in unserer Schule sich diese Shows ansehen. Vielleicht liegt es daran, dass wir Jugendlichen von der Welt nicht wirklich ernst genommen werden. Und deshalb fühlen wir uns besser, wenn wir dabei zusehen können, wie sich jemand zum Affen

macht. Stattdessen sollten wir aber denjenigen Respekt erweisen, die sich etwas trauen. Jeder Versuch kann schließlich schiefgehen. Aber es ist mutiger, etwas auszuprobieren, als nur zuzusehen und zu grinsen, wenn dann etwas nicht klappt. Die Welt besteht eben nicht nur aus einer Hand voll Gewinnern und einer grauen Masse von Losern.

Kommentare:

1. Die Leute haben selbst Schuld (fabi2000, 17.9., 16:53)
Ich finde es richtig, dass die Jury schlechte Kandidaten hart rannimmt. Denn wenn Leute ihre Fähigkeiten überschätzen, haben sie deutliche Kritik verdient. Müssen sie denn unbedingt öffentlich ihrer Umwelt mit grausigen Auftritten auf die Nerven gehen? Sie werden doch nicht gezwungen, bei „DSDS“ aufzutreten. Das Ganze ist meiner Meinung nach doch sowieso nur eine Show und das wissen auch die Kandidaten und die Zuschauer. Außerdem muss man auch im späteren Leben Kritik und dumme Sprüche einstecken können. **[Weiterlesen ...]**

2. Super Beitrag (XoliX, 17.9., 17:15)
Ich bin genau der Meinung von oneworld2share. Wir haben uns an diese Kultur des Beleidigens inzwischen gewöhnt. Von mir aus müsste es Sendungen wie „DSDS“ nicht geben, weil viele Leute sich dort die Respektlosigkeit und das schlechte Benehmen abgucken. Sie glauben, es sei cool, sich wie Bohlen zu verhalten. Zum Glück gibt es aber auch andere Castingshows, wie zum Beispiel „The Voice of Germany“. Die Coaches haben hier bewiesen, dass eine Musikshow auch ohne dämliche Sprüche funktioniert. Sie gingen mit ihren Kandidaten höchst respektvoll um und haben damit spektakuläre Quoten eingefahren. **[Weiterlesen ...]**

1 a Lest den Artikel „Das war nicht schlecht, das war richtig gruselig“ (▸ Z. 1–38) aus einem Internet-Forum aufmerksam durch.
b In welchen Bereichen des öffentlichen Lebens sieht der Schreiber oder die Schreiberin fehlenden Respekt? Lest noch einmal genau im Text nach und listet die Beispiele auf.

2 a In dem Artikel (▸ Z. 1–38) werden verschiedene Positionen zu Castingshows genannt bzw. zitiert. Sucht die entsprechende Textstellen.
b Erklärt mit eigenen Worten, welche Meinung zu Castingshows der Verfasser vertritt.

3 a Lest die beiden Kommentare unter dem Beitrag. Erstellt ein erstes Meinungsbild: Welcher Position könnt ihr euch spontan anschließen?
b Diskutiert, ob solche Castingshows das Verhalten im Alltag beeinflussen können.

4 Kennt ihr Foren, in denen man Meinungen zu strittigen Themen austauscht? Berichtet davon.

Ein **Internet-Forum** ist eine Plattform (Ort) im Internet, auf der Meinungen, Gedanken und Erfahrungen schriftlich ausgetauscht werden.

Fordern und fördern – Stellung nehmen

In den beiden Kommentaren (► S. 46) äußern die Schreiber ihre Meinung darüber, ob sie den respektlosen Umgang mit den Kandidaten in Castingshows für problematisch halten oder nicht.
Was ist eure Meinung dazu? Schreibt selbst einen Kommentar zu dem Artikel aus dem Internet-Forum, in dem ihr euren Standpunkt begründet. Der Kommentar sollte nicht länger als 20 Zeilen sein. Geht so vor:

●●● **1** Findet ihr es problematisch, wenn in Castingshows respektlos mit den Kandidaten umgegangen wird? Notiert eure Meinung.
▷ Hilfen zu dieser Aufgabe findet ihr auf Seite 48.

●●● **2** **a** Sammelt Argumente und Beispiele für eure Position. Ihr könnt den Artikel und die Kommentare von Seite 45–46 zu Hilfe nehmen. Achtung: Sucht die Argumente (und Beispiele) heraus, die für eure Position sprechen.

Respektloser Umgang ist ein Problem.
– schlechtes Vorbild
– ...

Respektloser Umgang ist kein Problem.
– Jury macht nur Show
– ...

b Ordnet eure Argumente nach ihrer Überzeugungskraft, indem ihr Punkte verteilt (1 = schwaches Argument; 2 = stärkeres Argument ...). Ihr solltet mindestens zwei gute Argumente (mit Beispielen) für eure Position haben. Ergänzt gegebenenfalls eure Stoffsammlung.

▷ Hilfen zu dieser Aufgabe, Seite 48.

●●● **3** Notiert einen Einwand, der gegen eure Position spricht, und entkräftet ihn.
▷ Hilfen zu dieser Aufgabe, Seite 48.

●●● **4** **a** Schreibt nun einen Kommentar, der nicht länger als 20 Zeilen ist. Eure Meinung, die Argumente und Beispiele sollten sprachlich gut eingeleitet und miteinander verknüpft werden, sodass sich ein zusammenhängender Text ergibt.

Einleitung: *Jch finde ...*
Argumente und Beispiele: *...*
Einwand entkräften: *Zwar ..., aber ...*
Schluss: *Mit den Castingshows wird meiner Meinung nach ... / Jch würde mir wünschen, dass ...*

▷ Hilfen zu dieser Aufgabe, Seite 48.

b Überarbeitet eure Kommentare mit Hilfe der Formulierungsbausteine auf Seite 42.

5 Lest eure Kommentare in der Klasse vor und diskutiert anschließend eure Positionen zum Thema „Respektlosigkeit in Castingshows“.

Aufgabe 1 mit Hilfen

Findet ihr es problematisch, wenn in Castingshows respektlos mit den Kandidaten umgegangen wird? Lest noch einmal die Kommentare von Seite 46. Welcher Position könnt ihr euch anschließen? Notiert eure Meinung.

- *Ich finde den respektlosen Umgang in Castingshows ...*
- *Meiner Meinung nach ist es ein Problem/kein Problem, wenn ...*

Aufgabe 2 mit Hilfen

a Sammelt Argumente und Beispiele für eure Position. Ihr könnt die Kommentare und den Artikel von Seite 45–46 zu Hilfe nehmen. Aber Achtung: Sucht die Argumente (und Beispiele) heraus, die für eure Position sprechen.

Respektloser Umgang ist ein Problem.
- *schlechtes Vorbild, bauen falsche Helden auf*
- *Kanditaten werden entmutigt*
- *Castingshows fördern respektloses ...*
- *Konkurrenz untereinander wird gefördert*

Respektloser Umgang ist kein Problem.
- *Jury macht nur Show*
- *Kandidaten wissen, worauf sie sich ...*
- *bereiten die Kandidaten auf ...*
- *schlechte Kandidaten haben Kritik ...*

b Ordnet eure Argumente nach ihrer Überzeugungskraft, indem ihr Punkte verteilt (1 = schwaches Argument; 2 = stärkeres Argument ...). Wählt dann mindestens zwei gute Argumente (mit Beispielen) für eure Position aus.

Aufgabe 3 mit Hilfen

Notiert einen Einwand, der gegen eure Position spricht, und entkräftet ihn.

- *Viele meinen zwar, dass ... Aber ...*
- *Es ist schon richtig, dass ... Trotzdem ...*

Aufgabe 4 mit Hilfen

a Schreibt nun einen Kommentar, der nicht länger als 20 Zeilen ist. Leitet eure Meinung und die Argumente (mit Beispielen) sprachlich gut ein und verknüpft sie miteinander, sodass sich ein zusammenhängender Text ergibt.

Einleitung:
Meiner Meinung nach ist der respektlose Umgang ... • *Ich finde, dass der respektlose ...*
Argumente und Beispiele:
Zunächst ... • *Außerdem spielt eine Rolle, dass ...* • *Besonders wichtig ist, dass ...* • *Hinzu kommt, dass ...* • *Wenn ..., dann ...* • *Darum ...* • *Ich selbst habe ...* • *... zum Beispiel ...* • *Das sieht man daran, dass ...*
Einwand entkräften: *Viele meinen zwar, dass ... Aber das ist aus meiner Sicht ..., weil ...*
Schluss:
Mit den Castingshows wird meiner Meinung nach ... • *Ich würde mir wünschen, dass ...*

b Überarbeitet eure Kommentare mit Hilfe der Formulierungsbausteine auf Seite 42.

2.3 Fit in ... – Stellung nehmen

Die Aufgabenstellung richtig verstehen

Stellt euch vor, ihr bekommt in der nächsten Klassenarbeit die folgende Aufgabenstellung:

Die Hausordnung eurer Schule soll um sechs Regeln zum respektvollen Umgang miteinander ergänzt werden. Der unten stehende Entwurf wurde in der Schülerzeitung abgedruckt. Schreibe einen Leserbrief an die Schülerzeitung, in dem du Stellung zu den neuen Regeln nimmst. In deiner Argumentation kannst du den einzelnen Regeln zustimmen, sie ablehnen oder einen Kompromiss vorschlagen.

Neue Regeln für die Hausordnung

Um unser Schulklima angenehmer und freundlicher zu gestalten, wollen wir neue Regeln in unsere Hausordnung aufnehmen.

A. Für jeden sind Höflichkeit und gute Umgangsformen selbstverständlich:

1. Alle Schüler/-innen sind verpflichtet, Lehrer/-innen bei der ersten Begegnung am Tag freundlich zu grüßen, und zwar mit den Worten „Guten Tag, Frau .../Herr ...“.
2. Auch die Schüler/-innen sollen sich grüßen. Jüngere Schüler/-innen müssen ältere Schüler/-innen zuerst grüßen.
3. Schüler/-innen machen Erwachsenen immer unaufgefordert den Weg frei, wenn diese sich im Schulgebäude begegnen. Sie halten Taschen tragenden Lehrkräften die Türen auf.

B. Jeder verhält sich anderen gegenüber tolerant, respektvoll, rücksichtsvoll und friedlich:

4. Wir behandeln uns mit Respekt. Keiner darf herabsetzende oder beleidigende Bemerkungen über das Aussehen, die Kleidung oder das Verhalten anderer machen.
5. Meinungsverschiedenheiten sollen sachlich und fair gelöst werden. Jede Form von Gewalt soll vermieden werden.
6. Jede Art von unnötigem Lärm ist zu vermeiden. Lautes Kreischen und Lachen sind nicht gestattet.

1 Lest die Aufgabenstellung genau. Erklärt euch gegenseitig, was ihr bei eurem Leserbrief beachten müsst. Beantwortet hierzu die folgenden Fragen:
- Zu welchem Thema sollt ihr eure Meinung darlegen?
- Zu wie vielen Einzelregeln sollt ihr Stellung nehmen?
- Wie formuliert ihr eure Meinung zu einer Regel, die ihr ablehnt bzw. befürwortet? Wie formuliert ihr einen Kompromiss?

Ideen sammeln (Stoffsammlung)

2 a Lest die sechs neuen Regeln, die in die Hausordnung aufgenommen werden sollen.
b Entscheidet, welchen Regeln ihr zustimmen könnt und welchen nicht.

Regeln, die mich überzeugen	Regeln, die mich nicht überzeugen
4. Keine herabsetzenden oder … *5. …*	*2. Jüngere Schüler müssen …* *3. …*

3 a Entscheidet euch für zwei bis drei Regeln, zu denen ihr Stellung nehmen wollt. Markiert sie in eurer Tabelle.
b Formuliert zu den zwei bis drei Regeln eure Meinung und begründet sie mit einem Argument und einem Beispiel. Ihr könnt hierzu die folgenden Meinungsäußerungen zu Hilfe nehmen.

> Ich finde es zwar richtig, wenn sich alle Schüler/-innen grüßen. Aber dass jüngere Schüler ältere Schüler zuerst grüßen sollen, sehe ich nicht ein, weil das unfair ist. *(Ayla, 7. Klasse)*
>
> Ich kann verstehen, dass man unnötigen Lärm vermeiden soll. Aber Lachen kann man nicht verbieten, denn das widerspricht der freien Entfaltung von Jugendlichen. Außerdem ist es doch schön zu hören, wenn die Schüler auch in der Schule Spaß haben und sich gut verstehen. *(Stefan Hofmann, Elternvertreter)*
>
> Ich finde es gut, dass Meinungsverschiedenheiten fair und ohne Gewalt gelöst werden sollen, denn das sorgt wirklich dafür, dass wir uns in der Schule wohl fühlen. *(Ömer, Klasse 9)*

Den Leserbrief formulieren und überarbeiten

4 Schreibt nun einen Leserbrief an die Redaktion der Schülerzeitung, in dem ihr Stellung zu den Regeln nehmt.

5 Überarbeitet eure Leserbriefe in Partnerarbeit. Nutzt dazu die folgende Checkliste.

> *Liebes Schülerzeitungsteam,*
> *in unsere Hausordnung neue Regeln aufzunehmen, die für ein besseres Schulklima sorgen, finde ich grundsätzlich gut. Unter den vorgeschlagenen Regeln gibt es einige, die ich für sinnvoll halte. Aber es werden auch Regeln vorgeschlagen, die …*

Checkliste

In einem Leserbrief Stellung nehmen
- **Einleitung:** Habt ihr einleitend den Anlass genannt, der euch zum Schreiben bewegt?
- **Hauptteil:** Habt ihr eure Meinung klar formuliert? Führt ihr **Argumente** für eure Position an und stützt sie durch **Beispiele?** Sind eure Argumente sprachlich miteinander verknüpft?
- **Schluss:** Habt ihr am Ende eure Position zusammengefasst oder einen Vorschlag oder Wunsch geäußert?

3 China –
Beschreiben und erklären

1 Auf dem Foto seht ihr die chinesische Stadt Shanghai. Beschreibt euren Eindruck.

2 Was wisst ihr bereits über China? Tragt eure Kenntnisse zusammen.

3 Sammelt Fragen: Was möchtet ihr über das Land China und seine Menschen erfahren?

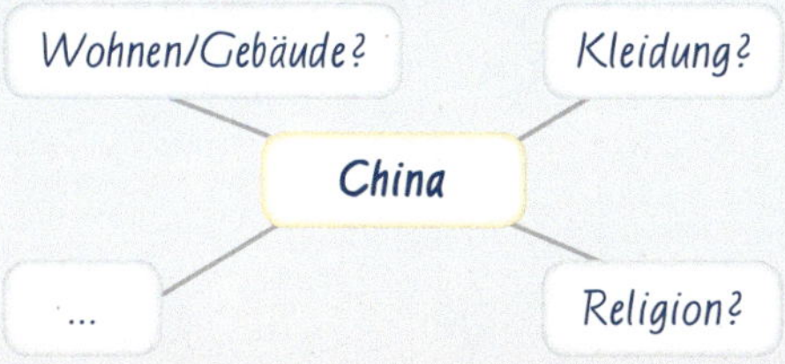

In diesem Kapitel ...

- beschreibt ihr chinesische Personen, Bilder und Kochrezepte,
- legt ihr ein Portfolio mit Informationen über China an,
- lest und untersucht ihr Geschichten, die in China spielen.

3.1 Fernes China – Personen, Bilder und Vorgänge beschreiben

Ein Portfolio zusammenstellen

China

Was möchte ich erfahren?

Bisher weiß ich, dass China ein riesiges Land ist. Von der Chinesischen Mauer, die das längste Bauwerk der Welt sein soll, habe ich auch schon gehört. Ab und zu gehe ich mit meiner Familie chinesisch essen. Die chinesischen Schriftzeichen auf den Stäbchen finde ich interessant. Was ich über dieses Land und seine Menschen erfahren möchte:

China
- *Sprache/Schriftzeichen*
- *Schule*
- *Berufe*
- *Speisen/Getränke*
- *Religion*
- *Feste*
- *Sehenswürdigkeiten*
- *Kleidung*

Erste Rechercheergebnisse:

1. Die chinesische Schrift:
   - Unter den Schriften, die heute noch verwendet werden, ist die chinesische die älteste.
   - Ursprünglich war die chinesische Schrift eine Bilderschrift. Das heißt, jedes Schriftzeichen war ein kleines Bild, das etwas Bestimmtes darstellte, z. B. Sonne, Wasser, Mond. Jedes Zeichen stand für ein Wort. Im Laufe der Zeit ...

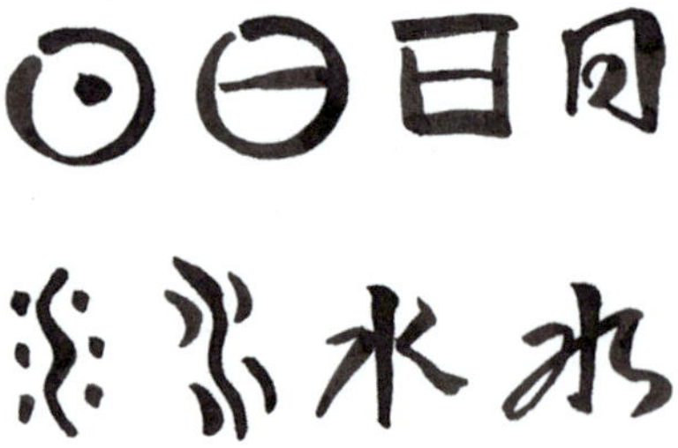

Quellen:
www.chinaseite.de
www.kinder-hd-uni.de/china0.html

1 Schaut euch die Seite aus einer Sammelmappe (Portfolio) zu China an (► S. 52). Erklärt, wie sie aufgebaut ist.

2 Legt eine Sammelmappe (ein Portfolio) an, in der ihr eure Materialien zu China sammelt. Orientiert euch dabei an den Informationen im unten stehenden Kasten.

3 In einem Portfolio könnt ihr auch eure Lernergebnisse bewerten.

a Schaut euch den folgenden Bewertungsbogen an und erklärt, auf welche Weise hier das eigene Lernen und Arbeiten bewertet wird.

Was ich gelernt habe:	Das beherrsche ich ...			Was mir geholfen hat (z. B. Regeln, Tipps):	Üben sollte ich noch:
	☺	😐	☹		
Eine Person beschreiben		X		…	*statt „hat“ und „ist“ treffende Verben verwenden*
Einen Vorgang beschreiben		X		…	*wie man …*
…				…	…

b Entwerft für euer Portfolio einen eigenen Bewertungsbogen und füllt ihn nach und nach aus.

Methode **Ein Portfolio zusammenstellen**

Ein Portfolio ist eine selbst zusammengestellte Sammelmappe, in der ihr Materialien zu einem Thema wie z. B. Beschreibungen rund um China sammelt. Diese Mappe wird während einer Unterrichtseinheit nach und nach ergänzt. In eurem Portfolio könnte Folgendes enthalten sein:

Inhalt
- ein interessantes Deckblatt, das zum Thema passt (z. B. zu China),
- ein Inhaltsverzeichnis, in dem alle Materialien aufgeführt sind,
- selbst geschriebene Texte rund um das Thema (z. B. Beschreibungen von Personen, Bildern und Vorgängen, die einen Bezug zu China haben),
- recherchierte Materialien, die ausgedruckt, kopiert oder ausgeschnitten wurden (z. B. Texte und Bilder aus Zeitungen oder aus dem Internet).

Bewertung
Außerdem könnt ihr auch eure Lernergebnisse bewerten. Ihr könnt z. B. festhalten,
- was ihr bereits gelernt habt und wie gut ihr das Gelernte beherrscht,
- welche Regeln und Tipps besonders hilfreich waren und
- was ihr noch üben solltet.

Menschen in China – Personen beschreiben

1 Betrachtet die beiden Fotos genau. Welche Merkmale einer Person sollte man beschreiben, damit sich ein anderer diese genau vorstellen kann? Beispiel: *Geschlecht, Alter, ...*

2 Arbeitet im Team. Erstellt zu der chinesischen Frau einen Steckbrief nach dem folgenden Muster. Ihr könnt passende Angaben aus dem Kasten auswählen.

Gesamteindruck
Geschlecht: weiblich
Alter (geschätzt): etwa ...
Größe (geschätzt): etwa ...
Figur: ...
...

Haare und Gesicht
Haarfarbe und Frisur: ...
Gesichtsform: ...
Augen: schwarz, mandelförmig ...
Augenbrauen: ...
Nase: ...
...

Kleidung und Schmuck
Kleidungsstil: sportlich, modisch
- *weißes T-Shirt*
- *violette Jeansjacke*
- ...

Besondere Kennzeichen
- ...

volle/schmale Lippen • schlank/füllig/zierlich • Stupsnase/breite Nase • helle/leicht gebräunte Haut • feine/buschige Augenbrauen • runde/ovale Gesichtsform

3 a Erklärt, was an der Personenbeschreibung der chinesischen Frau noch nicht gelungen ist.

VORSICHT FEHLER!

Die chinesische Frau sieht ganz süß und sympathisch aus. Sie ist ungefähr 18 Jahre alt. Sie ist ein bisschen kleiner als ich.
Sie hat längere, schwarze Haare. Sie hat ein ovales, schmales Gesicht. Sie hat schwarze, mandelförmige Augen. Sie hat fein geschwungene, schwarze Augenbrauen. Sie hat eine kleine Nase und volle Lippen. Das Kinn ist eher eckig. Sie hat eine Jeansjacke an. Die Klamotten sehen ganz cool aus. Mit ihrer sportlichen, extravaganten Kleidung und dem Handy wirkt sie sehr modern und lebenslustig.

b Überarbeitet den Text und formuliert dabei auch die Sätze um:
- An welchen Stellen kann man die Person genauer beschreiben?
- Welche Passagen sind unsachlich formuliert?
- Wo könnt ihr statt „hat" und „ist" treffendere Verben verwenden?

Treffende Verben:
tragen • aussehen • besitzen • aufweisen • auffallen • wirken

4 Beschreibt den chinesischen Mann auf dem rechten Foto (► S. 54).
Geht so vor:
a Legt euch eine Stoffsammlung wie auf Seite 54 an und tragt passende Angaben zusammen.

Gesamteindruck:
Geschlecht: ...
Alter (geschätzt): ...
Größe: ...
Figur: ...
Besondere Kennzeichen:
- ...

Haare und Gesicht
- ...
- grauer Oberlippenbart; langer, grauer Kinnbart
- ...
Kleidung
- dunkelgrüner Turban
- ...

b Verfasst die Beschreibung. Nutzt auch die Informationen aus dem Merkkasten.

5 a Hängt in der Klasse große Abbildungen von verschiedenen Personen, z. B. aus China, auf.
b Verfasst eine Personenbeschreibung für euer Portfolio.

Information **Eine Person beschreiben**

- **Einleitung:** Macht in der Einleitung allgemeine Angaben zur Person (z. B. Geschlecht, Alter, Nationalität).
- **Hauptteil:** Beschreibt im Hauptteil das Aussehen der Person in einer geordneten Reihenfolge, z. B. von oben nach unten.
- **Schluss:** Hier könnt ihr beschreiben, wie die Person auf euch wirkt.
- Sucht **aussagekräftige Adjektive,** um die Person zu beschreiben, z. B.: *schlank, tiefschwarz.*
- Verwendet an Stelle der Wörter „ist", „sind", „hat" und „haben" **treffende Verben,** z. B.: *tragen, aussehen, besitzen, aufweisen, wirken, umgeben.*
- **Vermeidet persönliche Wertungen** wie *schön, süß, lieb* oder *hässlich.*
- Schreibt im **Präsens.**

Traditionelle Malerei – Bilder beschreiben

Titel: Reisender mit Diener (1850); unbekannter Maler (farbige und schwarze Tusche auf Papier)

Nur wohlhabende Chinesen konnten es sich im 19. Jahrhundert leisten zu reisen. Dass das Reisegefährt von einem Diener geschoben wird, weist auf einen reichen Mann hin.

1
- a Schaut euch das Bild eine Weile in Ruhe an.
- b Äußert euch spontan: Was ist euch als Erstes ins Auge gefallen?
- c Beschreibt, welche Szene das Bild festhält und welche Stimmung es vermittelt.

2 Untersucht den Bildaufbau genau. Beschreibt, was im Vordergrund, im Mittelgrund und im Hintergrund zu sehen ist.

- *Im Vordergrund sieht man ...*
- *In der Mitte/Im Mittelgrund ...*
- *Im Hintergrund ...*

3 Im Folgenden findet ihr einige Notizen zum Bild.
Ergänzt die lückenhafte Beschreibung und ordnet die Notizen so, dass das Bild in einer logischen Reihenfolge beschrieben wird (von vorne über die Mitte nach hinten).

Bildinhalt
Flusslandschaft mit ...

Einzelheiten des Bildes
- *Papierschirme; fließende Gewänder*
- *Felsen ragen ...*
- *Reisender mit ...; der Diener schiebt ...*
- *Frau mit ...; die Frau greift ...*
- *kleine Brücke in Dreiecksform, dahinter liegen ...*
- *in den Fluss hinein ragen ...*
- *Reisegefährt sieht aus wie ...; grüne Holzkiste ...*

4 a Erstellt selbst Farbpaletten, indem ihr Farbbezeichnungen für verschiedene Rot-, Grün-, Gelb- und Brauntöne findet.
b Beschreibt die Farben des Bildes mit Hilfe eurer Farbbezeichnungen.
c Führt den folgenden Satz sinnvoll fort:
Der Himmel und der Reiseweg besitzen die gleiche ? . Durch diese Farbgebung bilden sie ? .

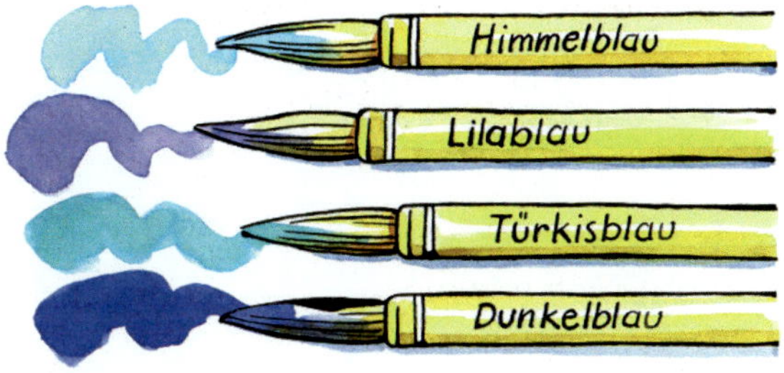

5 Fertigt eine Beschreibung des Bildes „Reisender mit Diener" an. Geht so vor:
a Beginnt mit der Einleitung, indem ihr die folgenden Sätze in eurem Heft ergänzt.
Das hochformatige Bild eines unbekannten ? mit dem Titel ? stammt aus dem Jahr ? . Es ist mit ? und ? auf ? gemalt. Abgebildet ist eine Flusslandschaft, in der ? mit seinem Diener ? .
b Beschreibt das Bild in einer geordneten Reihenfolge. Macht auch Angaben zur Farbgestaltung. Eure Vorarbeiten aus den Aufgaben 3 und 4 und die folgenden Formulierungshilfen helfen euch dabei.

Im Vordergrund des Bildes
- *Reisender auf einer Art Schubkarre, wird vom Diener geschoben*
- *grüner Reisekoffer auf der rechten Seite des Gefährts mit einer Schnur festgebunden; aufgespannter Papierschirm zum Schutz vor der Sonne*
- *typische chinesische Kopfbedeckung, braunes Gewand, Gesicht mit schmalem Schnauzbart*
- *Diener trägt mittelblaues, langärmeliges Hemd, mit Gürtel zusammengebunden; kakifarbene Hose bis kurz über die Knie, Riemchen-Sandalen ohne Strümpfe, Diener eher junger Mann*
- *beide haben eher eine blasse Gesichtsfarbe mit rötlichen Wangen*

Treffende Verben:
abgebildet ist/sind • gezeigt wird/werden • zu sehen ist/sind • stellt dar • tragen • aussehen • besitzen • aufweisen • wirken • umgeben

c Beendet eure Bildbeschreibung mit Angaben zur Wirkung und Stimmung des Bildes.
d Überarbeitet eure Bildbeschreibung und nehmt die Texte in euer Portfolio über China auf.

Information **Bilder beschreiben**

- **Einleitung:** Macht Angaben zum Titel, zur Künstlerin oder zum Künstler, zum Erscheinungsjahr, zur Technik (z. B. Aquarell, Öl auf Leinwand), zum Format des Bildes (Hochformat oder Querformat) sowie allgemeine Angaben zum Bildinhalt.
- **Hauptteil:** Geht vom **Gesamteindruck** des Bildes oder vom **Hauptmotiv** aus (was ist abgebildet?). Dann erwähnt ihr die **Einzelheiten.** Geht dabei geordnet vor, ohne zu springen: von der linken zur rechten Bildhälfte, von oben nach unten oder von vorne (Vordergrund) über die Mitte (Mittelgrund) nach hinten (Hintergrund).
  Macht auch genaue Angaben zur **Farbgestaltung** (überwiegen helle oder dunkle Farbtöne? Welche Farben liegen vor und wie sind sie verteilt?) und eventuell zu den Formen (z. B. rund, eckig, weich).
- **Schluss:** Hier könnt ihr beschreiben, wie das Bild insgesamt auf euch wirkt.

Die Bildbeschreibung wird im **Präsens** und in einer **sachlichen Sprache** verfasst.

Chinesische Kochkunst – Vorgänge beschreiben

Man braucht für ca. 50 Jiaozi

Teig
500 g Weizenmehl
ca. 1/4 l Wasser

Füllung
350 g Schweinehackfleisch
1 walnussgroßes Stück Ingwer, geschält und fein zerhackt
1 dünne Lauchstange, fein geschnitten
1 EL Sojasoße
1 TL Sesamöl
2 EL Reisessig (oder Balsamico-Essig)

1 Jiaozi ist ein traditionelles chinesisches Gericht, das am Neujahrsfest als Teil eines Menüs gegessen wird. Manchmal wird in einer der Teigtaschen eine Münze oder eine Erdnuss versteckt, die dem Finder Glück bringen soll.
Kennt ihr das Gericht Jiaozi oder andere chinesische Gerichte? Berichtet davon.

2 Auf den Bildern ist dargestellt, wie man Jiaozi zubereitet. Wie geht man Schritt für Schritt vor? Beschreibt jedes Bild in einem vollständigen Satz. Wechselt hierbei zwischen Aktiv- und Passivformulierungen ab.

1. Mehl und Wasser werden zu einem Teig verarbeitet. Den Teig lässt man eine Stunde ...
2. ...

> **Aktiv und Passiv**
> Aktiv: *Du knetest den Teig.*
> Passiv: *Der Teig wird geknetet.*
> (► mehr zu Aktiv und Passiv, S. 323)

3 Beschreibt nun die Zubereitung des chinesischen Gerichts Jiaozi. Geht so vor:

a Formuliert eine treffende Überschrift.

b Schreibt einen Einleitungssatz, in dem ihr die nötigen Zutaten nennt, z. B.: *Für die Zubereitung der Jiaozi braucht man ...*

c Beschreibt im Hauptteil, wie man bei der Herstellung vorgehen muss. Macht die Abfolge der Arbeitsschritte deutlich und wechselt zwischen Aktiv- und Passivformulierungen, z. B.: *Zuerst werden Mehl und Wasser zu einem Teig verarbeitet, den man eine Stunde lang ruhen lässt. Während der Teig ruht, werden alle Zutaten für die Füllung ...*

d Gebt zum Schluss einen weiterführenden Hinweis, z. B.: *Manchmal wird in einer der Teigtaschen eine Münze ...*

Macht die Abfolge deutlich:
bevor, dann, danach, anschließend, zum Schluss, während, nachdem

4 Überprüft eure Vorgangsbeschreibung anhand des Merkkastens unten.

5 Auf den folgenden Abbildungen seht ihr, wie man mit Stäbchen isst.

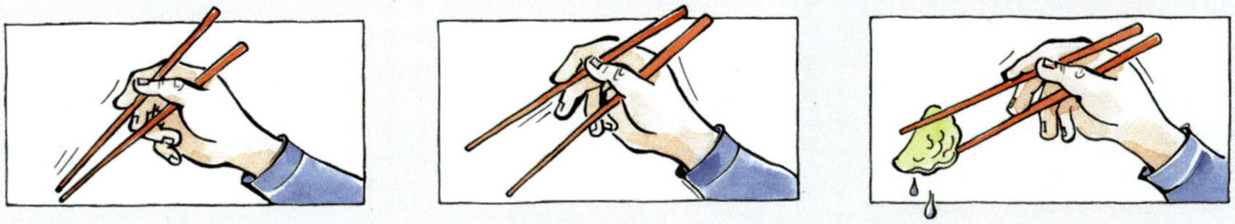

Das untere Stäbchen liegt fest in der Hand, nur das obere Stäbchen ist beweglich.
Den Umgang mit Stäbchen könnt ihr auch mit Stiften oder Pinseln üben.

a Habt ihr schon einmal versucht, mit chinesischen Stäbchen zu essen? Erklärt mit Hilfe der Bilder, wie man mit Stäbchen isst und worauf man achten muss.

b Welche Regeln gibt es beim Essen mit Messer und Gabel? Erklärt sie Gästen aus China.

6 Sammelt für euer Portfolio weitere interessante Vorgänge, z. B. chinesische Kampfsportarten wie Tai-Chi. Beschreibt eine Sportart ausführlich.

Methode | **Einen Vorgang beschreiben**

- **Einleitung:** Nennt die notwendigen **Materialien** und/oder **Vorbereitungen,** z. B.: *Man braucht 500 Gramm Mehl, einen Viertelliter Wasser, 350 Gramm ...*
- **Hauptteil:** Beschreibt **Schritt für Schritt den Ablauf des Vorgangs,** z. B.: *Zuerst werden Mehl und Wasser zu einem Teig verarbeitet. Danach ...*
- **Schluss:** Hier könnt ihr einen weiterführenden Hinweis geben, z. B.: *Manchmal wird in einer der Teigtaschen eine Münze versteckt, die dem Finder Glück bringen soll.*
- Verwendet nur **eine Form der Ansprache:** *Man springt ...* oder *Du springst ...*
- Wechselt zwischen Aktiv- und Passivformulierungen, dann wird eure Beschreibung abwechslungsreicher, z. B.: *Der Teig wird geknetet. Danach lässt man ihn eine Stunde ruhen.*
- Wählt passende Wörter, die die **Reihenfolge** der einzelnen Schritte **deutlich machen,** z. B.: *zuerst, dann, danach, zum Schluss ...*
- Schreibt im **Präsens.**

Testet euch!

Beschreiben

VORSICHT FEHLER!

In einer Personenbeschreibung ...

I soll man die Person in einer geordneten Reihenfolge (z. B. von oben nach unten) beschreiben.
M muss man das Aussehen der Person zum Schluss persönlich bewerten.
E soll man möglichst wenig Adjektive verwenden, weil sie den Text zu lang machen.
N soll man das Präsens verwenden.
A soll man genaue Angaben machen.
O kann man verschiedene Zeitformen verwenden, je nachdem, ob die Person noch lebt oder nicht.
L verwendet man möglichst oft die Verben „haben" und „sein".
C macht man auch allgemeine Angaben zur Person (z. B. Alter, Geschlecht).
H nennt man auch die besonderen Merkmale einer Person, z. B. eine Tätowierung, eine auffällige Narbe.

1 Nicht alle Aussagen in der Checkliste zur Personenbeschreibung sind richtig. Schreibt die Buchstaben der richtigen Aussagen in euer Heft. Richtig zusammengesetzt ergeben sie ein Lösungswort.

2 Die folgende Beschreibung des Jungen ist noch nicht gelungen.
a Überarbeitet die Personenbeschreibung und schreibt eine verbesserte Fassung in euer Heft.
b Besprecht eure Texte dann in Partnerarbeit.

VORSICHT FEHLER!

Der Junge hat hellbraune Haut und trägt am linken Arm eine große Armbanduhr mit einem schwarzen Armband. Der Junge hat moderne Freizeitkleidung an. Seine Haare sehen ziemlich gewöhnungsbedürftig aus. Seine rötlich braunen Haare sind mittellang. Sie sind auf der rechten Kopfseite in die Stirn gekämmt und stehen oben auf dem Kopf ab. Der Junge hat die Hände mit leicht gespreizten Fingern in die Hüften gestemmt. Er hat einen knallroten, weiten Pullunder. Er hat eine hellbraun gemusterte Hose und ein schwarzes T-Shirt, dessen Ärmel bis zu den Ellbogen reichen. Der Kopf ist leicht zur rechten Seite geneigt. Der Junge lächelt den Betrachter an. Der Junge hat ein rundliches Gesicht mit einem relativ breiten Mund. Er hat etwas aufgeworfene Lippen, leicht vorstehende Wangenknochen und relativ schmale Augen. Der Junge ist schlank und sieht meiner Meinung nach ziemlich cool aus. Er hat eine kurze Kette mit einem rechteckigen Anhänger.

3.2 Leben im Reich der Mitte – Literarische Beschreibungen

Federica de Cesco

Weißer Kranich über Tibet

Tibet ist ein ausgedehntes Hochland in Zentralasien, das im Süden einen großen Teil des Himalaja-Gebirges umfasst. Seit vielen Jahren steht es unter chinesischer Herrschaft.
Sonam, die Ich-Erzählerin, und ihr Freund Osher wollen aus Tibet ins freie Nepal fliehen. Ihr gefährlicher Weg führt sie dabei über die schneebedeckten Höhenpässe des Himalajas. Auch ihre Pferde, Komtse und Powo, werden höchsten Belastungen ausgesetzt.

Eines Abends entdeckten wir in der Ferne eine Ansammlung dunkler Punkte: Hirten waren mit Yakherden[1] ihrer Kommune[2] unterwegs. Wir ritten ihrem Lagerplatz entgegen. Frauen und Männer waren in schmuddelige Kleider und Windjacken gehüllt. Ihr Haar war in strähnigen Zöpfen geflochten und die Frauen trugen Muschelketten um den Hals und Amulette in kleinen Lederbeuteln an einer Schnur. Die Hirten freuten sich über den Besuch, der Abwechslung in ihr eintöniges Dasein brachte. Wir übernachteten mit ihnen in einem großen Zelt aus schwarzen Yakhaaren, in dessen Mitte sich ein aus Lehmziegeln geformter Ofen befand. Immer stärkere Windböen fegten inzwischen über das Hochtal[3], sodass wir sehr dankbar waren, die Nacht in der Wärme verbringen zu können. Frühmorgens, als wir die Pferde sattelten, kam ein Mann mit einem Reisigbündel auf den Schultern zu uns.
Er warnte uns. An vielen Stellen habe die Sonne den Neuschnee zum Schmelzen gebracht, sodass Gletscherarme jetzt Hochwasser führten. Auch das Hochtal, welches wir überqueren mussten, sei überflutet. „Ihr dürft die Brücke nicht verfehlen“, sagte der Mann. „Sie ist nicht für Reiter gemacht, aber es gibt keine andere. Mögen die Götter euch schützen!“
Als wir aufbrachen, flammte die Bergkette mohnrot. Die Hirten segneten uns; ihre Hunde bellten und die jüngeren Burschen liefen eine Zeit lang winkend und lachend neben den Pferden her. Der Felsabhang fiel in steilen Stufen ab, dahinter bildete die Himalaja-Kette eine riesige Wand aus schimmerndem Weiß. Das

1 der Yak: Rinderart, die in Zentralasien verbreitet ist
2 die Kommune, hier: Gemeinschaft von Hirten
3 das Hochtal: Tal im oberen Drittel eines Gebirges

Hochtal, von senkrecht aufragenden Felsen umschlossen, war von halb gefrorenen Bächen durchzogen. Schon von Weitem hörten wir das Rauschen des Wassers und trafen schon bald auf den Gletscherarm. Schäumende Wellen rissen Brocken von Bruchholz, vereiste Erdschollen und Steine ins Tal. Plötzlich machte der Fluss einen Bogen; gleich dahinter war die Brücke. Ihr Anblick war alles andere als ermutigend: Zwei Baumstämme, wackelig und morsch, waren über das Wasser gelegt worden und führten steil abwärts zu dem anderen, sehr viel niedrigeren Felsufer.

Wir tauschten einen betroffenen Blick. Ich fragte Osher:

„Glaubst du, dass wir es schaffen?"

Er schnalzte mit der Zunge: „Schwierig! Wir müssen die Pferde am Zügel führen."

Das Rauschen des Wassers dröhnte gewaltig; man konnte sein eigenes Wort nicht verstehen. Beklommen stiegen wir aus dem Sattel und führten die Pferde dem vereisten, schlüpfrigen Steg entgegen. Osher gab mir durch Zeichen zu verstehen, dass er zuerst gehen würde. Vorsichtig, Schritt für Schritt, begab er sich auf die Baumstämme. Ich hielt den Atem an. Powo betrat die Brücke nur mit äußerstem Widerwillen. Argwöhnisch betastete er mit dem rechten Vorderfuß das glitschige Holz, setzte ihn dann langsam nieder. Der hintere folgte, ebenso vorsichtig tastend. Osher hielt die Zügel, ermutigte den Rappen mit Koseworten und Schmeicheleien. Powo überwand sein Misstrauen nur mit Mühe. Nach ein paar Schritten blieb er zitternd vor Anstrengung stehen. Mein Herz klopfte stürmisch. Was nun? Sollte er nicht lieber umkehren? Doch der Steg war zu schmal und zu steil – umdrehen konnte das Tier jetzt nicht mehr. Widerwillig setzte sich Powo schließlich in Bewegung. Noch einen Schritt … jetzt noch einen. Endlich! Der Hengst erreichte das andere Ufer, schüttelte sich und schlug mit dem Schwanz, während Osher ihm den Hals tätschelte, das Gesicht liebevoll an seine Nüstern legte. Er ließ das Pferd sich von seiner Anstrengung ausruhen, indem er den Sattelgurt lockerte. Dann wandte er sich zu mir, hob den Arm: Ich sollte kommen. Ich nahm meinen ganzen Mut zusammen und betrat den Steg, wobei ich Komtse am Zügel hinter mir herzog. Ich brauchte das Tier nicht anzutreiben, es hatte gesehen, dass der Rappe es geschafft hatte, und ging von selber weiter. Die Augen hielt ich fest auf Osher gerichtet und mied den Anblick des schäumenden Wassers unter mir. Plötzlich wurde ich mit solcher Wucht zur Seite geschleudert, dass nur mein Instinkt mich vor dem Sturz in die Tiefe rettete. Mein Herzschlag setzte aus; das Wasser, die Berge, die Brücke drehten sich im Kreis. Alles vollzog sich in Bruchteilen von Sekunden, bevor ich – wie durch ein Wunder – mein Gleichgewicht wiederfand. Und da sah ich auch schon, was geschehen war. Der rechte Hinterhuf des Pferdes war auf der halb vereisten Rinde ausgerutscht und hatte sich zwischen den beiden Stämmen festgeklemmt. Komtse zitterte am ganzen Körper, seine Ohren waren flach zurückgelegt. Die angstvoll verdrehten Augen gaben das von einem rötlichen Adernetz durchzogene Weiß des Augapfels frei. Dann senkte er den zottigen

Hals. Stoßweise atmend sammelte er seine Kräfte, versuchte, den gefangenen Fuß zu befreien. Vergeblich. Wieder und wieder zog er, so fest es ging, wobei das morsche Holz seine Haut blutig scheuerte. Als er merkte, dass es ihm nicht gelingen würde, drang ein dumpfes, verzweifeltes Wiehern aus seiner Kehle. Ich stand da mit verkrampftem Magen, unfähig, mich zu rühren. Osher rief mir etwas zu, machte mir heftige Zeichen. Das Wasser brauste und tobte, ich verstand kein Wort. Dann trat er ganz nahe an den Rand der Böschung, streckte die Hand nach mir aus. Ich ließ die Zügel los, die ich immer noch hielt, wankte über den Steg und erreichte die andere Seite. Osher packte meine Hand und zog mich hoch. Ich krallte mich an seiner Schulter fest.

„Osher!“, schrie ich. „Können wir nichts tun? Irgendwas?“

„Warte!“, schrie er zurück. Er kletterte an mir vorbei, stapfte vorsichtig über den Steg auf das Pferd zu. Ich schwitzte; alles, was ich anhatte, klebte. Und gleichzeitig liefen mir Schauer durch den ganzen Körper, bis in die Kniekehlen hinunter. Inzwischen bückte sich Osher, kroch auf allen vieren unter dem Bauch des Pferdes weiter. Dicht hinter dem Wallach drehte er sich gelenkig um, wobei er sich an den schwankenden Stämmen festhielt. Dann kniete er nieder, zog sein Messer hervor und begann, den Spalt zwischen den Stämmen zu vergrößern. Das Pferd stand da wie eine schwarze Bildsäule. Nur hier und da zuckte ein Muskel unter dem klebrigen Fell. Einige bange Minuten vergingen. Doch das aufgeweichte Holz ließ sich schnell lösen und bald war der Spalt so weit offen, dass Komtse mit einem kurzen, kräftigen Ruck seinen Fuß herausziehen konnte. Es war ein Wunder: Ohne das Gleichgewicht zu verlieren, stellte Komtse seinen Huf ganz behutsam dicht neben Oshers Gesicht, sehr bemüht, ihm nicht weh zu tun. Und ganz geduldig wartete der Braune, bis der Junge unter seinem Bauch hervorgekrochen war, sich aufgerichtet und die Zügel ergriffen hatte. Jetzt setzte das Tier einen Fuß vor den anderen und folgte ihm, vorsichtig balancierend, über den schwankenden Steg. Am Ufer starrten wir uns an, keuchend und schwitzend, den Schrecken immer noch in den Gliedern. Dann schlug unsere Spannung ins Gegenteil um: Wir brachen in Gelächter aus. Angst und Übelkeit waren wie verflogen: Wir lachten, bis wir fast erstickten und uns setzen mussten.

1 Sammelt eure ersten Eindrücke zu dem Text: Was ist euch aufgefallen? Was hat euch erstaunt, gut oder weniger gut gefallen? Was ist euch unklar?

2 Sonam und Osher brechen auf, um das Hochtal zu durchqueren (► Z. 29–48).

a Macht euch ein genaues Bild von dem Hochtal und der Brücke, indem ihr entsprechende Textstellen herausschreibt.

b Untersucht, wodurch bei dieser Beschreibung Anschaulichkeit entsteht. Achtet dabei auf die sprachlichen Mittel und deren Wirkung.

c Erstellt mit Hilfe eurer Notizen eine Zeichnung von der Landschaft und der Brücke.

3 Lest noch einmal genau im Text nach. Beschreibt dann im Präsens den Vorgang der Rettungsaktion.

4 **a** Untersucht, wie die Hirten zu Beginn des Textes beschrieben werden.

b Informiert euch über das Leben der Hirten im Himalaja. Recherchiert Fotos für euer Portfolio und beschreibt eine Person genau.

5 Recherchiert, warum Sonam und ihr Freund Osher aus Tibet fliehen. Stellt eure Ergebnisse vor.

Sally Grindley

Das Mädchen Lu Si-yan (I)

Lu Si-yan wächst zusammen mit ihrem jüngeren Bruder Li-hu bei ihren Eltern in einem chinesischen Dorf auf. Der Vater betreibt eine kleine Landwirtschaft und schickt seine Tochter sogar zur Schule, damit sie eines Tages studieren kann. Doch Lu Si-yans Leben ändert sich schlagartig, als der Vater plötzlich stirbt. Mutter und Tochter versuchen zwar, die wenigen Felder zu bestellen, aber es reicht kaum für das Nötigste. Der Onkel, das neue Familienoberhaupt, vermittelt schließlich die zwölfjährige Lu Si-yan gegen ihren Willen an die reiche Familie Chen. Dort, in der Großstadt, soll sie als Hausmädchen arbeiten.

Als wir die Wohnung betraten, zeigte eine Uhr an der Wand, dass es bereits vier war. Vier Uhr morgens. Alles war mucksmäuschenstill. Herr Chen öffnete die Tür zu einem Schlafzimmer. „Das ist dein Zimmer“, sagte er. „Versuch zu schlafen. Um acht Uhr wirst du geweckt.“
Ich nickte und sah zu, wie der Lichtspalt aus dem Flur immer kleiner wurde und verschwand, als er die Tür zuzog. Ohne mich auszuziehen, warf ich mich auf das Bett, das so groß und bequem war, als läge man auf einer Wolke, doch ich war zu hungrig und zu verängstigt, um schlafen zu können.
Zu Hause hatte ich das Bett mit meiner Mutter und Li-hu geteilt und es war seltsam, plötzlich ein Bett für mich allein zu haben, dazu noch mit einer richtigen Matratze und einem Kissen. Als es im Zimmer allmählich heller wurde, sah ich mich um. Die Wände waren weiß gestrichen, die Vorhänge hellblau mit einem Muster aus fliegenden weißen Kranichen, die Bettdecke war ebenfalls hellblau, es gab einen kleinen Holztisch mit einer Lampe, in einer Ecke ein Waschbecken mit einem Spiegel darüber, eine niedrige Kommode und einen Holzstuhl und ein wunderschöner Seidenteppich schmückte den Boden.
„Das ist dein Zimmer“, hatte Herr Chen gesagt. Es war ein hübsches, sauberes Zimmer, schöner als alle Zimmer, die ich je gesehen hatte. „Das ist mein Zimmer“, murmelte ich ungläubig und widerwillig zugleich.
Allmählich wurde mir unter der schweren Bettdecke zu warm. Ich warf die Decke zurück, huschte durchs Zimmer, schob die Vorhänge zur Seite und blinzelte aus dem Fenster.
Wir waren hoch oben in der Luft! Das hatte ich mir nicht träumen lassen. Tief unten hatte sich trüber Nebel wie ein Schleier um die schneeweißen Wohnblocks gelegt, die zu beiden Seiten aufragten. Durch die dünne Nebeldecke ließen sich die heruntergekommenen Dächer

der älteren Wohnblocks auf den Hängen weiter unten erkennen. Dahinter erstreckte sich, so weit das Auge reichte, eine trostlose Trümmerlandschaft. Wo war ich bloß? In diesem Panorama aus schneeweißen neuen Wohnhäusern, blassscheckigen Nebelschwaden und schmutzig grauer Landschaft war nicht der winzigste Tupfer Farbe zu sehen. Es war, als würde man auf eine Geisterstadt hinabblicken, in der sich eine entsetzliche Katastrophe abgespielt hatte. Ein lautes Klopfen riss mich aus meinen Gedanken.

„Es ist acht Uhr, Lu Si-yan", rief eine Frauenstimme. „Komm frühstücken."

Sosehr ich mich auch vor dem fürchtete, was mich womöglich jenseits meiner Zimmertür erwartete, konnte mein hungriger Magen der Aufforderung nicht widerstehen. Vorsichtig öffnete ich die Tür und lugte auf den Flur hinaus, der auf einer Seite um die Ecke bog und ins Ungewisse führte. Es war niemand zu sehen, doch zogen die verlockendsten Gerüche vorbei und aus der anderen Richtung drang nahes Stimmengemurmel auf den Korridor. Zögernd folgte ich dem Geräusch und machte um zwei Türen einen großen Bogen, aus Angst, sie könnten sich womöglich öffnen. Hinter einer angelehnten Tür am Ende des Flurs war ein lautes Hämmern zu hören und ich blieb unschlüssig davor stehen. Als es verstummte, klopfte ich zaghaft an.

„Komm herein, mein Kind", sagte die Frauenstimme.

Ängstlich trat ich in eine hell erleuchtete Küche. Sie war voll mit Gerätschaften, deren Verwendungszweck ich nicht einmal kannte. Auf einem Tisch in der Mitte stand eine Porzellanschüssel mit einem Suppenlöffel und einem Paar Essstäbchen daneben und schien nur auf mich zu warten. Frau Chen, oder zumindest hielt ich sie dafür, trat hinter einer Schranktür hervor.

Vollkommen verdattert starrte ich sie an. Sie war unfassbar schön, tadellos gekleidet und trug feinste Seide und Perlenschmuck. Sie sah aus, als wäre sie geradewegs einer Modezeitschrift entstiegen.

Sie musterte mich von oben bis unten, sodass ich vor Scham beinahe im Boden versunken wäre. Dann lächelte sie plötzlich.

„Du siehst aus wie ein zerbrechliches Schilfrohr. Ein Windstoß und du knickst um. Wir müssen dich wohl ein wenig aufpäppeln, Lu Si-yan. Setz dich und iss."

Sie reichte mir einen heißen Lappen, mit dem ich mir Hände und Gesicht abwischte, und setzte mir eine Schüssel Suppe und Platten mit Hühnchen, Gemüse und Reis vor die Nase. Offenbar war das ganze Essen nur für mich, denn es sah nicht so aus, als würde ich Gesellschaft bekommen.

Während ich mir Suppe auftat, nahm Frau Chen schweigend am anderen Ende des Tisches Platz. Ich steckte mir den ersten Löffel in den Mund und bemerkte, dass sie jede meiner Bewegungen beobachtete. Ich kam mir mit einem Mal dumm und ungeschickt vor. Ich aß, so viel ich konnte, um möglichst wenig übrig zu lassen und niemanden vor den Kopf zu stoßen. Dann rang ich mir ein schüchternes Lächeln ab und sagte:

„Danke, Frau Chen. Das war köstlich."

„Deinen Tischsitten werden wir noch nachhelfen müssen", antwortete Frau Chen und lächelte zurück. „Sobald du mit dem Abwasch fertig bist, bringe ich dich zum Friseur und dann kaufen wir dir etwas zum Anziehen."

1 Tragt zusammen, inwiefern sich die Lebenssituation von Lu Si-yan verändert.

2 a „Als es im Zimmer allmählich heller wurde, sah ich mich um" (▸ Z. 18 f.). Beschreibt, wie das neue Zimmer von Lu Si-yan aussieht. Lest dazu noch einmal genau im Text nach.

b Beschreibt auch den Blick aus ihrem Fenster. Was sieht sie und worüber wundert sie sich?

3 Untersucht, mit welchen sprachlichen Mitteln es gelingt, die neue Umgebung und damit auch die Atmosphäre der Großstadt einzufangen. Schaut euch noch einmal die einzelnen Sätze in den Zeilen 37– 53 an. Führt zum Beispiel die Weglassprobe durch:

> ~~Tief~~ unten hatte sich ~~trüber~~ Nebel ~~wie ein Schleier~~ um die ~~schneeweißen~~ Wohnblocks gelegt, ~~die zu beiden Seiten aufragten~~. (Z. 38–41) → *Unten hatte sich Nebel um die Wohnblocks gelegt.*

4 **a** Beschreibt die erste Begegnung des Mädchens mit Frau Chen: Welchen Eindruck gewinnt Lu Si-yan von Frau Chen?
b Erläutert, wie sich Lu Si-yan bei den Chens fühlt. Stellt passende Textstellen zusammen.

Sally Grindley

Das Mädchen Lu Si-yan (II)

Wir fuhren in die Stadt. Frau Chen hatte ihr eigenes Auto! Sie hielt vor einer Reihe kleinerer Läden, von denen sich einer als Frisier- und Schönheitssalon entpuppte. Als der Inhaber Frau Chen erblickte, eilte er zur Ladentür und hielt sie ehrerbietig grüßend auf.

„Ihr Haar muss in Ordnung gebracht werden, sie bekommt am besten einen kurzen Bubikopf mit geradem Pony, der ihre Augen frei lässt. Außerdem muss etwas mit ihren Händen passieren. Sehen Sie sich das an; der Himmel weiß, was sie damit gemacht hat."

„Jawohl, Frau Chen, selbstverständlich, Frau Chen."

Nachdem Frau Chen ihre Anweisungen gegeben hatte, setzte sie sich hin, blätterte in einer Zeitschrift und ließ sich von einem Angestellten Tee bringen. Mit Tränen in den Augen blinzelte ich in den Spiegel und sah zu, wie mein dickes schwarzes Haar in dichten Büscheln zu Boden fiel und einem artigen Bubikopf wich. Meine Hände wurden geschrubbt und eingeölt und meine Nägel zu Halbmonden gestutzt. Der Inhaber ließ das Ergebnis von Frau Chen begutachten, die es als gewaltige Verbesserung bezeichnete, und schon ging es zur nächsten Etappe meiner Verwandlung.

Die Aussicht auf neue Kleider war ziemlich aufregend – Kleider, die passten und schön aussahen, so wie bei den Mädchen, die ich hier und da auf der Straße sah und nach denen ich mich trotz Frau Chens missbilligender Miene staunend umdrehte. Vielleicht würde ich genauso hübsch aussehen.

Vor einem kleinen Bekleidungsgeschäft blieben wir stehen. Auch hier riss uns der Inhaber die Tür auf, um Frau Chen zu Diensten zu stehen.

„Ich brauche eine Art Uniform für dieses Kind

hier", sagte sie. „Sie wissen schon, was ich meine. Eine Bedienstetenuniform, wadenlang, schwarz oder dunkelblau, mit weißem Kragen."

„Selbstverständlich, gnädige Frau. Wie wäre es hiermit?"

Der Inhaber nahm ein schlichtes, gerade geschnittenes Kostüm mit einer schmalen Rockfalte, langen Manschettenärmeln und einem weißen Kragen von der Stange.

„Probier es an, Lu Si-yan."

Als ich aus der Umkleidekabine trat, klatschte Frau Chen in die Hände.

„Perfekt", sagte sie lächelnd. „Wir nehmen zwei davon und dazu zwei weiße Blusen, einen von diesen dunkelblauen Mänteln da drüben und außerdem noch zwei Garnituren Unterwäsche, Strümpfe und Schlafanzüge – nichts allzu Ausgefallenes."

Mit unseren Einkäufen bepackt, wurde ich zu einem Schuhgeschäft gelotst und Frau Chen suchte ein Paar schwere schwarze Schnürschuhe für mich aus.

„Gut und robust", sagte sie. „Nichts Extravagantes. Wir möchten doch deine jungen Füße nicht verderben, nicht wahr?"

Ich könne mich glücklich schätzen, dass für ein kleines Mädchen wie mich so viel Geld ausgegeben wurde, sagte sie auf dem Rückweg zum Auto. Sobald wir zu Hause wären, sollte ich meine neuen Sachen anziehen und die alten wegwerfen.

Es war fast Mittag, als wir wieder in der Wohnung waren. Ich hatte fünf Minuten Zeit, um mich umzuziehen und im Arbeitszimmer zu erscheinen, wo ich weitere Anweisungen erhalten sollte. Ich starrte in den Spiegel und erkannte mich selbst nicht mehr. Mein Gegenüber sah älter, dünner und ernster aus als das Mädchen, das ich in Erinnerung hatte. Auch wirkte es irgendwie verzagt. Dagegen versuchte ich sofort anzugehen und versteckte meine abgetragene Lieblingsbluse hinter der Kommode. Frau Chen würde nicht alles von mir bekommen.

1 a „Die Aussicht auf neue Kleider war ziemlich aufregend" (▸ Z. 28 f.). Erklärt, welche Kleidungsstücke Lu Si-yan zu bekommen hofft.

b Frau Chen meint auf dem Rückweg, Lu Si-yan könne sich glücklich schätzen, weil so viel Geld für sie ausgegeben wurde (vgl. Z. 66–69). Ist Lu Si-yan nach dieser Einkaufstour glücklich? Begründet eure Meinung anhand des Textes.

2 a Stellt die Textstellen zusammen, in denen beschrieben wird, welche Veränderungen Frau Chen an Lu Si-yan vornehmen lässt, z. B.:
Z. 7–x: Anweisung von Frau Chen: „Ihr Haar muss in Ordnung gebracht werden, sie ..."

b Erklärt: Wie soll Lu Si-yan nach der Vorstellung von Frau Chen aussehen und wirken? Ihr könnt den folgenden Wortspeicher nutzen.

elegant • schlicht • ungepflegt • ordentlich • sauber • gepflegt • chic • extravagant • modisch • schön

c Überlegt, warum Frau Chen das Äußere von Lu Si-yan in dieser Weise verändern will. Denkt dabei auch daran, wie Frau Chen selbst aussieht (▸ S. 65, Z. 85–89). Was sagt dies über das Verhältnis der beiden Figuren aus?

3 Lest noch einmal die Zeilen 76–84. Erklärt: Was nimmt Lu Si-yan im Spiegel wahr? Warum versteckt Lu Si-yan ihre alte Bluse?

Fordern und fördern – Eine Figur beschreiben

Stellt euch vor: Nach zwei Wochen schreibt Frau Chen ihrer Schwester Gui Lian einen Brief, in dem sie beschreibt, wie Lu Si-yan bei ihrer Ankunft aussah und wie sie jetzt aussieht. Versetzt euch in die Rolle von Frau Chen und schreibt diesen Brief. Geht so vor:

1 Legt euch eine Stoffsammlung an, indem ihr zusammentragt, wie Lu Si-yan als Bauernmädchen aussah und was sich jetzt in ihrer Rolle als Dienstmädchen verändert hat. Nehmt hierzu die beiden Abbildungen oben zu Hilfe.
▷ Hilfen zu dieser Aufgabe, S. 69

Lu Si-yan als Bauernmädchen	**Veränderungen als Dienstmädchen**
Gesamteindruck	*Gesamteindruck*
– schlank	*– sieht älter, dünner, ernster aus*
– ...	*– ...*
Haare und Gesicht	*Haare und Gesicht*
– langes, dickes, schwarzes Haar	*– kurzer Bubikopf*
– ...	*– ...*
Kleidung	*Kleidung*
– ...	*– ...*

2 Schreibt nun Gui Lian einen Brief, in dem ihr das Aussehen Lu Si-yans vor und nach ihrer „Verwandlung“ beschreibt.
▷ Hilfen zu dieser Aufgabe, S. 69

Liebe Gui Lian,

ich hoffe, es geht dir gut und du arbeitest nicht allzu viel.
Wie du weißt, haben wir ein neues Dienstmädchen bekommen. Sie heißt ...

Stellt euch vor: Nach zwei Wochen schreibt Frau Chen ihrer Schwester Gui Lian einen Brief, in dem sie beschreibt, wie Lu Si-yan bei ihrer Ankunft aussah und wie sie jetzt aussieht. Versetzt euch in die Rolle von Frau Chen und schreibt diesen Brief. Geht so vor:

Aufgabe 1 mit Hilfen

Legt euch eine Stoffsammlung an, indem ihr zusammentragt, wie Lu Si-yan vorher (als Bauernmädchen) aussah und wie sie jetzt (als Dienstmädchen) aussieht. Nehmt hierzu die beiden Abbildungen auf Seite 68 zu Hilfe.

Lu Si-yan als Bauernmädchen	Veränderungen als Dienstmädchen
Gesamteindruck – zwölfjähriges chinesisches Mädchen – ca. 1,65 m groß – schlank – gebräunte Haut – schmutzige Fingernägel und Hände – sieht fröhlich aus	Gesamteindruck – sieht älter, dünner, ernster aus – saubere Fingernägel und Hände – hellere Haut
Haare und Gesicht – langes, dickes, schwarzes Haar – rundliches Gesicht – dunkelbraune, mandelförmige Augen – kleine Stupsnase – volle Lippen	Haare und Gesicht – kurzer Bubikopf – schmales Gesicht
Kleidung – ...	Kleidung – ...

Aufgabe 2 mit Hilfen

Schreibt nun Gui Lian einen Brief, in dem ihr das Aussehen Lu Si-yans vor und nach ihrer „Verwandlung" beschreibt.

Liebe Gui Lian,

ich hoffe, es geht dir gut und du arbeitest nicht allzu viel.
Wie du weißt, haben wir ein neues Dienstmädchen bekommen. Sie heißt Lu Si-yan, ist zwölf Jahre alt, ca. 1,65 m groß und kommt aus einer Landarbeiterfamilie. Als sie vor zwei Wochen bei uns ankam, sah sie wirklich noch wie ein einfaches Bauernmädchen aus. Ihre Haut war gebräunt und ihre Hände und Fingernägel waren vollkommen schmutzig von der Feldarbeit. Sie besaß langes, dickes ...
Nachdem wir in der Stadt beim Friseur gewesen sind und viele neue Kleidungsstücke gekauft haben, sieht Lu Si-yan nun sehr gepflegt und ordentlich aus. Ihre Haut ...

3.3 Fit in ... – Ein Bild beschreiben

Die Aufgabenstellung verstehen

In der nächsten Klassenarbeit könnte folgende Aufgabe gestellt werden:

Auf einer China-Ausstellung hast du dir ein Bild für dein Portfolio ausgesucht.
Beschreibe das Bild in einem zusammenhängenden Text. Berücksichtige dabei Folgendes:
- Einleitung: Angaben zum Titel, zum Künstler, zum Erscheinungsjahr, zur Maltechnik, zum Format und zum Motiv,
- Hauptteil: genaue Beschreibung des Bildes in einer geordneten Reihenfolge und Angaben zur Farbgestaltung,
- Schluss: Beschreibung der Gesamtwirkung.

Ländliche Szene (1750); unbekannter Maler (farbige und schwarze Tusche auf Papier)

1 a Lest euch die Aufgabenstellung oben aufmerksam durch.
b Besprecht, was ihr tun sollt und worauf ihr bei der Beschreibung des Bildes achten müsst.

Eine Stoffsammlung anlegen

2 a Schaut euch das Bild auf Seite 70 eine Weile an. Achtet dabei auch auf die Einzelheiten, die auf dem Bild dargestellt sind:
- Welche Figuren sind zu sehen?
- Wie sehen sie aus? Wo stehen sie?
- Welche Naturelemente und Bauwerke sind dargestellt?
- Welche Farben werden verwendet?

b Notiert, welches Motiv bzw. welche Szene auf dem Bild gezeigt wird, z. B.:
Das Bild zeigt eine Landschaft mit einem breiten Fluss, in der eine Figurengruppe ...

3 Untersucht nun die Einzelheiten des Bildes.

a Haltet fest, welche Farben verwendet werden. Welche Farben überwiegen? Gibt es Farbakzente?

Vorherrschende Farben sind ... Die Farben ... und ... werden in verschiedenen Abstufungen verwendet. Einige wenige Farbakzente wurden gesetzt. Farblich heben sich ... ab.

b Notiert, was im Vordergrund, im Mittelgrund und im Hintergrund zu sehen ist.
Ergänzt hierzu die folgenden Notizen mit euren eigenen Beobachtungen.

Vordergrund
- *drei Figuren auf einer sandfarbenen Brücke: ein alter chinesischer Bauer, ...*
- *Bauer steht gebeugt, seine rechte Hand ...; der Mann links steht etwas weiter entfernt von ... und dreht seinen Kopf zu ...*
- *Bauer: gebräunte Haut, weißer Bart (Oberlippenbart und spitz zulaufender Kinnbart), buschige, weiße Augenbrauen, blaue Kopfbedeckung, hellbraunes Gewand, das bis ...*
- *Kind: auf der rechten Hand sitzt ein Vogel, zeigt diesen dem ...; helle Haut, roter Mund, tannengrünes Hemd, blassrosa Hose, schwarze ...*
- *Frau: ...*
- *...*

Mittelgrund
- *breiter Fluss in der Farbe Grau*
- *auf der rechten Seite des Flusses ...*

Hintergrund
- *...*

c Beschreibt möglichst in einem Satz, wie das Bild insgesamt auf euch wirkt.
Das Bild wirkt auf mich fröhlich/traurig/harmonisch/friedlich/festlich/idyllisch.

Die Bildbeschreibung verfassen und überarbeiten

4 Beschreibt das Bild „Ländliche Szene“ in einem zusammenhängenden Text. Geht so vor:

a Beginnt mit der Einleitung, indem ihr die folgenden Sätze in eurem Heft ergänzt.
Das fast quadratische Bild eines unbekannten ... mit dem Titel ... stammt aus dem Jahr ...
Es ist mit ... auf ... gemalt. Abgebildet ist eine Landschaft mit ...

b Beschreibt das Bild in einer geordneten Reihenfolge. Macht auch Angaben zur Farbgestaltung. Verwendet hierfür eure Vorarbeiten aus Aufgabe 3.
Ihr könnt die folgenden Satzanfänge und die Verben im Kasten zu Hilfe nehmen:

Im Vordergrund des Bildes sind drei Figuren ..., die auf einer sandsteinfarbenen ... •
... ein alter chinesischer Bauer, ein Kind und eine Frau •
Der alte Mann steht gebeugt da und hat seine rechte Hand ... •
In seiner linken Hand hält er ... •
Auf der rechten Hand des Kindes sitzt ein Vogel, den es ... •
Der Mittelgrund des Bildes ... • Auf der rechten Uferseite des Flusses ... •
Zwei Figuren sind im Bereich der Wohnhäuser zu sehen. Eine lehnt ... Beide tragen ... •
Im Hintergrund des Bildes ist eine weitere Brücke ... • Einige Felssteine ragen in den ... •
Die vorherrschenden Farben in dem Bild sind ... •
Diese Farben werden in verschiedenen Abstufungen ... • Farblich heben sich ... ab. •
Die silbergraue Farbe des Flusses geht in den Himmel über, der die gleiche Farbe ...

treffende Verben:
abgebildet ist/sind • gezeigt wird/werden • zu sehen ist/sind • stellt dar •
zu erkennen ist/sind •
tragen • aussehen • besitzen • verlaufen • aufweisen • wirken • umgeben • sehen

c Beschreibt in einem Satz, wie das Bild auf euch wirkt.

5 Überarbeitet eure Texte in Partnerarbeit. Die folgende Checkliste hilft euch dabei:

Checkliste

Ein Bild beschreiben

- Habt ihr in der Einleitung **Angaben** zum Titel, zum Künstler, zum Erscheinungsjahr, zur Maltechnik und zum Format gemacht?
- Habt ihr im Hauptteil das **Hauptmotiv** und die **Einzelheiten** des Bildes beschrieben? Seid ihr auch auf die **Farbgestaltung** eingegangen?
- Habt ihr das Bild in einer **geordneten Reihenfolge** beschrieben, z. B. von vorne (Vordergrund) über die Mitte (Mittelgrund) nach hinten (Hintergrund)?
- Habt ihr **treffende Verben** und **anschauliche Adjektive** verwendet?
- Habt ihr zum Schluss die **Gesamtwirkung** des Bildes beschrieben?
- Habt ihr durchgehend das **Präsens** verwendet?
- Ist die Beschreibung in einer **sachlichen Sprache** verfasst?
- Sind **Rechtschreibung** und **Zeichensetzung** korrekt?

4 Mit allen Sinnen – Schildern

1 a Gebt wieder, welche Eindrücke und Empfindungen ihr beim Betrachten des Bildes habt.
b Habt ihr schon einmal an einer ähnlichen Veranstaltung teilgenommen? Erzählt davon.

2 Versetzt euch in die dargestellte Situation. Stellt zusammen, was ihr mit euren Sinnen wahrnehmen könnt.
– Was seht ihr?
– Was hört, fühlt und riecht ihr?

Hitze ... Stimmen ... alles ist eng ...

In diesem Kapitel ...

– erfahrt ihr, wie man „mit Worten malen" und Stimmungen anschaulich schildern kann,
– lest und schreibt ihr Reportagen über Naturereignisse,
– übt ihr, ausdrucksstarke Wörter und sprachliche Bilder zu verwenden.

4.1 Draußen unterwegs – Schildern

Unwetter – Schildern und Berichten unterscheiden

Weißer Sommer

Eine drückende Hitze lastete gestern über Stadt und Land. In den aufgeheizten Großstädten stand die Luft still und die Menschen sehnten sich nach einer Abkühlung. Am späten Nachmittag zogen langsam einige graue Wolken auf, kurze Zeit später war die Sonne von einer tiefschwarzen Wolkenmauer verdeckt. Orkanartige Windböen fegten durch die Straßen und rüttelten an den Bäumen, dann fielen die ersten dicken Tropfen auf den glühend heißen Asphalt – es roch nach Sommerregen. Bald zuckten grelle Blitze im Sekundentakt über den Himmel, gefolgt von gewaltigen Donnerschlägen und sintflutartigen Regenfällen. Es schüttete wie aus Eimern. Ungläubig standen die Menschen an den Fenstern und verfolgten das entfesselte Treiben der Naturgewalten: Hagelkörner, so groß wie Tischtennisbälle, mischten sich in den Regen, zerbeulten Autos, zerschlugen Dachpfannen und …

Schwere Unwetter nach Hitzewelle

Mittwoch, 3. Juli

Nach einer Hitzewelle verursachten starke Gewitter, heftige Regenfälle, Hagel und orkanartige Windböen von Hamburg bis in den Süden Deutschlands erhebliche Schäden. Zahlreiche Bäume knickten um, Straßen und Keller wurden überflutet.

In Bayern wurden zehn Menschen verletzt, in Hamburg wurde die Feuerwehr in sechs Stunden zu mehr als 1200 Einsätzen gerufen. In Essen und Mainfranken fielen laut Deutschem Wetterdienst (DWD) bis zu drei Zentimeter große Hagelkörner. In Duisburg knickte ein Baukran am Hafen ab. Menschen wurden nicht verletzt. Am Flughafen Düsseldorf kam es wetterbedingt zu Verspätungen. In Baden-Württemberg war die Rheintalstrecke der Deutschen Bahn zeitweise gesperrt, weil ein Zug gegen einen umgestürzten Baum auf den Gleisen gefahren war. Der Zug konnte seine Fahrt nach kurzer Zeit aber wieder fortsetzen.

1 **a** Schreibt jeden der Texte weiter, indem ihr noch zwei bis drei Sätze ergänzt.
b Erläutert, worauf ihr beim Schreiben geachtet habt.

2 **a** Untersucht die beiden Texte in Partnerarbeit genauer: Wie wird das Unwetter jeweils dargestellt? Stellt die Unterschiede der Texte in einer Tabelle gegenüber.

Weißer Sommer	Schwere Unwetter nach Hitzewelle
– *Sprache: ...* – ...	– *Sprache: sachlich, nüchtern* – ...

b Begründet: Mit welchem Text könnt ihr euch die Unwetterstimmung bildhafter vorstellen?
c Überlegt, welche Absicht die Texte jeweils haben. Begründet eure Meinung.

3 **a** Stellt zusammen, welche Sinneseindrücke (sehen, hören, riechen, fühlen) im Text „Weißer Sommer" geschildert werden.
b Tragt zusammen, mit welchen sprachlichen Gestaltungsmitteln das Geschehen in dem Text „Weißer Sommer" geschildert wird. Übertragt dazu die Tabelle in euer Heft und füllt sie mit Beispielen aus dem Text. Die Informationen im Merkkasten unten helfen euch.

ausdrucksstarke Verben	anschauliche Adjektive und Partizipien	sprachliche Bilder: Vergleiche, Metaphern, Personifikationen
...	– ***drückende** Hitze*	...

4 Schildert selbst ein Unwetter, das ihr erlebt habt.
a Notiert in Stichworten Sinneseindrücke, die ihr mit einem Unwetter verbindet.
b Versucht, mit eurer Schilderung „ein Bild zu malen", und setzt die sprachlichen Mittel so ein, dass ihr die Fantasie eurer Leser anregt.

Information **Sprachliche Bilder**

Der Vergleich: Bei einem Vergleich werden zwei verschiedene Vorstellungen durch ein „wie" oder ein „als ob" miteinander verknüpft, z. B.: *kalt wie Eis; so nass, als ob ich durch einen Fluss geschwommen wäre.*
Die Metapher: Bei einer Metapher wird ein Wort nicht wörtlich, sondern in einer übertragenen (bildlichen) Bedeutung gebraucht, z. B.: *Nussschale für kleines Boot; Suppe für dichten Nebel.* Man verwendet Metaphern, weil sich zwei Dinge auf Grund einer Eigenschaft ähnlich sind. Im Unterschied zum direkten Vergleich fehlt bei der Metapher das Vergleichswort „wie", z. B.: *Die Sonne war (wie) von einer Wolkenmauer verdeckt.*
Die Personifikation (Vermenschlichung) ist eine besondere Form der Metapher: Leblose Gegenstände, Begriffe oder die Natur werden vermenschlicht, das heißt, ihnen werden menschliche Verhaltensweisen und Eigenschaften zugesprochen, z. B.: *die Natur schläft; der Wind rüttelt an den Bäumen; der Tag verabschiedet sich; das Veilchen träumt.*

Eiskalt und stockdunkel – Mit bildhafter Sprache schildern

1 Versetzt euch in die Situation „Wintermorgen an der Haltestelle“. Sammelt Stichworte zu den Wahrnehmungen, Sinneseindrücken und möglichen Gedanken, die ihr mit dieser Situation verknüpft.

Schneematsch spritzt
Ob der Bus wieder zu spät kommt?
Eiseskälte
warten
Autos rasen vorbei
nasse Füße
…

2 Wenn man eine Situation schildert, versucht man, ein anschauliches Bild mit Worten zu malen und seine persönlichen Eindrücke wiederzugeben.

a Erläutert, mit welchen sprachlichen Mitteln der vorliegende Text überarbeitet wurde.

Ein ~~kalter~~ Wind bläst mir ins Gesicht. → *eiskalter*
~~Müde~~ ziehe ich meine Jacke enger. → *Todmüde und fröstelnd*
~~Die Zeit vergeht nicht~~. → *Die Minuten kriechen nur so dahin.*
~~Es ist neblig und ich denke an Paul~~. → *Nebelschwaden hängen in den Bäumen und ich frage mich, wann Paul endlich kommen wird.*

b Formuliert selbst einige Sätze, in denen ihr eure Eindrücke und Gedanken zur Situation „Wintermorgen an der Haltestelle“ schildert. Nutzt hierzu eure Stichworte aus Aufgabe 1.

c Überarbeitet eure Sätze in Partnerarbeit. Wendet hierbei auch die Ersatz- und die Erweiterungsprobe an (► Ersatzprobe und Erweiterungsprobe, S. 327).

1 Stellt euch vor, ihr sitzt abends an einem Lagerfeuer am See und wollt einem Freund oder einer Freundin die Situation und die Stimmung schildern.

a Lasst vor eurem inneren Auge – wie in einem Film – ein Bild entstehen. Notiert, was ihr wahrnehmen und beobachten könnt.

- *Flammen züngeln*
- ...

b Beschreibt eure Wahrnehmungen (Beobachtungen, Geräusche, Gerüche), Empfindungen und Gedanken anschaulich. Nutzt dazu ausdrucksstarke Adjektive, Partizipien und Verben sowie sprachliche Bilder. Ihr könnt die Wörter im Kasten unten zu Hilfe nehmen.

- *das Feuer flackert im Dunkeln*
- *der Geruch von ...*
- *... züngelnde ...*
- *Wellen glucksen*

Beschreibt die **Einzelheiten** anschaulich. Denkt z. B. an eine Kamera, die sich den einzelnen Details annähert. Viele Filme beginnen mit einer Totalen, dann werden Einzelheiten herangezoomt und manchmal schwenkt die Kamera auch wieder zurück.

zucken • flackern • knistern • qualmen • züngeln • glühen • lodern • glimmen • treiben • sich abzeichnen • sich spiegeln • glänzen • leuchten • riechen • Funken • Glut • Himmel • Wolkenfetzen • Silhouette • Umrisse der Berge • Stille • Stockbrot • Bratwurst • Duft • Geruch • Wärme • Flammen • Rauch • dunkel • tiefschwarz • goldgelb • hellblau • kupferrot • würzig • heiß • langsam

2 Schildert nun die Situation und die Stimmung beim Lagerfeuer anschaulich. Schreibt in der Ich- oder Wir-Form und verwendet das Präsens. Geht so vor:

a Formuliert einen einleitenden Satz, der in die Situation einführt, z. B.:

> – *Die Sonne ist noch nicht untergegangen, als wir unser Lagerfeuer am See entzünden.*
> – *Schon von Weitem sehe ich die hellen Flammen unseres Lagerfeuers. Ein Geruch von … liegt in der Luft, als ich …*

b Schildert im Hauptteil die Atmosphäre am Lagerfeuer. Beschreibt die Situation anschaulich und gebt eure Sinneseindrücke wieder. Lest hierzu auch den Merkkasten unten.

> *Nach und nach werden die Flammen größer und langsam verbreitet sich eine wohlige Wärme. Durch den Abendhimmel treiben noch einige Wolkenfetzen, die von der untergehenden Sonne …*

c Schreibt einen Schlusssatz, in dem ihr z. B. einen abschließenden Gedanken äußert.

> – *Mit einem dumpfen Knall fallen die Holzscheite zusammen und bläuliche Rauchschwaden …*
> – *Das Lagerfeuer leuchtet in der Dunkelheit und ich denke …*

3 a Lest eure Schilderungen vor und gebt euch gegenseitig ein Feedback, was besonders gut gelungen ist und was ihr noch verbessern könnt.

b Überarbeitet eure Sätze. Wendet auch die Ersatz- und die Erweiterungsprobe an (▸ S. 327).

– *Die Holzscheite fallen mit einem ~~lauten~~ Knall zusammen.* *dumpfen*
– *Die ⌉ Flammen …* *⌉ hellen*

4 Stellt euch einen besonderen Ort oder eine alltägliche oder ausgefallene Situation vor und schildert eure Wahrnehmungen und Gedanken, z. B. in einer belebten Fußgängerzone, auf einem Popkonzert, am Flughafen, in einem Raumschiff auf dem Weg ins All, in der Wüste.

Information **Schildern**

Wenn man eine Situation oder Stimmung schildert, versucht man, **mit Worten ein anschauliches und lebendiges Bild** zu **malen.** Man beschreibt z. B. eine Landschaft, eine belebte Straße, die Stimmung bei einem Konzert so, dass die Leser die Situation und die Atmosphäre genau vor Augen haben. Schilderungen sind handlungsarm und geben **Wahrnehmungen, Sinneseindrücke** (sehen, hören, fühlen, riechen/schmecken) sowie **persönliche Gedanken und Empfindungen** wieder. Sie beruhen auf genauen Beobachtungen.
Die folgenden Fragen können euch helfen, eine Situation mit allen Sinnen wahrzunehmen: Was sehe ich? Was höre ich? Was rieche/schmecke ich? Was empfinde ich? Was denke ich? Schilderungen können im Präsens, aber auch im Präteritum verfasst werden.

Folgende **Gestaltungsmittel** helfen euch, besonders anschaulich zu schildern:
- **anschauliche Adjektive** und **Partizipien,** z. B.: *stockdunkel, eiskalt, fröstelnd, frierend*
- **ausdrucksstarke Verben,** z. B.: *kriechen, rascheln, knistern*
- **sprachliche Bilder** wie Vergleiche, Metaphern und Personifikationen (▸ S. 75)

Schilderungen machen Erzählungen anschaulich

Mark Twain

Tom Sawyer

Je eifriger Tom sich bemühte, seine Aufmerksamkeit auf das Buch zu konzentrieren, desto mehr irrten seine Gedanken ab. So gab er es schließlich mit einem Seufzer und Gähnen auf. Ihm schien, die Mittagspause werde nie kommen. Die Luft war totenstill. Nicht der leiseste Windhauch regte sich. Es war der schläfrigste aller schläfrigen Tage. Das einlullende Gemurmel der fünfundzwanzig lernenden Schüler umschmeichelte die Seele wie das magische Summen der Bienen. Fern im flammenden Sonnenschein stiegen die grünen Ränder des Cardiff-Hügels auf, hinter einem flimmernden Hitzeschleier, durch die Entfernung violett gefärbt. Auf trägen Schwingen schwebten hoch oben am Himmel ein paar Vögel. Sonst war kein Lebewesen zu sehen, außer einigen Kühen, und die schliefen.

1 a Fasst zusammen, worum es in diesem Textauszug geht.
b Untersucht, aus wessen Sicht erzählt wird. Wie nennt man einen solchen Erzähler?

2 Erklärt, wie Tom in diesem Text auf euch wirkt. Begründet eure Meinung.

3 Untersucht, durch welche sprachlichen Gestaltungsmittel die Wahrnehmungen von Tom besonders anschaulich werden. Nennt Textbeispiele und beschreibt die Wirkung auf den Leser.

4 a Setzt die Schilderung fort. Versetzt euch in die Situation von Tom, sodass vor eurem inneren Auge ein genaues Bild entsteht. Sammelt zu zweit Ideen und haltet sie in einem Schreibplan fest. Orientiert euch hierbei an dem folgenden Muster.

Toms Beobachtungen, Empfindungen	mögliche Formulierungen
– *Tom sah in der Ferne den Fluss.*	– *Das Wasser glitzerte in der Sommersonne, …*
– *Tom blickte auf die Uhr im Klassenzimmer.*	– *Die Zeiger krochen …*
– *Er beobachtete seinen Mitschüler Ben.*	– …

b Überarbeitet eure Texte. Wendet hierbei das ESAU-Verfahren an:

Methode **Texte überarbeiten: Das ESAU-Verfahren**

Das ESAU-Verfahren ist eine Methode der Textüberarbeitung. ESAU steht für **E**rgänzen, **S**treichen, **A**ustauschen und **U**mstellen.

- **E**rgänzen: fehlende Wörter, Sätze, Gedanken, Abschnitte ergänzen
- **S**treichen: überflüssige Wörter, Sätze, Gedanken und Abschnitte streichen
- **A**ustauschen: unpassende Wörter, Sätze, Gedanken und Abschnitte durch treffendere Formulierungen ersetzen
- **U**mstellen: unstimmige Reihenfolge von Wörtern, Satzgliedern, Sätzen, Gedanken und Abschnitten umstellen (verschieben)

Testet euch!

Schildern

1 a Lest die unterschiedlichen Formulierungen aufmerksam durch und ordnet die inhaltlich verwandten Sätze einander zu. Notiert so: *1 = ..., 2 = ...*

sachliche Formulierungen

1 Das Meer war schwarz.
2 Ich war müde.
3 Keiner sagte ein Wort.
4 Als die Sonne unterging, sah das Meer rot aus.
5 Es war sehr neblig.

schildernde Formulierungen

A Eine Mauer des Schweigens empfing mich.
B Meine Augenlider waren schwer wie Blei.
C Das Meer glänzte schwarz wie die Nacht.
D Nebelschwaden hüllten die Häuser wie Watte ein.
E Die untergehende Sonne färbte das Meer rot.

b Bestimmt bei den Sätzen A bis E, durch welche sprachlichen Gestaltungsmittel die Formulierungen jeweils anschaulich werden.
TIPP: In einigen Sätzen findet ihr mehrere Gestaltungsmittel.

c Vergleicht eure Ergebnisse in Partnerarbeit. Nehmt hierzu auch die Merkkästen von den Seiten 75 und 78 zu Hilfe.

2 Die folgende Schilderung ist noch nicht gelungen.

a Überarbeitet den Text so, dass sich der Leser die Situation bildhaft vorstellen kann.
– Schildert Einzelheiten und beschreibt sie mit anschaulichen Adjektiven/Partizipien, ausdrucksstarken Verben und sprachlichen Bildern.
– Achtet auch auf abwechslungsreiche Satzanfänge, indem ihr z. B. Satzglieder umstellt.

VORSICHT FEHLER!

Ich ging durch den Wald. Es war Herbst und die Sonne schien.
Es war windig, sodass die Blätter von den Bäumen raschelten. Ich sah in circa 20 Metern Entfernung einen Höhleneingang. Der Eingang der Höhle befand sich an einer Felswand, die ganz schön steil und grün vom Moos war. Vor der Öffnung der Höhle kam mir so eine typische Höhlenluft entgegen. Ich knipste meine Taschenlampe an. Vor mir war ein Gang, der immer dunkler wurde. Wasser tropfte von der Höhlendecke, sodass am Boden Pfützen zu sehen waren.

b Besprecht eure Texte in Partnerarbeit. Gebt euch gegenseitig ein Feedback, was besonders gut gelungen ist und was ihr noch überarbeiten müsst. Wendet hierbei das ESAU-Verfahren an (► S. 79).

4.2 Brisante Einsätze – Reportagen untersuchen

Ernst Schnabel

Hurricane

Die Vorhersage von Hurrikanen und ihren wahrscheinlichen Zugbahnen ist für die Bevölkerung in den hurrikangefährdeten Regionen lebensnotwendig. Weil Satellitenbilder aber keine genauen Angaben über die Windgeschwindigkeit und den Luftdruck des Hurrikans machen können, fliegen Messflugzeuge, die so genannten Hurricane-Hunters (Hurrikan-Jäger), direkt ins Zentrum (Auge) des Wirbelsturms. Dort sammeln sie präzise Daten über den Hurrikan. Auf dem Weg dorthin fliegt das Flugzeug durch riesige Wolkenwände und gerät in schwere Turbulenzen.

Ernst Schnabel, der Verfasser der folgenden Reportage, nahm an einem Flug der Hurricane-Hunters teil.

3. 9. 1965

Wir starteten in das letzte Stück Nacht hinein, das über der Insel lag. Ich sah durch die Windschutzscheibe und sah den Sirius[1] stehen, und im rechten Fenster funkelte Orion[2] über dem Busch. Dann waren zwei Finger am Knüppel genug, und die einhundertzehn Tonnen, die geduckt über die Piste gesaust waren, hoben sich ab. Wir stiegen schnell aus dem Band der Sterne heraus, schräg gegen die aschfarbene Höhe an, in der es keinen Anhalt gab, und als wir aus der Nacht hervorstießen, stach die Sonne plötzlich in unser Fenster. Die rechte Tragfläche hob sich, die Insel drehte unter uns weg, und wir gingen auf Nordkurs.

Der Chef der Hurricane-Hunters steuert die Maschine selbst. Der Colonel[3] sitzt im linken Pilotensitz. Ich stehe halb hinter ihm, an der seitlichen Verglasung der Kanzel[4]. Wir haben ausgemacht, dass ich mich nicht anzuschnallen brauche – ich würde sonst nichts sehen können –, aber wenn mir der Colonel ein Zeichen gibt, werde ich mich auf den Boden des Cockpits setzen, den Rücken gegen den Batterien-Kasten stemmen, die Füße gegen die Verstrebung des Armaturenbretts und gegen den Pilotensitz. Ich habe es ausprobiert: Man sitzt da sicher, wie festgekeilt, sodass gar nichts passieren kann, und braucht sich nur etwas vorzubeugen, um hinaussehen zu können, denn neben dem Piloten ist die Wand der Kanzel bis auf den Boden hinunter verglast.

06.50 Uhr: Der Colonel kurvt ein, bis die schwebende Wolkenbank genau vor uns liegt, und geht auf tausend Meter Flughöhe hinunter. Auf dem Radarschirm ist die Bank deutlicher zu erkennen als in Wirklichkeit: ein grünlich irisierendes[5] Gebilde, ein fransiger Schatten, und die Fransen sehen aus wie die schwingenden Arme eines Oktopus[6].

07.29 Uhr: Ich sah gerade auf den Radarschirm, der jetzt ganz überdeckt ist von den geschwungenen Fangarmen des Hurricanes, als wir gegen eine Mauer brausten. Im selben Augenblick wurde es schwarz im Cockpit, und die Mauer brach krachend über uns zusammen. Trotz des Gedonners von 20 000 PS ist das Krachen zu hören, und die Maschine rennt jetzt gegen immer neue Schuttberge an. Ich merke,

1 Sirius: heller Stern am Himmel; gehört zum Sternbild „großer Hund"
2 Orion: Sternbild am Himmel
3 der Colonel: Oberst; Dienstgrad in der amerikanischen Armee
4 die Kanzel: Bezeichnung für das Cockpit
5 irisieren: in Regenbogenfarben schillern
6 der Oktopus: achtarmiger Krake

dass ich noch immer stehe, lasse mich fallen und keile mich fest in meiner Ecke. Der Colonel schielt herüber und nickt. Die nächste Mauer – jetzt hat es uns. Es ist Regen, was gegen den Bug[7] der Kanzel kracht, aber es überschüttet uns wie aus Fässern. Ich beuge mich vor: Die Enden der Tragfläche sind nicht mehr zu sehen. Ich sehe nur die Motoren und dahinter die Stummel der Flächen, als wären sie abgefault. Wir haben Turbinenmotoren. Einen Moment überlege ich, welche Wassermassen ihre aufgerissenen Mäuler jetzt schlucken müssen und wie viel sie schlucken können, aber das ist sonderbarerweise keine furchtsame, sondern eine technische Schätzung, als ginge es mich nichts an, wenn die Motoren stehen bleiben. Wir rasen auch schon gegen die nächste Wand und das Cockpit schüttert vom Anprall. Wir streichen durch einen Wald von Blitzen, aber die Wasserfälle streifen ihnen die gezackten Ränder ab, sodass es nur aussieht, als gingen Türen auf oder Gardinen flatterten vor einem verdunkelten Zimmer, und draußen schiene der Tag.

Wir passieren zum vierten oder fünften Male einen Arm der großen Spirale[8]. Die Klüfte[9] zwischen den jagenden Wasserwänden werden immer schmaler. Da wir uns dem Zentrum des Sturms nähern und die Federbänder, die Schaufeln der großen Windturbine, in immer spitzeren Winkeln durchstoßen, dauert es immer länger, bis wir eine Wand passiert haben. Die fünfte oder sechste, in der wir jetzt stecken, scheint nicht mehr aufhören zu wollen, und es schüttelt uns durch. Die Maschine schwankt nicht, sie steigt und fällt auch nicht in den Böen[10]. Sie rennt sich den Kopf ein, und jeder Schlag und Stoß trifft sie von vorn wie mit Keulen. Obwohl wir mit fünfhundert Stundenkilometern Geschwindigkeit fliegen, läuft das Wasser von den Windschutzscheiben nicht mehr ab, und der Colonel schaut aus dem Seitenfenster, um etwas sehen zu können.

07.34 Uhr: Jetzt sieht die Windschutzscheibe aus wie das Guckfenster eines Waschautomaten. Auch Wäschefetzen wirbeln da herum: Es sind die Blitze. Da greift eine Hand nach meiner Schulter. Ich fahre herum: Ein Daumen zeigt nach oben. Ich ziehe mich hoch aus meiner Verkeilung und schaue dem Colonel über

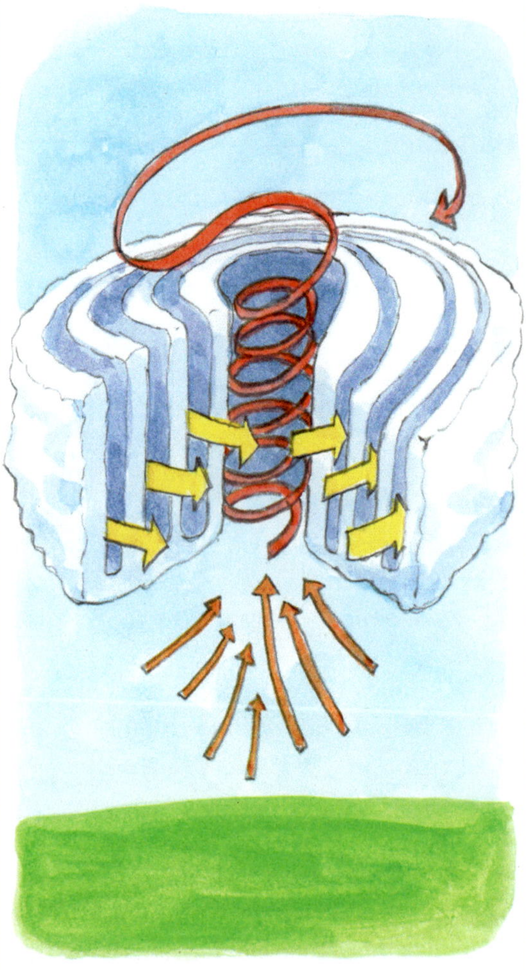

Querschnitt durch einen Hurrikan

7 der Bug: vorderster Teil des Flugzeugs

8 die Spiralarme: Das Zentrum (Auge) des Hurrikans ist umgeben von nahezu kreisförmigen (spiralförmigen) Wolkenwänden, in denen Stürme und Gewitter herrschen. Ein Spiralarm bezeichnet eine dieser Wolkenwände.

9 die Kluft: Lücke, Spalt

10 die Bö(e): kurzer, heftiger Windstoß

die Schulter, aber er schiebt mir das Radargerät, das über dem Armaturenbrett angebracht ist, ganz vors Gesicht. Ich presse den Kopf gegen den Gummirand: ein einziges Phosphorgefunkel. Der Kreisel des Sturms, dieser grünlich glimmende Stern, beherrscht den ganzen Bildschirm. In der Mitte aber, wo sich die Strahlen treffen müssten, klafft jetzt ein Loch, kreisrund, wie ausgestanzt, einen halben Silberdollar groß, und die Nabe des Radarstrahls[11] ist vom Rande des Silberdollars noch ein paar Millimeter entfernt. Die Mitte des Schirms schiebt sich vor. Noch drei Millimeter, noch zwei – da wird es hell. Ich fahre zurück. Ein zitronengelbes Licht fetzt durchs Cockpit. Die Verglasungen färben sich rosa – gelb – silbern – reiner Glanz. Der letzte Schlag trifft uns, und ich taumle gegen die Wand. Dann liegen wir still und wie ein Brett in der Luft. Über uns die Sonne. Vor uns eine Halle, ein ungeheurer Dom aus schwellenden Marmorwänden. Unter uns die Spiralbänder des Hurricanes[12], die sich in der Mitte schließen. Ich sehe wieder die Marmorwände an, die uns umstehen. Es ist nicht ausdenkbar, dass sie uns mit zweihundertfünfzig Stundenkilometern Geschwindigkeit umkreisen, guter Gott …
07.45 Uhr: Wir sind im Auge des Hurricanes.

11 die Nabe des Radarstrahls: der Mittelkreis des Radarschirms

12 die Spiralbänder: vgl. Spiralarme

1 a Wie wirkt diese Reportage auf euch: spannend, informativ, abenteuerlich, lehrreich, wie eine reale oder wie eine erfundene Geschichte? Begründet, indem ihr Textstellen heranzieht.
b Berichtet, was ihr über Hurrikane (Wirbelstürme) wisst.

2 a Lest den Text ein zweites Mal und schaut euch die Abbildung an.
b Fasst knapp zusammen, worum es in dem Text geht. Erklärt auch, was auf den beiden Abbildungen zu sehen ist.

3 Prüft euer Textverständnis, indem ihr entscheidet, welche Aussagen zum Text richtig sind:

- A Das Flugzeug fliegt in eine Katastrophe.
- B Auf dem Flug ins Zentrum des Hurrikans durchbricht das Flugzeug mehrere Wolkenwände.
- C Der Verfasser (Reporter), der den Flug begleitet, ist während des Fluges ängstlich.
- D Eine Seite des Cockpits ist vollständig verglast, sodass man nach draußen blicken kann.
- E Zu Beginn des Flugs ist der Reporter nicht angeschnallt.
- F Die Tragflächen des Flugzeugs brechen während des Fluges ab.
- G Der Pilot handelt unverantwortlich.
- H Die Regengüsse klatschen auf die Windschutzscheibe und verhindern eine Sicht durch die Frontscheibe des Flugzeugs.
- I Mit dem „Auge“ (► Z. 125) ist das windstille Zentrum des Hurrikans gemeint.
- J Der Reporter vergleicht die Blitze in den Wolkenwänden mit Wäschefetzen in einer Waschmaschine.

4 Überlegt: Was unterscheidet den ersten Absatz der Reportage (► Z. 1–15) von der Einleitung eines möglichen Berichts über diesen Flug der Hurrikan-Jäger?

5 Eine Reportage enthält sachliche Informationen, gibt aber auch die persönlichen Eindrücke des Verfassers wieder.

a Sucht Textstellen heraus, in denen Fakten genannt werden, und solche, in denen der Reporter die Situation anschaulich schildert.

b Durch welche Textstellen könnt ihr euch besonders gut in die beschriebene Situation hineinversetzen? Nennt Beispiele und beschreibt die Wirkung der genannten Textpassage.

6 a Die vorliegende Reportage ist größtenteils im Präsens verfasst. Setzt die Zeilen 47–56 ins Präteritum. Beschreibt: Wie wirkt der Textabschnitt im Präsens, wie im Präteritum?

b Sucht alle fett gedruckten Zeitangaben aus der Reportage heraus und erklärt, welche Wirkung sie haben.

7 Wer eine Reportage schreibt, muss den Lesern das Gefühl geben, live (mit allen Sinnen) vor Ort zu sein. Der Verfasser muss also seine Eindrücke anschaulich vermitteln.

a Untersucht, durch welche sprachlichen Gestaltungsmittel der Flug des Hurrikan-Jägers besonders anschaulich wird. Sammelt in einer Tabelle Beispiele aus dem Text.

ausdrucksstarke Verben	anschauliche Adjektive und Partizipien	sprachliche Bilder: Vergleiche, Metaphern, Personifikationen
...	... *aschfarbene (Z. 10)*	... *in das letzte Stück Nacht (Z. 2)*

b Formt die Zeilen 52–72 in einen sachlichen Bericht um. Streicht die schildernden Passagen und ersetzt ausdrucksstarke Wörter durch sachliche Formulierungen.

c Vergleicht die Wirkung eures Textes mit der des Originals.

8 Formt die gesamte Reportage in einen sachlichen Bericht um. Ergänzt fehlende Informationen, z. B. die Ortsangabe. Zur Darstellung von Sachinformationen könnt ihr auch das Schaubild (► S. 82) heranziehen.

Information **Reportage**

Eine Reportage **informiert in besonders anschaulicher und lebendiger Weise über ein Ereignis.** Sie ist ein **Erlebnisbericht,** denn bei einer Reportage schreibt ein Reporter über ein Geschehen, das er selbst als Augenzeuge miterlebt hat.

- Reportagen **führen direkt in eine interessante Szene ein** (szenischer Einstieg), sodass die Neugier der Leser geweckt wird, z. B. durch die Schilderung einer Situation.
- Eine Reportage enthält **sachliche Informationen** (Beantwortung der W-Fragen), gibt aber auch die **Eindrücke und die persönliche Sichtweise** des Verfassers wieder.
- Die Reportage will den Lesern das Gefühl geben, dass sie „live" (mit allen Sinnen) bei dem Geschehen dabei sind. Deshalb beschreibt der Reporter anschaulich die **Atmosphäre und Stimmung vor Ort und schildert seine Wahrnehmungen.** Zitate von Personen und eine bildhafte Sprache (ausdrucksstarke Verben, anschauliche Adjektive sowie sprachliche Bilder) sorgen für diese **Anschaulichkeit.**
- Die Zeitform der Reportage wechselt oft zwischen **Präteritum** und **Präsens.** Das Präsens vermittelt den Lesern den Eindruck, direkt vor Ort dabei zu sein.

Fordern und fördern – Eine Reportage schreiben

Wale in Neuseeland gerettet

Neuseeland, 20. Juni

Rund 200 Tierschützer und freiwillige Helfer haben 21 gestrandete Grindwale in Neuseeland gerettet. Sie schafften es am Mittwoch bei Flut, die drei Tonnen schweren Tiere per Kran wieder zurück ins Meer zu transportieren. Auch Schulkinder waren an der Rettungsaktion bei Farewell Spit auf der Südinsel beteiligt. Eine Sprecherin der Naturschutzbehörde lobte den 24 Stunden währenden Einsatz der Helfer, die die hilflosen Tiere mit feuchten Laken, Decken und Eimern mit Meerwasser nass und kalt hielten, um sie vor einer Überhitzung zu schützen. Nach der Rückkehr der Tiere ins tiefere Wasser waren bis zum späten Abend Taucher und Boote im Einsatz, um zu verhindern, dass die Tiere erneut in Küstennähe gerieten. Es ist das dritte Mal in diesem Jahr, dass Wale in dieser Region an der Küste strandeten.

Damit die gestrandeten Wale nicht an Überhitzung sterben, werden sie mit feuchten Laken nass und kalt gehalten.

Die Wale werden auf Planen gerollt und in einer Schlinge von einem Kran hochgehoben.

1 Schlüpft in die Rolle einer Reporterin oder eines Reporters, die bzw. der bei dieser Walrettung vor Ort war. Schreibt für die Zeitung eine Reportage über dieses Ereignis. Geht so vor:

a Schreibt aus dem Zeitungsbericht alle Informationen heraus, die auf die W-Fragen antworten.

b Versetzt euch in die Situation vor Ort und lasst vor eurem inneren Auge ein Bild entstehen. Sammelt Ideen und notiert sie:
- Was tun die Helfer vor Ort? Wie fühlen sie sich?
- Was könnt ihr sehen und hören (z. B. Geräusche, Rufe)? Was empfindet ihr?
- Wie sind die Atmosphäre und die Stimmung bei dieser Rettungsaktion?

c Erfindet Zitate von Personen, die ihr befragt haben könntet, z. B.: *„Wir versuchen alles, um …“*

▷ Hilfen zu dieser Aufgabe findet ihr auf Seite 86.

2 Verfasst eure Reportage. Schildert eure Eindrücke und lasst die Leser am Geschehen teilhaben. Schreibt in der Ich-Form.
- **Einleitung:** Mitten ins Geschehen führen und Neugier wecken, z. B.: *Wie riesige, schwarz glänzende Felsen liegen die gestrandeten Wale …*
- **Hauptteil:** Darstellung des Geschehens aus eurer Sicht (Sachinformationen, Schilderung von persönlichen Eindrücken und der Atmosphäre vor Ort, Zitate von Personen)
- **Schluss:** Ereignis abrunden oder den Anfang wieder aufgreifen

▷ Hilfen zum Schreiben eurer Reportage findet ihr auf Seite 86.

●●○ Aufgabe 1 mit Hilfen

Schlüpft in die Rolle einer Reporterin oder eines Reporters, die bzw. der bei dieser Walrettung vor Ort war. Schreibt für die Zeitung eine Reportage über dieses Ereignis. Geht so vor:

a Schreibt aus dem Bericht (▶ S. 85) Informationen heraus, die auf die W-Fragen antworten:

Was ist passiert?	*– 21 gestrandete Grindwale sind gerettet worden.*
Wann?	*– 18. bis 19. Juni 2013 (24 Stunden lang)*
Wo?	*– …*
Wer?	*– 200 Tierschützer und freiwillige Helfer, darunter auch Schulkinder*
Wie und warum?	*– gestrandete Wale werden mit feuchten Decken …*
	– die drei Tonnen schwere Wale werden per Kran ins Meer zurücktransportiert
	– nach der Rückkehr der Wale ins Meer verhindern Taucher und …

b Versetzt euch in die Situation vor Ort und lasst vor eurem inneren Auge ein Bild entstehen. Sammelt Ideen und notiert, was ihr wahrnehmen und empfinden könntet, z. B.:

A Was tun die Helfer vor Ort? Wie fühlen sie sich?
- *rennen mit Decken immer wieder zum Meer, um diese zu befeuchten*
- *fühlen sich verantwortlich für das Überleben …*
- *…*

B Was könnt ihr sehen und hören (z. B. Geräusche, Rufe)?
- *Wale liegen wie riesige, schwarze Felsen in der Morgensonne, die Wellen rauschen*
- *die Helfer rufen sich zu, welches der Tiere am nötigsten Wasser braucht*
- *…*

C Wie sind die Atmosphäre und die Stimmung bei dieser Rettungsaktion?
- *Helfer arbeiten konzentriert, Spannung …*

c Erfindet Zitate von Personen, die ihr befragt haben könntet, z. B.:
- *Sprecherin der Naturschutzbehörde: „Wir versuchen alles, um diese Tiere zu retten."*
- *Schülerin: „Wir haben heute schulfrei bekommen, damit wir bei dieser Rettungsaktion …"*

●●○ Aufgabe 2 mit Hilfen

Verfasst eure Reportage. Schildert eure Eindrücke und lasst die Leser live am Geschehen teilhaben. Schreibt in der Ich-Form.

- **Einleitung:** Führt die Leser mitten ins Geschehen ein und weckt ihre Neugierde, z. B.:
  Wie riesige, schwarz glänzende Felsen liegen die gestrandeten Wale …
- **Hauptteil:** Stellt das Geschehen aus eurer Sicht dar. Schildert eure persönlichen Eindrücke und lasst Menschen vor Ort zu Wort kommen (Zitate), z. B.:
  Eilig werden die Wassereimer von Hand zu Hand gereicht. „Schnell hierher", schallt es …
- **Schluss:** Rundet das Ereignis ab, z. B. indem ihr die Schlussszene beschreibt.
  Langsam schwimmen die Wale ins tiefere Wasser. Nach einiger Zeit sind sie nur noch als kleine schwarze Punkte im Meer erkennbar. Ich kann kaum glauben, dass …

4.3 Fit in ... – Schildern

Die Aufgabenstellung richtig verstehen

Stellt euch vor, ihr bekommt in der nächsten Klassenarbeit folgende Aufgabe gestellt:

Der folgende Auszug aus dem Roman „Julie von den Wölfen" bricht plötzlich ab. Setze den Textauszug mit Hilfe der Schreibideen schildernd fort.
Berücksichtige dabei die Erzählform und das Tempus der Vorlage.

Jean Craighead George

Julie von den Wölfen

Miyax, ein dreizehnjähriges Eskimomädchen, das mit englischem Namen Julie heißt, ist aus einer Kinderehe geflüchtet. Sie will zum Hafen in Point Hope, um von dort mit einem Schiff nach San Francisco zu fahren, wo ihre Brieffreundin wohnt. Auf ihrem Weg in die Hafenstadt verirrt sie sich jedoch in der arktischen Tundra. Miyax erkennt, dass in dieser verlassenen Gegend außer ihr nur noch ein Wolfsrudel lebt.

Ein erschreckender Augenblick war das gewesen, als sie zwei Tage zuvor plötzlich gewahr wurde, dass die Tundra ein Ozean aus Gras war, in dem sie Kreise ging, immer im Kreis.
Miyax hatte nicht viel mitschleppen können, als sie von zu Hause weglief, sie nahm nur Dinge mit, die sie für die Reise brauchen würde – einen Rucksack, Proviant für eine Woche oder so, Nähnadeln, Zündhölzer, ihren Schlafsack, eine Decke als Unterlage, zwei Messer und einen Kochtopf.
Als Miyax die Wölfe entdeckt hatte, ließ sie sich in ihrer Nähe nieder mit der Hoffnung, es würde von dem Futter der Wölfe auch für sie etwas abfallen. Hier wollte sie bleiben, bis die Sonne unter den Horizont sank und die Sterne auf dem Himmel erschienen und ihr den Weg wiesen. Sie hatte ein Haus aus Grasziegeln errichtet, wie die alten Eskimos ihre Sommerwohnungen bauten. Jeder Ziegel war mit einem Ulo, dem halbmondförmigen scharfen Messer der Eskimofrauen, aus dem Boden geschnitten.
Sehr kunstgerecht gebaut war ihr Haus nicht, denn Miyax hatte nie zuvor eines bauen müssen, aber inwendig war es behaglich. Sie hatte ...

Schreibideen

1 Das selbst errichtete Haus von Miyax
- Rentierfelle als Teppich, Schlafsack, niedriger Tisch aus Moosziegeln
- außerhalb des Hauses: Feuerstelle mit Kochtopf

2 Miyax ist sehr hungrig und fühlt sich in der Weite der Tundra einsam und verloren
- endlose Ebene, keine Bäume, keine Straße
- Moose, Grase, Flechten, einige Blumen, Tümpel und Seen
- Tundraboden war ständig gefroren, starker, kalter Wind
- Miyax konnte nichts Essbares finden; sie hatte Angst zu verhungern

3 Miyax beobachtet von einem Hügel aus die Wölfe
- vier erwachsene Wölfe, fünf Wolfsjunge, die vor einem Höhleneingang lagen
- sie hoffte, etwas von dem erbeuteten Fleisch abzubekommen
- die Wölfe bemerkten Miyax zunächst nicht; erst als eine Vogelschar aufflog, entdeckte der Leitwolf sie; Miyax hatte große Angst

1 a Lest euch die Aufgabenstellung und den Textauszug aus „Julie von den Wölfen" aufmerksam durch. Schaut euch dann die Schreibideen auf den Seiten 87–88 an.
b Klärt in Partnerarbeit, was die Aufgabenstellung von euch verlangt.

Ideen für die Fortsetzung der Geschichte sammeln

2 Auf Seite 87–88 findet ihr Ideen für die Fortsetzung der Geschichte. Formuliert zu den einzelnen Erzählschritten schildernde Textpassagen, sodass die Leser die Situation von Miyax genau vor Augen haben. Verwendet anschauliche Adjektive/Partizipien, ausdrucksstarke Verben und sprachliche Bilder.
TIPP: Lasst euch auch von den Fotos auf Seite 87 und 88 inspirieren.

Die Schilderung schreiben und überarbeiten

3 Setzt den Textauszug mit Hilfe eurer Vorarbeiten aus Aufgabe 2 schildernd fort. Beschreibt das Haus und die Landschaft (Tundra) anschaulich und detailliert. Schildert auch, was Miyax denkt und empfindet. Schreibt in der Sie-Form und verwendet das Präteritum.

4 Überarbeitet eure Texte in Partnerarbeit. Wendet hierbei das ESAU-Verfahren an (▶ S. 79) und nutzt die folgende Checkliste:

Checkliste

Aus der Perspektive einer literarischen Figur schildern
- Werden die **Beobachtungen, Gedanken** und **Empfindungen** der Figur deutlich?
- Habt ihr die Situation vor Ort (z. B. die Landschaft, das Haus, die Wölfe) so detailliert beschrieben, dass die Leser ein **genaues Bild** vor Augen haben?
- Ist die **Sprache bildhaft und abwechslungsreich?** Verwenden solltet ihr z. B.:
  - anschauliche Adjektive und Partizipien, z. B.: *goldgelb, baumlos, verzweifelt*
  - ausdrucksstarke Verben, z. B.: *erblicken, beobachten, bemerken, starren*
  - sprachliche Bilder, z. B.: *Sie schluckte ihre Angst hinunter.*
- Sind die **Satzanfänge abwechslungsreich?**
- Habt ihr die Erzählform und das **Tempus** der Vorlage übernommen?

5 „Nennt mich nicht Ismael!“ – Einen Jugendroman lesen und verstehen

1 Das Bild stammt aus dem Jugendroman „Nennt mich nicht Ismael!“.
a Tauscht eure Ideen aus: Worum könnte es in diesem Jugendbuch gehen?
b Notiert eure ersten Gedanken zu den Figuren aus dem Buch.

2 Überlegt: Wozu ist es sinnvoll, die Figuren einer Geschichte genauer zu untersuchen?

3 Erklärt, was ihr von einem guten Jugendbuch erwartet. Welches Jugendbuch könnt ihr empfehlen?

In diesem Kapitel ...

- lernt ihr einen modernen Jugendroman kennen,
- untersucht ihr die Figuren und die Handlungsabläufe in diesem Roman,
- charakterisiert ihr die Hauptfiguren,
- gestaltet ihr eigene Texte zu Romanauszügen.

5.1 Ismael, Scobie, Barry – Figuren und Handlungsabläufe untersuchen

Heilung ausgeschlossen – Den Erzähler kennen lernen

Michael Gerard Bauer

Nennt mich nicht Ismael! (1)

Der australische Schriftsteller Michael Gerard Bauer (geb. 1955 in Brisbane) erzählt in seinem Jugendroman „Nennt mich nicht Ismael!" von einem 14-jährigen Jungen, der wegen seines exotischen Vornamens in der Schule gemobbt wird und durch verschiedene Erlebnisse zu neuem Selbstbewusstsein findet.

Ich weiß nicht, wie ich es sagen soll, deshalb sage ich es einfach geradeheraus – es wird Zeit, sich der Wahrheit zu stellen: Ich bin vierzehn Jahre alt und leide am Ismael-Leseur-Syndrom.

Heilung ausgeschlossen.

Soweit ich weiß, bin ich weltweit der einzige schriftlich belegte Fall von Ismael-Leseur-Syndrom. Wahrscheinlich hat der Berufsstand der Ärzte bislang nicht einmal vom Ismael-Leseur-Syndrom gehört. Aber es existiert, glaubt mir. Doch genau da liegt das Problem: Wer glaubt mir schon?

Eine Weile habe ich es einfach ignoriert, aber in diesem Schuljahr waren die Symptome so schrecklich schmerzhaft, dass ich sie zur Kenntnis nehmen musste. Und ich übertreibe nicht, nicht im Geringsten: Das Ismael-Leseur-Syndrom macht aus einer völlig normalen Person eine wandelnde Katastrophe, die auf der nach oben offenen Idioten-Skala mindestens den Wert neun Komma neun erreicht.

Deshalb habe ich beschlossen, alles aufzuschreiben, jetzt werden endlich alle die Wahrheit begreifen. Statt mich zum Bürgermeister von Versagerhausen zu wählen, werden sie einfach nachsichtig lächeln und nicken: „Okay, alles klar. Der arme Junge leidet am Ismael-Leseur-Syndrom. Er kann nichts dafür."

Aber ich greife vor, statt am Anfang zu beginnen und die Dinge gründlich zu durchleuchten. Vermutlich muss ich die Sache wissenschaftlich angehen, wenn ich euch davon überzeugen will, dass dies alles wahr ist. Also der Reihe nach: Ich heiße Ismael Leseur. Stopp, ich weiß, was ihr sagen wollt: Ich habe denselben Namen wie meine Krankheit. Wahrscheinlich meint ihr, ich hätte die Krankheit nur erfunden, damit ich eine Entschuldigung habe, wenn ich mich mal wieder komplett zum Narren mache.

Aber da seid ihr schief gewickelt. So einfach ist das nicht. Ihr müsst euch klarmachen, dass mein Name die Krankheit ist, zum Teil jedenfalls. Wie das im Einzelnen funktioniert, weiß ich nicht genau. Schließlich bin ich kein Wissenschaftler, sondern das Opfer der Krankheit, aber ich habe so meine Theorien.

THEORIE EINS: Das Ismael-Leseur-Syndrom wird von einem tödlichen Virus ausgelöst, das aus der Verbindung von „Ismael" und „Leseur" entsteht.

Über diese Theorie habe ich sehr viel nachgedacht, deshalb möchte ich euch gern meine Schlussfolgerungen darlegen. Die einzelnen Buchstaben sind meiner Ansicht nach für sich selbst genommen völlig harmlos. Auch die Bildung der Worte „Ismael" und „Leseur" aus diesen Buchstaben scheint noch einigermaßen unverfänglich zu sein. Zum Beweis verweise ich auf meine engsten Verwandten: und zwar meinen Vater Ron Leseur, Versicherungsvertreter und Mitbegründer der 80er-Jahre-Rockband „Dugongs", meine Mutter Carol Leseur, Stadträtin und Hauptorganisatorin der Familie, und meine 13-jährige Schwester Prue Leseur.

Wie ihr seht, tragen alle den Namen Leseur, aber ich versichere euch, dass keiner auch nur an einem einzigen der schrecklichen Symptome leidet, die ich euch gleich näher beschreiben werde. Ich muss sogar sagen, dass meine Mutter und mein Vater fast immer einen außerordentlich glücklichen und zufriedenen Eindruck machen. Meine Schwester ist, was die Sache noch schlimmer macht, nach Ansicht jedes Freundes, Verwandten und Fremden, der sie jemals zu Gesicht bekommen hat, einfach „hinreißend". Außerdem hat sie einen IQ, der sich im Bereich „Genie" bewegt. Wenn Gehirne Autos wären, dann wäre Prue ein Rolls-Royce, ich dagegen ein aufgebocktes Goggomobil, dem der halbe Motor fehlt. Und wie fühle ich mich wohl dabei? Ich will es euch sagen: Wie der einzige Mensch, der den Job des Dorftrottels nicht bekommen hat, weil er hoffnungslos überqualifiziert ist.

1 a Lest den Anfang des Romans „Nennt mich nicht Ismael!" und beschreibt anschließend euren ersten Eindruck.

b Begründet: Findet ihr diesen Romananfang lustig, spannend ...? Reizt er euch zum Weiterlesen?

2 a Sammelt, was ihr über die Hauptfigur Ismael und seine Situation erfahrt.

b Stellt Vermutungen an, was das „Ismael-Leseur-Syndrom" sein könnte.

3 a Schaut euch den Erzähler der Geschichte genau an. Aus wessen Sicht wird erzählt? Wie nennt man einen solchen Erzähler?

b Lest die Zeilen 32–44 laut vor. An wen richtet sich der Erzähler? Wie wirkt dies? Nennt andere Textstellen, die ähnlich gestaltet sind.

c Findet heraus, ob der Erzähler am Geschehen beteiligt ist oder die Geschichte von einem höheren Standpunkt aus darstellt. Nennt Beispiele aus dem Text.

Information **Ich-Erzähler oder Er-/Sie-Erzähler**

- Der **Ich-Erzähler** (oder die Ich-Erzählerin) ist selbst als handelnde Figur in das Geschehen verwickelt. Er/sie schildert die Ereignisse aus seiner/ihrer persönlichen Sicht, z. B.: *Aus der Ferne sah ich ein kleines Boot.*
- Der **Er-/Sie-Erzähler** ist nicht am Geschehen beteiligt und erzählt von allen Figuren in der Er-Form bzw. in der Sie-Form, z. B.: *Aus der Ferne sah sie das kleine Boot.*

Ismael Leseur – Die Hauptfigur charakterisieren

Michael Gerard Bauer

Nennt mich nicht Ismael! (2)

Ich möchte nicht, dass ihr einen falschen Eindruck bekommt. Ich habe nicht mein Leben lang am ILS[1] gelitten. Keineswegs. Die ersten zwölf Jahre meines Lebens zeigte ich gar keine Symptome. Aber dann kam ich auf die weiterführende Schule, und zwar auf das St Daniel's Boys College[2].

Davor hatte ich an der Moorfield Primary sieben ereignislose Jahre mit Klassenkameraden verbracht, die sich nicht darum geschert hätten, wenn mein Name Slobo Bugslag gewesen wäre (zufällig hieß der beliebteste Junge der Schule so). Doch in Klassenstufe acht wurde alles anders. Nach der Grundschule verteilte sich unsere Klasse auf die verschiedenen weiterführenden Schulen in unserer Stadt und nur eine Hand voll landete im St Daniel's.

Dort veränderte sich meine Welt dramatisch. In der Moorfield Primary waren wir zu zwölft in der Klasse. Am ersten Tag im St Daniel's wartete ich im Foyer mit über hundert anderen Achtklässlern darauf, dass wir auf vier Klassen verteilt wurden. Als ich dann in der Klassenliste nachschaute, stellte ich fest, dass ich von den einzigen beiden Jungen, die ich aus der Grundschule kannte, getrennt worden war. In der Klassenlehrerstunde ging unser Lehrer Mr Brownhill die Liste durch und überprüfte, ob wir alle da waren. Auf der Hälfte sagte er: „Ismael Leseur.“ Ich antwortete: „Ja, hier“, wie alle anderen vor mir.

„Ismael?“, wiederholte er und hielt zum ersten Mal während der Anwesenheitsüberprüfung inne. „Interessanter Name.“

Fünfundzwanzig Augenpaare richteten sich auf mich. Keines von ihnen schien mich auch nur im Geringsten interessant zu finden. Eines der Augenpaare gehörte Barry Bagsley.

THEORIE ZWEI: Der am Ismael-Leseur-Syn-

1 ILS: gemeint ist das „Ismael-Leseur-Syndrom“

2 Der Roman spielt in Australien, wo nach der 7. Klasse auf eine weiterführende Schule gewechselt wird.

drom erkrankte Patient kann beunruhigendes Verhalten in anderen auslösen.

Nun, Barry Bagsley war in dieser Hinsicht ein sehr extremer Fall. Den ersten zarten Hinweis darauf erhielt ich durch seine einleitenden Worte, die er an diesem ersten Tag im Pausenhof an mich richtete:

„Ismael? Was ist denn das für ein scheißblöder Name?“

Was sollte ich darauf sagen? Bis zu diesem Moment hatte ich nicht einmal geahnt, dass es ein scheißblöder Name war. Niemand hatte mich warnend darauf hingewiesen, dass ich einen scheißblöden Namen trug. Warum sollten meine Eltern mir überhaupt einen scheißblöden Namen gegeben haben? War Herman Melville[3] sich im Klaren darüber, dass dies ein scheißblöder Name war? Ich konnte nur dastehen und blöd lächeln, während Barry Bagsley und seine Freunde lachten und mich im Vorbeigehen anstießen, als wäre ich eine Drehtür. Ich stand da wie ein Vollidiot.

Und ich fühlte mich beschissen.

Am Abend betrachtete ich mich im Badezimmerspiegel. Irgendwie sah ich anders aus. Wie damals, als ein Freund mir gesagt hatte, mein linkes Ohr stehe weiter ab als mein rechtes. Zu Hause maß ich den Abstand nach und stellte fest, dass beide genau gleich weit von meinem Kopf abstanden. Trotzdem musste ich jedes Mal, wenn ich mein Spiegelbild sah, unwillkürlich daran denken, dass eines meiner Ohren wie ein Winker ein Zeichen zum Linksabbiegen gab. Ich fühlte mich wie damals. Mein Spiegelbild kam mir irgendwie anders vor. Ich sah anders aus. Aber warum? Und dann wurde es mir schlagartig klar.

Ich *sah* aus wie ein Junge mit einem scheißblöden Namen. Und nicht nur das, ich schwöre, dass mein linkes Ohr abstand wie eine offene Autotür.

Als ich am nächsten Tag in die Klasse kam, wartete Barry Bagsley schon auf mich.

„Was stinkt hier? Ach ja! Piss-mael!“

Wie ich bereits sagte, irgendetwas in meinem Namen brachte das Schlechteste in Barry Bagsley zum Vorschein. Wie ein bösartiger Hund einen Schuh zerfetzt, riss und zerrte er an meinem Namen, bis er so verstümmelt und verdreht war, dass es selbst mir schwerfiel, mich daran zu erinnern, wer ich in Wirklichkeit war. Ismael wurde zu Piss-mael verdreht. Piss-mael zu Küss-mal verballhornt und Küss-mal zu Fischmehl zermatscht. Nicht einmal mein Nachname war vor Verschandelung sicher. Aus Leseur (das eigentlich Le-sör ausgesprochen wird) wurde Schiss-eur, Piss-oir, Le Sau, Le Bauer, Le Tölpel und zuletzt Stinkstiefel, abgekürzt auch Stinki.

Am Ende meines ersten Schuljahres in der Highschool hatte Barry Bagsley meinen Namen auf wundersame Weise von Ismael Leseur in Fischmehl Stinkstiefel verwandelt.

Und das fasste in etwa zusammen, wie ich mich fühlte.

Bald war allen Achtklässlern klar, dass es nur zwei Verhaltensweisen gab, wenn man seinen Aufenthalt im St Daniel's Boys College halbwegs unbeschadet überstehen wollte: Entweder man ging Barry Bagsley unter allen Umständen aus dem Weg, wofür sich die Mehrheit entschied, oder man riskierte die seltener gewählte Variante und suchte die trügerische Sicherheit von Barry Bagsleys innerem Kreis von „Freunden“.

Für mich war Aus-dem-Weg-Gehen die einzige Option. Ich begriff sehr schnell, dass alles in Ordnung war, solange ich größtmöglichen Abstand von Barry Bagsley hielt und nichts Dummes tat – etwa im Unterricht eine Frage stellen oder beantworten; ungewöhnliche Laute von mir geben, wie Rufen, Lachen oder Sprechen; mich freiwillig für etwas melden; meinen Namen auf eine Liste setzen; eine Sportart ausprobieren; einen Gegenstand an einem Ort lassen, wo er bewegt, beschrieben oder als

3 Herman Melville (1819–1891): berühmter amerikanischer Schriftsteller, in dessen Roman „Moby Dick“ der Erzähler Ismael heißt. Nach diesem Erzähler benannten Ismaels Eltern ihren Sohn.

Wurfgeschoss verwendet werden könnte; den Blick in die Nähe von Barry Bagsley oder seinen Freunden richten oder sonst etwas tun, das darauf hindeuten könnte, dass ich tatsächlich existierte.
Im Grunde war die wichtigste Lektion, die ich letztes Jahr lernte, ein möglichst kleines Ziel abzugeben. Ich entwickelte mich zum wahren Meister darin. Für Barry Bagsley und seine Kumpel wurde ich praktisch unsichtbar. Manchmal konnte ich mich selbst kaum mehr erkennen. Mein erstes Jahr an der weiterführenden Schule verbrachte ich also mehr oder weniger in Deckung.

1 Haben sich eure Vermutungen über das Ismael-Leseur-Syndrom bestätigt (▸ Aufgabe 2 b, S. 91)? Was hattet ihr erwartet, was hat euch überrascht?

2
a Der Erzähler beschreibt, dass er am „Ismael-Leseur-Syndrom“ leidet. Notiert in Partnerarbeit, was ihr über diese „Krankheit“ erfahrt. Lest dazu noch einmal genau im Text nach.
b Stellt eure Ergebnisse vor. Erklärt auch, wie ihr den folgenden Vergleich versteht:

> „Wie ein bösartiger Hund einen Schuh zerfetzt, riss und zerrte er an meinem Namen, bis er so verstümmelt und verdreht war, dass es selbst mir schwerfiel, mich daran zu erinnern, wer ich in Wirklichkeit war.“ (▸ S. 93, Z. 86–90)

3 „Bald war allen Achtklässlern klar, dass es nur zwei Verhaltensweisen gab, wenn man seinen Aufenthalt im St Daniel’s Boys College halbwegs unbeschadet überstehen wollte“ (▸ S. 93, Z. 105–108). Erläutert, welche zwei Verhaltensweisen gemeint sind, für welche sich Ismael entscheidet und was dies für sein Leben am College bedeutet.

4 Macht euch ein genaues Bild von Ismael, der Hauptfigur des Romans.
Übertragt die Übersicht in euer Heft und haltet alle Informationen über ihn in Stichpunkten fest. Nehmt die beiden Textauszüge (▸ S. 90–91; S. 92–94) zu Hilfe.

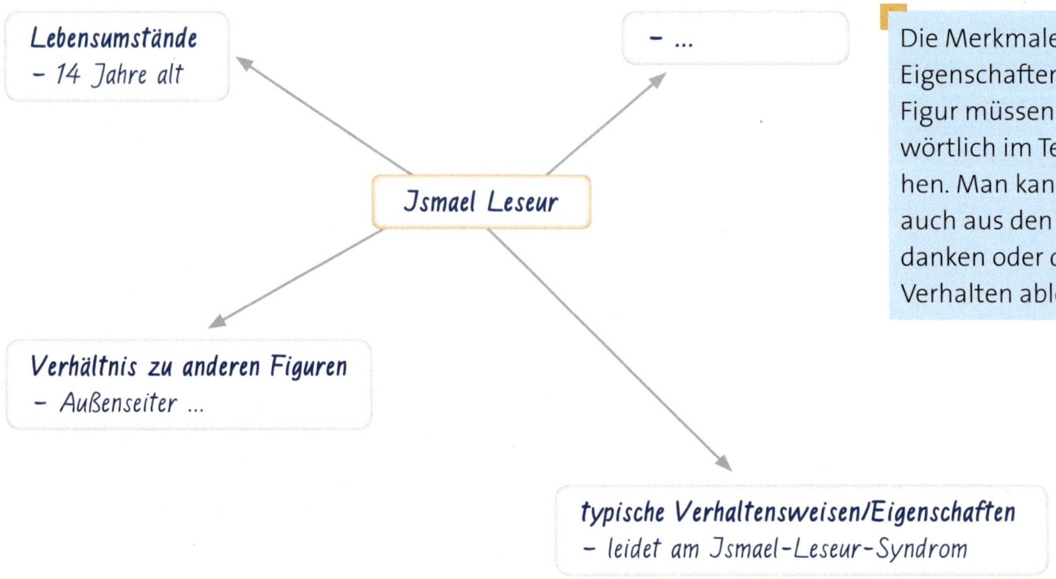

Die Merkmale und Eigenschaften einer Figur müssen nicht wörtlich im Text stehen. Man kann sie auch aus den Gedanken oder dem Verhalten ableiten.

5 Charakterisiert Ismael genau und anschaulich. Nehmt eure Notizen aus Aufgabe 4 und die unten stehenden Wortschatzkästen zu Hilfe. Ihr könnt so beginnen:

Jsmael Leseur ist 14 Jahre alt und besucht das St Daniel's Boys College.
Er fühlt sich nach eigenen Aussagen wie ein Dorftrottel.
Das liegt zum einen daran, dass seine 13-jährige Schwester Prue …
Zum anderen leidet er am …
Jn der neuen Schule wird er …
Um …, verändert er seine Verhaltensweise. Beispielsweise …
Nach dem ersten Jahr an der neuen Schule …

Jsmael wirkt …/Jsmael ist … und macht sich viele Gedanken über …
Zusammenfassend kann man sagen, dass …

Formulierungshilfen
wirken • auffällig (ist) • besitzen • verfügen (über) • macht einen … Eindruck • wird als … dargestellt • auftreten • aussehen • (sich) bezeichnen • bewerten • sich fühlen • sich Gedanken machen über

Eigenschaften

nachdenklich	↔	gedankenlos
ernst/traurig	↔	fröhlich/heiter
selbstbewusst	↔	unsicher/schüchtern
sensibel	↔	gefühllos
unverschämt/frech	↔	fair/gerecht
beliebt	↔	unbeliebt

6 Stellt euch vor, ihr seid ein Mitschüler und bekommt Barrys Verhalten gegenüber Ismael mit. Schreibt einen Tagebucheintrag, in dem ihr auf das Verhalten von Barry und Ismael eingeht.

Information **Eine literarische Figur charakterisieren**

In literarischen Texten werden die Figuren durch eine Reihe von Merkmalen und Eigenschaften beschrieben. Wenn ihr eine Figur charakterisieren wollt, geht ihr so vor:

1. Schritt: Die Charakterisierung vorbereiten
Sammelt Informationen über die Figur, z. B. über ihr Aussehen, ihre Lebensumstände, ihre Verhaltensweisen, Eigenschaften, Gefühle und ihr Verhältnis zu den anderen Figuren.
TIPP: Man kann die Merkmale und Eigenschaften einer Figur auch aus den Gedanken oder dem Verhalten ableiten, z. B.:
„Wer glaubt mir schon?" (▸ S. 90, Z. 13) → *Ismael denkt, dass ihn keiner ernst nimmt.*

2. Schritt: Die Charakterisierung schreiben
- **Einleitung:** Nennt allgemeine Informationen zur Figur, z. B.: Name, Alter, Beruf.
- **Hauptteil:** Beschreibt die Figur anschaulich und genau, z. B.: ihr Aussehen, ihre Verhaltensweisen, ihre Eigenschaften und ihr Verhältnis zu den anderen Figuren.
- **Schluss:** Hier könnt ihr angeben, wie die Figur auf euch wirkt (persönliche Einschätzung).

Verwendet als Tempus das **Präsens.** Formuliert sachlich und anschaulich.

Scobie und Barry – Den zentralen Konflikt erschließen

Michael Gerard Bauer

Nennt mich nicht Ismael! (3)

Zu Beginn des zweiten Schuljahrs am St Daniel's Boys College kommt ein neuer Schüler namens James Scobie in die Klasse. Der Junge scheint die ideale Zielscheibe für Barry und seine Clique zu sein. Er ist klein, altmodisch gekleidet und schneidet mit seinem Gesicht seltsame Grimassen. Zu Ismaels Entsetzen soll Scobie neben ihm sitzen. Barry nimmt Scobie schnell ins Visier seiner Beleidigungen, doch Scobie wehrt sich.

„Du bist verrückt, Spatzenhirn. Warum verschwindest du nicht einfach, bevor du dir auch noch in die Hosen pisst?"

Zum Glück gab es, zumindest für Barry Bagsley, keine Situation, auf die eine Beleidigung nicht eine akzeptable Reaktion gewesen wäre. James Scobie dachte gebührend lang über Barrys Bemerkung nach, bevor er antwortete: „Natürlich weiß man selbst am wenigsten, wie es um die eigene geistige Gesundheit bestellt ist, nur ein Psychiater[1] kann das richtig beurteilen. Ich glaube jedoch nicht, dass ich verrückt bin. Und eines weiß ich sicher: Egal, ob ich verrückt bin oder nicht, ich weiß, dass ich keine Angst vor dir habe."

Barry Bagsley lächelte höhnisch, schüttelte den Kopf und beugte sich nach vorn über den Tisch. Obwohl er immer noch saß, kamen seine Augen auf eine Höhe mit Scobies Augen und sein grobknochiges Gesicht hing bedrohlich wie ein Todesstern vor Scobies Gesicht.

„Und du bist ganz sicher, dass du keine Angst vor mir hast?"

„Ich bin ganz sicher."

„Und warum *genau* hast du keine Angst?"

James Scobie kniff die Augen zusammen, spitzte seinen Mund zu einer Schnute und beschrieb damit einen vollen Kreis, dann nahm er die Brille von der Nase und blinzelte dreimal mit weit aufgerissenen Augen, bevor er sie wieder aufsetzte. Er wartete, bis sein Gesicht zur Ruhe kam wie das Meer, wenn die Welle vorbei ist.

1 der Psychiater: Facharzt für seelische Erkrankungen

Dann sagte er einfach: „Weil ich vor gar nichts Angst habe."

Vor gar nichts Angst! Diese Aussage wurde von Barry Bagsleys Anhängern mit Gejohle quittiert, während der Rest der Klasse eine ungläubige Miene aufsetzte. Ich fand, dass James Scobie den Bogen jetzt wirklich überspannt hatte.

„Woooooooo", sagte Barry Bagsley mit hervorquellenden Augen und erhobenen Händen, als müsse er ein Monster abwehren. „Ich glaube, du willst uns da einen dicken, fetten Bären aufbinden, du kleine Scobie-Ratte."

Scobie blinzelte zweimal und runzelte die Stirn. „Sehe ich so aus, als hätte ich Angst?"

Und genau das war der Punkt: Er sah wirklich nicht so aus.

Barry Bagsley schaute Scobie unterdessen an wie etwas, das er einfach von seiner Schuhsohle wegwischte. „Und was ist dein Geheimnis, Superman? Du bist aus Stahl, was? Oder hast du irgendwelche Superkräfte? Warte, ich hab's, du bist ein Junge aus der Zauberwelt, ja, mit Zaubersprüchen. Du schwingst deinen Zauberstab und verwandelst mich in eine Kröte."

„Dazu braucht es nicht viel Zauberei", bemerkte James Scobie lächelnd.

Gedämpftes Lachen breitete sich in der Klasse aus. Danny Wallace lachte am lautesten, verstummte jedoch rasch unter Barry Bagsleys durchdringendem Blick und schaute James Scobie finster an, als wäre er selbst das Ziel der Beleidigung gewesen.

Vor unseren Augen fand ein Kampf statt, aber es war nicht der Showdown[2] aus dem Western, wie ich zunächst vermutet hatte, sondern viel eher ein Boxkampf. In der schwarzen Ecke stand Barry „Rambo" Bagsley und präsentierte seine Schwinger, mit denen er alle vorangegangenen Kontrahenten so blau und blutig geschlagen hatte, dass sie nur noch Deckung suchten. In der weißen Ecke stand James „Ohne Angst" Scobie, der die Haken an seinem Gesicht vorbeizischen ließ und erst dann zum Gegenschlag ausholte. Natürlich glaubte ich nicht eine Sekunde lang, dass James Scobie Barry Bagsley tatsächlich k. o. schlagen könnte, aber er landete ein paar Treffer, die ihm Punkte einbrachten, und ein Klassenzimmer voller erfahrener Kampfrichter notierte sie alle.

An diesem Punkt war Barry Bagsleys Geduldsfaden (falls er so etwas wie Geduld überhaupt besaß) so dünn geworden wie die Haare auf dem Kopf meines Großonkels Darryl. Barry Bagsley lehnte sich wieder nach vorn, bohrte den Zeigefinger in James Scobies mickrige Brust und unterstrich dann seine Worte, indem er seinen Finger in einem unheilvollen Rhythmus immer wieder in Scobies Brust stieß.

„Mann, wenn ich wollte, könnte ich dich *in der Mitte durchbrechen* wie eine *Brezel. Wenn* du also, wie du sagst, tatsächlich *keine Angst* hast, würde ich dir dringend empfehlen, langsam Angst zu *bekommen."*

Zack! Wieder segelte ein Bagsley-Schwinger an James Scobies Nase vorbei.

„Pass auf", sagte James Scobie mit dem ihm eigenen, leicht ungeduldigen Unterton. „Ich bin sicher, dass du sehr stark und tapfer bist, immerhin musst du dich jeden Tag im Spiegel anschauen ..."

Kurze Gerade!

„... und vielleicht *sollte* ich ja Angst vor dir haben, denn wenn es stimmt, wie man sagt, dass der Halbgebildete schlimmer ist als der Unwissende, dann bist du wahrscheinlich absolut tödlich ..."

Kurze Gerade!

Im ganzen Klassenzimmer hoben sich Augenbrauen, Kiefer klappten nach unten und auf Wertungstabellen wurden Punkte addiert. Barry Bagsley starrte James Scobie an wie jemand, der weiß, dass er beleidigt worden ist, aber nicht genau einschätzen kann, wie und in welchem Ausmaß.

2 der Showdown: dramatischer Machtkampf bzw. Entscheidungskampf; als klassische Showdowns gelten die mit Revolvern ausgetragenen Duelle in Westernfilmen.

„... aber es tut mir leid." Scobie sprach ungerührt weiter. „Ich habe keine Angst. Das hat nichts mit dir zu tun. Sondern damit."

Mit diesen Worten schob er die Haare über seiner linken Schläfe weg. Über seinem Ohr wurde eine lange, ovale Narbe sichtbar. Scobie drehte sich, damit alle sie sehen konnten.

„Und was ist das? Haben sie dir da das Gehirn entfernt?"

Zack!

„Nein, wenn man jemandem das Gehirn entfernt, sogar jemandem wie dir, der so viel graue Zellen hat wie das Lichtspektrum ..."

Kurze Gerade!

„... würde das eine viel größere Narbe geben. Allerdings, wenn ich genauer darüber nachdenke, würde in deinem Fall wahrscheinlich ein minimal invasiver Eingriff ausreichen."

Kurze Gerade!

„Nein", fuhr James Scobie lässig fort, „da wurde mir ein Hirntumor entfernt."

Stille kroch durch den Raum wie ein geschlagener Hund.

„Ach, jetzt verstehe ich", sagte Barry Bagsley und seine Stimme troff vor Verachtung. „Wir sollen alle Mitleid mit dir haben, nicht wahr, dir das Händchen halten und dir den Hintern wischen, weil du krank bist. Darauf willst du doch raus?"

„Keineswegs", sagte James Scobie, als ob ihn dieser Gedanke überraschte. „Mir geht's wieder gut. Der Tumor ist weg. Aber die Operation hatte eine kleine Nebenwirkung."

„Ach ja? Sie hat aus dir einen Deppen gemacht?"

Zack!

„Nein, denn dann wären wir die besten Freunde."

Kurze Gerade!

„Ich freunde mich nicht mit Irren an."

Zack!

„Na ja, versuch's ruhig mal. Vielleicht bekommen sie Mitleid mit dir und senken ihre Ansprüche."

Kurze Gerade!

Barry Bagsleys Miene verfinsterte sich. Langsam wurde es richtig gemein. Oder, was Barry Bagsley anging, noch gemeiner.

„Ja, aber was ist denn passiert? Du weißt schon, bei der Operation und den Nebenwirkungen und so?" Barry warf Danny Wallace einen finsteren Blick zu, sodass dieser, allerdings wenig überzeugend, versuchte, seine Neugier zu verbergen, und rasch hinzufügte: „... falls mich das überhaupt interessieren würde."

„Wie ich bereits sagte, verlief die Operation zur Entfernung des Tumors erfolgreich. Aber dann merkte ich eines Tages, dass etwas anders war als vorher. Ich war anders. Schließlich fand ich heraus, was es war. Ich konnte keine Angst mehr empfinden. Ich versuchte es, aber ich konnte es einfach nicht."

1 Wie treten Scobie und Barry am Anfang und am Ende dieses Gesprächs auf? Verdeutlicht dies in zwei Standbildern. Arbeitet in Gruppen und geht so vor:

a Entscheidet, wer Scobie und wer Barry spielen soll.
b Überlegt, welche Gestik und Mimik am besten zu den Figuren in den beiden Situationen passen. Probiert unterschiedliche Möglichkeiten.
c Stellt eure Standbilder vor. Gibt es ein Standbild, das die Gefühlslage und die Beziehung zwischen den Figuren besonders gut darstellt? Belegt eure Meinung mit Textstellen.

Standbilder bauen
Bei einem Standbild schlüpft ihr in die Rolle von Figuren und macht die Gefühle und die Beziehungen der Figuren allein durch Mimik und Gestik deutlich. Die Darstellerinnen und Darsteller stellen sich als unbewegliche Statuen auf.

2 a Wie gefällt euch der Dialog zwischen Scobie und Barry? Belegt eure Meinung anhand des Textes.
b Benennt mindestens zwei Textstellen, an denen Scobie besonders deutlich Widerstand gegen Barry leistet. Begründet eure Wahl.

3 a Erklärt die folgende Metapher, mit der der Erzähler den Dialog zwischen Scobie und Barry beschreibt. „Vor unseren Augen fand ein Kampf statt, aber es war nicht der Showdown aus dem Western, wie ich zunächst vermutet hatte, sondern viel eher ein Boxkampf" (▸ S. 97, Z. 66–69).
b Auf welche Weise wird dieser „Boxwettkampf" auch sprachlich dargestellt? Sucht entsprechende Textstellen.
c Erläutert, welche Mittel Scobie in diesem „Boxkampf" einsetzt und ob er diesen gewinnt.

4 Untersucht, welche sprachlichen Bilder (▸ sprachliche Bilder, S. 307) der Erzähler nutzt, um die Situation und die Gefühlslage der Figuren zu beschreiben. Sucht Vergleiche und Metaphern aus dem Text heraus und erklärt, wozu sie dienen bzw. welche Bedeutung sie haben, z. B.:

Z. x: Spatzenhirn → beleidigende Metapher für Dummheit/Beschränktheit …
Z. y: „sein grobknochiges Gesicht hing bedrohlich wie ein Todesstern vor Scobies Gesicht"
→ der Vergleich macht anschaulich, …

5 Macht in einer Figurenskizze deutlich, in welcher Beziehung Scobie, Ismael und Barry am Ende dieses „Boxwettkampfes" stehen.

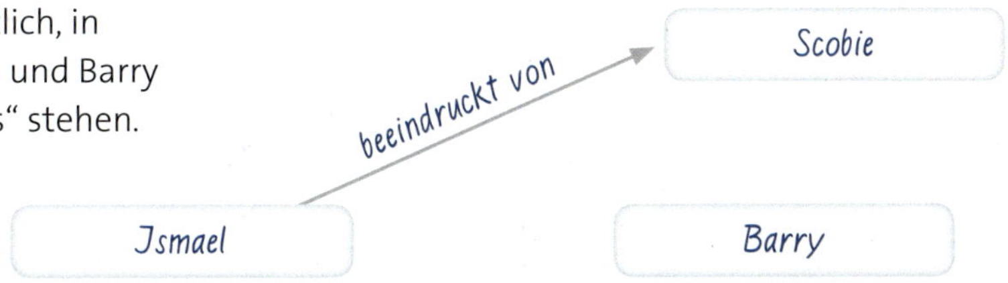

Information **Eine Figurenskizze erstellen**

In einer Figurenskizze könnt ihr die Beziehung der Figuren deutlich machen:
- Schreibt die Namen der Figuren auf.
- Zeichnet zwischen den Figuren Pfeile, die die Beziehungen verdeutlichen.
- Beschriftet jeden Pfeil mit einem aussagekräftigen Wort, z. B.: *liebt, bewundert, hasst.*

Testet euch!

Eine Figur charakterisieren

Michael Gerard Bauer

Nennt mich nicht Ismael! (4)

Der neue Junge war kein Elefantenmensch oder so was. Eigentlich unterschied er sich gar nicht so sehr von allen anderen und doch war er gerade um so viel anders, dass er direkt in der Gefahrenzone stand. Nicht so viel anders, dass er Mitleid erwarten konnte, aber anders genug, um Barry Bagsleys Augen zum Leuchten zu bringen.
James Scobie war klein und ein bisschen zu adrett. Sein perfekt gescheiteltes Haar war aus der Stirn gekämmt wie eine Welle, kurz bevor sie sich bricht. Die Linien, die die Zähne des Kamms hinterlassen hatten, zeichneten sich so deutlich ab wie Fußabdrücke auf dem Mond. Seine Kleider sahen aus, als würde sein Großvater ihn in Sachen Mode beraten: Die Strümpfe waren bis zu den Knien hochgezogen und an beiden Beinen genau gleich weit umgeschlagen. Sein Hemd steckte ordentlich in der kurzen Hose, die weit oben über der kleinen Rundung seines Bauches saß. Zu allem Überfluss war seine Haut so bleich, dass man befürchten musste, eine starke Brise könne blaue Flecken hinterlassen. All das wurde von der Klasse rasch registriert und dann ad acta gelegt. Was unsere Aufmerksamkeit wirklich erregte, war James Scobies Gesicht oder vielmehr noch, was er mit seinem Gesicht machte.
Das Gesicht an sich war nicht bemerkenswert, vielleicht ein bisschen pausbäckig, mit einer recht kleinen Nase und ein bisschen zu rosig an den Wangen, aber sonst war alles dort, wo es sein sollte. Allerdings verzog und verzerrte James Scobie seinen Mund immer wieder so sehr zu einer Seite, dass ein Auge von einem faltigen Blinzeln und einer wie eine Kapuze überhängenden Augenbraue verschluckt wurde. Dann entspannte sich sein Mund wieder und sein Gesicht zog sich in die Länge, während seine Augen hervorquollen wie bei dem Jungen in „Kevin allein zu Haus“. Dann wiederholte sich das Ganze auf der anderen Seite des Gesichts. Und während all das geschah, wackelte James Scobies Nase hin und her, als ob er für die Hauptrolle im Remake von „Verliebt in eine Hexe“ üben wollte.

1 Richtig, falsch oder anhand des Textes nicht überprüfbar? Schreibt die Großbuchstaben ab und notiert daneben *f* = falsch, *r* = richtig oder *nü* = nicht überprüfbar.
A Der neue Schüler fällt in der Klasse optisch gar nicht auf.
B Das Gesicht des neuen Jungen zeigt eine komische Mimik.
C Barry sieht in Scobie ein neues Opfer.
D Scobie legt Wert auf moderne Kleidung.
E Scobie lebt bei seinem Onkel.
F Der neue Mitschüler ist schlank.

2 **a** Sucht zwei Vergleiche, mit denen der Erzähler Scobies Aussehen und Verhalten beschreibt.
b Schreibt zwei Textstellen heraus, in denen der Erzähler Scobie bewertet.

3 Überprüft eure Ergebnisse aus den Aufgaben 1 und 2 in Partnerarbeit.

5.2 In die Figuren schlüpfen – Zu literarischen Texten gestaltend schreiben

Michael Gerard Bauer

Nennt mich nicht Ismael! (5)

James Scobie findet durch seine Sprachbegabung bald große Anerkennung in der Klasse. Als er einen Debattierclub gründet, wird Ismael, dem eigentlich nichts fernerliegt, als vor anderen Menschen Reden zu halten, unerwartet Mitglied. Die fünf Jungen gewinnen bei einem Debattierwettbewerb Runde um Runde. Als James Scobie wegen seiner schweren Erkrankung beim Halbfinale ausfällt, verlieren die Jungen knapp. Nach dem Halbfinale erhält Ismael einen Brief von James Scobie, der noch nichts von der Niederlage weiß.

Lieber Ismael,
hier gab es Probleme und es sieht jetzt so aus, als würde ich das Debattierfinale verpassen. Es geht um die Tumoroperation, über die wir gesprochen haben. Ich muss alle sechs Monate zu einer Untersuchung, bei der sie nachschauen, ob alles immer noch in Ordnung ist, ob nichts zurückgekommen ist. Keine große Sache. Nur, dieses Mal haben sie etwas gefunden. Einen „Schatten", sagen sie. Im Augenblick wissen sie noch nicht, was es ist. Sie müssen noch mehr Untersuchungen und Röntgenbilder machen, aber die Ärzte sind zuversichtlich, dass es wahrscheinlich nichts ist, worüber man sich Sorgen machen müsste. Ich weiß nicht, wann ich wieder in die Schule zurückkomme. Viel Glück beim Finale! Ich verlass mich darauf, dass du das Team zusammenhältst.
James
PS. Könntest du das für dich behalten?
PPS. Miss Tarango[1] hatte Recht damit, dass Wörter sehr mächtig sind. Sogar Wörter wie „wahrscheinlich" können dir weh tun.

Nachdem ich das gelesen hatte, fiel mir ein, dass Scobie gesagt hatte, die letzte Operation habe alle seine Angst aufgezehrt. Ich fragte mich, ob das stimmte. Ich konnte mir nicht vorstellen, wie es sich anfühlte, in seiner Lage zu sein und allem noch einmal ins Auge blicken zu müssen.

1 Miss Tarango: Klassenlehrerin von Ismael und James Scobie

1 a Besprecht, wie dieser persönliche Brief an Ismael auf euch wirkt. Begründet eure Meinung.
b Fasst zusammen, worum es in dem Brief geht.
c Erklärt, wie Scobie über seine erneute Erkrankung berichtet und was Ismael darüber denkt.

2 a Stellt Vermutungen an, warum Scobie Ismael bittet, „das“ für sich zu behalten (▸ vgl. Z. 20).
b Scobie erwähnt die verletzende Wirkung des Wortes „wahrscheinlich“. Erläutert dies.

3 Versetzt euch in die Lage Ismaels, nachdem er Scobies Brief gelesen hat. Schreibt einen Antwortbrief an James Scobie.
a Notiert, was Ismael denken und fühlen könnte. Was könnte er Scobie sagen?
TIPP: Bedenkt auch, dass Scobie noch nichts von dem verlorenen Halbfinale weiß.
b Plant den Aufbau eures Briefes. Wie beginnt euer Brief? Was steht im Hauptteil? Wie wollt ihr den Schluss gestalten?
c Schreibt nun den Brief an James Scobie. Schreibt in der Ich-Form. Ihr könnt die folgenden Formulierungsbausteine zu Hilfe nehmen:

Nachdem ich deinen Brief gelesen habe, habe ich … •
Ich habe das Gefühl, … •
Es tut mir unglaublich leid, dass … •
Ich kann mir einfach nicht vorstellen, … •
Ich hoffe, dass …/Hoffentlich … •
Du kannst sicher sein, dass … •
Seitdem du nicht mehr da bist, … •
Du fehlst mir sehr, weil … •
Beim Debattierwettbewerb haben wir … •
Wärst du dabei gewesen, dann … •
Wie geht es bei dir jetzt weiter? •
Sollen wir dich mal besuchen kommen?

	Briefkopf (Ort, Datum)
Anrede, z. B.:	*Lieber …; Hallo …*
Einleitung, z. B.:	*Bezug zu Scobies Brief*
Hauptteil, z. B.:	*Gedanken, Gefühle, Schilderung der eigenen Situation …*
Schluss, z. B.:	*Frage, Bitte, Wunsch*
Grußformel, z. B.:	*Herzliche Grüße, Viele Grüße*
Unterschrift	

4 Lest eure Briefe vor. Überlegt, ob der Antwortbrief inhaltlich und sprachlich zu der Figur Ismael und der Handlung des Romans passt.

Methode **Aus der Perspektive einer literarischen Figur schreiben**

Wenn ihr aus der Perspektive (Sicht) einer literarischen Figur schreibt (z. B. einen Brief oder einen Tagebucheintrag), versetzt ihr euch in die Figur hinein. Überlegt:
- Was denkt und fühlt die Figur?
- Was könnte sie sagen?
- Was weiß sie, was weiß sie nicht?

Schreibt in der **Ich-Form.**

Ihr könnt zum Beispiel
- die Gedanken und die Gefühle der Figur zum Ausdruck bringen, z. B.: *Ich bin sehr traurig.*
- Fragen stellen, z. B.: *Was sollen wir tun?*
- emotionale Ausdrücke verwenden, z. B.: *Ich bin echt schockiert!*

Wichtig ist, dass Inhalt und Sprache zur Figur und zur Handlung des Textes passen.

Michael Gerard Bauer

Nennt mich nicht Ismael! (6)

Weil James Scobie wegen seiner bevorstehenden Operation nicht mehr in der Schule ist, hat Barry wieder freie Schusslinie auf Ismael und lässt keine Gelegenheit aus, ihn, aber auch Bill Kingsley, einen Mitschüler von Ismael, zu demütigen. Doch dann ergibt sich eine einmalige Gelegenheit, Barry ein für alle Mal vor der gesamten Schule bloßzustellen: Auf der Feier zum Schuljahresende will Ismael vor allen Schülern und Eltern folgende Fürbitte vortragen: „Lasst uns darum beten, dass Barry Bagsley lernt, andere Leute einfach so zu lassen, wie sie sind, statt sie zu drangsalieren und zu erniedrigen." Bevor Ismael auf die Bühne geht, zeigt er Barry die Fürbitte.

Wir stiegen die Stufen zur Bühne hinauf und stellten uns in einer Reihe hinter dem großen Rednerpult auf.

Es dauerte nicht lang, bis ich Barry Bagsley ausfindig gemacht hatte. Er saß ungefähr auf halber Strecke zur rückwärtigen Wand, fast genau in der Mitte. Er sah nicht fröhlich aus, vielmehr traf der Ausdruck „vor Wut schnaubend" hier einmal mehr ins Schwarze. Seine Augen hatten sich zu dunklen Schlitzen verengt und er fletschte mit bebenden Lippen die Zähne. Ich bin mir sicher, dass meine Fantasie mir einen Streich spielte, aber es sah aus, als würde er knurren. Wenn er ein Hund gewesen wäre, hätte die Stadtverwaltung ihn für gefährlich erklärt und auf der Stelle aus dem Verkehr gezogen.

Während Razzas Vortrag funkelte mich Barry Bagsley weiterhin finster an, aber als Razza fertig war, erschien der erste Riss in der Fassade. Barry Bagsley brach den Blickkontakt ab, schaute rasch nach rechts und links und rutschte unruhig in seinem Sitz hin und her.

Ich beobachtete Barry Bagsley ganz genau. Es passierte etwas mit ihm. Er versuchte zwar weiterhin, seinen wütenden Blick aufrechtzuerhalten, aber es gelang ihm nicht. Seine Augen schossen unruhig hin und her. Einmal drehte er sich sogar um und warf einen flüchtigen Blick auf den hinteren Teil der Turnhalle. Als er wieder Blickkontakt zu mir aufnahm, spiegelten sich die unterschiedlichsten Emotionen auf seinem Gesicht wider. Und irgendwo zwischen der ganzen Arroganz, dem Zorn, dem Trotz und der Drohung blitzte kurz, aber unverkennbar Panik auf.

Ich trat nach vorn und stieg auf die kleine Plattform am Fuß des Rednerpults. Das Mikrofon schwebte direkt vor meinem Mund. Barry Bagsley wand sich in seinem Sitz. Sein Gesicht sah aus wie Teig. Er schüttelte immer noch den Kopf, aber jetzt war in der Bewegung keinerlei Drohung mehr.

Ich zog das Mikrofon zu mir herunter und beugte mich ein bisschen nach vorn. „Lasst uns beten.“

Meine Stimme füllte die Halle. Ich hatte das Gefühl, als komme sie von einem anderen, von irgendwoher außerhalb meines Körpers. Zum ersten Mal in meinem Leben stand ich vor einem Publikum, ohne im Mindesten nervös zu sein. Ich schaute zu Barry Bagsley hinunter. Er drückte sich in seinen Sitz hinein, als spürte er den Schub einer startenden Rakete. Sein Kopf bewegte sich immer noch hin und her, aber so minimal, dass nur ich es bemerkte. Seine Lippen formten immer noch Worte, aber jetzt erkannte ich nur „nein“, „nicht“ und „bitte“. Ich sah ihm in die Augen. Die Arroganz war verschwunden. Ich sah nur noch Angst und Verzweiflung. Es waren die Augen eines Menschen, der wusste, dass es keinen Ausweg gab.

„Lasst uns beten, dass Barry ...“

Ich sprach langsam und deutlich, und als ich seinen Namen sagte, versank Barry Bagsley tief in seinem Sitz, wie ein Boxer, der weiß, dass er die nächste Runde nicht übersteht. Seine Augen hatten sich noch einmal verändert. Sie wirkten jetzt matt, leer und geschlagen. Dieser Ausdruck kam mir bekannt vor. Ich hatte ihn schon viele Male gesehen. Ich hatte ihn auf dem Gesicht von Kelly Faulkners kleinem Bruder gesehen und bei Bill Kingsley. Auch ich hatte oft so geschaut.

Eine unbehagliche Stille kroch durch die Turnhalle. Alle warteten darauf, dass ich sprach. Ich schaute ein letztes Mal zu Barry Bagsley hin. Jeden einzelnen Tag der vergangenen Woche hatte ich von diesem Augenblick geträumt. Jetzt war er gekommen. Ich würde Rache nehmen.

Noch einmal fing ich mit meiner Fürbitte an. Ich wollte das gut machen:

„Lasst uns beten ...“

Ich hielt die Harpune in der Hand.

„... dass Barry ...“

Ich hob sie an und fasste Tritt.

„... dass Barry ...“

Jetzt muss ich sie nur noch werfen.

„... dass ... Barrieren, die uns trennen und uns einander fernhalten, überwunden werden und dass wir lernen, gut miteinander auszukommen.“

1 a Ismael hat beschlossen, dass Barry für sein Verhalten büßen soll. Erläutert seinen Plan.
b Stellt Vermutungen an, warum Ismael sein Vorhaben dann doch nicht in die Tat umsetzt.
c Diskutiert, wie ihr an Ismaels Stelle gehandelt hättet.

2 Man kann sich die Szene auf der Abschlussfeier sehr gut vorstellen. Sucht mindestens drei Textstellen heraus, die besonders anschaulich gestaltet sind. Erklärt auch, wodurch diese Anschaulichkeit entsteht.

3 Die Passage, in der Ismael zum Rednerpult geht und anfängt zu sprechen, wird besonders ausführlich erzählt (▸ Z. 37–93). Das Geschehen läuft sozusagen in Zeitlupe ab. Untersucht anhand des Textes, wodurch diese Zeitdehnung entsteht.

Fordern und fördern – Die Sicht einer Figur einnehmen

1 Das Geschehen auf der Abschlussfeier wird aus der Perspektive (Sicht) von Ismael erzählt. Versetzt euch in Barry hinein und erzählt, wie er diese Abschlussfeier erlebt. Schreibt in der Ich-Form. Geht so vor:

a Barrys Verhalten verändert sich im Laufe der Abschlussfeier. Lest den Text (▶ S. 103–104) noch einmal sorgfältig, gliedert ihn in drei Handlungsschritte und notiert jeweils, wie sich Barry verhält. Schreibt hierzu entsprechende Textstellen auf, z. B.:

> 1. ***Jsmael betritt die Bühne und beobachtet Barry** (Z. 1–x)*
>   *– Barry sieht nicht fröhlich aus*
>   *– ...*
> 2. ***Während Razzas Vortrag haben Barry und Jsmael Blickkontakt** (Z. x–y)*
>   *– erster Riss in der Fassade*
>   *– ...*
> 3. *... (Z. x–y)*
>   *– ...*

▷ Hilfen zu dieser Aufgabe findet ihr auf Seite 106.

b Markiert in euren Notizen aus Aufgabe 1 a jeweils ein oder zwei Wörter, die Barrys Gefühle in der jeweiligen Situation am deutlichsten wiedergeben.

▷ Schaut auf Seite 106 nach, wenn ihr Hilfen zu dieser Aufgabe braucht.

c Versetzt euch in Barry hinein und überlegt, was er in der jeweiligen Situation denken und fühlen könnte. Notiert eure Ideen, z. B.:
Wahrscheinlich will mich Jsmael nur einschüchtern. Jch glaube nicht, dass der den Mut hat ...

▷ Hilfen zu dieser Aufgabe findet ihr auf Seite 106.

d Erzählt nun, wie Barry die Abschlussfeier erlebt hat. Es soll deutlich werden, was auf der Abschlussfeier passiert und was Barry denkt und fühlt. Nutzt eure Notizen und schreibt in der Ich-Form. Ihr könnt so beginnen:
Gerade eben hat mir Jsmael gezeigt, was er gleich vor der versammelten Schule verlesen wird. Jch kann nicht fassen, ...

▷ Weitere Hilfen zu dieser Aufgabe stehen auf Seite 106.

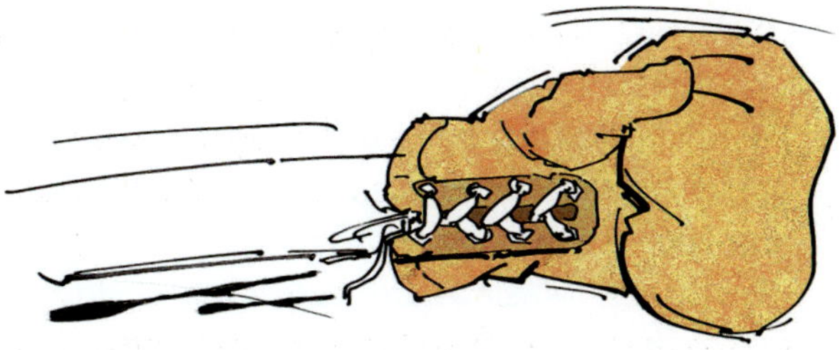

2 Lest eure Texte vor und vergleicht sie mit dem Originaltext. Erklärt, inwiefern ihr in euren Texten einen anderen Eindruck von Barry bekommt.

Aufgabe 1 mit Hilfen

a Versetzt euch in Barry hinein und erzählt, wie er diese Abschlussfeier erlebt. Schreibt in der Ich-Form und stellt die Gedanken und Gefühle dieser Figur dar. Geht so vor:
Barrys Verhalten verändert sich im Laufe der Abschlussfeier. Lest den Text (▶ S. 103–104) noch einmal sorgfältig, gliedert ihn in drei Handlungsschritte und notiert jeweils, wie sich Barry verhält. Schreibt hierzu entsprechende Textstellen auf, z. B.:

1. *Ismael betritt die Bühne und beobachtet Barry (Z. 1–17)*
   - *Barry sieht nicht fröhlich aus*
   - *vor Wut schnaubend*
   - *seine Augen hatten sich zu dunklen Schlitzen …*
2. *Während Razzas Vortrag haben Barry und Ismael Blickkontakt (Z. 18–x)*
   - *erster Riss in der Fassade*
   - *bricht Blickkontakt ab, rutscht unruhig in seinem Sitz hin und her*
   - *…*
3. *Ismael tritt ans Rednerpult, um seine Fürbitte zu verlesen (Z. x–y)*
   - *keinerlei Drohung mehr*
   - *…*

b Markiert in euren Notizen aus Aufgabe 1a jeweils ein oder zwei Wörter, die Barrys Gefühle in der jeweiligen Situation deutlich wiedergeben. Überlegt: Zuerst ist Barry wütend, dann …

c Versetzt euch in Barry hinein und notiert, was er in den folgenden Situationen denkt und fühlt:

- **Situation 1:** Als Ismael die Bühne betritt, ist Barry wütend.
  Wahrscheinlich will mich Ismael nur einschüchtern. Ich glaube nicht, dass er …
- **Situation 2:** Während Razzas Vortrag haben Ismael und Barry Blickkontakt.
  Barry gerät in Panik.
  Ob er wirklich …?
  Es kann doch nicht sein, dass …
  Wieso starrt der mich …
- **Situation 3:** Ismael tritt ans Rednerpult, bei Barry breiten sich Angst und Verzweiflung aus.
  Hätte ich bloß …
  Wieso habe ich …
  Am liebsten wäre ich …

d Erzählt nun, wie er die Abschlussfeier erlebt hat. Macht deutlich, was geschieht und was Barry denkt und fühlt. Nutzt eure Notizen und schreibt in der Ich-Form.
Ihr könnt so beginnen:
Gerade eben hat mir Ismael gezeigt, was er gleich vor der versammelten Schule verlesen wird. Ich kann nicht fassen, dass Ismael …
Wieso starrt der mich denn …

Gedanken und Gefühle
Langsam spüre ich, wie … •
Ich merke, … •
Als ich höre/sehe, … •
Am liebsten wäre ich … •
Mir schießt durch den Kopf, …

5.3 Fit in – Gestaltend schreiben

Die Aufgabenstellung verstehen

Stellt euch vor, ihr sollt in der nächsten Klassenarbeit folgende Aufgabe bearbeiten:

Lies den folgenden Text. Stell dir dann vor, du bist Ismael. Nach der Begegnung mit Barry beschließt du, deinem Freund Scobie einen Brief zu schreiben. Du willst ihm erzählen, wie sich Barry verhalten hat und was du dir für das kommende Schuljahr vorgenommen hast.

Michael Gerard Bauer

Nennt mich nicht Ismael! (7)

Unmittelbar nach der Abschlussfeier begegnet Ismael erneut Barry.

„Ich wusste, dass du nicht den Mumm haben würdest, es zu tun", fauchte er.

Ich machte mir nicht die Mühe, mit ihm zu streiten. Ich hatte vom Podium aus sein Gesicht gesehen. Wir beide kannten die Wahrheit.

„Ich möchte nur, dass du Bill Kingsley in Ruhe lässt, das ist alles."

„Wenn ich du wäre, dann würde ich mir mehr Sorgen um mich selbst machen. Vielleicht kommst du heute Abend noch mal davon, aber nächstes Jahr kannst du dich nicht verstecken."

Er hatte Recht. Aber das war egal. Ich hatte es satt, mich immer möglichst kleinzumachen. Ich wollte nicht mehr der unsichtbare Junge sein. „Ich werde mich nicht verstecken", sagte ich.

Wir standen einander gegenüber. Es war schrecklich still und ich hätte mich nicht gewundert, wenn ein rollender Busch sich zwischen uns geschoben hätte.

„Barry, da bist du ja! Oh, Entschuldigung, dich habe ich gar nicht gesehen", sagte Mrs Bagsley und wandte sich an mich. „Hallo." „Barry, wo bleibt dein gutes Benehmen? Willst du mir deinen Freund nicht vorstellen?"

Zum Glück schaute Mrs Bagsley mich an, sodass die nicht sah, dass ihr Sohn eine Grimasse schnitt, als hätte er eine stählerne Bratpfanne ins Gesicht bekommen.

„Er ist nicht ..."

Mrs Bagsley wandte ihr blendendes Lächeln ihrem Sohn zu.

„Ähm ... das ist ... er heißt ... Ismael." Barry Bagsley sprach meinen Namen aus, als hätte man ihn gezwungen, Gift zu schlucken.

Barry Bagsley wartete, bis seine Mutter außer Sichtweite war. Dann zeigte er mit dem Finger auf mich und verengte seine Augen. Er schien um Worte zu ringen, die den Gefühlen, die in ihm tobten, Ausdruck verleihen konnten.

„Nächstes Jahr", sagte er und schaffte es irgendwie, dass diese beiden Wörter klangen wie eine Bombendrohung.

„Ich werde da sein", sagte ich und zum ersten Mal seit einer Ewigkeit wusste ich, dass das stimmte.

1 Lest die Aufgabenstellung sorgfältig. Erklärt euch gegenseitig, was genau ihr machen sollt und worauf ihr bei der Bearbeitung achten müsst.

Ideen sammeln und einen Schreibplan erstellen

2 Überlegt, was in diesem Textauszug passiert. Gliedert den Text in drei Handlungsschritte und notiert wichtige Einzelheiten zur Handlung, z. B.:

1. **Jsmael und Barry begegnen sich** (Z. x–y)
   - *Barry ist wütend und …*
   - *Jsmael will, dass Barry Bill Kingsley …*
2. **Barrys Mutter kommt hinzu** (Z. x–y)
   - …
3. **Jsmael und Barry „verabschieden" sich** (Z. x–y)
   - …

3 Versetzt euch in Ismael und überlegt, was er seinem Freund Scobie über diese Begegnung schreiben könnte. Notiert eure Ideen. Die folgenden Fragen helfen euch:
- Wie bewertet Ismael Barrys Verhalten? Was denkt er über Barry?
- Was denkt er über die Drohung Barrys, ihn im nächsten Schuljahr wieder zu demütigen?
- Was nimmt sich Ismael vor, damit er nicht mehr der „unsichtbare Junge" ist?

4 Plant den Aufbau eures Briefs und ordnet eure Ideen: Wie beginnt euer Brief? Was steht im Hauptteil? Wie wollt ihr den Schluss gestalten?

Den Brief formulieren und überarbeiten

5 Schreibt nun den Brief an James Scobie. Schreibt in der Ich-Form. Erklärt eure Situation: Wie schätzt ihr Barrys Verhalten und seine Drohung ein? Was nehmt ihr euch für das nächste Schuljahr vor? Ihr könnt die folgenden Formulierungsbausteine zu Hilfe nehmen:

Du kannst dir nicht vorstellen, was mir heute … • Zuerst war ich schockiert, als … • Ich glaube, dass Barry in Wirklichkeit … • Irgendwie habe ich mich in der Situation … gefühlt. • Du hättest sein Gesicht sehen sollen, als seine Mutter … • Ich befürchte zwar …, aber …

6 Tauscht euren Brief mit dem eurer Banknachbarin oder eures Banknachbarn aus. Gebt euch mit Hilfe der folgenden Checkliste Tipps, was ihr noch verbessern könnt.

Checkliste

Einen Brief an eine literarische Figur schreiben
- Habt ihr in der **Einleitung** den Anlass eures Briefs genannt (hier: Begegnung mit Barry)?
- Habt ihr im **Hauptteil** erzählt, was passiert ist und welche Gedanken und Gefühle der Schreibende hat (hier: Bewertung von Barrys Verhalten, Plan für das kommende Schuljahr)?
- Enthält der **Schluss** einen Wunsch, eine Bitte, eine persönliche Einschätzung oder Frage?
- Passen **Sprache** und **Inhalt** eures Textes zur Figur und zur Handlung des Textes?

6 Clevere Typen – Alte und neue Erzählungen

Ludwig XIV.[1] sagte einmal im Kreise seiner Hofleute: „Die Könige haben ihre Macht von Gottes Gnaden, und wenn ich einem von Ihnen befehle, ins Wasser zu springen, haben Sie ohne Zögern zu gehorchen.“
Da erhob sich der Herzog von Guise und wollte hinausgehen.
„Wohin?“, rief der König.
„Schwimmen lernen, Sire!“

1 Ludwig XIV. (1638–1715), genannt der „Sonnenkönig“, war von 1643 bis 1715 König von Frankreich.

1 Beschreibt das Verhalten des Königs und des Herzogs.

2 Besprecht, was ihr in dieser kleinen Geschichte über die Machtverhältnisse am Hof und über die Charaktereigenschaften der beiden Figuren erfahrt.

3 Kennt ihr Geschichten, die das Verhalten und die Eigenschaften einer Person auf witzige Weise verdeutlichen? Erzählt sie euch.

In diesem Kapitel ...

- lest und untersucht ihr Geschichten, die belehren und unterhalten,
- lernt ihr die Merkmale von kurzen Geschichten kennen,
- übt ihr, wie man den Inhalt einer Geschichte zusammenfasst.

6.1 Unterhaltsames und Lehrreiches – Geschichten untersuchen

Auf den Punkt gebracht – Anekdoten

Herbert Ihering (1888–1977)

Die schlechte Zensur

Brecht[1], der schwach im Französischen war, und ein Freund, der schlechte Zensuren im Lateinischen hatte, konnten Ostern nur schwer versetzt werden, wenn sie nicht noch eine gute Abschlussarbeit schrieben. Aber die lateinische Arbeit des einen fiel ebenso mäßig aus wie die französische des anderen. Darauf radierte der Freund mit einem Federmesser einige Fehler in der Lateinarbeit aus und meinte, der Professor habe sich wohl verzählt. Der aber hielt das Heft gegen das Licht, entdeckte die radierten Stellen und eine Ohrfeige tat das Übrige.

Brecht, der nun wusste, so geht das nicht, nahm rote Tinte und strich sich noch einige Fehler mehr an. Dann ging er zum Professor und fragte ihn, was hier falsch sei. Der Lehrer musste bestürzt zugeben, dass diese Worte richtig seien und er zu viele Fehler angestrichen habe. „Dann“, sagte Brecht, „muss ich doch eine bessere Zensur haben.“

Der Professor änderte die Zensur und Brecht wurde versetzt.

---

1 Bertolt Brecht (1898–1956): berühmter deutscher Schriftsteller

1 a Lest die Geschichte laut vor oder spielt sie als Sketch.
b Überlegt anschließend: Worin liegt die überraschende Wendung (Pointe) der Geschichte? Welche Wesenszüge von Brecht werden besonders deutlich?

2 Diskutiert, wie ihr das Verhalten des Schülers Brecht bewertet.

3 Diese kleine Geschichte und die auf Seite 109 nennt man Anekdote. Haltet fest, welche Merkmale eine Anekdote hat.

Erika Mann (1905–1969)

Mein Vater Thomas Mann[1]

Dies spielt während des Ersten Weltkrieges, wo wir nichts zu essen hatten, absolut nichts, und wo zwischen uns vier Kindern jede Winzigkeit, die es gab, genau und mathematisch geteilt wurde. Also es wurden quasi die Erbsen gezählt. Nun also eines schönen Tages war eine Feige übrig geblieben und es war ganz klar, dass diese Feige zwischen uns vier Kindern geteilt werden musste – meine Mutter war der Ansicht und wir vier waren der Ansicht. Was tat mein Vater? Er gab mir allein diese Feige und sagte: „Da, Eri, iss." Ich natürlich fing sofort an zu fressen, die anderen drei Geschwister staunten entsetzt und mein Vater sagte sentenziös[2] mit Betonung: „Man soll die Kinder früh an Ungerechtigkeit gewöhnen."

1 Thomas Mann (1875–1955): berühmter deutscher Schriftsteller; seine Tochter Erika Mann (1905–1969) war ebenfalls Schriftstellerin

2 sentenziös: knapp und pointiert

1 Tauscht euch darüber aus, wie euch diese Geschichte gefällt.

2 a Schreibt den Text in Partnerarbeit weiter. Wie könnten z. B. die Geschwister oder die Mutter reagieren? Was könnte der Vater, Thomas Mann, erwidern?
b Diskutiert mit Hilfe eurer Texte, was ihr von dem Schlusssatz der Anekdote haltet.

3 a Lest die folgenden Informationen über die Anekdote.
b Haltet fest, welche Merkmale der Anekdote ihr in der Geschichte von Erika Mann wiederfindet.

Information **Die Anekdote**

Eine Anekdote ist eine **kurze Geschichte** über eine **bekannte Persönlichkeit.** Auf humorvolle Weise verdeutlicht sie das Verhalten oder die Eigenarten dieses Menschen. Wie der Witz enthält die Anekdote am Ende eine **Pointe (überraschende Wendung).**
Das, was über die Person erzählt wird, muss nicht unbedingt wahr sein. Wichtig ist vielmehr, dass in der Anekdote das Typische einer Person erkennbar wird.

Kluges im Kleinformat – Kalendergeschichten

Johann Peter Hebel (1760–1826)

Eine sonderbare Wirtszeche

Manchmal gelingt ein mutwilliger Einfall, manchmal kostet's den Rock, oft sogar die Haut dazu. Diesmal aber nur den Rock.

Denn obgleich einmal drei lustige Studenten auf einer Reise keinen roten Heller mehr in der Tasche hatten, alles war verjubelt, so gingen sie doch noch einmal in ein Wirtshaus und dachten, sie wollten sich schon wieder hinaushelfen und doch nicht wie Schelmen davonschleichen, und es war ihnen gar recht, dass die junge und artige Wirtin ganz allein in der Stube war. Sie aßen und tranken guten Mutes und führten miteinander ein gar gelehrtes Gespräch, als wenn die Welt schon viele tausend Jahr alt wäre und noch ebenso lang stehen würde und dass in jedem Jahr, an jedem Tag und in jeder Stunde des Jahres alles wieder so komme und sei, wie es am nämlichen Tag und in der nämlichen Stunde vor sechstausend Jahren auch gewesen sei.

„Ja“, sagte endlich einer zur Wirtin, die mit einer Strickerei seitwärts am Fenster saß und aufmerksam zuhörte, „ja, Frau Wirtin, das müssen wir aus unsern gelehrten Büchern wissen.“

Und einer war so keck und behauptete, er könne sich wieder dunkel erinnern, dass sie vor sechstausend Jahren schon einmal da gewesen seien, und das hübsche freundliche Gesicht der Frau Wirtin sei ihm noch wohl bekannt. Das Gespräch wurde noch lange fortgesetzt, und je mehr die Wirtin alles zu glauben schien, desto besser ließen sich die jungen Schwenkfelder den Wein und Braten und manche Bretzel schmecken, bis eine Rechnung von fünf Florin und 16 Kreuzern[1] auf der Kreide stand. Als sie genug gegessen und getrunken hatten, rückten sie mit der List heraus, worauf es abgesehen war.

„Frau Wirtin“, sagte einer, „es steht diesmal um unsere Batzen nicht gut, denn es sind der Wirtshäuser zu viele an der Straße. Da wir aber an Euch eine verständige Frau gefunden haben, so hoffen wir, als alte Freunde hier Kredit zu haben, und wenn's Euch recht ist, so wollen wir in sechstausend Jahren, wenn wir wiederkommen, die alte Zeche samt der neuen bezahlen.“

1 Der Florin (= Gulden) und Kreuzer sind alte Währungsbezeichnungen.

Die verständige Wirtin nahm das nicht übel auf, war vollkommen zufrieden und freute sich, dass die Herren so vorliebgenommen, stellte sich aber unvermerkt vor die Stubentüre und bat, die Herren möchten nur so gut sein und jetzt einstweilen die fünf Florin und 16 Kreuzer bezahlen, die sie vor sechstausend Jahren schuldig geblieben seien, weil doch alles schon einmal so gewesen sei, wie es wiederkomme. Zum Unglück trat eben der Vorgesetzte des Ortes mit ein paar braven Männern in die Stube, um miteinander ein Glas Wein in Ehren zu trinken. Das war den gefangenen Vögeln gar nicht lieb. Denn jetzt wurde von Amts wegen das Urteil gefällt und vollzogen: „Es sei aller Ehren wert, wenn man sechstausend Jahre lang geborgt habe. Die Herren sollten also augenblicklich ihre alte Schuld bezahlen oder ihre noch ziemlich neuen Oberröcke in Versatz geben." Dies Letzte musste geschehen und die Wirtin versprach, in sechstausend Jahren, wenn sie wiederkommen und besser als jetzt bei Batzen seien, ihnen alles Stück für Stück wieder zuzustellen.
Dies ist geschehen im Jahre 1805 am 17. April im Wirtshause zu Segringen.

1 Die Geschichte wurde vor über 200 Jahren verfasst und enthält viele Wörter und Wendungen, die heute nicht mehr gebräuchlich sind.

a Klärt gemeinsam, was die folgenden Wörter und Ausdrücke in der Geschichte bedeuten. Lest dazu noch einmal im Text nach.

> obgleich (▸ Z. 4) • sie wollten sich schon wieder hinaushelfen (▸ Z. 8–9) •
> am nämlichen Tag und in der nämlichen Stunde (▸ Z. 18–19) •
> bis eine Rechnung von fünf Florin und 16 Kreuzern auf der Kreide stand (▸ Z. 35–36) •
> es steht diesmal um unsere Batzen nicht gut (▸ Z. 40–41) •
> eine verständige Frau (▸ Z. 43) • nahm das nicht übel auf (▸ Z. 48–49) •
> aller Ehren wert (▸ Z. 63) • geborgt (▸ Z. 64) • in Versatz geben (▸ Z. 66–67)

b Klärt weitere Wörter oder Textstellen, die euch unklar sind.

2 a Schildert euren ersten Leseeindruck. Erklärt, wer hier wen mit welcher List hereinlegt.

b Beschreibt, worin die Pointe (überraschende Wendung) der Geschichte liegt.

c Erklärt, wie die Handlung der Geschichte aufgebaut ist: Gliedert sie hierzu in Einleitung, Hauptteil und Schluss und gebt jedem Teil eine treffende Überschrift.

3 Untersucht, mit welcher Absicht die Geschichte erzählt wird. Geht so vor:

a Schaut euch den Anfang der Geschichte (▸ Z. 1–3) genau an:
- Wer spricht und welche Bedeutung hat dieser Satz für das Verständnis der Erzählung?
- In welchem Tempus steht der Anfangssatz, in welchem die nachfolgenden? Habt ihr eine Erklärung für den Unterschied?

b Findet heraus, ob der Erzähler am Geschehen beteiligt ist oder die Geschichte von einem höheren Standpunkt aus darstellt. Nennt Beispiele aus dem Text und erläutert deren Wirkung.

c Formuliert eine Lehre, die sich aus der Geschichte ziehen lässt.

4 a Schreibt die Geschichte ab Zeile 71 weiter: Was könnten die Studenten antworten?

b Entscheidet mit Hilfe eurer Dialoge, ob ihr die Bestrafung (▸ Z. 64–67) für gerechtfertigt haltet.

Unbekannter Verfasser (ca. 19. Jh.)

Das Blindekuhspiel

In ein Wirtshaus zu Helmstadt kamen eines Abends sieben oder acht Studenten, die Abschied feiern wollten, und zechten gehörig. Als gegen Mitternacht die junge Wirtin, eine liebliche Einfalt, die Rechnung machte, wollte keiner dulden, dass der andere den Geldbeutel hervorlange. „Bruderherz", hieß es hin und her, „lass mich bezahlen, denn der Himmel weiß allein, ob wir unser Lebtag jemals wieder zusammenkommen."

Endlich, nachdem sie lange genug miteinander gestritten hatten, schlug einer vor, man solle der lieben Frau Wirtin ein Schnupftuch vor die Augen binden, und welchen sie als Ersten von ihnen erhasche, der solle das ganze Gelage bezahlen. Die Wirtin schlug vor Freude über den Spaß die Hände zusammen; aber sie hatte das Tuch noch nicht lange vor den Augen, so machte sich einer nach dem andern sachte davon.

Der Wirt, der unten im Hause bei den andern Gästen saß, wunderte sich, da er die Studenten alle hatte fortgehen sehen, was seine Frau doch da oben noch ganz alleine zu schaffen habe, und ging die Stiegen hinauf. Sie hatte ihn auch gleich, als er zur Türe hereintrat, beim Kragen, hielt ihn fest und rief: „Gefangen, Herr, Ihr müsst allein die ganze Zeche zahlen, die andern gehen alle ledig aus", womit sie die Wahrheit gesprochen hatte.

1 Lest die Geschichte und klärt anschließend Wörter oder Textstellen, die euch unklar sind.

2 Bestimmt kennt ihr das Blindekuhspiel. Spielt die Geschichte und klärt anschließend:
- Warum haben die Studenten „miteinander gestritten" (▸ Z. 15–16)?
- Wieso hat die Wirtin mit ihrem letzten Satz „die Wahrheit gesprochen" (▸ Z. 37)?
- Welche Lehre erteilt die Geschichte?

3
a Untersucht, an welchen Stellen wörtliche Rede zu finden ist. Nennt Gründe hierfür.
b Entdeckt ihr die Zwischenbemerkung des Erzählers (Erzählerkommentar) im ersten Absatz? Erklärt, was sich aus ihr für den Verlauf der Geschichte ableiten lässt.

4 Vergleicht die Geschichten „Das Blindekuhspiel" und „Eine sonderbare Wirtszeche" (▸ S. 112–113). Worin liegen die Gemeinsamkeiten, worin die Unterschiede?

5 Wählt eine der drei folgenden Aufgaben und untersucht anschließend, ob euer Text inhaltlich und sprachlich zu dem Ausgangstext „Das Blindekuhspiel" passt.
a **Die Wirtin verstehen:** Versetzt euch in die Lage der jungen Wirtin und erzählt die Geschichte „Das Blindekuhspiel" aus ihrer Sicht. Schreibt in der Ich-Form.
b **Die Studenten verstehen:** Nehmt die Rolle eines Studenten ein und erzählt die Geschichte aus seiner Sicht. Schreibt in der Ich-Form.
c **Der Wirtin helfen:** Schreibt die Geschichte an einer Stelle um, die ihr euch aussucht, sodass sie einen anderen Verlauf nimmt.

Bertolt Brecht (1898–1956)

Der hilflose Knabe

Herr K. sprach über die Unart, erlittenes Unrecht stillschweigend in sich hineinzufressen, und erzählte folgende Geschichte: „Einen vor sich hin weinenden Jungen fragte ein Vorübergehender nach dem Grund seines Kummers. ‚Ich hatte zwei Groschen für das Kino beisammen', sagte der Knabe, ‚da kam ein Junge und riß mir einen aus der Hand', und er zeigte auf einen Jungen, der in einiger Entfernung zu sehen war. ‚Hast du denn nicht um Hilfe geschrien?' fragte der Mann. ‚Doch', sagte der Junge und schluchzte ein wenig stärker. ‚Hat dich niemand gehört?' fragte ihn der Mann weiter, ihn liebevoll streichelnd. ‚Nein', schluchzte der Junge. ‚Kannst du denn nicht lauter schreien?' fragte der Mann. ‚Nein', sagte der Junge und blickte ihn mit neuer Hoffnung an. Denn der Mann lächelte. ... R

A ‚Dann werden wir deinen Groschen zurückholen', sagte er und nahm den Jungen an die Hand."

B ‚Mach dir nichts draus', sagte er, gab dem Jungen einen Groschen und ging fröhlich weiter."

C ‚Dann gib auch den her', sagte er, nahm ihm den letzten Groschen aus der Hand und ging unbekümmert weiter."

1 a Wie endet die Geschichte? Entscheidet euch spontan für einen Schluss (A, B oder C).
b Lest die Geschichte noch einmal und achtet dabei auf Signale, die auf einen der drei Schlüsse hinweisen könnten. Bleibt ihr bei eurer ersten Wahl?
c Begründet, warum ihr euch für den jeweiligen Schluss entschieden habt.

2 a Lest den Schluss in der Originalfassung von Brecht auf der Seite 349. Diskutiert dann, wie ihr die Geschichte findet, z. B. lustig, traurig, erschreckend.
b Mit welcher Absicht wird die Geschichte erzählt? Achtet dabei besonders auf den ersten Satz.

3 Ihr könnt die Geschichte verändern. Wählt dazu eine der folgenden Aufgaben:
a Spielt die Geschichte und erprobt eigene Konfliktlösungen. Dazu dürft ihr den Text verändern.
b Erzählt den Vorfall aus der Ich-Perspektive des Knaben. Schreibt, was er denkt und fühlt.
c Schreibt eine mögliche Fortsetzung des Textes: Wie könnte der Knabe oder der Mann den Vorfall mit dem Abstand vieler Jahre darstellen und beurteilen?

4 Untersucht, welche Merkmale der Kalendergeschichte ihr in den Texten von Seite 112–115 findet.

Information **Die Kalendergeschichte**

Eine Kalendergeschichte ist eine **kurze Geschichte, die unterhalten und belehren soll** und **meist** mit einer **Pointe (überraschenden Wendung)** endet. Bis ins 19. Jahrhundert wurden diese Geschichten in Jahreskalendern abgedruckt. Neben der Bibel waren Kalendergeschichten für viele Familien oft die einzige Lektüre. Ab dem 20. Jahrhundert erschienen die Kalendergeschichten nur noch in Buchform. Der bekannteste Autor von Kalendergeschichten ist Johann Peter Hebel (1760–1826).

Testet euch!

Eine Kalendergeschichte untersuchen

Unbekannter Verfasser (ca. 19. Jh.)

Giufa lässt die Kleider speisen

Giufa, dem man von Weitem den Liederjan ansah, waren alle Leute immer aus dem Weg gegangen; und wenn er gelegentlich in einem Bauernhof anklopfte und um ein Stück Brot bat, jagte man die Hunde auf ihn. Meist bellten die Hunde nur hinter ihm drein, aber eines Tages geschah es, dass sie wirklich auf ihn losfuhren und ihm die Hosen in Stücke zerrissen. Zerfetzt, wie er war, wagte er sich tagsüber nicht ins Dorf und kam erst zur Nachtstunde heim.

„Wer hat dich so zugerichtet?“, fragte die Mutter. „Die Stacheln“, sagte Giufa.

„Nein, die Stacheln reißen nicht so.“

„Dann eben die Hunde ...“

Und damit erzählte er sein böses Erlebnis im Bauernhof. Da ärgerte sich die Mutter, verschaffte Giufa am nächsten Morgen eine feine Hose und eine Samtweste und schickte ihn in denselben Bauernhof. Giufa klopfte an, man machte auf und lud ihn an den Mittagstisch ein. Die Tochter lächelte ihm zu und alle sagten ihm hundert Höflichkeiten. Als aber die Mahlzeit aufgetragen wurde, da steckte Giufa die guten Sachen mit der Linken in den Mund und mit der Rechten füllte er die Taschen und den Hut. Dazu sagte er: „Speist nur, teure Kleider, speist, denn nicht ich bin’s, sondern ihr seid’s, die sie eingeladen haben!“ Die Bauersleute blickten betreten auf die Teller und schwiegen. Nach dem Essen stand Giufa auf und sagte: „Meine Kleider danken euch für den köstlichen Braten.“ Die Bauersleute schauten beschämt zu Boden; aber die Mutter, mit der er am Abend die heimgebrachten Sachen verspeiste, sagte: „Kleider machen wirklich Leute und es ist nur schade, dass du und deinesgleichen es nicht verstehen wollt.“

1 Lest den Text sorgfältig und notiert den Buchstaben der Lösung. Der Text will ...

A sachlich informieren und belehren	**C** unterhalten und belehren
B unterhalten und sachlich informieren	**D** beschreiben und berichten

2 Begründet mit eigenen Worten, welche Redewendung am ehesten die Lehre des Textes wiedergibt.

A Wer einmal lügt, dem glaubt man nicht.	**C** Mehr Schein als Sein.
B Hunde, die bellen, beißen nicht.	**D** Der Klügere gibt nach.

3 Notiert, wo sich die Pointe befindet. Erklärt, welche Wendung die Geschichte hier nimmt.

4 Vergleicht eure Ergebnisse aus den Aufgaben 1, 2 und 3 in Partnerarbeit.

6.2 Wendepunkte – Eine Inhaltsangabe schreiben

Federica de Cesco (*1938)

Spaghetti für zwei

Heinz war bald vierzehn und fühlte sich sehr cool. In der Klasse und auf dem Fußballplatz hatte er das Sagen. Aber richtig schön würde das Leben erst werden, wenn er im nächsten Jahr seinen Töff[1] bekam und den Mädchen zeigen konnte, was für ein Kerl er war. Er mochte Monika, die Blonde mit den langen Haaren aus der Parallelklasse, und ärgerte sich über seine entzündeten Pickel, die er mit schmutzigen Nägeln ausdrückte. Im Unterricht machte er gerne auf Verweigerung. Die Lehrer sollten bloß nicht auf den Gedanken kommen, dass er sich anstrengte. Mittags konnte er nicht nach Hause, weil der eine Bus zu früh, der andere zu spät abfuhr. So aß er im Selbstbedienungsrestaurant, gleich gegenüber der Schule. Aber an manchen Tagen sparte er lieber das Geld und verschlang einen Hamburger an der Stehbar. Samstags leistete er sich dann eine neue Kassette[1], was die Mutter natürlich nicht wissen durfte. Doch manchmal – so wie heute – hing ihm der Big Mac zum Hals heraus. Er hatte Lust auf ein richtiges Essen. Einen Kaugummi im Mund, stapfte er mit seinen Cowboy-Stiefeln die Treppe zum Restaurant hinauf. Die Reißverschlüsse seiner Lederjacke klimperten bei jedem Schritt. Im Restaurant trafen sich Arbeiter aus der nahen Möbelfabrik, Schüler und Hausfrauen mit Einkaufstaschen und kleinen Kindern, die Unmengen Cola tranken, Pommes frites verzehrten und fettige Fingerabdrücke auf den Tischen hinterließen. Viel Geld wollte Heinz nicht ausgeben; er sparte es lieber für die nächste Kassette. „Italienische Gemüsesuppe“, stand im Menü. Warum nicht? Immer noch seinen Kaugummi mahlend, nahm Heinz ein Tablett und stellte sich an. Ein schwitzendes Fräulein schöpfte die Suppe aus einem dampfenden Topf. Heinz nickte zufrieden. Der Teller war ganz ordentlich voll. Eine Schnitte Brot dazu und er würde bestimmt satt.

Er setzte sich an einen freien Tisch, nahm den Kaugummi aus dem Mund und klebte ihn unter den Stuhl. Da merkte er, dass er den Löffel vergessen hatte. Heinz stand auf und holte sich einen. Als er zu seinem Tisch zurückstapfte, traute er seinen Augen nicht: Ein Schwarzer saß an seinem Platz und aß seelenruhig seine Gemüsesuppe!

Heinz stand mit seinem Löffel fassungslos da, bis ihn die Wut packte. Zum Teufel mit diesen Asylbewerbern! Der kam irgendwo aus Uagaduga, wollte sich in der Schweiz breitmachen und jetzt fiel ihm nichts Besseres ein, als ausgerechnet seine Gemüsesuppe zu verzehren! Schon möglich, dass so was den afrikanischen Sitten entsprach, aber hierzulande war das

1 Töff: umgangssprachlich in der Schweiz für Mofa

2 die Kassette: Gemeint ist die Musikkassette, die bis in die späten 1990er Jahre neben der Schallplatte als Tonträger verbreitet war.

eine bodenlose Unverschämtheit. Heinz öffnete den Mund, um dem Menschen lautstark seine Meinung zu sagen, als ihm auffiel, dass die Leute ihn komisch ansahen. Heinz wurde rot. Er wollte nicht als Rassist gelten. Aber was nun?

Plötzlich fasste er einen Entschluss. Er räusperte sich vernehmlich, zog einen Stuhl zurück und setzte sich dem Schwarzen gegenüber. Dieser hob den Kopf, blickte ihn kurz an und schlürfte ungestört die Suppe weiter. Heinz presste die Zähne zusammen, dass seine Kinnbacken schmerzten. Dann packte er energisch den Löffel, beugte sich über den Tisch und tauchte ihn in die Suppe. Der Schwarze hob abermals den Kopf. Sekundenlang starrten sie sich an. Heinz bemühte sich, die Augen nicht zu senken. Er führte mit leicht zitternder Hand den Löffel zum Mund und tauchte ihn zum zweiten Mal in die Suppe. Seinen vollen Löffel in der Hand, fuhr der Schwarze fort, ihn stumm zu betrachten. Dann senkte er die Augen auf seinen Teller und aß weiter. Eine Weile verging. Beide teilten sich die Suppe, ohne dass ein Wort fiel. Heinz versuchte nachzudenken. „Vielleicht hat der Mensch kein Geld, muss schon tagelang hungern. Dann sah er die Suppe da stehen und bediente sich einfach. Schon möglich, wer weiß? Vielleicht würde ich mit leerem Magen ähnlich reagieren? Und Deutsch kann er anscheinend auch nicht, sonst würde er da nicht sitzen wie ein Klotz. Ist doch peinlich. Ich an seiner Stelle würde mich schämen. Ob Schwarze wohl rot werden können?“

Das leichte Klirren des Löffels, den der Afrikaner in den leeren Teller legte, ließ Heinz die Augen heben. Der Schwarze hatte sich zurückgelehnt und sah ihn an. Heinz konnte seinen Blick nicht deuten. In seiner Verwirrung lehnte er sich ebenfalls zurück. Schweißtropfen perlten auf seiner Oberlippe, sein Pulli juckte und die Lederjacke war verdammt heiß! Er versuchte, den Schwarzen abzuschätzen. „Junger Kerl. Etwas älter als ich. Vielleicht sechzehn oder sogar schon achtzehn. Normal angezogen: Jeans, Pulli, Windjacke. Sieht eigentlich nicht wie ein Obdachloser aus. Immerhin, der hat meine halbe Suppe aufgegessen und sagt nicht einmal Danke! Verdammt, ich habe noch Hunger!“

Der Schwarze stand auf. Heinz blieb der Mund offen. „Haut der tatsächlich ab? Jetzt ist aber das Maß voll! So eine Frechheit! Der soll mir wenigstens die halbe Gemüsesuppe bezahlen!“ Er wollte aufspringen und Krach schlagen. Da sah er, wie sich der Schwarze mit einem Tablett in der Hand wieder anstellte. Heinz fiel unsanft auf seinen Stuhl zurück und saß da wie ein Ölgötze. „Also doch: Der Mensch hat Geld!

Aber bildet der sich vielleicht ein, dass ich ihm den zweiten Gang bezahle?"
Heinz griff hastig nach seiner Schulmappe. „Bloß weg von hier, bevor er mich zur Kasse bittet! Aber nein, sicherlich nicht. Oder doch?" Heinz ließ die Mappe los und kratzte nervös an seinem Pickel. Irgendwie wollte er wissen, wie es weiterging.
Der Schwarze hatte einen Tagesteller bestellt. Jetzt stand er vor der Kasse und – wahrhaftig – er bezahlte! Heinz schniefte. „Verrückt!", dachte er. „Total gesponnen!" Da kam der Schwarze zurück. Er trug das Tablett, auf dem ein großer Teller Spaghetti stand, mit Tomatensoße, vier Fleischbällchen und zwei Gabeln. Immer noch stumm, setzte er sich Heinz gegenüber, schob den Teller in die Mitte des Tisches, nahm eine Gabel und begann zu essen, wobei er Heinz ausdruckslos in die Augen schaute. Heinz' Wimpern flatterten. Heiliger Strohsack! Dieser Typ forderte ihn tatsächlich auf, die Spaghetti mit ihm zu teilen! Heinz brach der Schweiß aus. Was nun? Sollte er essen? Nicht essen? Seine Gedanken überstürzten sich. Wenn der Mensch doch wenigstens reden würde! „Na gut. Er aß die Hälfte meiner Suppe, jetzt esse ich die Hälfte seiner Spaghetti, dann sind wir quitt!" Wütend und beschämt griff Heinz nach der Gabel, rollte die Spaghetti auf und steckte sie in den Mund. Schweigen. Beide verschlangen die Spaghetti. „Eigentlich nett von ihm, dass er mir eine Gabel brachte", dachte Heinz. „Da komme ich noch zu einem guten Spaghettiessen, das ich mir heute nicht geleistet hätte. Aber was soll ich jetzt sagen? Danke? Saublöde! Einen Vorwurf machen kann ich ihm auch nicht mehr. Vielleicht hat er gar nicht gemerkt, dass er meine Suppe aß. Oder vielleicht ist es üblich in Afrika, sich das Essen zu teilen? Schmecken gut, die Spaghetti. Wenn ich nur nicht so schwitzen würde!"
Die Portion war sehr reichlich. Bald hatte Heinz keinen Hunger mehr. Dem Schwarzen ging es ebenso. Er legte die Gabel aufs Tablett und putzte sich mit der Papierserviette den Mund ab. Heinz räusperte sich und scharrte mit den Füßen. Der Schwarze lehnte sich zurück, schob die Daumen in die Jeanstaschen und sah ihn an. Undurchdringlich. Heinz kratzte sich unter dem Rollkragen, bis ihm die Haut schmerzte. „Heiliger Bimbam! Wenn ich nur wüsste, was er denkt!" Verwirrt, schwitzend und erbost ließ er seine Blicke umherwandern. Plötzlich spürte er ein Kribbeln im Nacken. Ein Schauer jagte ihm über die Wirbelsäule von den Ohren bis ans Gesäß. Auf dem Nebentisch, an den sich bisher niemand gesetzt hatte, stand – einsam auf dem Tablett – ein Teller kalter Gemüsesuppe.
Heinz erlebte den peinlichsten Augenblick seines Lebens. Am liebsten hätte er sich in ein Mauseloch verkrochen. Es vergingen zehn volle Sekunden, bis er es endlich wagte, dem Schwarzen ins Gesicht zu sehen. Der saß da, völlig entspannt und cooler, als Heinz es je sein würde, und wippte leicht mit dem Stuhl hin und her. „Äh …", stammelte Heinz, feuerrot im Gesicht. „Entschuldigen Sie bitte. Ich …!" Er sah die Pupillen des Schwarzen aufblitzen, sah den Schalk in seinen Augen schimmern. Auf einmal warf er den Kopf zurück, brach in dröhnendes Gelächter aus. Zuerst brachte Heinz nur ein verschämtes Glucksen zu Stande, bis endlich der Bann gebrochen war und er aus vollem Halse in das Gelächter des Afrikaners einstimmte. Eine Weile saßen sie da, von Lachen geschüttelt. Dann stand der Schwarze auf, schlug Heinz auf die Schulter. „Ich heiße Marcel", sagte er in bestem Deutsch. „Ich esse jeden Tag hier. Sehe ich dich morgen wieder? Um die gleiche Zeit?" Heinz' Augen tränten, sein Zwerchfell glühte und er schnappte nach Luft. „In Ordnung!", keuchte er. „Aber dann spendiere ich die Spaghetti!"

1 a Notiert eure ersten Leseeindrücke und tauscht euch anschließend über diese aus.
b Klärt gemeinsam Wörter, Begriffe oder Textstellen, die euch unklar sind.

2 a Erklärt, warum Heinz „den peinlichsten Augenblick seines Lebens“ erlebt (▶ S. 119, Z. 178–179).
b Beschreibt, welche Gedanken Heinz durch den Kopf schießen, als er Marcel an „seinem“ Tisch sieht. Wie schätzt er Marcel zu Beginn, wie zum Schluss des gemeinsamen Mittagessens ein?
c Enthält die Erzählung eine Lehre? Formuliert sie.

3 a Lest den Text noch einmal und verschafft euch einen genauen Überblick über den Inhalt. Beantwortet dazu die folgenden W-Fragen in Stichpunkten:
- **Wer** sind die Hauptfiguren in der Geschichte?
- **Wo** spielt die Geschichte (Ort)?
- **Worum** geht es in der Erzählung (Thema)?

b Vergleicht eure Notizen. Wenn ihr zu unterschiedlichen Ergebnissen gekommen seid, lest noch einmal genau im Text nach.

4 Überlegt: Welche Informationen muss eine knappe Inhaltsangabe enthalten, damit jemand die Geschichte „Spaghetti für zwei“ gut versteht?

5 In einer Inhaltsangabe werden die wichtigsten Handlungsschritte so knapp wie möglich wiedergegeben.
a Gliedert den Text in einzelne Handlungsschritte. Gebt jedem Handlungsschritt eine treffende Überschrift und fasst den Inhalt in Stichworten oder kurzen Sätzen zusammen, z. B.:

Handlungsschritte
Ein neuer Handlungsschritt beginnt häufig dann, wenn z. B.:
- der Ort der Handlung wechselt,
- ein Zeitsprung stattfindet,
- eine neue Figur auftaucht oder
- die Handlung eine Wendung erfährt.

Z. 1–x: Beschreibung von Heinz
Heinz ist bald 14, fühlt sich cool, geht nach der Schule häufig in ein Selbstbedienungsrestaurant, um dort zu Mittag zu essen.
Z. x–y: ...

b Vergleicht eure Ergebnisse und überarbeitet gegebenenfalls eure Notizen.

6 Eine Inhaltsangabe beginnt mit einem informativen Einleitungssatz.
a Lest die beiden folgenden Einleitungen. Begründet, welche genauere Angaben über den Text enthält.

In der Erzählung geht es um zwei Jungen, Heinz und Marcel, die sich zufällig in einem Selbstbedienungsrestaurant treffen und gemeinsam zu Mittag essen.

In der Erzählung „Spaghetti für zwei“ von Federica de Cesco geht es um einen Jungen, der Vorurteile gegen Schwarze hat und diese durch ein Missverständnis überwindet.

b Haltet fest, welche Informationen eine gelungene Einleitung enthält.

7 In einer Inhaltsangabe wird keine wörtliche Rede verwendet.

a Beschreibt anhand des folgenden Beispiels, welche Möglichkeiten es gibt, den Inhalt der wörtlichen Rede wiederzugeben.

„Aber dann spendiere ich die Spaghetti!“ (▶ S. 119, Z. 201–202)	→ →	*Heinz sagt, beim nächsten Mal spendiere er die Spaghetti.* *Heinz kündigt an, Marcel beim nächsten Treffen zum Spaghettiessen einzuladen.*

b Macht Vorschläge, wie man den Inhalt der folgenden Textpassage wiedergeben könnte.
„Ich heiße Marcel“, sagte er in bestem Deutsch. „Ich esse jeden Tag hier. Sehe ich dich morgen wieder? Um die gleiche Zeit?“ (▶ S. 119, Z. 196–199)

8 Überarbeitet den folgenden Auszug aus einer Inhaltsangabe, indem ihr
– überflüssige Einzelheiten weglasst,
– auf eine sachliche Sprache achtet,
– die Zusammenhänge der Handlung deutlich macht. Nutzt hierzu den Tipp unten.

VORSICHT FEHLER!

Heinz ist ein fast 14-jähriger Junge.
Er fühlt sich voll cool. Er will auch den Mädchen gefallen. In der Schule macht er auf Totalverweigerer. Er hat keinen guten Busanschluss nach Hause und geht nach der Schule oft in ein Selbstbedienungsrestaurant. Dort isst er zu Mittag. Das macht er auch an diesem Tag. Er will Geld sparen und holt sich eine Gemüsesuppe und setzt sich an einen freien Tisch.
Er merkt, dass er den Löffel für die Suppe vergessen hat. Er verlässt seinen Platz und holt sich einen. Auf dem Rückweg sieht Heinz einen Schwarzen. Der sitzt auf seinem Platz und isst seine Gemüsesuppe. Heinz ist wütend und möchte dem Schwarzen die Meinung geigen. Er sieht die Blicke der anderen Restaurantbesucher. Er hält sich zurück. Er will nicht als Rassist gelten. Er setzt sich zu dem fremden Jungen.

9 Schreibt nun mit Hilfe eurer Vorarbeiten (▶ Aufgabe 3–8) eine vollständige Inhaltsangabe. Orientiert euch an dem Merkkasten auf Seite 122.

Zusammenhänge deutlich machen
Macht die Zusammenhänge der Handlung durch Verknüpfungen und Satzanfänge deutlich, z. B.:
als • während • nachdem • weil • obwohl • sodass • denn • damit • deshalb • aber • jedoch • um • zuerst • anfangs • dann • daraufhin • anschließend

10 Überarbeitet eure Inhaltsangaben mit Hilfe der Textlupe (▸ S. 344).

Das nehmen wir bei der Inhaltsangabe unter die Lupe	nein	zum Teil	ja	Verbesserungsvorschläge
vollständige Einleitung?	X			– *Titel fehlt* – …
Handlung in der zeitlich richtigen Reihenfolge zusammengefasst?				…
nur das Wesentliche, keine Einzelheiten?				…
Zusammenhänge durch Verknüpfungen und Satzanfänge deutlich gemacht?				…
Wiedergabe in eigenen Worten, knapp und sachlich?				…
Verwendung des Präsens?				…
keine wörtliche Rede?				…

Information **Eine Inhaltsangabe schreiben**

Eine Inhaltsangabe fasst den Inhalt eines Textes knapp und sachlich zusammen, sodass andere, die den Text nicht gelesen haben, über das Wesentliche informiert werden.

Aufbau

- In der **Einleitung** nennt ihr die Art des Textes (z. B. Fabel, Erzählung), den Titel, den Namen des Autors/der Autorin und das Thema des Textes.
- Im **Hauptteil** fasst ihr die wichtigsten Ereignisse der Handlung (Handlungsschritte) in der zeitlich richtigen Reihenfolge zusammen. Mögliche Rückblenden oder Vorausdeutungen werden in den zeitlich richtigen Handlungsverlauf eingeordnet und zusammengefasst.
  – Verzichtet auf die Darstellung von Einzelheiten und beschränkt euch auf das Wesentliche.
  – Macht die Zusammenhänge der Handlung (z. B. zeitliche Zusammenhänge) durch passende Satzverknüpfungen und Satzanfänge deutlich (▸ Tipp auf S. 121), z. B.: *Als Heinz die Blicke der anderen Restaurantbesucher sieht, hält er sich zurück, denn er will nicht als Rassist gelten. Zuerst wird Heinz wütend, dann …*

Sprache

- Schreibt **sachlich und nüchtern,** vermeidet ausschmückende Formulierungen.
- Formuliert **in eigenen Worten** und übernehmt keine Passagen aus dem Originaltext.
- Verwendet als Zeitform das **Präsens** (bei Vorzeitigkeit das Perfekt), z. B.: *Er sieht die Blicke der anderen Restaurantbesucher.*
- Verwendet **keine wörtliche Rede.** Besonders wichtige Äußerungen von Figuren werden in der indirekten Rede (▸ S. 324) wiedergegeben oder umschrieben, z. B.:
  „Aber dann spendiere ich die Spaghetti!" (wörtliche Rede)
  → *Heinz sagt, beim nächsten Mal spendiere er die Spaghetti.* (indirekte Rede im Konjunktiv)
  → *Heinz kündigt an, Marcel zum Spaghettiessen einzuladen.* (Umschreibung)

Giovanni Boccaccio (1313–1375)

Der Koch und der Kranich

Currado Gianfiliazzo[1] war einer der edelsten, freigiebigsten und prachtliebendsten Kavaliere[2] von Florenz. Er führte mit seinen Jagdhunden und Falken ein herrschaftliches Leben, ohne sich um wichtige Geschäfte zu bekümmern.

Einst fing er mit einem seiner Falken bei Peretola[3] einen fetten, jungen Kranich, den er seinem ausgezeichneten Koch Chichibio aus Venedig zum Abendessen aufs Beste zuzubereiten befahl.

Chichibio, dem man den leichtfertigen Gesellen ansehen konnte, brachte den Kranich gehörig zubereitet ans Feuer und briet ihn sorgfältig. Als der Braten beinahe fertig war und bereits herrlich duftete, trat Brunetta, ein Mädchen aus der Nachbarschaft, das Chichibio heftig liebte, in die Küche und bat den Koch, gelockt durch den Anblick und den Geruch, ihr eine Keule zu geben.

„Ihr bekommt sie nicht, Jungfer[4] Brunetta, Ihr bekommt sie nicht", antwortete er ihr singend. „Bei Gott", erwiderte das Mädchen, „wenn du sie mir nicht gibst, tu ich dir im Leben keinen Gefallen mehr." Und sie gerieten heftig miteinander in Streit.

Endlich schnitt Chichibio, um seine Schöne nicht weiter zu erzürnen, eine Keule herunter, gab ihr diese und setzte Currado und seinen Gästen den Kranich so auf die Tafel.

Verwundert ließ der den Koch rufen und fragte, wo die andere Keule des Kranichs hingekommen sei.

„Mein Herr", log der Venezianer sogleich, „die Kraniche haben ja nur eine Keule und ein Bein."

„Was zum Teufel soll das?", entgegnete Currado zornig. „Willst du etwa behaupten, dass sie nur eine Keule und ein Bein haben? Meinst du, ich hätte noch nie einen Kranich gesehen?"

„Es ist so, wie ich sage", beharrte Chichibio, „und ich zeige es Euch, wenn Ihr's verlangt, an einem lebendigen Vogel."

Aus Achtung vor seinen Gästen wollte Currado die Auseinandersetzung beenden. „Wenn du mir an einem lebendigen Kranich zeigen kannst, was ich bisher weder gesehen noch gehört habe, so sollst du es morgen früh tun und ich bin zufrieden. Ist es aber nicht so,

1 Gianfiliazzo, sprich: Dschanfiliazzo
2 der Kavalier: höflicher, vornehmer Mann
3 Peretola: Gegend bei Florenz
4 die Jungfer, hier: junges Mädchen

so schwöre ich dir bei Gott, will ich dich so zurichten, dass du für den Rest deiner Tage an mich denken sollst."
Damit hatte der Streit für diesen Abend ein Ende.
Bei Anbruch des Tages stand Currado, der seinen Zorn keineswegs verschlafen hatte, ganz missmutig auf, ließ die Pferde satteln und ritt mit Chichibio zu einem Fluss, wo man immer Kraniche antraf.
„Nun wollen wir bald sehen", sprach er, „wer gestern Abend gelogen hat, ich oder du!"
Chichibio, der merkte, dass sein Herr immer noch wütend war, und auch nicht wusste, wie er seine Lüge untermauern könnte, ritt an Currados Seite in allergrößter Angst. Gern wäre er, wenn's möglich gewesen wäre, geflohen, aber das ging nicht. Er sah daher bald vor, bald hinter sich, bald seitwärts, aber überall glaubte er nur Kraniche auf zwei Beinen zu sehen.
Als sie den Fluss erreichten, war das Erste, was sie am Ufer erblickten, rund ein Dutzend Kraniche, von denen jeder Einzelne auf einem Bein stand, wie es Kraniche gewöhnlich im Schlaf tun. Augenblicklich zeigte Chichibio auf sie und sagte: „Nun, da könnt Ihr es selbst sehen, Herr, dass ich gestern Abend Recht hatte, Kraniche haben nur ein Bein und einen Schenkel. Seht sie Euch dort an!"
„Warte", erwiderte Currado, „ich will dir gleich zeigen, dass jeder von ihnen zwei Beine und zwei Schenkel hat!", näherte sich den Kranichen und schrie: „Ho! Ho!", worauf die Kraniche das andere Bein hervorstreckten und nach einigen Schritten davonflogen. „Nun, du Gauner", wandte Currado sich zu Chichibio, „siehst du, dass die Vögel doch zwei Beine haben?"
„Ja, mein Herr", antwortete der in größter Bestürzung, „aber gestern habt Ihr nicht ‚Ho! Ho!' geschrien. Hättet Ihr das getan, hätte er das andere Bein auch ausgestreckt."
Diese Antwort gefiel Currado so, dass sein ganzer Zorn sich in Heiterkeit und Lachen verwandelte. „Du hast Recht, Chichibio", sagte er, „das hätte ich tun sollen."
So entging jener dank seiner schlagfertigen Antwort der drohenden Strafe und beide schlossen Frieden.

1 Gefällt euch die Erzählung? Sammelt eure ersten Leseeindrücke.

2 a Überlegt gemeinsam, was die folgenden Textstellen bedeuten:
- „Chichibio, dem man den leichtfertigen Gesellen ansehen konnte" (▸ S. 123, Z. 11–12)
- „Currado, der seinen Zorn keineswegs verschlafen hatte" (▸ S. 124, Z. 54–55)

b Klärt andere Wörter oder Textstellen, die euch unklar sind.

3 a Erläutert mit eigenen Worten, wie der Koch Chichibio der drohenden Strafe entgeht.
b Beurteilt das Verhalten der beiden Hauptfiguren.

Fordern und fördern – Eine Inhaltsangabe schreiben

●●● **1** Fasst den Inhalt der Erzählung „Der Koch und der Kranich“ (▸ S. 123–124) zusammen. Geht so vor:

a Lest die Erzählung noch einmal und verschafft euch einen genauen Überblick über den Inhalt. Formuliert hierzu W-Fragen zum Text und beantwortet sie.
▷ Hilfen zu dieser Aufgabe findet ihr auf Seite 126.

b Gliedert den Text. Formuliert Überschriften für die einzelnen Handlungsschritte und notiert die wichtigsten Informationen in Stichworten oder kurzen Sätzen.
▷ Hilfen zu dieser Aufgabe findet ihr auf Seite 126.

Z. 1–x: Der Koch soll einen Kranich zubereiten.
- *Currado Gianfiliazzo ist ein reicher Edelmann aus Florenz. Er liebt die Jagd und fängt einen Kranich.*
- *Sein Koch Chichibio soll den Kranich für die Gäste seines Herrn zubereiten.*

Z. x–y: ...

c Macht euch klar, worum es in der Erzählung in erster Linie geht. Schreibt dann einen informierenden Einleitungssatz, in dem ihr auch das Thema benennt.
In der Erzählung ... von ... geht es um ...
Die Erzählung ... von ... handelt von ...
▷ Hilfen zu dieser Aufgabe findet ihr auf Seite 126.

d Schreibt nun mit Hilfe eurer Notizen aus Aufgabe 1 b den Hauptteil der Inhaltsangabe.
- Formuliert in eigenen Worten und achtet auf eine sachliche Sprache.
- Verwendet keine wörtliche Rede. Umschreibt wichtige Aussagen oder gebt sie in der indirekten Rede wieder.
- Macht die Zusammenhänge der Handlung durch passende Satzverknüpfungen und Satzanfänge deutlich. Der Tippkasten auf Seite 121 hilft euch dabei.

▷ Hilfen zu dieser Aufgabe findet ihr auf Seite 126.

2 Bildet Gruppen und überarbeitet eure Inhaltsangabe mit Hilfe der Textlupe (▸ S. 344).

Aufgabe 1 mit Hilfen

Fasst den Inhalt der Erzählung „Der Koch und der Kranich“ (▶ S. 123–124) zusammen. Geht so vor:

a Lest die Erzählung noch einmal und verschafft euch einen genauen Überblick über den Inhalt. Beantwortet hierzu die folgenden W-Fragen zum Text:
- *Wo spielt sich das Geschehen ab? → in einer italienischen Stadt*
- *Wer sind die Hauptfiguren? → ...*
- *Worum geht es in der Geschichte? → ...*

b Gliedert den Text. Formuliert zu jedem Handlungsschritt eine Überschrift und haltet die wichtigsten Informationen in Stichworten oder kurzen Sätzen fest.

Z. 1–x: Der Koch soll einen Kranich zubereiten.
- *Currado Gianfiliazzo ist ein reicher Edelmann aus Florenz. Er liebt die Jagd und fängt einen Kranich.*
- *Sein Koch Chichibio soll den Kranich für die Gäste zubereiten.*

Z. x–y: Der Koch gibt seiner Liebsten eine Keule von dem Braten.
- ...

Z. x–y: Die Lüge vom einbeinigen Kranich
- ...

Z. x–y: Bei der Überprüfung der Lüge ist der Koch schlagfertig.
- ...

Z. x–y: Der Herr verzeiht die Lüge.
- ...

c Einer der folgenden Sätze fasst am besten zusammen, worum es in dieser Erzählung geht. Sucht die zutreffende Aussage heraus und formuliert dann einen informierenden Einleitungssatz.
Jn der Erzählung „Der Koch und der Kranich“ von Giovanni Boccaccio geht es
- *um einen Koch, der sich mit einer schlagfertigen Lüge aus einer schwierigen Situation befreit.*
- *um Kraniche, die nur ein Bein haben.*
- *um die Versöhnung zwischen einem Edelmann aus Florenz und seinem Koch.*
- *um einen Edelmann aus Florenz, der von seinem Koch eine Lehre erteilt bekommt.*

d Schreibt nun mit Hilfe eurer Notizen aus Aufgabe 1b den Hauptteil der Inhaltsangabe.
- Formuliert in eigenen Worten und achtet auf eine sachliche Sprache.
- Verwendet keine wörtliche Rede.
- Macht die Zusammenhänge der Handlung durch passende Satzverknüpfungen und Satzanfänge deutlich. Der Tippkasten auf Seite 121 hilft euch dabei.
Currado Gianfiliazzo ist ein reicher Edelmann aus Florenz, der die Jagd liebt. Nachdem er eines Tages einen Kranich gefangen hat, bittet er seinen Koch Chichibio, das erlegte Tier für seine Gäste zuzubereiten. Als der Kranich gebraten ist, bittet das Nachbarmädchen Brunetta den Koch, ihr etwas von dem Braten abzugeben. Zuerst weigert sich Chichibio, dann gibt er jedoch nach und schenkt seiner Liebsten eine Keule von dem Braten. ...

2 Bildet Gruppen und überarbeitet eure Inhaltsangabe mit Hilfe der Textlupe (▶ S. 344).

6.3 Fit in ... – Eine Inhaltsangabe schreiben

Die Aufgabenstellung richtig verstehen

Stellt euch vor, ihr bekommt in der nächsten Klassenarbeit folgende Aufgabe:

Schreibe eine Inhaltsangabe zu „Achmed, der Narr" von Herbert Birken. Gehe so vor:
– Formuliere eine Einleitung, die Angaben zum Text macht und das Thema benennt.
– Fasse im Hauptteil die wichtigsten Ereignisse der Handlung (Handlungsschritte) zusammen. Beachte dabei die sprachlichen Merkmale einer Inhaltsangabe.

Herbert Birken (1914–2007)

Achmed, der Narr

Wohlgefällig ließ der Sultan sein Auge auf dem neuen Leibdiener ruhen und befahl ihm: „Geh, Achmed, und bereite mir ein Frühstück!" Achmed gehorchte und tat, wie sein Herr ihm befohlen. Doch als der Sultan in sein Frühstückszimmer kam, begann er, gewaltig zu schreien und seinen neuen Diener zu schelten: „Achmed, du verflixter Schlingel, ich werde dich in den Kerker werfen lassen! Soll das etwa mein Frühstück sein?" Und was hatte Achmed auf dem kostbaren Frühstückstisch bereitgestellt: eine Tasse Kaffee, drei Reisbrotfladen und etwas Honig, genau das, was er selbst zu frühstücken gewohnt war. Und weiter nichts. „Wenn ich ein Frühstück bestelle", belehrte ihn der Sultan, „hat Folgendes da zu sein: Kaffee, Mokka, Tee und Schokolade, Reisbrot, Maisbrot, Weizenbrot und Haferschleim, Butter, Sahne, Milch und Käse, Schinken, Wurst, Eier und Gänseleber, Trüffeln, Oliven, Feigen und Datteln, Honig, Marmelade, Gelee und Apfelmus, Pfirsiche, Orangen, Zitronen und Nüsse, weißer Pfeffer, roter Pfeffer, gelber Pfeffer, Knoblauch und Zwiebeln, Rosinen, Mandeln und Kuchen. Verstanden?" „Verzeiht, oh Herr, dem niedrigsten Eurer Knechte", rief Achmed und gelobte des Langen und Breiten Besserung.

Hussein der Siebente, der sich selber für einen gütigen und gerechten Herrscher hielt, ließ Gnade vor Recht ergehen und verzieh seinem Diener.

Am Nachmittag befahl er: „Achmed, geh und richte mir ein Bad!" Achmed gehorchte und tat, wie sein Herr ihm befohlen. Doch als der Sultan in sein Badezimmer kam, begann er, gewaltig zu schreien und seinen neuen Diener zu schelten: „Achmed, du verflixter Schlingel, ich werde dich in den Kerker werfen lassen! Soll das etwa mein

Bad sein!?“ Und wie hatte Achmed dem Sultan das Bad bereitet? So, wie er selber zu baden gewohnt war: Lauwarmes Wasser war in dem kostbaren Marmorbecken, daneben lagen ein Stück Seife und ein Handtuch. Und weiter nichts.

„Wenn ich ein Bad bestelle“, belehrte ihn der Sultan, „hat Folgendes da zu sein: heißes Wasser, laues Wasser und kaltes Wasser, Ambra[1], Moschus[2] und Lavendel, Seife, Creme und Eselsmilch, Tücher, Laken und Decken, Rasierzeug, Kämme und Scheren, der Bader, der Friseur, Kosmetiker, Masseure und Musikanten. Verstanden?!“

„Verzeiht, o Herr, dem niedrigsten Eurer Knechte“, rief Achmed und gelobte des Langen und Breiten Besserung.

Hussein der Siebente, der sich selber für einen gütigen und gerechten Herrscher hielt, ließ Gnade vor Recht ergehen und verzieh seinem neuen Diener.

Am anderen Morgen, gleich in der Frühe, rief der Sultan den Leibdiener an sein Lager. „Oh, Achmed“, jammerte er, „ich bin krank, sehr krank und habe arge Schmerzen! Geh schnell und hole mir einen Arzt!“

Achmed sah voller Mitgefühl auf den großmächtigen Herrscher, der sich auf den kostbaren Kissen hin und her wälzte. Er überlegte, was er wohl tun würde, wenn er selbst krank wäre, aber da fiel ihm ein, was für Lehren er gestern erhalten hatte. Er gelobte, alles Nötige zu besorgen, und lief eilig von dannen.

Vergeblich wartete der Sultan auf seine Rückkehr. Er wartete eine ganze Stunde und noch eine Viertelstunde. Kein Achmed erschien und auch kein Doktor. Sicher hatte der neue Diener wieder Unsinn angestellt, anstatt seine Befehle zu befolgen. Nun, diesmal wollte er ihn ganz bestimmt in den Kerker werfen lassen.

In gewaltigem Zorn rannte er im Zimmer auf und ab. Da kam Achmed, völlig außer Atem und in Schweiß gebadet, hereingestürzt. „Achmed, du verflixter Schlingel!“, schrie der Sultan. „Ich werfe dich ...“

Doch der Diener unterbrach seinen Herrn: „Mein Herr und Gebieter, es ist alles besorgt: Wundarzt[3], Feldscher[4], Bader, Zahnarzt, Nervenarzt und Wurzelhexe sind im Serail[5], der Imam[6] wartet mit dem heiligen Öl, die letzte Fußwaschung ist bestellt, Blumen und Kränze werden geflochten, Musikanten und Klageweiber sind angetreten, der Muezzin[7] ruft vom Minarett[8], das Grab ist geschaufelt und der Leichenwagen steht vor der Tür.“

Als der Sultan das hörte, musste er so fürchterlich lachen, dass ihm sein dicker Bauch wackelte und die Tränen ihm aus den Augen schossen; er konnte sich gar nicht wieder beruhigen. Weil aber das Lachen eine gute Medizin ist, hatte er seine Krankheit ganz und gar vergessen und lachte sich über den Streich seines Dieners völlig gesund.

Hussein der Siebente, der sich selber für einen gütigen und gerechten Herrscher hielt, erkannte die weise Lehre, die ihm sein Sklave gegeben hatte, und ernannte Achmed zu seinem Hofnarren. Er sollte immer um seinen Herrn sein und ihn mit Späßen aller Art erfreuen, aber auch Rat und Auskunft erteilen, wenn der Sultan in schwierigen Angelegenheiten seinen Narren befragen wollte.

1 die Ambra: Substanz, die früher zur Parfumherstellung verwendet wurde

2 der Moschus: Duftstoff

3 der Wundarzt: alte Bezeichnung für Chirurg

4 der Feldscher: Militärarzt

5 das Serail: Palast eines Sultans

6 der Imam: Vorbeter in der Moschee

7 der Muezzin: Gebetsrufer; er ruft die Muslime fünfmal täglich zu bestimmten Uhrzeiten zum Gebet zusammen

8 das Minarett: Turm der Moschee

1 a Lest euch die Aufgabe auf Seite 127 (▶ im Kasten oben) genau durch.

b Besprecht in Partnerarbeit, was die Aufgabenstellung von euch verlangt, und übertragt die Buchstaben der richtigen Aussagen in euer Heft. Ergeben sie rückwärts gelesen ein Lösungswort?

> Ich soll ...
> **E** die Erzählung spannend nacherzählen.
> **T** den Inhalt der Erzählung knapp zusammenfassen.
> **I** im Hauptteil die eigene Meinung zu der Geschichte sagen.
> **U** den Inhalt sachlich und mit eigenen Worten wiedergeben.
> **G** im Präsens schreiben.
> **S** im Präteritum schreiben.

Die Erzählung verstehen und einen Schreibplan anlegen

2 Lest die Geschichte noch einmal sorgfältig. Stellt euch gegenseitig W-Fragen zum Text und beantwortet sie, z. B.:
- *Wer sind die Hauptfiguren?*
- *Warum ist der Sultan unzufrieden mit seinem Diener?*
- *Warum muss der Sultan am Ende über seinen Diener lachen?*
- *Warum belohnt der Sultan seinen Diener?*
- *Worum geht es in erster Linie in dieser Erzählung (Thema)?*

3 Gliedert den Text in Handlungsschritte, formuliert treffende Überschriften und haltet die wichtigsten Informationen in Stichworten oder kurzen Sätzen fest.

Z. 1–x: Der Sultan befiehlt seinem Diener, das Frühstück zuzubereiten.
- *Sultan hat neuen Diener (Achmed); der soll Frühstück zubereiten*
- *Diener ist gehorsam; Sultan sieht Frühstück, ist wütend und droht Achmed an, ihn in den Kerker werfen zu lassen*
- *Grund für die Wut: ...*

Z. x–y: Der Sultan befiehlt Achmed, ein Bad vorzubereiten.
- *...*

Z. x–y: Der Sultan befiehlt seinem Diener, einen Arzt zu holen.
- *...*

Z. x–y: ...
- *...*

Die Inhaltsangabe schreiben und überarbeiten

4 Formuliert einen informierenden Einleitungssatz, in dem ihr auch das Thema der Erzählung benennt.
In der Erzählung „Achmed, der Narr" von Herbert Birken geht es um …

5 Schreibt nun mit Hilfe eurer Vorarbeiten aus den Aufgaben 3 und 4 den Hauptteil der Inhaltsangabe. Ihr könnt den unten stehenden Beginn übernehmen, müsst aber noch die Lücken ausfüllen. Beachtet dabei die Hinweise in der Randspalte.
– Formuliert in eigenen Worten und achtet auf eine sachliche Sprache.
– Verwendet keine wörtliche Rede.
– Macht die Zusammenhänge der Handlung durch passende Satzverknüpfungen und Satzanfänge deutlich. Der Tippkasten auf Seite 121 hilft euch dabei.

Der Sultan ? seinem neuen Diener, das	*Verb in der richtigen Zeitform*
Frühstück zuzubereiten. Achmed ? gehor-	*Verb in der richtigen Zeitform*
sam und führt den Auftrag seines Herrn	
aus. ? der Sultan das Frühstück sieht,	*treffender Satzanfang (Konjunktion)*
wird er jedoch ? und beschimpft seinen	*in eigenen Worten Stimmung des Sultans*
Diener. Er droht Achmed sogar mit dem	*treffende Satzverknüpfung (Konjunktion)*
Kerker, ? der Diener hat nur einfaches	
Frühstück vorbereitet, so wie er es tagtäglich	
isst. Achmed schwört, sich zu bessern, ?	*treffende Satzverknüpfung (Konjunktion)*
sein Herr verzeiht ihm.	

6 Überarbeitet eure Inhaltsangaben.
Geht so vor:
a Setzt euch zu zweit zusammen und überprüft eure Texte mit Hilfe der folgenden Checkliste.
b Gebt euch gegenseitig eine Rückmeldung, was besonders gut gelungen ist und was ihr noch überarbeiten solltet.
c Überarbeitet dann eure Inhaltsangaben.

Checkliste

Eine Inhaltsangabe schreiben

- Ist die **Einleitung vollständig** (Art des Textes, Titel, Name der Autorin/des Autors, Thema des Textes)?
- Habt ihr im Hauptteil die **wichtigsten Handlungsschritte** in der zeitlich richtigen Reihenfolge zusammengefasst? Wird nur das Wesentliche wiedergegeben?
- Werden die **Zusammenhänge der Handlung** durch passende Satzverknüpfungen und Satzanfänge **deutlich?**
- Habt ihr die Inhaltsangabe **sachlich und in eigenen Worten** formuliert?
- Habt ihr als Zeitform das **Präsens** verwendet (bei Vorzeitigkeit das Perfekt)?
- Erscheint in eurer Inhaltsangabe **keine wörtliche Rede?**
- Sind **Rechtschreibung** und **Zeichensetzung** korrekt?

7 „Mit Erstaunen und mit Grauen“ –
Balladen verstehen und gestalten

John Maynard!
„Wer ist John Maynard?“

„John Maynard war unser Steuermann, aus hielt er, bis er das Ufer gewann, er hat uns gerettet, er trägt die Kron’, er starb für uns, unsre Liebe sein Lohn.
John Maynard.“

1 Lest die erste Strophe der Ballade „John Maynard“ laut. Beim Lesen sind euch sicher die Reimwörter aufgefallen. Setzt diese Zeilen in ihre ursprüngliche Versform.

2 Wer war John Maynard? Betrachtet das Bild und lest noch einmal die erste Strophe der Ballade. Stellt Vermutungen an, worum es in der Ballade gehen könnte.

3 Längere Gedichte, die von einem spannenden Ereignis erzählen, nennt man Balladen (Erzählgedichte). Nennt andere Balladen, die ihr kennt.

In diesem Kapitel ...

– lernt ihr Balladen kennen und tragt sie wirkungsvoll vor,
– findet ihr heraus, welche Merkmale Balladen haben,
– schreibt ihr eine Ballade in eine Reportage um,
– gestaltet ihr Balladen als szenisches Spiel oder als Hörspiel.

7.1 Von Mut und Übermut – Balladen untersuchen und vortragen

Theodor Fontane (1819–1898)

John Maynard

John Maynard!
„Wer ist John Maynard?“

„John Maynard war unser Steuermann,
Aus hielt er, bis er das Ufer gewann,
Er hat uns gerettet, er trägt die Kron’,
Er starb für uns, unsre Liebe sein Lohn.
John Maynard.“

*

Die „Schwalbe“ fliegt über den Eriesee,
Gischt schäumt um den Bug wie Flocken von Schnee;
Von Detroit fliegt sie nach Buffalo –
Die Herzen aber sind frei und froh,
Und die Passagiere mit Kindern und Fraun
Im Dämmerlicht schon das Ufer schaun,
Und plaudernd an John Maynard heran
Tritt alles: „Wie weit noch, Steuermann?“
Der schaut nach vorn und schaut in die Rund’:
„Noch dreißig Minuten ... Halbe Stund’.“

Alle Herzen sind froh, alle Herzen sind frei –
Da klingt’s aus dem Schiffsraum her wie Schrei,
„Feuer!“ war es, was da klang,
Ein Qualm aus Kajüt’ und Luke drang,
Ein Qualm, dann Flammen lichterloh,
Und noch zwanzig Minuten bis Buffalo.

Und die Passagiere, bunt gemengt,
Am Bugspriet[1] stehn sie zusammengedrängt,
Am Bugspriet vorn ist noch Luft und Licht,
Am Steuer aber lagert sich’s dicht,
Und ein Jammern wird laut: „Wo sind wir? Wo?“
Und noch fünfzehn Minuten bis Buffalo. –

1 das Bugspriet: Mast, der über den vorderen Teil des Schiffes (den Bug) hinausragt

Der Zugwind wächst, doch die Qualmwolke steht,
Der Kapitän nach dem Steuer späht,
Er sieht nicht mehr seinen Steuermann,
Aber durchs Sprachrohr fragt er an:
„Noch da, John Maynard?“
„Ja, Herr. Ich bin.“
„Auf den Strand! In die Brandung!“
„Ich halte drauf hin.“
Und das Schiffsvolk jubelt: „Halt aus! Hallo!“
Und noch zehn Minuten bis Buffalo. – –

„Noch da, John Maynard?“ Und Antwort schallt's
Mit ersterbender Stimme: „Ja, Herr, ich halt's!“
Und in die Brandung, was Klippe, was Stein,
Jagt er die „Schwalbe“ mitten hinein.
Soll Rettung kommen, so kommt sie nur so.
Rettung: der Strand von Buffalo!

Das Schiff geborsten. Das Feuer verschwelt.
Gerettet alle. Nur *einer* fehlt!

*

Alle Glocken gehn; ihre Töne schwell'n
Himmelan aus Kirchen und Kapell'n,
Ein Klingen und Läuten, sonst schweigt die Stadt,
Ein Dienst nur, den sie heute hat:
Zehntausend folgen oder mehr,
Und kein Aug' im Zuge, das tränenleer.

Sie lassen den Sarg in Blumen hinab,
Mit Blumen schließen sie das Grab,
Und mit goldner Schrift in den Marmorstein
Schreibt die Stadt ihren Dankspruch ein:
„Hier ruht John Maynard! In Qualm und Brand
Hielt er das Steuer fest in der Hand,
Er hat uns gerettet, er trägt die Kron',
Er starb für uns, unsre Liebe sein Lohn.
John Maynard.“

1 a Sprecht über die letzten beiden Strophen: Beschreibt das Geschehen und die Stimmung.
b Schaut euch nun die erste Strophe an:
– Erklärt, welche Ähnlichkeit mit der Schlussstrophe ihr feststellen könnt. Was bedeutet dies?
– Überlegt, wer hier fragt und antwortet. Wo könnte dieser Dialog stattgefunden haben?
c Begründet, warum der Tod eines Menschen eine so große Anteilnahme auslösen kann.

2 Im Mittelteil der Ballade (▶ Vers 8–47) wird von einem dramatischen Ereignis erzählt.

a Überlegt, wer hier der Erzähler ist. Welche anderen Figuren kommen zu Wort?

b In Vers 8 wechselt das Tempus. Welches Tempus nutzt der Erzähler? Warum?

c Erklärt, wodurch die Ballade „John Maynard" spannend wirkt. Begründet, wo eurer Meinung nach der Höhepunkt liegt.

3 Stellt euch vor, ihr wärt als Passagier an Bord des Schiffes gewesen. Schreibt einen Bericht über das Schiffsunglück. Geht dabei auf den Verlauf der Ereignisse und die Stimmung an Bord ein. Gebt am Schluss eine Einschätzung über den Steuermann ab.

4 Tragt die Ballade mit verteilten Rollen vor, sodass die Zuhörer die verschiedenen Szenen und Figuren deutlich vor Augen haben.

a Bildet Gruppen und arbeitet mit einer Kopie des Textes.

b Kennzeichnet in unterschiedlichen Farben die Sprecher, die in der Ballade zu Wort kommen.

c Teilt die Sprechrollen in der Gruppe auf und markiert das Gedicht mit Betonungszeichen.

Betonungszeichen

◀	(lauter)	▶	(leiser)
||	(lange Pause)	|	(kurze Pause)
→	(schneller)	←	(langsamer)
___	(Betonung)	↷	(Zeilensprung)

„Noch da, John Maynard?" || Und Antwort schallt's ↷
Mit ersterbender Stimme: „Ja, Herr, ich halt's!"
Und in die Brandung, was Klippe, was Stein,
Jagt er die „Schwalbe" mitten hinein.
Soll Rettung kommen |, so kommt sie nur so. |
Rettung: | der Strand von Buffalo!

d Übt den Vortrag so lange, bis Sprechweise und Betonung zur Situation und Stimmung der einzelnen Szenen passen.

Johann Wolfgang Goethe (1749–1832)

Der Zauberlehrling

Hat der alte Hexenmeister
Sich doch einmal wegbegeben!
Und nun sollen seine Geister
Auch nach meinem Willen leben.
Seine Wort' und Werke
Merkt' ich und den Brauch,
Und mit Geistesstärke
Tu ich Wunder auch.

Walle! walle!
Manche Strecke,
Dass zum Zwecke
Wasser fließe
Und mit reichem, vollem Schwalle
Zu dem Bade sich ergieße.

Und nun komm, du alter Besen!
Nimm die schlechten Lumpenhüllen.
Bist schon lange Knecht gewesen;
Nun erfülle meinen Willen!
Auf zwei Beinen stehe,
Oben sei ein Kopf,
Eile nun und gehe
Mit dem Wassertopf!

Walle! walle!
Manche Strecke,
Dass zum Zwecke
Wasser fließe
Und mit reichem, vollem Schwalle
Zu dem Bade sich ergieße.

Seht, er läuft zum Ufer nieder;
Wahrlich! ist schon an dem Flusse,
Und mit Blitzesschnelle wieder
Ist er hier mit raschem Gusse.
Schon zum zweiten Male!
Wie das Becken schwillt!
Wie sich jede Schale
Voll mit Wasser füllt!

Stehe! stehe!
Denn wir haben
Deiner Gaben
Voll gemessen! –
Ach, ich merk es! Wehe! wehe!
Hab ich doch das Wort vergessen!

Ach, das Wort, worauf am Ende
Er das wird, was er gewesen.
Ach, er läuft und bringt behände!
Wärst du doch der alte Besen!
Immer neue Güsse
Bringt er schnell herein,
Ach! und hundert Flüsse
Stürzen auf mich ein.

Nein, nicht länger
Kann ich's lassen;
Will ihn fassen.
Das ist Tücke!
Ach, nun wird mir immer bänger!
Welche Miene! welche Blicke!

O du Ausgeburt der Hölle!
Soll das ganze Haus ersaufen?
Seh ich über jede Schwelle
Doch schon Wasserströme laufen.
Ein verruchter Besen,
Der nicht hören will!
Stock, der du gewesen,
Steh doch wieder still!

Willst's am Ende
Gar nicht lassen?
Will dich fassen,
Will dich halten
Und das alte Holz behände
Mit dem scharfen Beile spalten!

Seht, da kommt er schleppend wieder!
Wie ich mich nur auf dich werfe,
Gleich, o Kobold, liegst du nieder;
Krachend trifft die glatte Schärfe.
Wahrlich! brav getroffen!
Seht, er ist entzwei!
Und nun kann ich hoffen
Und ich atme frei!

Wehe! wehe!
Beide Teile
Stehn in Eile
Schon als Knechte
Völlig fertig in die Höhe!
Helft mir, ach! ihr hohen Mächte!

Und sie laufen! Nass und nässer
Wird's im Saal und auf den Stufen.
Welch entsetzliches Gewässer!
Herr und Meister! hör mich rufen! –
Ach, da kommt der Meister!
Herr, die Not ist groß!
Die ich rief, die Geister,
Werd ich nun nicht los.

„In die Ecke,
Besen! Besen!
Seid's gewesen.
Denn als Geister
Ruft euch nur, zu seinem Zwecke,
Erst hervor der alte Meister.“

1 Lest die Ballade (▶ S. 135–136) und schaut euch die Bilder an. Besprecht, wie diese Ballade auf euch wirkt.

2 Erklärt, was die folgenden Wörter und Textstellen in der Ballade bedeuten. Lest dazu noch einmal genau im Text nach.

> Brauch (▶ Vers 6) • Tu ich Wunder auch (▶ Vers 8) • behände (▶ Vers 45) • Tücke (▶ Vers 54) • wird mir immer bänger (▶ Vers 55) • verruchter (▶ Vers 61) • die glatte Schärfe (▶ Vers 74) • brav (▶ Vers 75) • ihr hohen Mächte (▶ Vers 84)

3 a Überlegt, wer der Erzähler der Ballade ist. Worin unterscheidet sich die letzte Strophe von den übrigen?

b Stellt in einem Standbild dar, wie der Erzähler zu Anfang und gegen Ende der Ballade auftritt. Belegt eure Einschätzung mit typischen Äußerungen aus der Ballade.

4 Erzählt die Handlung mit eigenen Worten nach. Beschreibt dabei auch die Gefühle des Zauberlehrlings. Ihr könnt hierzu Wörter aus dem Kasten rechts verwenden.

> demütig • hilflos • ahnungslos • fröhlich • übermütig • ängstlich • ärgerlich • erleichtert • furchtlos • erschrocken • neugierig • panisch • überrascht • verzweifelt • wütend • selbstbewusst • stolz

5 Zeichnet in Partnerarbeit eine Spannungskurve in euer Heft, in die ihr Stichworte zur Handlung eintragt.

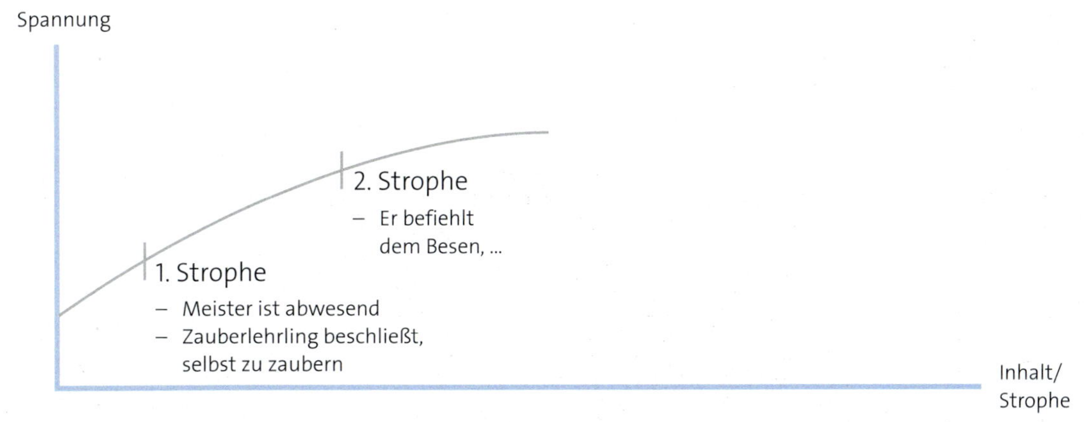

6 a Mut oder Übermut? Schreibt auf, wie ihr das Verhalten des Zauberlehrlings beurteilt. Begründet eure Meinung.
- *Meiner Meinung nach verhält sich der Zauberlehrling ..., weil ...*
- *Ich finde den Zauberlehrling ..., denn ...*
- *Ich denke, der Zauberlehrling ..., ...*

b Diskutiert darüber, ob ihr euch mit dem Zauberlehrling identifizieren könnt.

c Beschreibt mögliche Situationen aus dem Alltag, die an Goethes Zauberlehrling denken lassen.

7 a Balladen sind in Gedichtform geschrieben. Untersucht die Form der Ballade (► S. 135–136), indem ihr die folgenden Arbeitsaufträge ausführt:

1 Strophe und Vers (► S. 310)
Untersucht den **Aufbau** der Ballade. Verwendet hierfür die Begriffe „Strophe“ und „Vers“.
- Wie viele Strophen hat die Ballade? Sind die Strophen alle gleich gebaut?
- Werden Strophen oder Verse wiederholt?
- Welche Bedeutung haben die eingerückten Verse?

2 Reimform (► S. 311)
Beschreibt die **Reimform** der Ballade. Geht so vor:
- Bezeichnet die Wörter, die sich reimen, mit dem gleichen Kleinbuchstaben, z. B.: *a, b, a …*
- Welche bekannten Reimformen könnt ihr entdecken?

3 Metrum (► Merkkasten unten)
Untersucht das **Metrum** (Versmaß) der ersten Strophe. Geht so vor:
- Übertragt die ersten vier Verse in euer Heft. Lasst über jedem Vers eine Zeile frei.
- Lest jedes Wort Silbe für Silbe und setzt ein X über jede Silbe.
- Prüft die Abfolge von betonten und unbetonten Silben. Lest jeden Vers Silbe für Silbe laut und klopft bei jeder betonten Silbe. Markiert jede betonte Silbe mit einem Akzent (X́).
- Bestimmt mit Hilfe des Merkkastens unten das Metrum der Ballade.

b Tragt die Ballade angemessen vor.

Information **Metrum (Versmaß)**

In den Versen (Zeilen) eines Gedichts wechseln sich häufig betonte (X́) und unbetonte Silben (X) regelmäßig ab. Wenn die **Abfolge von betonten und unbetonten Silben** (Hebungen und Senkungen) einem bestimmten Muster folgt, nennt man dies **Metrum** (Versmaß). Die wichtigsten Versmaße sind:

Jambus (X X́): X X́ X X́ X X́ X X́
Die Mitternacht zog näher schon (Heinrich Heine)

Trochäus (X́ X): X́ X X́ X X́ X X́ X
O du Ausgeburt der Hölle! (Johann Wolfgang Goethe)

Daktylus (X́ X X): X́ X X X́ X X X́ X X X́ X
Pfingsten, das liebliche Fest, war gekommen (Johann Wolfgang Goethe)

Anapäst (X X X́): X X X́ X X X́
Wie mein Glück, ist mein Lied (Friedrich Hölderlin)

Manchmal werden auch zwei Versmaße miteinander kombiniert, z. B.: *Er hát uns geréttet, er trắgt die Krón’* (Kombination aus Jambus und Anapäst; Theodor Fontane).
Beim Vortrag müsst ihr die Abfolge von betonten und unbetonten Silben zwar beachten, ihr dürft aber nicht leiern. Dies gibt eurem Vortrag einen besonderen Rhythmus.
Häufig bildet eine unbetonte Silbe am Versanfang den Auftakt.

1 a Lest zunächst nur die ersten sechs Strophen der Ballade „Der Handschuh“ auf dieser Seite.
b Was wird der Ritter tun? Überlegt in Partnerarbeit, wie die Ballade ausgehen könnte.
c Stellt eure Schlussvarianten vor. Erklärt, warum ihr euch für diesen Ausgang der Geschichte entschieden habt.

2 Lest nun die ganze Ballade. Diskutiert anschließend, ob euch der Schluss überrascht.

Friedrich Schiller (1759–1805)

Der Handschuh

Vor seinem Löwengarten,
Das Kampfspiel zu erwarten,
Saß König Franz,
Und um ihn die Großen der Krone,
Und rings auf hohem Balkone
Die Damen in schönem Kranz[1].

Und wie er winkt mit dem Finger,
Auf tut sich der weite Zwinger[2],
Und hinein mit bedächtigem Schritt
Ein Löwe tritt,
Und sieht sich stumm
Rings um,
Mit langem Gähnen,
Und schüttelt die Mähnen,
Und streckt die Glieder,
Und legt sich nieder.

Und der König winkt wieder,
Da öffnet sich behänd
Ein zweites Tor,
Daraus rennt
Mit wildem Sprunge
Ein Tiger hervor.
Wie der den Löwen erschaut,
Brüllt er laut,
Schlägt mit dem Schweif
Einen furchtbaren Reif
Und recket die Zunge,
Und im Kreise scheu
Umgeht er den Leu[3]
Grimmig schnurrend,
Darauf streckt er sich murrend
Zur Seite nieder.

Und der König winkt wieder,
Da speit das doppelt geöffnete Haus
Zwei Leoparden auf einmal aus,
Die stürzen mit mutiger Kampfbegier
Auf das Tigertier,
Das packt sie mit seinen grimmigen Tatzen,
Und der Leu mit Gebrüll
Richtet sich auf, da wird's still,
Und herum im Kreis,
Von Mordsucht heiß,
Lagern sich die gräulichen Katzen.

Da fällt von des Altans[4] Rand
Ein Handschuh von schöner Hand
Zwischen den Tiger und den Leu'n
Mitten hinein.

Und zu Ritter Delorges, spottender Weis',
Wendet sich Fräulein Kunigund:
„Herr Ritter, ist Eure Lieb' so heiß,
Wie Ihr mir's schwört zu jeder Stund,
Ei, so hebt mir den Handschuh auf.“

1 der Kranz, hier: Kreis, Runde
2 der Zwinger: Käfig für wilde Tiere
3 der Leu: altes Wort für Löwe
4 der Altan: auf Säulen gestützter Balkon

Und der Ritter in schnellem Lauf
Steigt hinab in den furchtbarn Zwinger
Mit festem Schritte,
Und aus der Ungeheuer Mitte
Nimmt er den Handschuh mit keckem Finger.

Und mit Erstaunen und mit Grauen
Sehen's die Ritter und Edelfrauen,
Und gelassen bringt er den Handschuh zurück.
Da schallt ihm sein Lob aus jedem Munde,
Aber mit zärtlichem Liebesblick –
Er verheißt ihm sein nahes Glück –
Empfängt ihn Fräulein Kunigunde.
Und er wirft ihr den Handschuh ins Gesicht:
„Den Dank, Dame, begehr ich nicht",
Und verlässt sie zur selben Stunde.

3 Die Geschichte, die hier erzählt wird, besteht aus zwei Teilen.
- a Schreibt den Vers heraus, mit dem der zweite Teil beginnt.
- b Vergleicht eure Ergebnisse und begründet eure Entscheidung.

4 Macht euch ein deutliches Bild vom Geschehen im ersten Teil der Ballade.
- a Beschreibt Strophe für Strophe anschaulich die Situation mit den daran beteiligten Tieren.
- b Erklärt, wozu die ausführliche Darstellung der Tiere im Hinblick auf das weitere Geschehen dient.
- c Lest die Ballade so vor, dass das Geschehen und die Stimmung möglichst lebendig zum Ausdruck kommen.

5 Im zweiten Teil der Ballade findet sich die folgende wörtliche Rede:

Herr Ritter, ist Eure Lieb' so heiß,
Wie Ihr mir's schwört zu jeder Stund,
Ei, so hebt mir den Handschuh auf.

Den Dank, Dame, begehr ich nicht!

- a Zeichnet das Edelfräulein und den Ritter als Comicfiguren mit den beiden Sprechblasen.
- b Ergänzt die Sprechblasen um Denkblasen, in die ihr die Gedanken der beiden Figuren in der jeweiligen Situation einfügt.
- c Stellt euch eure Ergebnisse vor und erläutert den Text in euren Denkblasen.

6 a In Vers 55 gibt der Erzähler einen Hinweis auf das Verhalten des Ritters: „mit festem Schritte". Sucht in Partnerarbeit weitere Textstellen aus der Ballade heraus und erklärt, was sie über den Charakter des Ritters aussagen.

b Beschreibt, wie sich das Verhältnis zwischen Kunigunde und Ritter Delorges verändert.

7 Versetzt euch in die Rolle einer Zuschauerin oder eines Zuschauers in König Franz' Löwengarten. Verfasst einen kurzen Text, in dem ihr ausführt, was ihr über das Verhalten Kunigundes und des Ritters Delorges denkt.

8 a Lest den folgenden Merkkasten zur Ballade.

b Erklärt, warum „Der Handschuh" von Friedrich Schiller eine Ballade ist. Schreibt dann gemeinsam mit einer Partnerin oder einem Partner eine Begründung in euer Heft, z. B.:

Bei dem Gedicht „Der Handschuh" von Friedrich Schiller handelt es sich um eine Ballade, denn ...

Information | **Die Ballade**

Die Ballade ist meist ein **längeres Gedicht über** ein **ungewöhnliches oder spannendes Ereignis.** Dieses Ereignis kann erfunden oder wirklich passiert sein. Im Mittelpunkt der Ballade steht oft eine Figur, die eine gefahrvolle Situation meistern muss.

- Wie andere Gedichte sind auch Balladen meist in **Strophen** (▸ S. 310) gegliedert, besitzen eine **Reimform** (▸ S. 311) und haben ein bestimmtes **Metrum** (▸ S. 138).
- Viele Balladen haben einen Aufbau, den man mit Hilfe einer **Spannungskurve** darstellen kann: Nach der Einleitung spitzt sich die **Handlung dramatisch** bis zum **Höhepunkt** zu, zum Schluss folgt die Auflösung.
- Balladen enthalten oft **wörtliche Rede** der Figuren (Monologe, Dialoge), die an die Szenen eines Theaterstücks erinnern.

In ihrer Wirkung setzen Balladen auf Spannung, sie können aber auch belehrend oder lustig sein.

Die Ballade enthält Elemente aus
- der Lyrik (Metrum, Strophe, Reim),
- der Epik (abgeschlossene Geschichte wird erzählt) und
- dem Drama (dramatischer Handlungsverlauf, Dialoge und Monologe der Figuren).

Deshalb bezeichnete Goethe (1749–1832) sie als Ur-Ei der Dichtkunst, weil sie alle Gattungen (Lyrik, Epik, Drama) in sich vereint.

Viele Balladen sind vertont worden. Die Tradition der gesungenen Ballade hat in der Rock- und Popmusik ihre Fortsetzung gefunden.

Bertolt Brecht (1898–1956)

Die Seeräuber-Jenny

1

Meine Herren, heute sehen Sie mich Gläser abwaschen
Und ich mache das Bett für jeden.
Und Sie geben mir einen Penny und ich bedanke mich schnell
Und Sie sehen meine Lumpen und dies lumpige Hotel
Und Sie wissen nicht, mit wem Sie reden.
Aber eines Abends wird ein Geschrei sein am Hafen
Und man fragt: Was ist das für ein Geschrei?
Und man wird mich lächeln sehn bei meinen Gläsern
Und man sagt: Was lächelt die dabei?
        Und ein Schiff mit acht Segeln
        Und mit fünfzig Kanonen
        Wird liegen am Kai.

2

Man sagt: Geh, wisch deine Gläser, mein Kind,
Und man reicht mir den Penny hin.
Und der Penny wird genommen, und das Bett wird gemacht!
(Es wird keiner mehr drin schlafen in dieser Nacht.)
Und sie wissen immer noch nicht, wer ich bin.
Aber eines Abends wird ein Getös sein am Hafen
Und man fragt: Was ist das für ein Getös?
Und man wird mich stehen sehen hinterm Fenster
Und man sagt: Was lächelt die so bös?
        Und das Schiff mit acht Segeln
        Und mit fünfzig Kanonen
        Wird beschießen die Stadt.

3

Meine Herren, da wird wohl Ihr Lachen aufhörn,
Denn die Mauern werden fallen hin
Und die Stadt wird gemacht dem Erdboden gleich.
Nur ein lumpiges Hotel wird verschont von jedem Streich
Und man fragt: Wer wohnt Besonderer darin?
Und in dieser Nacht wird ein Geschrei um das Hotel sein
Und man fragt: Warum wird das Hotel verschont?
Und man wird mich sehen treten aus der Tür gen Morgen
Und man sagt: Die hat darin gewohnt?
        Und das Schiff mit acht Segeln
        Und mit fünfzig Kanonen
        Wird beflaggen den Mast.

4
Und es werden kommen hundert gen Mittag an Land
Und werden in den Schatten treten
Und fangen einen jeglichen aus jeglicher Tür
Und legen ihn in Ketten und bringen vor mir
Und fragen: Welchen sollen wir töten?
Und an diesem Mittag wird es still sein am Hafen,
Wenn man fragt, wer wohl sterben muß.
Und dann werden Sie mich sagen hören: Alle!
Und wenn dann der Kopf fällt, sag ich: Hoppla!
        Und das Schiff mit acht Segeln
        Und mit fünfzig Kanonen
        Wird entschwinden mit mir.

R

1 a Lest den Titel und den Text der Ballade aufmerksam.
b Entscheidet, welche der beiden folgenden Aussagen ihr für zutreffend haltet.

> **A** Die Ballade handelt von einer Seeräuberin namens Jenny, die unerkannt in einem Hotel arbeitet und die Stadt von einem Piratenschiff überfallen lässt.
> **B** Die Ballade handelt von einem Küchenmädchen, das davon träumt und sich wünscht, dass Piraten die Stadt überfallen und sie aus ihrem elenden Dasein befreien.

c Begründet eure Entscheidung anhand des Textes. Achtet dabei auch auf die Zeitangaben und den Tempusgebrauch in den einzelnen Strophen.

2 Diskutiert über eure Einstellung gegenüber der Titelheldin Jenny. Geht so vor:
a Teilt euch in Vierergruppen auf und nehmt unterschiedliche Positionen gegenüber der Titelheldin ein: Zwei von euch äußern Kritik an Jennys Wunschtraum, die anderen beiden zeigen Verständnis und verteidigen sie. Bezieht bei eurer Argumentation den Text ein.
b Fasst in der Gruppe eure Gesamteinschätzung schriftlich zusammen.
c Stellt eure Ergebnisse vor und diskutiert sie in der Klasse.

3 a Viele Balladen erinnern in ihrer Form an Lieder und wurden auch vertont. Das gilt auch für die „Seeräuber-Jenny". Was erinnert im Aufbau dieser Ballade an ein Lied?
b Besorgt euch eine vertonte Fassung der „Seeräuber-Jenny" und geht der Frage nach, wie hier Musik und Text zusammenpassen.

4 Mutig oder übermütig? Beurteilt, wie sich die Figuren in den Balladen, die ihr bisher in diesem Teilkapitel gelesen habt, verhalten.

Testet euch!

Balladen untersuchen

Ludwig Uhland (1787–1862)

Die Rache

VORSICHT FEHLER!

A Der Knecht hat erstochen den edlen Herrn,
Der Knecht wär selber ein Ritter gern.

B Und als er sprengen will über die Brück',
Da stutzet das Ross und bäumt sich zurück.

C Er hat ihn erstochen im dunklen Hain
Und den Leib versenket im tiefen Rhein.

D Mit Arm, mit Fuß er rudert und ringt,
Der schwere Panzer ihn niederzwingt.

E Und als er die güldnen Sporen ihm gab,
Da schleudert's ihn wild in den Strom hinab.

F Hat angeleget die Rüstung blank,
Auf des Herren Ross sich geschwungen frank.

1 Nach der ersten Strophe (A) sind die Strophen dieser Ballade in ihrer Abfolge durcheinandergeraten.

a Bringt die Strophen in die richtige Reihenfolge, indem ihr im Heft notiert:
1. Strophe = A
2. Strophe = ...

b Vergleicht eure Lösung in Partnerarbeit. Wenn ihr zu unterschiedlichen Ergebnissen gekommen seid, diskutiert und einigt euch dann auf eine gemeinsame Fassung.

2 Untersucht das **Metrum** (Versmaß) in der ersten Strophe. Übertragt hierzu die beiden Verse in euer Heft, setzt über jede Silbe ein X und markiert die betonten Silben mit einem Akzent (X́).
TIPP: Es werden zwei Versmaße miteinander kombiniert.

X X ...
Der Knecht hat erstochen den edlen Herrn,
X ...
Der Knecht wär selber ein Ritter gern.

3 Notiert in wenigen Sätzen, worum es in dieser Ballade geht.

4 Vergleicht eure Ergebnisse aus den Aufgaben 1 bis 3 mit den Lösungen auf Seite 349.

7.2 Stoff für eine Reportage – Eine Ballade umgestalten

Wolf Biermann (*1936)

Die Ballade vom Briefträger William L. Moore aus Baltimore

Ballade vom Briefträger William L. Moore,
der im Jahre '63 allein in die Südstaaten wanderte.
Er protestierte gegen die Verfolgung der Neger[1]*.*
Er wurde erschossen nach einer Woche.
Drei Kugeln trafen ihn in die Stirn.

SONNTAG
Sonntag, da ruhte William L. Moore
von seiner Arbeit aus
Er war ein armer Briefträger nur
in Baltimore stand sein Haus

MONTAG
Montag, ein Tag in Baltimore
Sprach er zu seiner Frau:
„Ich will nicht länger Briefträger sein
Ich geh nach Südn auf Tour (that's sure)"
BLACK AND WHITE, UNITE! UNITE!
schrieb er auf ein Schild.
White and Black – die Schranken weg!
und er ging ganz allein.

DIENSTAG
Dienstag, ein Tag im Eisenbahnzug,
fragte William L. Moore
Manch einer nach dem Schild, das er trug,
Und wünscht' ihm Glück auf die Tour.
BLACK AND WHITE, UNITE! UNITE!
stand auf seinem Schild …

MITTWOCH
Mittwoch, in Alabama ein Tag,
ging er auf der Chaussee,
Weit war der Weg nach Birmingham,
Taten die Füße ihm weh.
BLACK AND WHITE, UNITE! UNITE!
stand auf seinem Schild …

1 Seit dem Ende des amerikanischen Bürgerkriegs 1865 war die Sklaverei in den USA zwar abgeschafft, dennoch blieben die Afroamerikaner (hier als „Neger" bezeichnet, was heute als abwertend empfunden wird) vor allem in den Südstaaten weiterhin unterdrückt.

DONNERSTAG
Donnerstag hielt der Sheriff ihn an,
Sagte: „Du bist doch weiß!“
Sagte: „Was gehn die Nigger[2] dich an
Junge, bedenke den Preis!“
  BLACK AND WHITE, UNITE! UNITE!
  stand auf seinem Schild …

FREITAG
Freitag lief ihm ein Hund hinterher,
wurde sein guter Freund.
Abends schon trafen Steine sie schwer –
sie gingen weiter zu zweit.
  BLACK AND WHITE, UNITE! UNITE!
  stand auf seinem Schild …

SONNA’MT
Sonna’mt, ein Tag, war furchtbar heiß,
kam eine weiße Frau,
gab ihm ein’ Drink, und heimlich sprach sie:
„Ich denk’ wie Sie ganz genau.“
  BLACK AND WHITE, UNITE! UNITE!
  stand auf seinem Schild …

LAST DAY
Sonntag, ein blauer Sommertag,
lag er im grünen Gras –
blühten drei rote Nelken blutrot
auf seiner Stirne so blass.
  BLACK AND WHITE, UNITE! UNITE!
  stand auf seinem Schild.
  White and Black – die Schranken weg!
  Und er starb ganz allein.
  Und er bleibt nicht allein.

2 Nigger: abwertende Bezeichnung für Menschen dunkler Hautfarbe

1 a Lest die Ballade und notiert eure ersten Leseeindrücke. Das können auch Fragen sein.
b Tauscht euch über eure ersten Eindrücke aus.

2 Beschreibt die einzelnen Stationen des Marsches, den William L. Moore unternimmt, und die Erfahrungen, die er dabei macht.

3 Überprüft euer Textverständnis, indem ihr die folgenden Fragen beantwortet. Wenn ihr bei einer Antwort unsicher seid, lest noch einmal genau im Text nach:
- Was bezweckt der Briefträger mit seinem Schild, das er vor sich herträgt?
- Warum spricht die weiße Frau „heimlich“ (▸ Strophe 7)?
- An welcher Stelle ahnt der Leser das dramatische Ende? Belegt eure Aussage am Text.
- Wie versteht ihr die letzten beiden Verse? Vergleicht sie mit dem Vers 19. Was fällt euch auf?

4 a Sucht alle Zeitangaben in der Ballade und überlegt, welche Wirkung sie haben.
b Überlegt, warum in dieser Ballade auch englische Wörter vorkommen.

5 „Blühten drei rote Nelken blutrot / auf seiner Stirne so blass“ (Vers 58–59). Erklärt, was mit diesem sprachlichen Bild gemeint ist und wie es wirkt. Lest dazu noch einmal die gesamte Strophe und achtet dabei auf die Farbadjektive.

6 Zu Beginn steht eine Vorbemerkung, die das ganze Geschehen schon zusammenfasst. Vergleicht die restliche Ballade mit dieser Vorbemerkung und arbeitet heraus, was das Besondere an der Ballade ist. Achtet hierbei auf die äußere Form und die Sprache.

Fordern und fördern – Eine Reportage schreiben

Der Briefträger William L. Moore

Die „Ballade vom Briefträger William L. Moore aus Baltimore" beruht auf einem Ereignis, das wirklich passiert ist.

William Lewis Moore, geboren 1927, war ein Briefträger aus Baltimore und Bürgerrechtler. Die Bürgerrechtsbewegung in den Vereinigten Staaten setzte sich seit Anfang des 20. Jahrhunderts für die Gleichberechtigung der Afroamerikaner ein. William L. Moore protestierte mit mehreren Märschen, die er alleine unternahm, gegen die gesetzlich festgeschriebene Diskriminierung (Benachteiligung) der schwarzen Bevölkerung in den Südstaaten der USA. Er klagte zum Beispiel an, dass es in öffentlichen Verkehrsmitteln und Schulen, in Parks und Freizeitstätten, Toiletten und Restaurants noch immer getrennte Bereiche für schwarze und weiße Bürger gab. William Moore wurde am 23. April 1963 bei einem seiner Protestmärsche in einer Kleinstadt nahe Alabama auf offener Straße von einem Rassisten erschossen.

Protestmarsch von Bürgerrechtlern

1 Lest die Informationen über den Briefträger William L. Moore. Sprecht anschließend über Wörter und Textstellen, die euch unklar sind.

●●● 2 Stellt euch vor, ihr seid eine Reporterin oder ein Reporter und eure Zeitung hat euch in die Kleinstadt nahe Alabama geschickt, in der William L. Moore gerade erschossen wurde. Verfasst eine Reportage über den Protestmarsch und den Tod William Moores. Geht so vor:

a Notiert zuerst Sachinformationen, die Antworten auf die W-Fragen geben. Nehmt hierzu die Informationen aus der Ballade (▶ S. 145–146) und dem obigen Text zu Hilfe.
▷ Hilfen zu dieser Aufgabe findet ihr auf Seite 148.

b Neben den Sachinformationen gibt eine Reportage auch die persönlichen Eindrücke wieder. Ihr seid als Reporterin oder Reporter am Ort des Geschehens.
- Notiert eure persönlichen Eindrücke (was seht, hört, fühlt ihr?). Schildert z. B. die Atmosphäre in der Kleinstadt oder beschreibt die Straße, auf der Moore erschossen wurde.
- Erfindet Zitate von Personen, die ihr befragt haben könntet. Was könnten die Polizei, die Bewohner der Kleinstadt oder die Menschen, die William L. Moore auf seinem Protestmarsch getroffen hat, sagen?

▷ Hilfen zu dieser Aufgabe findet ihr auf Seite 148.

c Verfasst eure Reportage. Schreibt anschaulich und lasst die Leser „live" am Geschehen teilhaben.
- **Einleitung:** Neugier wecken und die Situation vor Ort anschaulich schildern.
- **Hauptteil:** Darstellung des Geschehens aus eurer Sicht (Sachinformationen, persönliche Eindrücke, Beschreibungen, Zitate von Personen).
- **Schluss:** eigene Meinung, Bewertung des Geschehens oder Appell an die Leser.

▷ Hilfen zum Schreiben einer Reportage findet ihr auf Seite 148.

●●○ **Aufgabe 2 mit Hilfen**

Stellt euch vor, ihr seid eine Reporterin oder ein Reporter und eure Zeitung hat euch in die Kleinstadt nahe Alabama geschickt, in der William L. Moore gerade erschossen wurde. Verfasst eine Reportage über den Protestmarsch und den Tod William Moores. Geht so vor:

a Notiert zuerst Sachinformationen, die Antworten auf die W-Fragen geben. Nehmt hierzu die Informationen aus der Ballade (▶ S. 145–146) und dem Text von Seite 147 oben zu Hilfe, z. B.:

Wer?	*William L. Moore, ein Briefträger und Bürgerrechtler*
Wann?	...
Wo?	...
Was?	*Auf einem Protestmarsch gegen die Diskriminierung der schwarzen Bevölkerung in den Südstaaten der USA wird William L. Moore auf offener Straße erschossen.*
Wie und warum?	*mit drei Pistolenschüssen in den Kopf, von einem Rassisten*

b Neben den Sachinformationen gebt ihr in einer Reportage auch eure persönlichen Eindrücke wieder.
– Notiert eure Eindrücke (was seht, hört, fühlt ihr?). Schildert die Atmosphäre in der Kleinstadt oder beschreibt die Straße, auf der Moore erschossen wurde, z. B.:

- *Freundlich und aufgeräumt liegt die Kleinstadt in der Sonne, als der Zug langsam in den Bahnhof rollt. Von ferne höre ich ... und ich kann kaum glauben, was heute hier ...*
- *„Black and White, Unite! Unite!", steht auf einem selbst gebastelten Schild, das zerrissen auf der Straße liegt, auf der William Moore erschossen wurde.*

– Erfindet Zitate von Personen, die ihr befragt haben könntet, z. B.:

- *Bürgerin aus der Kleinstadt: „Ich war geschockt, als ich die Nachricht von dem Mord erhielt. So etwas haben wir einfach nicht für möglich gehalten."*
- *Polizist: „Als wir am Tatort eintrafen, konnten wir nur noch den Tod ..."*
- *Mitreisende aus dem Zug: „Ich habe ihm noch Glück gewünscht, als ich ihn am letzten Dienstag traf. Ein mutiger Mann war das!"*

c Verfasst eure Reportage. Schreibt anschaulich und lasst die Leser „live" am Geschehen teilhaben.
– **Einleitung:** Neugier wecken und die Situation vor Ort anschaulich schildern, z. B.:
Freundlich und aufgeräumt liegt die Kleinstadt in der Sonne.
– **Hauptteil:** Darstellung des Geschehens aus eurer Sicht (Sachinformationen, persönliche Eindrücke, Beschreibungen, Zitate von Personen), z. B.:
So viel scheint bisher festzustehen: Der ermordete Briefträger William L. Moore war ein engagierter Bürgerrechtler. Vor gut einer Woche war er zu einem Protestmarsch aufgebrochen, um ...
Am 23. April 1963 wurde er ...
– **Schluss:** eigene Meinung, Bewertung des Geschehens oder Appell an die Leser, z. B.:
William Moore war ein mutiger Mann, der für die Rechte der Schwarzen eintrat. Er sollte ein Vorbild sein für ...

7.3 „Die Goldgräber“ – Eine Ballade szenisch gestalten

Emanuel Geibel (1815–1884)

Die Goldgräber

Sie waren gezogen über das Meer,
Nach Glück und Gold stand ihr Begehr,
Drei wilde Gesellen, vom Wetter gebräunt,
Und kannten sich wohl und waren sich freund.

Sie hatten gegraben Tag und Nacht,
Am Flusse die Grube, im Berge den Schacht,
In Sonnengluten und Regengebraus,
Bei Durst und Hunger hielten sie aus.

Und endlich, endlich, nach Monden voll Schweiß,
Da sahn aus der Tiefe sie winken den Preis,
Da glüht' es sie an durch das Dunkel so hold,
Mit Blicken der Schlange, das feurige Gold.

Sie brachen es los aus dem finsteren Raum,
Und als sie's fassten, sie hoben es kaum,
Und als sie's wogen, sie jauchzten zugleich:
„Nun sind wir geborgen, nun sind wir reich!“

Sie lachten und kreischten mit jubelndem Schall,
Sie tanzten im Kreis um das blanke Metall,
Und hätte der Stolz nicht bezähmt ihr Gelüst,
Sie hätten's mit brünstiger Lippe geküsst.

Sprach Tom, der Jäger: „Nun lasst uns ruhn!
Zeit ist's, auf das Mühsal uns gütlich zu tun.
Geh, Sam, und hol uns Speisen und Wein,
Ein lustiges Fest muss gefeiert sein.“

Wie trunken schlenderte Sam dahin
Zum Flecken hinab mit verzaubertem Sinn;
Sein Haupt umnebelnd beschlichen ihn sacht
Gedanken, wie er sie nimmer gedacht.

Die andern saßen am Bergeshang,
Sie prüften das Erz, und es blitzt' und es klang.
Sprach Will, der Rote: „Das Gold ist fein;
Nur schade, dass wir es teilen zu drein!“

„Du meinst?“ – „Je nun, ich meine nur so,
Zwei würden des Schatzes besser froh –“
„Doch wenn –“ – „Wenn was?“ – „Nun, nehmen wir an,
Sam wäre nicht da“ – „Ja, freilich, dann, – –“

Sie schwiegen lang; die Sonne glomm
Und gleißt' um das Gold; da murmelte Tom:
„Siehst du die Schlucht dort unten?“ – „Warum?“
„Ihr Schatten ist tief, und die Felsen sind stumm.“ –

„Versteh ich dich recht?“ – „Was fragst du noch viel!
Wir dachten es beide, und führen's ans Ziel.
Ein tüchtiger Stoß und ein Grab im Gestein,
So ist es getan und wir teilen allein.“

Sie schwiegen aufs Neu. Es verglühte der Tag,
Wie Blut auf dem Golde das Spätrot lag;
Da kam er zurück, ihr junger Genoss,
Von bleicher Stirne der Schweiß ihm floss.

„Nun her mit dem Korb und dem bauchigen Krug!“
Und sie aßen und tranken mit tiefem Zug.
„Hei lustig, Bruder! Dein Wein ist stark;
Er rollt wie Feuer durch Bein und Mark.

Komm, tu uns Bescheid!“ – „Ich trank schon vorher;
Nun sind vom Schlafe die Augen mir schwer.
Ich streck ins Geklüft mich.“ – „Nun, gute Ruh'!
Und nimm den Stoß und den dazu!“

Sie trafen ihn mit den Messern gut;
Er schwankt' und glitt im rauchenden Blut.
Noch einmal hub er sein blass Gesicht:
„Herrgott im Himmel, du hältst Gericht!
Wohl um das Gold erschluget ihr mich;
Weh' euch! Ihr seid verloren, wie ich.
Auch ich, ich wollte den Schatz allein,
Und mischt' euch tödliches Gift an den Wein.“

1 Gefällt euch die Ballade? Sammelt eure ersten Leseeindrücke.

2 Erzählt die Handlung mit eigenen Worten nach. Was erfährt der Leser zu Anfang, was passiert nach dem Goldfund, wie endet die Ballade?

3 Beschreibt, worin die Pointe (überraschende Wendung) der Geschichte liegt.

4 a Erklärt, wie sich das Verhältnis der Goldgräber im Laufe der Geschichte verändert. Belegt eure Aussagen anhand des Textes.
b Überlegt, welche menschlichen Eigenschaften und Verhaltensweisen in der Ballade deutlich werden. Formuliert dann eine Lehre, die zu der Ballade passt.

„Die Goldgräber" szenisch gestalten

Die Ballade von den Goldgräbern könnt ihr wie ein Theaterstück spielen. Bildet Gruppen mit mindestens drei Personen und geht schrittweise vor:

1. Schritt: Einen Szenenplan erstellen

1 Gliedert die Ballade in einzelne Szenen und haltet in einem Szenenplan fest, welche Figuren auftreten, was passiert (Handlung) und welche Requisiten (Gegenstände) ihr benötigt.

Szene	Figuren (Wer?)	Handlung (Was?)	Requisiten
1	*Tom, Sam, Will*	*Drei Goldgräber träumen ...*	...
2	...	...	...

2. Schritt: Den Regieplan erstellen

2 Entwerft Dialoge und Monologe für euer Theaterstück. Notiert auch Regieanweisungen, die angeben, wie die Figuren reden und sich verhalten sollen. Überlegt,
- wie ihr die Vorgeschichte (Strophe 1–3) in einen szenischen Dialog umsetzen könnt.
- wie ihr die Gedanken und Gefühle der Figuren „hörbar" machen könnt, z. B. durch einen Monolog (Selbstgespräch einer Figur).

> ***Szene 2:***
> *(Die drei Goldgräber stehen zusammen, lassen den Goldklumpen von Hand zu Hand gehen. Zwei stützen sich auf ihre Schaufel und Spitzhacke, der Dritte nimmt seinen Hut ab und wischt sich den Schweiß von der Stirn.)*
> ***Goldgräber 1 (Tom):*** *Freunde, nun haben wir es geschafft, wir sind reich, reich, reich!*
> ***Goldgräber 2 (Sam):*** *Gib mal den Goldklumpen, wie fühlt er sich an?*
> ***Goldgräber 3 (Will):*** *Jch kann es noch immer nicht glauben. Wie lange haben wir hier geschuftet ohne Erfolg. Und jetzt?*
> ***Goldgräber 1 (Tom):*** *Das muss gefeiert werden. Genug der Mühsal. Los, Sam, geh in die Siedlung und besorge ...*

3. Schritt: Die Rollen verteilen, das Spiel üben und aufführen

3 Besprecht, wer welche Rolle spielt und wer die Requisiten und Kostüme besorgt.

4 Führt Proben durch.
- Beobachtet euer Spiel und gebt euch gegenseitig eine Rückmeldung, wie das Spiel wirkt.
- Prüft, ob die Darsteller/-innen gut zu verstehen sind und ihr Spiel überzeugend ist und zur Figur passt. Wie könnten sich die Darsteller/-innen anders verhalten oder sprechen?

5 a Spielt die Ballade in der Klasse vor.
b Gebt euch gegenseitig ein Feedback: Was ist besonders gut gelungen, was könnte noch verbessert werden?

„Die Goldgräber" als Hörspiel

Euer Theaterstück zu den Goldgräbern (▸ S. 149–150) lässt sich schnell in ein Hörspiel umgestalten.

Hörspiel
Im Unterschied zu einem Bühnenstück erfahren die Zuhörerinnen und Zuhörer nur das, was zu hören ist (Dialoge, Monologe, Geräusche, Musik).

1 Überlegt gemeinsam, welche Unterschiede es zwischen einem Theaterstück und einem Hörspiel gibt. Worauf müsst ihr achten, welche Gestaltungsmöglichkeiten habt ihr?

2 Entwerft einen Regieplan für euer Hörspiel.

a Überlegt, wie ihr die Handlung der „Goldgräber" hörbar machen könnt.
- Welche Figuren könnten sprechen? Beispiel: *Bewohner aus der Siedlung, in die Sam geht; ...*
- Welche Geräusche und Musik sind zu hören? *das Rauschen der Wellen auf dem Meer, Wind, ...*

b Überlegt, in welcher Reihenfolge ihr die Szenen präsentieren wollt. Ihr könnt z. B. direkt mit der Goldsuche beginnen und die Vorgeschichte der Goldgräber als Rückblende präsentieren.

Sprechtexte	*Geräusche/Musik*
Szene 1:	
Erzähler: *Die folgende Geschichte dreier Abenteurer, die ausgewandert waren, um ihr Glück zu finden, spielte sich im Wilden Westen während der Zeit des Goldrauschs ab.*	*Rauschen eines Flusses, Spitzhacken und Schaufeln, die auf Stein treffen*
Sam *(genervt): Tagaus, tagein schuften wir hier wie die Tiere, bislang umsonst. Ich gebe bald auf.* **Will** *(freudig): Hey, Freunde, da blinkt doch was wie Metall. Das ist kein Stein. Schaut her ...* **Tom** *(jubelnd): Wir sind am Ziel! Wir werden reich, reich ...*	*Zunächst noch dieselben Geräusche, dann nur noch das Rauschen des Flusses. Jubelschreie, Händeklatschen, einer fängt an zu singen, ...*
Szene 2 (Rückblende):	
Will: *Die Überfahrt nimmt kein Ende. Es wird Zeit, dass wir bald an Land gehen.* **Tom:** *Hab Geduld, das Glück wartet auf uns ...*	*Plätschern der Wellen, starker Wind, Kommandos, Schiffsglocke ertönt*

3 a Legt fest, wer welche Aufgabe übernimmt, z. B.: Sprecherinnen und Sprecher, Geräuschspezialisten, Musikverantwortliche, Personen für technische Leitung und Aufnahme.

b Sucht passende Geräusche und eventuell auch Musik für euer Hörspiel. Die Geräusche lassen sich oft mit wenigen Hilfsmitteln leicht selbst erzeugen. Man kann aber auch fertige „Geräuschkonserven" verwenden.
TIPP: Unter freesound.org könnt ihr kostenlos Geräusche und Soundeffekte herunterladen.

4 Nehmt euer Hörspiel auf. Macht immer wieder Proben mit und ohne Aufnahmegerät und prüft, ob die Texte gut gesprochen sind, genügend Pausen gemacht werden und die Geräusche sowie die Musik zu den Szenen passen.

8 „Träum weiter!“ – Theaterträume

1 a „Träum weiter!“ – Verfasst kurze Dialogtexte, in denen jemand diesen Satz äußert.
b Schaut euch das Bild an. Überlegt, worum es in diesem Theaterstück gehen könnte.

2 Berichtet von euren Erfahrungen: Was ist das Besondere am Theater?

3 Um ein Theaterstück auf die Bühne zu bringen, braucht man nicht nur Schauspieler/-innen.
a Sammelt, was bei einer Theateraufführung noch wichtig ist.
b Welche Aufgabe würdet ihr bei einer Theaterproduktion gerne übernehmen? Begründet, warum.

In diesem Kapitel ...

- lernt ihr das Theaterstück „Rosinen im Kopf“ kennen,
- lest und spielt ihr Theaterszenen und lernt die Figuren und ihre Konflikte kennen,
- schreibt ihr selbst Szenen und erhaltet Tipps für eine Theateraufführung.

8.1 „Rosinen im Kopf" – Figuren und ihre Konflikte untersuchen

Thomas Ahrens/Volker Ludwig

Rosinen im Kopf, Szene 1

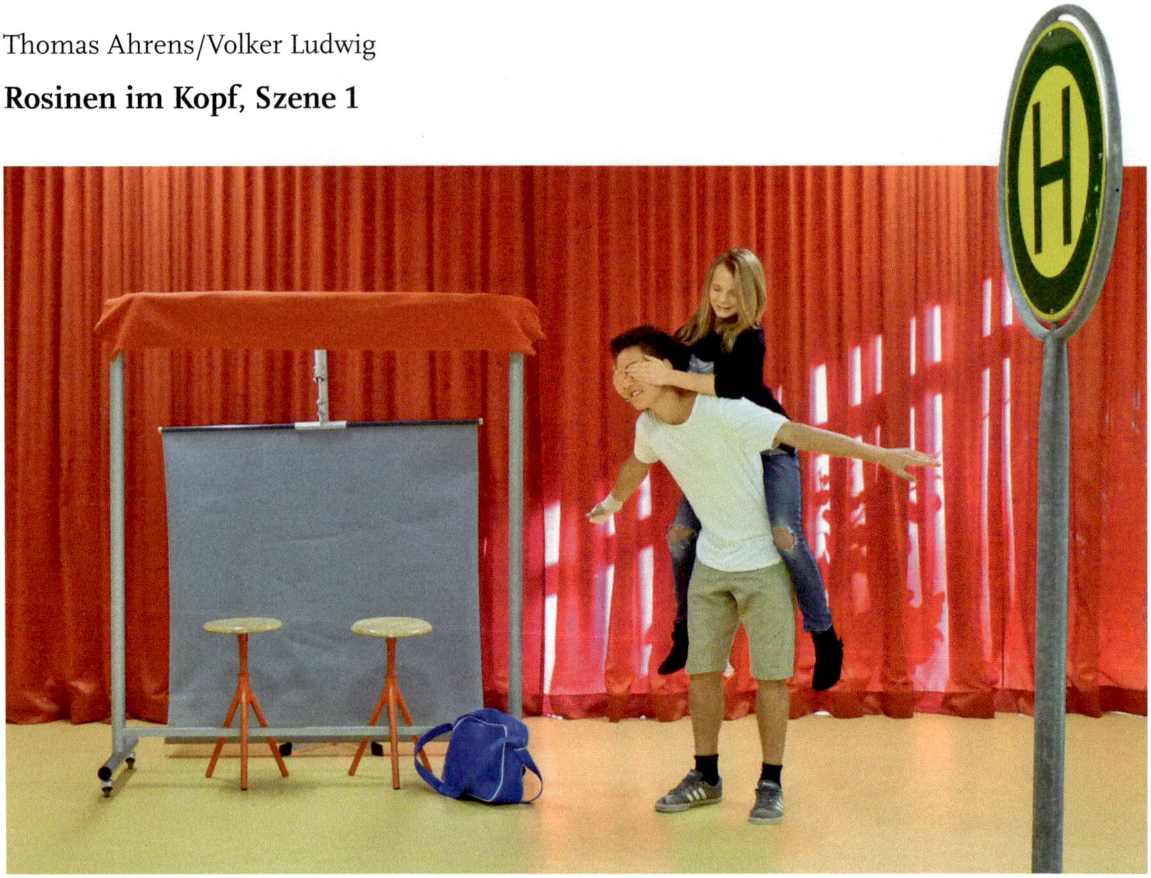

In dem Theaterstück „Rosinen im Kopf", das im Jahr 2009 in Berlin zum ersten Mal aufgeführt wurde, spielen Jugendliche die Hauptrollen. Da gibt es zum Beispiel Nico, der mit seinem Vater alleine lebt, und Sonja, eine Schulfreundin von Nico. Sie alle haben ganz verschiedene Vorstellungen von ihrem Leben und Träume für die Zukunft.

SONJA *(kommt mit Schultasche angerannt)*: Halt, warten! Mist! *(Ruft zurück.)* Mensch, Nico, jetzt ist der Bus schon wieder weg!

NICO *(verbundene rechte Hand, kommt mit Schultasche angeschlendert und liest in einem Reiseprospekt)*: Bus – is ja ekelhaft! Irgendwann bin ich sowieso nur noch mit meinem Privatjet unterwegs! Rom! New York! Paris! Rio! Da sitze ich hinten mit meinem Piloten an der Bar und trinke Schampus und mampfe Gummibärchen.

SONJA: Und wer fliegt das Flugzeug?

NICO: Das macht doch der Bordcomputer. Hey, Joey, wie wär's, wenn wir mal wieder ne Sause in die Sonne machen? – Okay, Chef, Kurs Richtung Südsee! – Achtung, Achtung, bitte anschnallen.

SONJA: Alles klar.

NICO: Na warte! *(Nimmt Sonja auf den Rücken.)*

SONJA: Lass mich runter!

NICO: Nein – wir befinden uns im Landeanflug auf den Airport. *(Sonja hält ihm die Augen zu.)* Oh, es ist neblig. Wo sind die Landefeuer?!

SONJA: Dort!

NICO *(ahmt Albatros nach – Sonja springt ab – Nico stolpert)*: Klasse Landung, Joey. Und dann geht's an den Strand. So weit das Auge blickt, flacher weißer Sandstrand und Kokospalmen …

SONJA: Mensch, Nico, hör doch mal auf mit dem Quatsch!

NICO: Das is kein Quatsch! So was gibt's wirklich! *(Kramt in seiner Schultasche und zieht Reiseprospekt hervor.)* Hier! Guck doch!

SONJA: Kenn ich doch schon.

NICO: Was is, willste mitkommen?

SONJA: Mann, hör auf, ich muss nach Hause.

NICO: Sonja will nach Hause in die Ottostraße 17. Wie spannend!

SONJA: Sag mal, du kannst doch Englisch, wenn de willst. Warum hast'n die Arbeit nicht mitgeschrieben?

NICO: Hallo?! Is meine Hand vielleicht übelst verstaucht?!

SONJA: Kann ich vielleicht mal? *(Fühlt seine Stirn, schreit.)* Aua, ist das heiß! Zeigste mir mal deine kaputte Hand? *(Schnappt nach seiner Hand, er schreit fürchterlich auf, Sonja erschrickt.)* Entschuldigung!

NICO *(Streift und schüttelt den Verband ab, zappelt mit ihren Fingern herum)*: Dabididu dabiddu, das Wunder der Medizin!

SONJA: Ich hab's genau gewusst, du Schauspieler. Die war so leicht, die Englischarbeit, hättste ruhig mitschreiben können!

NICO: Ich brauch keine Schule. Bei der nächsten Staffel von DSDS bin ich sowieso dabei und dann …? *(Zieht eine Fernbedienung aus der Tasche, drückt einen Knopf, kündigt sich als Moderator selbst an.)* Und jetzt, meine sehr verehrten Damen und Herren, sehen und hören Sie Nic, Nico Hannemann … als Elvis Presley! *(Mimt Elvis Presley und singt.)*

SONJA *(zappt zu)*: Michael Jackson.

NICO: *tanzt und singt M. J.*

SONJA: Und Germany's Next Topmodel.

NICO: Drama, Baby, Drama. Die Handtasche muss leben! Nico, ich habe heute ein Bild für dich!

SONJA: Und Dschungelcamp!

NICO: Hmm, lecker Ohrwürmer … *(Sonja macht mit und beide essen.)*

SONJA: Okay, cool! Aber die Sendung is trotzdem bescheuert! Was willst'n da?

NICO: Das is doch nur der Anfang! Danach geht's erst richtig los! Dann kommt die Weltkarriere!

SONJA: Mensch, Nico, so'n bisschen Singen und Tanzen reicht doch nicht für ne Weltkarriere!

NICO: Na toll, Sonja, die Spaßbremse, Ottostraße 17, erster Stock, Hinterhof.

SONJA: Na toll, Nico, der Spinner. *(Winkt ins Off.)* Huhu, Herr Hannemann!

NICO: Oh, Scheiße, mein Oller. *(Will sich verdrücken.)*

HANNEMANN *(kommt mit einem klapprigen Fahrrad angefahren, lange Haare, Stirnband, Messenger-Tasche auf dem Rücken, etwas außer Atem)*: Hey, Nico. Tach, Kleene. Na, wie war's in der Schule?

SONJA: Gut.

NICO: Wie immer.

HANNEMANN: Klingt ja toll. Und ihr habt heute nen Erste-Hilfe-Kurs gehabt?

NICO: Hä … Wieso?

HANNEMANN *(lacht)*: Weil dir'n Meter Verbandszeug aus der Hose hängt.

Wir hatten früher mal einen in der Klasse, der hat versucht, sich den Arm einzugipsen, weil er ne Klassenarbeit nicht mitschreiben wollte. Aber der Lehrer hat das gemerkt, weil er sich den Hemdsärmel mit eingegipst hatte.

Sonja *(amüsiert)*: Echt dumm gelaufen.

Nico: Warum erzählst du denn das?

Hannemann: Och, is mir grad so eingefallen. Warum biste noch nicht zu Hause?

Nico: Bus war weg.

Sonja *(nickt)*: Stimmt.

Hannemann: Ich will ja nicht drängeln, aber der Müll muss runter und der Abwasch muss auch noch gemacht werden.

Nico: Immer ich! Wieso ich?

Hannemann: Nico – jetzt pass mal auf. Jetzt hab ich seit einer Woche endlich wieder einen Job, wo ich Geld verdienen kann, um uns beide durchzubringen. Da muss ich ordentlich ranklotzen. Und da musst du auch ein bisschen im Haushalt mithelfen. Und dann reicht's vielleicht auch mal für einen gemeinsamen Urlaub – nen bisschen weiter weg als nur bei Oma Herder auf'n Bauernhof.

Nico: Echt?

Hannemann: Ja, mal ins Ausland.

Nico: Au ja ... Oasis of the Seas. *(Zitiert aus seinen Reiseprospekten.)* Das größte Kreuzfahrtschiff der Welt. Das hat nen richtigen eigenen Rummelplatz, ne übelst lange Seilbahn, ein Riesentheater und ...

Hannemann: Was is los?! Du hast ja Rosinen im Kopf!

Nico: Hä?

Sonja *(lacht)*: Rosinen im Kopf? Hab ich ja noch nie gehört.

Hannemann: Is doch wahr. Flausen im Kopf, dummes Zeug. Außerdem hab ich gesagt: Vielleicht. *(Sein Handy klingelt, ins Telefon)* ... City-Flitzer Hannemann, wo soll ich hin? ... Ku'damm 217... Bin schon da, ich fliege. *(Zu den Kindern)* Muss los.

Nico: Aber denk dran: Du hast es versprochen – Oasis of the Seas.

1 a Fasst mit eigenen Worten zusammen, worum es in dieser Szene geht.
b Nennt Textstellen, an denen deutlich wird, dass das Stück in der heutigen Zeit spielt.

2 a Lest die Szene mit verteilten Rollen. Beachtet dabei auch die Regieanweisungen. Probiert mehrere Besetzungen aus.
TIPP: Drückt mit eurer Stimme, eventuell auch mit eurer Mimik und Gestik aus, wie die jeweilige Figur sich fühlt oder wie eine Äußerung gemeint ist.
b Begründet, wer welche Figur durch seinen Vortrag besonders gut vorgestellt hat.

3 a Nico schlüpft in dieser Szene in verschiedene andere Rollen. Tragt diese Spiel-im-Spiel-Situationen (▸ Z. 13–29 und 58–72) noch einmal vor. Gestaltet die verschiedenen Rollen auch durch eure Sprechweise sowie eure Gestik und Mimik.
TIPP: Ihr könnt auch noch weitere Rollen erfinden, die Nico einnehmen könnte.
b Erklärt, wie Nico durch diese Spiel-im-Spiel-Situationen wirkt.

4 a „Du hast ja Rosinen im Kopf!" (▸ Z. 129–130), sagt Herr Hannemann zu seinem Sohn Nico. Erklärt, was er damit meint.
b Könnt ihr verstehen, welche Wünsche, Träume oder Sehnsüchte Nico hat? Begründet.

5 Charakterisiert Nico, Sonja und Herrn Hannemann, indem ihr z. B. ihre Verhaltensweisen, ihre Eigenschaften und ihr Verhältnis zueinander beschreibt. Erklärt auch, wie die Figuren auf euch wirken.

6 a Die Figuren sprechen zum Teil in der Umgangssprache. Nennt Beispiele aus dem Text und erläutert, wie dieser Sprachstil wirkt.
b Überlegt, warum in diesem Stück Umgangssprache verwendet wird.

Information **Theater**

In einem Theaterstück gibt es Rollen, die von Schauspielerinnen und Schauspielern gespielt werden. Die Handlung wird durch **Dialoge** (Gespräche zwischen den Figuren) oder durch **Monologe** (Selbstgespräche von Figuren) ausgedrückt. Die Schauspieler und Schauspielerinnen nutzen beim Theaterspielen ihre **Stimme** (Sprechweise), ihre **Gestik** (Körpersprache) und ihre **Mimik** (Gesichtsausdruck), um die Gefühle und Stimmungen der Figuren auszudrücken.
Weitere Theaterbegriffe:
Rolle: Rolle nennt man die Figur, die eine Schauspielerin oder ein Schauspieler in einem Theaterstück verkörpert, z. B. die Rolle des Vaters.
Szene: Eine Szene ist ein kurzer, abgeschlossener Teil eines Theaterstücks. Eine Szene endet meist, wenn neue Figuren auftreten und/oder Figuren abtreten. Meistens erlischt am Ende einer Szene auch die Bühnenbeleuchtung.
Regieanweisungen: Regieanweisungen sind im Dramentext zusätzlich zu den Rollentexten bereits mitgelieferte Anregungen, wie die Handlung auf einer Bühne eingerichtet werden sollte, z. B.: *hockt in einer Mülltonne für Altpapier,* oder wie die Figuren handeln und sprechen sollen, z. B.: *fühlt seine Stirn, schreit.*
Spiel im Spiel: Spiel im Spiel nennt man eine Situation, in der eine Figur auf der Bühne eine andere Rolle spielt, z. B. wenn Nico so tut, als wäre er an Bord eines Flugzeugs.

Thomas Ahrens/Volker Ludwig

Rosinen im Kopf, Szene 2

Nico *(mit verstellter Stimme, Sprechweise des Direktors):* Achtung, Achtung, eine Durchsage! Hier spricht Direktor Hülsendonk. Wir haben mehrere Fälle von Schweinegrippe in der Schule festgestellt. Alle Lehrerinnen und Lehrer bitte sofort ins Rektorzimmer zur Krisensitzung. Die Schülerinnen und Schüler haben ab sofort frei, die Schule bleibt für die nächsten drei Wochen geschlossen. Ende der Durchsage. *(Pausengong. Schülerlärm. Licht zieht auf.)*

Nico *(hockt in einer Mülltonne für Altpapier, lupft vorsichtig den Deckel, schaut sich um):* Captain Kirk an Crew ... Captain Kirk an Crew, auf welchem Planeten sind wir hier? Wo sind wir hier? *(Mit Roboterstimme)* Raumschiff Enterprise hat ein Problem. Unsere Navigation hat versagt. Wir mussten notlanden. [...]
(Formt mit den Händen ein Fernrohr.) Ist das vielleicht der Planet der Affen? Nein, unmöglich. Viel zu viele Zwerge mit Pausenbroten in der Hand und ohne Fell. Oh nein! Was sehen meine entzündeten Augen? Da, ein Alien! Alle Mann in Deckung! *(Verschwindet in der Tonne. Oliver, ziemlich stylisch gekleidet, kommt mit einem Schulbrot, packt es aus und wirft das Papier in die Tonne, geht weiter, stutzt, dreht sich um und schleicht sich an. Nico kommt vorsichtig wieder hoch, ohne Oliver zu bemerken.)* Captain Kirk an Crew, jetzt weiß ich, wo wir sind – wir befinden uns auf einem der gefährlichsten Planeten des Universums! Schulhofia! Wir müssen fliehen! [...]

Oliver *(kippt die Tonne um und lacht sich schlapp, klatscht Beifall.)* Wow, Alter, du bist ja ne richtig komische Nummer, ey! Was machst'n da?

Nico *(erschrickt zu Tode):* Wo?!?!

Oliver: Na, da in der Tonne. Und das mit der Durchsage vorhin, das warst du. Alle sind aufgesprungen und rausgerannt. Und der Lehrer hat uns hinterhergerufen, aber keiner ist zurückgekommen.

Nico: Wehe, du verrätst was. Wer bist'n du überhaupt? Hab dich noch nie auf'm Schulhof gesehen.

OLIVER: Kannste ja auch nich. Bin erst seit gestern hier.

NICO: Neu?

OLIVER: Hm.

NICO: Aber du hältst die Klappe!

OLIVER: Von mir erfährt keiner was. *(Streckt die Hand aus.)* Ich bin Oliver.

NICO *(nimmt die Hand):* Nico. *(Oliver zückt Kaugummischachtel.)* Und wo kommst du her? [...]

OLIVER: Früher warn wir in Hamburg. Jetzt hat mein Vater den Berliner Chefposten von TTP übernommen.

NICO: TTP?

OLIVER: Telly Top Productions.

NICO: Ach so.

OLIVER: Ist ne Filmfirma.

NICO *(brennend interessiert):* Dein Vater dreht Filme?!

OLIVER: Hm.

NICO: Ich steh total auf Abenteuerfilme, Afrika und so ...

OLIVER: War ich schon.

NICO: Ja?

OLIVER: Klar. Marokko. Alles flach, irre Hitze, nichts wie Sand, blödes Hotel ...

NICO: Und warste schon mal auf den Bahamas?

OLIVER: Ja –

NICO: Malediven auch?

OLIVER: Ja –

NICO: Und auch in Dubai?

OLIVER: Klar. Alles flach, irre Hitze, nichts wie Sand, blödes Hotel, fünf Sterne, blöde Junior-Suite, gähn ...

NICO: Cool. Kostet doch irre viel Geld, oder?

OLIVER: Klar. Hat mein Vater genug von.

NICO: Macht der auch Castingshows und Abenteuerfilme?

OLIVER: Nee, nur Werbung, bringt mehr Knete.

NICO: Is ja irre.

OLIVER: Ach, ist doch langweilig. Ich steh mehr auf totalen Horror, weißt du. Stephen King und so. Muss echt Blut fließen. Ist sonst langweilig. Kannst ja mal gucken, ob du dich traust.

NICO: Was trauen?

OLIVER: Na, das angucken. Meine Schwester rennt immer aus dem Zimmer. Wir haben 'n eigenes Kino. Und jede Menge Filme.

NICO: 'n Kino inner Wohnung? Wo gibt's 'n so was?

OLIVER: Is in jeder Wohnung.

NICO: Wie?

OLIVER: Maaann, in den Firmenwohnungen von TTP! Ist doch Grundausstattung.

NICO: Wirklich?

OLIVER: Kannst ja mal gucken kommen.

NICO *(steigt sofort ein):* Okay. Wir kaufen uns jetzt ein paar Pommes und ne Cola. Und dann schleichen wir hier ab und gehen zu dir Filme gucken.

OLIVER: Einfach schwänzen? Können wir doch nicht machen!

NICO: Klaro können wir. Los, weg hier! Oder traust du dich nicht?

(Beide wollen los.) [...] Wow!

OLIVER: Mist!

NICO: 'nen Porsche!

OLIVER: Das is unserer.

(Monika und Pia kommen auf den Schulhof, beide sehr modisch gekleidet, Nico stiert auf sie wie eine Erscheinung.)

MONIKA: Hallo, Oliver. *(Oliver will sich davonmachen.)* Oliver!

OLIVER: Monika.

MONIKA: Sag mal, was machst du denn hier draußen? Hast du nicht Unterricht?

OLIVER: Nee, die machen grad ne Konferenz wegen Schweinegrippe.

MONIKA: Was?

NICO: Quatsch, wir ham große Pause.

MONIKA: Na, das fängt ja gut an. Na ja, ist ja nicht für lange. Nach den Sommerferien kommt ihr beide ja ins Internat.

OLIVER: Ich geh nicht ins Internat!

PIA: Ich auch nicht.

NICO: Internat?

PIA: Schule, wo man auch wohnt. Aber ohne Eltern ...

MONIKA *(schaut Nico an, etwas irritiert):* Oliver, ist das ein neuer Freund von dir? *(Oliver re-*

agiert nicht, zu Nico): Seid ihr befreundet, du und Oliver? *(Nico nickt nach einer Weile.)* Hm. Soso ... Oliver, sag uns doch mal, wo das Rektorzimmer ist.

OLIVER: Da war ich gestern mit Hajo ...

MONIKA: Du sollst nicht immer Hajo sagen, sondern ...

OLIVER: Papa! Ich weiß, Monika.

MONIKA: Und? Wo ist es nun?

NICO *(eifrig)*: Durch die Tür und dann links.

MONIKA: Komm, Pia. Wir müssen dich schnell anmelden. Komm, Pialein.

PIA: Ich bin nicht dein Pialein.

(Pia und Monika ab.)

OLIVER: Mission Horrorfilm, los.

NICO: War das deine Schwester?

OLIVER: Nee, meine Oma.

(Lacht sich schlapp über seinen eigenen Witz.)

NICO: Und die andere deine Mutter?

OLIVER: Ja, aber nich meine richtige.

NICO: Wie?

OLIVER: Das is die neue Frau von meinem Vater.

NICO: Ach so ... Is die nett?

OLIVER: Geht so. Meine Schwester ist vielleicht bescheuert.

NICO: Glaub ich nicht.

OLIVER: Hast wohl keine Schwester, was?

NICO: Nee.

1 Bildet Gruppen, die jeweils einen Szenenabschnitt spielen. Geht so vor:

a Verteilt die drei Szenenabschnitte (▸ Z. 1–32; ▸ Z. 33–108; ▸ Z. 109–163) auf die Gruppen.

b Lest euch euren Szenenabschnitt mehrfach durch. Überlegt gemeinsam, wie ihr die Figuren darstellen wollt: Wie sollen die Figuren sprechen, welche Gestik und Mimik passen zu ihnen?

c Verteilt die Rollen und probt euer Spiel.

d Spielt euren Szenenabschnitt vor der Klasse. Die anderen beobachten das Spiel ihrer Mitschülerinnen und Mitschüler.

e Diskutiert anschließend, ob die Sprechweise, die Mimik und die Gestik zu den jeweiligen Figuren und der jeweiligen Situation passen. Was würdet ihr verändern? Warum?

2 a In dieser Szene lernt ihr drei neue Figuren kennen: Oliver, Pia und Monika. Fasst zusammen, was ihr über diese Figuren erfahrt.

b Überlegt, warum Nico an dem Beruf von Olivers Vater brennend interessiert ist.

c Nennt Textstellen, in denen die Lebenssituation Olivers besonders deutlich wird.

d Vergleicht dann die Lebensumstände Olivers mit denen von Nico. Stellt Vermutungen an, welche Handlungsmöglichkeiten und Konflikte sich daraus ergeben könnten.

3 Wie könnte sich die Handlung entwickeln? Begründet, welcher der folgenden Handlungsverläufe euch am wahrscheinlichsten erscheint.

A Nico streitet sich verstärkt mit seinem Vater und wird zu Hause rausgeworfen.
B Oliver streitet sich mit Monika so sehr, dass sein Vater Monika verlässt.
C Nico wird ein Superstar in der Filmproduktion von Olivers Vater.
D Nico will seine Chance nutzen, um ein Fernsehstar zu werden.

4 Ergänzt auf einer Kopie der Szene 2 (▸ S. 158–160) Regieanweisungen, die angeben, wie Nico, Oliver, Pia und Monika sprechen und wie sie sich verhalten sollen, z. B.: *großspurig; spöttisch grinsend; erstaunt; unterbricht; dreht sich um und zeigt auf die Tür.*

Testet euch!

Rund ums Theater

Löst die Aufgaben auf dem folgenden Testbogen gemeinsam mit einem Partner oder einer Partnerin. Fragt euch abwechselnd ab und haltet eure Ergebnisse in Stichworten fest.

1 a Notiert, was die folgenden Begriffe aus der Theaterwelt bedeuten:

Was ist eigentlich ...
- ein Dialog?
- ein Monolog?
- eine Szene?
- eine Regieanweisung?
- ein Spiel im Spiel?

b Vergleicht eure Lösungen mit denen auf Seite 349.

2 a Beschreibt die folgenden Figuren aus dem Stück „Rosinen im Kopf" möglichst genau.

Wer ist eigentlich ...
- Nico?
- Oliver?
- Sonja?
- Pia?
- Monika?
- Herr Hannemann?

b Vergleicht eure Ergebnisse mit den Lösungen auf Seite 349.

3 Stellt eine der Figuren des Stückes pantomimisch dar. Euer Partner bzw. eure Partnerin muss erkennen und begründen können, wen ihr verkörpert habt.

Pantomime: etwas ohne Worte, nur durch Gestik und Mimik darstellen.

4 a Überlegt, welche Konflikte sich schon am Anfang des Theaterstücks „Rosinen im Kopf" ankündigen. Begründet eure Einschätzung.

b Vergleicht eure Lösung mit der auf Seite 350.

A Arme – Reiche
B Schüler – Lehrer
C Eltern – Kinder
D Mädchen – Jungen

8.2 Nicos Traumwelt – Szenen schreiben und spielen

Thomas Ahrens/Volker Ludwig

Rosinen im Kopf, Szene 3

Durch die Begegnung mit Oliver, dessen Vater Filmproduzent ist, sieht Nico die Chance, seinen Traum vom großen Ruhm und Erfolg zu verwirklichen. Noch steckt Nico aber mitten in der tristen Welt seines Alltags. Sein Vater ist ein einfacher Fahrradkurier und verdient nicht sehr viel Geld; zu Hause gibt es keinen Luxus. In dieser Situation trifft Nico auf Pia, Olivers Schwester.

NICO: Sag mal, hast du schon mal im Film von deinem Vater mitgespielt?

PIA: Nee, find ich blöde.

NICO: Ja?

PIA: Mein Vater ist auch dagegen. Was macht denn dein Vater?

NICO: Och, der ... – der ist immer unterwegs. Ist schwer zu erklären, weißte. Also der hat mal hier zu tun, mal da.

PIA: Ausland?

NICO: Klar. Heute Moskau, morgen New York, übermorgen Honolulu und so ...

PIA: Ach so, der ist Manager?!

NICO: Nee, darf ich nicht sagen.

PIA: Was, warum denn nicht, sag doch!

NICO: Darf keiner wissen, verstehst du?

PIA: Ich sag's bestimmt nicht weiter. Ehrenwort!

NICO: Mein Vater, der ist unterwegs – also der reist in geheimer Mission ...

PIA: In geheimer Mission? James Bond?

NICO: Psst. Ja. Darf wirklich keiner wissen.

PIA: Ja, klar, verstehe. Muss der sich auch verkleiden?

NICO: Ja. Meistens.

PIA: Mensch, ist das spannend.

NICO: Geht so. [...]

(Nicos Vater, Herr Hannemann, hat vom Inhalt des Gesprächs erfahren, weil Pia ihn auf seinen Beruf angesprochen hat. Nun stellt Herr Hannemann seinen Sohn zur Rede.)

HANNEMANN: Dämliches Gequatsche? Ich reise in geheimer Mission. Heute Moskau, morgen New York, übermorgen Honolulu.

NICO *(erschrocken)*: Was hat die Pia erzählt?

HANNEMANN: Die denkt immer noch, ich bin James Bond persönlich.

NICO *(erleichtert)*: Ja.

HANNEMANN: Sag mal, hast du ne Vollmeise?

1 a Lest zunächst nur den ersten Teil der Szene 3 (▸ Z. 1–27) zu zweit mit verteilten Rollen.
b Besprecht, an welchen Stellen Nico offenbar nicht so recht weiß, was er sagen soll.
c Diskutiert, warum Nico die Unwahrheit sagt.

2 a Lest nun den Rest der Szene (▸ Z. 32–39) mit verteilten Rollen.
b Erklärt, warum sich der Vater von Nico, Herr Hannemann, so aufregt.

3 Diese Szene geht natürlich noch weiter. Setzt die Szene in Partnerarbeit fort. Geht so vor:

a Sammelt Ideen, wie der Dialog zwischen Nico und seinem Vater weitergehen könnte. Was könnte Nico seinem Vater erklären oder vorwerfen? Wie äußert sich Nicos Vater dazu? Ihr könnt so beginnen:

Sohn Nico	Vater Hannemann
– *Was soll ich denn machen? Denkst du, es wäre einfach für mich …* – *Nie hast du Zeit für mich. Du weißt …*	– *Ich rackere mich ab, schufte auch am Wochenende, damit …* – *…*

b Diskutiert, wie diese Szene ausgehen könnte. Ihr könnt aus den folgenden Möglichkeiten auswählen oder euch selbst einen Schluss überlegen.

A Nico wirft seinem Vater vor, dass er sein Talent nicht erkennt, und geht ab.
B Beide streiten immer weiter, teilweise unverständlich. Das Licht wird ausgeblendet.
C Der Vater verlässt die Szene mit den Worten: „Ich rufe Oma an, die soll das regeln!"
D Vater und Sohn versöhnen sich am Ende und gehen zum Eisessen.

c Schreibt nun mit Hilfe eurer Vorarbeiten den Dialog zwischen Nico und seinem Vater weiter. Notiert auch Regieanweisungen, die angeben, wie die Figuren reden und sich verhalten sollen.
TIPP: Achtet darauf, dass sich die Aussagen aufeinander beziehen, und formuliert eure Ideen gegebenenfalls um, z. B.:

Nico *(verärgert):* Was soll ich denn machen? Denkst du, es wäre einfach für mich zu sagen, dass du als Fahrradkurier …
Herr Hannemann *(unterbricht empört):* Jeden Morgen stehe ich um fünf Uhr auf und mache die Wäsche und den Haushalt. Und während du zur Schule gehst, schwinge ich mich auf mein Fahrrad …

4 Spielt eure Szenen mit verteilten Rollen vor. Probiert dabei die Stopp-Technik aus.

Methode **Stopp-Technik**

Ihr lest eine Szene mit verteilten Rollen. An einer beliebigen Stelle sagt die Spielleiterin oder der Spielleiter: „Stopp!" Die Figuren unterbrechen ihr Spiel und sagen, was sie in ihrer Rolle gerade denken oder fühlen. Sie können auch erklären, warum sie etwas sagen oder warum sie so und nicht anders handeln.
Variante mit Ghostspeaker: Hier steht hinter der Bühnenfigur eine andere Person, die aber nicht mitspielt (wie ein Geist auf der Bühne). Wenn „Stopp!" gesagt wird, äußert sich dieser „Geist" zu den Gedanken und Gefühlen seiner Figur.

Fordern und fördern – Theaterszenen schreiben

1 a Verschafft euch einen Überblick und lest alle Szenenausschnitte auf den Seiten 164 und 165.
b Bildet Gruppen, die sich jeweils mit einer Szene beschäftigen. Vervollständigt eure Szenen, indem ihr die fehlenden Textteile (Anfang, Mitte, Schluss) ergänzt.

A Wer hat den besseren Vater? – Den Mittelteil einer Szene ergänzen

OLIVER: Du hast den viel besseren Vater als ich!
NICO: Du hast doch keine Ahnung! Mein Oller hat 'n rostiges Fahrrad und ihr habt 'n Porsche!
OLIVER: Ja, aber ...
? ? ? ? ? ? ?
SONJA *(belustigt)*: Sagt mal, seid ihr bescheuert?
OLIVER: Hast wohl keinen Vater, was?
SONJA *(ernst)*: Nee, aber ich hätte gern einen.

2 In der vorliegenden Szene fehlt der Mittelteil. Füllt diese Lücke.
Geht so vor:
a Lest die Szene und macht euch klar, um was es geht.
b Überlegt, welche Argumente Oliver und Nico in dem fehlenden Mittelteil vorbringen könnten. Sammelt eure Ideen.
c Verfasst den Mittelteil der Szene. Notiert auch Regieanweisungen.

B Ertappt? – Den Schluss einer Szene verfassen

HANNEMANN: Ich habe einen Anruf von deinem Lehrer bekommen.
NICO *(stark verunsichert)*: Ja? Warum denn? Hab ich was gemacht?
HANNEMANN: Das frag ich dich! Du weißt ganz genau, was ich meine.
NICO *(scheinheilig)*: Keine Ahnung.
HANNEMANN: Ach nein? Und was ist mit der Englischarbeit?!?!
NICO *(total erleichtert)*: Ach so, die Englischarbeit ...
? ? ? ? ? ? ?

3 In dieser Szene fehlt der Schluss. Schreibt die Szene zu Ende.
Geht so vor:
a Lest den Text. Tauscht euch dann aus, worum es in dieser Szene geht.
b Überlegt, wie diese Szene weitergehen könnte, und sammelt eure Ideen:
– Hat Herr Hannemann, der Vater von Nico, weitere Dinge von Nicos Lehrer erfahren? Bedenkt dabei auch, was ihr über Nicos Verhalten in der Schule wisst.
– Kommt es zu einer Aussprache oder bleibt das Ende offen, weil Herr Hannemann zu seiner Arbeit muss oder Nico vorgibt, noch etwas Dringendes erledigen zu müssen?
c Verfasst einen Schlussteil zu dieser Szene. Nehmt auch Regieanweisungen auf.

C Träume werden wahr! – Den Anfang einer Szene ergänzen

? ? ? ? ? ? ?

STEINBERG *(Vater von Oliver zu Monika)*: Du, der Junge hat was.

MONIKA: Also, Hajo, bitte – lass ihn!

STEINBERG: Lass mich doch! Solche Typen kann man immer mal gebrauchen. *(zu Nico)* Wie heißt'n du?

NICO: Nico Hannemann … immer noch.

STEINBERG: Nico Hannemann-Immernoch. Bist'n Checker, was?

OLIVER: Der Nico ist 'n irre guter Schauspieler.

STEINBERG: Ja, halt dich da mal raus. *(zu Nico)* Hättest du vielleicht Lust, mal in einem Film mitzumachen?

NICO: Na klar. Sofort. Klar. In nem richtigen Film?

PIA: Werbefilm.

STEINBERG: In einem richtigen Film. Für Kino und Fernsehen.

NICO: Mannnnn!

STEINBERG: Also komm doch morgen mal vorbei. Dann fahren wir schnell ins Studio und machen eine kleine Probeaufnahme. Okay?

●●● 4 Bei dieser Szene fehlt der Anfang. Verfasst den Beginn der Szene. Geht so vor:

a Lest die Szene und überlegt, worum es geht.

b Notiert Ideen, wie die Szene beginnen könnte. Herr Steinberg, der Chef einer Filmfirma, könnte z. B. zufällig zu den anderen Figuren stoßen und plötzlich Nicos Talent entdecken.

c Schreibt den Szenenanfang. Denkt auch an die Regieanweisungen.

D Das Casting – Den Anfang und das Ende einer Szene schreiben

? ? ? ? ? ? ?

STEINBERG: Also gut. *(Sieht auf die Uhr.)* Letzter Versuch! Also: hochspringen, Tor. Dann den Text und den Daumen hoch. Und strahlen! Los! Bitte!

NICO: Tooor! Tooor!

STEINBERG: Ja! Ja!

NICO: Ja! Da ist er wieder, Podolski! Es ist nicht zu fassen!

STEINBERG: Nein! Nein!

NICO *(umkurvt dribbelnd die Gartenmöbel)*: Und da ist er! Podolski! An der Außenlinie. Spielt zwei Verteidiger schwindelig! Umkurvt die ganze Abwehr! Könnte schießen – schießt! *(Mimt einen gewaltigen Torschuss, bei dem er zu Boden geht, reißt im Sitzen die Arme hoch, jubelt, springt auf und rennt mit erhobener Faust und Purzelbaumeinlage eine Runde im Garten.)* Tor! Tor! Das Siegtor! Das Tor des Monats! Podolski! Podolski! *(Sinkt in die Knie, als ob er betet.)* Das Sieg-Tor! *(Sinkt wieder in die Knie wie zum Beten.)* Podolski! Goldjunge!

PIA: Jaaaaaa.

STEINBERG *(endgültig genervt)*: Hör auf. So was wie dich kann ich nicht gebrauchen.

NICO: Aber ich hab doch nur …

STEINBERG: Beim Film braucht man Kinder, die absolut diszipliniert sind. Da kostet jede Minute Geld. Kinder, die zwanzig Mal exakt dasselbe machen, wenn's sein muss, die gehorchen.

? ? ? ? ? ? ?

●●● 5 In dieser Szene fehlen der Anfang und der Schluss.

a Lest die Szene und macht euch klar, worum es geht.

b Überlegt, was dem Textauszug vorausgegangen sein könnte, und notiert eure Ideen.

c Sammelt Ideen, wie die Szene enden könnte. Gehen die Figuren im Streit auseinander? Zerplatzen Nicos Träume von einer Fernsehkarriere oder bekommt er doch noch eine Chance?

d Verfasst den Anfang und den Schluss zu dieser Szene. Denkt an die Regieanweisungen.

8.3 Träume auf der Bühne – Das Stück inszenieren

Effekte erzielen: Chorisches Sprechen

1. Szene: Rosinen im Kopf

NICO: Wenn ich alleine bin,
Dann passiert was in mir drin.
Ich fahr ab in meine Welt
Und kann tun, was mir gefällt …
Dann bin ich Robin Hood, der edle Rächer,
Bei dem die reiche Welt vor Angst verreckt.
Als Batman flieg ich über alle Dächer
Bis zu den Inseln aus dem Alltours-Prospekt.
Weiß ist die Villa überm Meeresstrand
Von Nico Hannemään, als Popstar weltbekannt.

1 Tragt Nicos Monolog im chorischen Sprechen vor. Geht so vor:
- Einer übernimmt Nicos Rolle und spricht den Text. Mehrere Schülerinnen und Schülern stehen im Chor hinter ihm oder am Rand und sprechen die unterstrichenen Textstellen gleichzeitig mit.
- Die anderen bilden eine Beobachtungsgruppe. Sie notieren, welche Wirkung das chorische Sprechen hat und was bei dem Vortrag noch verbessert werden könnte.

1. Szene: Rosinen im Kopf

SONJA: Kennt ihr Nico Hannemann
Mit der großen Meise,
Der vor Spinnlust überschäumt
Und sogar im Stehen träumt,
Heimlich, still und leise?
Du willst mit ihm reden,
Schon mimt er den Blöden.
Du gehst mit ihm schwimmen,
Schon beißt er wie 'n Hai.
Im Unterricht döst er,
In Wirklichkeit pest er
Als Superman cool
Von New York nach Hawaii.

2 Bildet Gruppen und übt das chorische Sprechen anhand des Monologes von Sonja. Geht so vor:
a Überlegt, welche Textteile chorisch gesprochen werden sollen. Erprobt verschiedene Möglichkeiten.
b Stellt eure Ergebnisse der Klasse vor und beurteilt gemeinsam den jeweiligen Vortrag.

Methode **Chorisches Sprechen**

Man kann durch die Art des Sprechens auf der Bühne bestimmte Effekte erzielen. Eine besonders eindrucksvolle Art und Weise ist das chorische Sprechen, bei dem mehrere Schauspieler/-innen – wie in einem Chor – einen Text gleichzeitig vortragen.

Das Theaterstück aufführen

In den ersten beiden Teilkapiteln (▶ S. 154–165) habt ihr verschiedene Szenen aus dem Theaterstück „Rosinen im Kopf" gelesen und auch eigene Szenen geschrieben. Erstellt aus diesen Szenen ein Theaterstück und führt es vor einem Publikum auf.

1. Schritt: Die Spielvorlage erstellen

1 Verschafft euch einen Überblick über die Handlung des Stücks. Fasst dazu die einzelnen Szenen (die im Buch abgedruckten, aber auch eure eigenen) auf Karteikarten zusammen. Legt für jede Szene eine eigene Karteikarte an. Geht so vor:

a Schreibt auf den Kopf der Karteikarte die Szenennummer, notiert darunter die Namen der Figuren, die in dieser Szene auftreten. Fasst dann den Inhalt der Szene knapp zusammen.

b Sortiert eure Karteikarten, sodass ein zusammenhängendes Theaterstück entsteht. Nummeriert dazu eure Karteikarten.

Szene 1
– Figuren: Nico, Sonja
– Handlung: ...

2. Schritt: Einen Projektfahrplan erstellen und die Aufgaben verteilen

2 Bis zur Aufführung des Theaterstücks „Rosinen im Kopf" sind eine Reihe von Vorarbeiten nötig. Verteilt die einzelnen Aufgaben auf Teams und legt einen Projektfahrplan an.

Aufgaben und Arbeiten	Team	Termine	Sonstiges
Werbung (Flyer, Plakat, Einladung)			
Schauspieler/-innen, Souffleusen/Souffleure			
Bühnenbild und Beleuchtung			

Team 1: Werbung für die Aufführung
– Besprecht, wie ihr für euer Theaterstück werben wollt, z. B.: mit einem Plakat, einem Flyer und einer Einladung per Mail.
– Notiert wichtige Informationen, z. B.: Titel des Stücks, Aufführungsort, Datum, Uhrzeit, eventuell kurzer Inhaltsüberblick.
– Entwerft Skizzen und Textentwürfe für eure Werbung.
TIPP: Wenn ihr mit dem Computer arbeiten wollt, helfen euch die Tipps auf Seite 345–346.

Team 2: Schauspieler/-innen, Souffleusen und Souffleure
– Verteilt die Rollen, lernt eure Texte und führt gemeinsam die Proben durch.
– Beobachtet die Schauspieler/-innen und gebt Hinweise, wie das Spiel wirkt und was noch verbessert werden kann.
– Übt während der Proben auch das Soufflieren.

Team 3: Bühnenbild und Beleuchtung planen

Plant euer Bühnenbild. Geht so vor:

– Geht alle Szenen der Reihe nach durch und notiert, an welchen Schauplätzen (Handlungsorten) sie spielen. Wenn ihr in den Texten keine Angaben zum Schauplatz findet, überlegt selbst, wo diese Szene spielen könnte.
– Überlegt, wie der Bühnenraum für den jeweiligen Schauplatz gestaltet werden könnte, und entwerft Skizzen. Findet einfache Lösungen.
– Braucht ihr ein bestimmtes Mobiliar bzw. Requisiten (Gegenstände), z. B.: eine Mülltonne, einen Tisch, Stühle etc.?

– Wollt ihr Kulissen (Hintergrundbilder) für die einzelnen Schauplätze erstellen? Ihr könnt z. B. auf Stoff oder Papier malen oder ihr erstellt Folien, die ihr mit Hilfe eines Overhead-Projektors oder Beamers auf eine Leinwand projiziert.
– Erstellt eine Liste mit Gegenständen und Materialien, die ihr besorgen müsst.

TIPP: Markiert schon während der Proben den Bühnenraum mit Kreppstreifen auf dem Boden, sodass alle möglichst früh wissen, in welchem Bereich sie sich bewegen dürfen/sollen.

Bei der Planung der Beleuchtung könnt ihr so vorgehen:

– Klärt, welche Beleuchtungselemente euch zur Verfügung stehen und wie ihr sie in den verschiedenen Szenen einsetzen wollt. Natürlich könnt ihr auch versuchen, durch das Licht Stimmungen zu erzeugen, z. B. durch Farbscheinwerfer.
– Erprobt unterschiedliche Möglichkeiten und haltet eure Ergebnisse in Skizzen fest.

3. Schritt: Das gemeinsame Proben

3 a Überlegt zunächst, was bzw. wann ihr gemeinsam proben müsst und welche Aufgaben jedes Team alleine ausarbeiten oder erproben kann.

b Stimmt die einzelnen Arbeitsabläufe aufeinander ab, sodass alles bis zum Tag der Aufführung Hand in Hand geht.

Methode **Ein Bühnenbild erstellen**

Als Bühnenbild bezeichnet man die optische Gestaltung des Bühnenraums für die Aufführung, z. B. durch Kulissen, Möbel und Requisiten (Gegenstände).

Es ist verführerisch, in einem Bühnenbild alles möglichst realistisch darzustellen. Aber: Oft ist es wirkungsvoller, wenn man mit sehr einfachen Mitteln arbeitet statt mit aufwendigen Ausstattungen. Euer Bühnenbild sollte auf das Wesentliche reduziert und möglichst einfach gestaltet sein, sodass ihr wenig umbauen müsst. Wichtig ist es auch zu klären, wie die Auftritte und Abgänge der Schauspieler/-innen geregelt sind.

9 Ausgefallene Sportarten –
Sachtexte untersuchen

„Auf die Sitze – fertig – los!“
Nur zum Sitzen? Wie langweilig! Wer meint, Bürostühle seien nur zu diesem Zweck erfunden worden, irrt gewaltig. Seit 2005 werden mit den Sitzmöbeln Wettrennen veranstaltet – und sogar Meisterschaften ausgetragen ...

1 a Seht euch das Bild an und lest den Anfang des Zeitungsartikels. Über welche Dinge könnte der Text im Weiteren informieren?
b Tauscht euch aus: Kennt ihr andere ausgefallene oder verrückte Sportarten?

2 a Berichtet: Wo bzw. wie könntet ihr euch über ausgefallene Sportarten und Wettbewerbe informieren?
b Erklärt, in welchen Schritten ihr einen Sachtext erschließt.

In diesem Kapitel ...

- lest ihr Sachtexte über ausgefallene Sportarten,
- übt ihr, Informationen aus Sachtexten und Grafiken zu entnehmen und festzuhalten,
- recherchiert ihr über die Olympischen Spiele und bereitet eure Ergebnisse für eine Präsentation auf.

9.1 Höher, schneller, verrückter – Informationen entnehmen und vergleichen

Sachtexte lesen und verstehen

Kuriose Events After-Grunz-Partys und Zwergenweitwurf

Von Christian Haas

Olympische Winterspiele finden Sie langweilig, die Fußball-WM zu kommerziell[1]? Dann sind Sie bei Luftgitarren-, Schlammfußball- und Moorschnorchel-Weltmeisterschaften richtig. Hier ein Wegweiser zu den kuriosesten Wettkämpfen.

Ihr 15-jähriges Jubiläum feiert 2010 die „Air Guitar World Championship“, die legendäre Luftgitarren-Weltmeisterschaft, vom 25. bis 28. August im finnischen Oulu. Extrovertierte[2] Solokünstler spielen sich zu den echten Klängen eines selbst gewählten Rocksongs an einer unechten, weil schlicht nicht existierenden Gitarre auf einer großen Bühne in Rage[3] – was in Kombination mit witzigen Outfits, duften Groupies und komischer Akrobatik zu viel Spaß führt.

Das trifft auch auf die Meisterschaft im Schweineschreien zu. Sie findet jedes Jahr am zweiten Sonntag im August in einem kleinen Dorf in den südfranzösischen Pyrenäen statt. Gewinner ist derjenige, der am besten quiekende Ferkel oder brünstige Eber nachahmen kann. Die größte Schweinerei ist dann aber die After-Grunz-Party, wenn alle Teilnehmer so richtig die Sau rauslassen – zum Beispiel beim Rekord-Blutwurstessen.

1 kommerziell: geschäftlich, auf Gewinn bedacht

2 extrovertiert: kontaktfreudig, spontan, seine Gefühle deutlich zeigend

3 in Rage: wörtlich „in Wut“; hier: in Erregung oder Begeisterung

Handyweitwurf-WM in Finnland

Das Gefühl, dass man in bestimmten Momenten auch sein Handy zu Brei verarbeiten könnte, kennt vermutlich jeder. Mitunter würde man ein nicht funktionierendes Gerät auch einfach wegschmeißen. Wer das in Finnland – dank Saunabausatz-Zusammenbau-WM, Zwergenweitwurf und Beerenschnellpflückmeisterschaft ohnehin bei verrückten Events weltweit führend – tut, der kann dabei sogar noch einen Titel gewinnen. Wo? Bei der jährlich Mitte August stattfindenden Handyweitwurf-WM, der „Mobile Phone Throwing World Championship“. Wer weiß, dass er trotz größter Wut auf Gerät und/ oder Telefon-Hotlines nicht annähernd an die Rekordmarke von 85 Meter herankommen wird, kann es ja in der Freestyle-Kategorie probieren, bei der es auf Stil und Ästhetik[4] ankommt.

Briten und Finnen sind Meister

Die Briten belegen nach den Finnen definitiv Platz zwei in der inoffiziellen Meisterschaft der verrückten Event-Nationen. Das beweist neben der Brennnessel-Ess-WM und der Meisterschaft im Schienbeintreten auch das Käserollen in der Grafschaft Gloucestershire im Südwesten Englands. Alljährlich im Mai trifft man sich vier Tage lang zum „Cheese Rolling“ am Cooper's Hill, einem steilen Hang am Ortsrand. Der Zeremonienmeister zählt am 31. Mai den Countdown herunter, dann schleudert er einen Laib Käse den Hang hinab. Der erreicht Spitzengeschwindigkeiten von fast 100 Stundenkilometern. Die Teilnehmer stürzen sich dem Käse todesmutig hinterher und versuchen, ihn vor der weißen Linie im Tal einzuholen. Das schafft zwar selten jemand, trotzdem lieben alle den Spaß, und das seit der Römerzeit.

Schlammfußball-WM in Schottland

Dass es im Profifußball nicht ganz sauber zugeht, vermutete man insgeheim schon immer. Dennoch glänzen die Trikots der Profis immer um die Wette. Das kann bei der Schlammfußball-WM in Strachur, Schottland, definitiv nicht passieren. Im Gegenteil. Bei dem legendären Freizeitturnier von bunt gemischten Nationalmannschaften, die gegeneinander an- und gegen den irgendwo im knietiefen Morast untergegangenen Ball treten, gilt: Je dreckiger, desto besser. Man kann sich vorstellen, dass das Schlamm-Gekicke die feinsten Siegerfotos produziert.

4 die Ästhetik: Schönheit

1 a Verschafft euch zunächst einen Überblick über den Text: Lest nur die im Druckbild hervorgehobenen Teile (Überschrift, Vorspann und Zwischenüberschriften). Betrachtet dann die Abbildung.

b Besprecht, welche Informationen der Text enthalten könnte. Macht euch auch bewusst, was ihr vielleicht schon über das Thema wisst.

2 a Arbeitet mit einer Kopie des Textes. Lest den gesamten Text zügig durch. Kreist unbekannte Wörter ein.

b Besprecht anschließend in Partnerarbeit, worum es in dem Text geht. Überlegt auch, was euch noch unklar ist, und notiert zwei bis vier Fragen an den Text.

c Klärt die Bedeutung der eingekreisten Wörter aus dem Textzusammenhang oder durch Nachschlagen.

3 Lest den Text ein zweites Mal gründlich und bearbeitet die Kopie des Textes so:
- Markiert die Schlüsselwörter – wie in Zeile 6 bereits geschehen – farbig.
- Notiert ein Fragezeichen ? am Rand, wenn euch eine Textstelle unklar ist.

4 a Sprecht über die Textstellen, die ihr mit einem Fragezeichen am Rand versehen habt.
b Beantwortet die Fragen, die ihr nach dem ersten Lesen an den Text gestellt habt (▶ Aufgabe 2 b).

5 a Fasst die wichtigsten Informationen aus jedem Sinnabschnitt in Stichworten zusammen.
TIPP: Orientiert euch hierbei an den markierten Schlüsselwörtern.

> *Luftgitarren-Weltmeisterschaft (Z. x–y)*
> *– Luftgitarren-Weltmeisterschaft in Finnland*
> *– ...*

b Vergleicht zu zweit eure Stichworte: Welche Stichworte könnten ergänzt oder gestrichen werden? Begründet einander eure Auswahl.
c Stellt euch abwechselnd mit Hilfe eurer Stichworte Fragen zum Text und beantwortet sie.

6 Tauscht euch aus, welche Informationen im Text für euch interessant waren oder was euch überrascht hat.

Methode **Einen Sachtext lesen und verstehen (Fünf-Schritt-Lesemethode)**

1. Schritt: Einen Überblick gewinnen
Lest die Überschrift(en), hervorgehobene Wörter und die ersten Zeilen des Textes, betrachtet die Abbildungen.

↓

2. Schritt: Den Text zügig lesen
Arbeitet mit einer Kopie des Textes:
Lest den gesamten Text zügig durch und kreist unbekannte Wörter ein.
Macht euch klar, was das Thema des Textes ist.

↓

3. Schritt: Unbekannte Wörter und Textstellen klären
Klärt unbekannte Wörter und Textstellen aus dem Textzusammenhang oder durch Nachschlagen (▶ mehr Informationen hierzu auf Seite 174).

↓

4. Schritt: Den Text sorgfältig lesen und bearbeiten
– Markiert die Schlüsselwörter farbig,
– gliedert den Text in Sinnabschnitte ⌐,
– notiert ein Fragezeichen ? am Rand, wenn euch eine Textstelle unklar ist.

↓

5. Schritt: Informationen zusammenfassen
Gebt jedem Sinnabschnitt eine treffende Überschrift und fasst die Informationen des Textes in Stichworten oder wenigen Sätzen zusammen.

Informationen zusammenfassen

Matschfußball: Wer stehen bleibt, versackt

Von Mara Schneider

Schlammcatchen ist out. Der neue Trend heißt Matschfußball. Erfunden haben diese skurrile Abwandlung der beliebtesten deutschen Sportart die Finnen. Bei ihnen ist „Swamp Soccer" mittlerweile Kult. Nun schwappt das nass-dreckige Vergnügen nach Deutschland über.

Ein überfluteter Acker, zwei Mannschaften und ein Ball: Das sind die Zutaten für eine Sportart, die ihren Ursprung der Legende nach in Finnland hat. Dort werden seit 1998 Weltmeisterschaften im Matschfußball, auch Schlammfußball genannt, ausgetragen. Erzählungen zufolge hat einst ein finnischer Offizier seine Soldaten zu Konditionsläufen ins Moor geschickt – und damit ihnen nicht langweilig wurde, schoss er ihnen einen Fußball hinterher.

In Finnland erfreut sich Matschfußball mittlerweile großer Beliebtheit. Jährlich treten rund 340 Mannschaften aus mittlerweile zehn verschiedenen Ländern gegeneinander an. 5000 Zuschauer verfolgen das Spektakel und feiern anschließend ausgelassen eine große Party.

Die Spielregeln beim „Swamp Soccer", so die internationale Bezeichnung, weichen nur geringfügig vom richtigen Fußball ab. Bei der schlammigen Variante treten die Teams auf einem 60 mal 35 Meter kleinen Feld an. Es gibt keine Abseitsregel, gespielt wird mit fünf Feldspielern plus Torwart jeweils zweimal zehn Minuten – und die Schuhe dürfen während der gesamten Partie nicht gewechselt werden.

Nun soll Matschfußball auch in Deutschland salonfähig gemacht werden. In der Nähe von Leipzig haben sich vor wenigen Tagen zahlreiche Fans des nass-dreckigen Vergnügens zusammengefunden und die ersten deutschen Meisterschaften ausgetragen. Als Stadion diente ein kleiner Acker, den die örtliche Feuerwehr stundenlang mit rund 400 000 Litern Brunnen-

wasser – mehr als 2500 Badewannen voll – in eine Sumpflandschaft verwandelt hatte.
„Für Fußball interessiere ich mich nicht, aber das mit dem Matsch will ich mir anschauen", frohlockte eine ältere Frau am Spielfeldrand. Tatsächlich bietet Matschfußball einiges mehr an Unterhaltung als das Pendant auf dem Rasen. Oberste Faustregel: Wer auf dem Feld stehen bleibt, versackt. Filigrane Ballkünste, gekonnte Dribblings, genaue Passspiele – alles Fehlanzeige. Stattdessen robben die Spieler, knöcheltief im Schlamm steckend, bisweilen auf allen vieren in Richtung gegnerisches Tor und versuchen dabei, den modderigen Untergrund zu bezwingen.
„Der Ball ist total unberechenbar. Man kann einmal gegen ihn treten und er fliegt zehn Meter weit, beim nächsten Mal kullert er nur ein bisschen", berichtet Stephan Guth von seinen ersten Erfahrungen. „Es ist extrem anstrengend. Die beiden kurzen Halbzeiten erscheinen einem wesentlich länger als ein normales Fußballspiel."

1 a Lest den Text einmal zügig durch.
b Besprecht, inwieweit ihr nach dem ersten Lesen der folgenden Aussage zustimmen könnt: „Die Spielregeln [...] weichen nur geringfügig vom richtigen Fußball ab" (▸ Z. 23–25).

2 a Lest den Text noch einmal genau. Schreibt unbekannte Wörter aus dem Text heraus. Wenn ihr eine Kopie des Textes habt, kreist die unbekannten Wörter ein.
b Klärt die Bedeutung der unbekannten Wörter. Lest hierzu die Informationen unten.

3 Formuliert in Partnerarbeit W-Fragen zum Text und beantwortet sie mit Hilfe des Textes.

Methode **Unbekannte Wörter klären**

1 **Wörter aus dem Textzusammenhang klären**
Lest noch einmal die Sätze oder die Wörter, die vor und nach dem unbekannten Wort stehen. Sie geben oft Hinweise und Informationen, die mit dem unbekannten Wort in Verbindung gebracht werden können (= Textzusammenhang eines Wortes).

2 **Wörter in Bausteine zerlegen**
Prüft, ob das unbekannte Wort einen Baustein enthält, den ihr kennt. Überlegt auch, ob euch ein verwandtes Wort oder ein Wort aus einer Fremdsprache einfällt, von dem ihr das unbekannte Wort ableiten könnt, z. B.: *Zeremonienmeister = Zeremonie + Meister (Zeremonie = Feierlichkeit, feierliche Handlung) → jemand, der die Feierlichkeit leitet.*

3 **Im Wörterbuch nachschlagen**
Wenn ihr das Wort nach diesen Überlegungen nicht versteht, schlagt es im Wörterbuch nach.

TIPP: Nicht immer ist es wirklich notwendig, jedes unbekannte Wort im Text zu klären. Überlegt, ob ihr den Satz auch ohne das Wort versteht.

4 a Der Text informiert über verschiedene Gesichtspunkte des Matschfußballs. Haltet die wichtigsten Informationen fest, z. B. in einer Stichwortliste oder in einer Mind-Map.

b Stichwortliste oder Mind-Map? Erklärt die Unterschiede zwischen den beiden Arten, Textinformationen festzuhalten. Was sind die jeweiligen Vorteile und was die Nachteile?

5 Schreibt eine Textzusammenfassung für eure Schülerzeitung, in der ihr über Matschfußball informiert. Nehmt eure Stichwortliste oder Mind-Map aus Aufgabe 4 zu Hilfe. Geht so vor:

a Schreibt einen informierenden Einleitungssatz, in dem ihr den Titel des Textes, den Namen des Autors/der Autorin (evtl. auch die Quelle, z. B. Name der Zeitung, Internetadresse) und das Thema des Textes benennt, z. B.:
In dem Text „Matschfußball: Wer stehen bleibt, versackt" informiert Mara Schneider über ...

b Fasst im Hauptteil die Informationen des Textes in eigenen Worten zusammen. Schreibt sachlich und formuliert in eigenen Worten. Ihr könnt so beginnen:
In Finnland gibt es bereits seit 1998 Weltmeisterschaften im ...
Angeblich ist diese Sportart ...

Methode **Informationen festhalten, einen Sachtext zusammenfassen**

1 Informationen übersichtlich festhalten
Es gibt verschiedene Möglichkeiten, die Informationen eines Sachtextes festzuhalten:
- **Stichwortliste:** In einer Stichwortliste haltet ihr die Informationen des Textes in der Reihenfolge fest, in der sie im Text vorkommen.
- **Mind-Map:** Die Mind-Map (s. o.) ist ein Schaubild, in das ihr die Textinformationen – unabhängig von ihrer Reihenfolge im Text – nach Oberbegriffen (Teilthemen) einordnet, zu denen ihr dann weitere Informationen oder Unterbegriffe sammelt.

2 Sachtexte zusammenfassen:
In einer Textzusammenfassung informiert ihr andere, die den Text nicht gelesen haben, knapp und sachlich über den Inhalt des Textes.
- In der **Einleitung** nennt ihr den Titel, den Namen des Verfassers/der Verfasserin (evtl. auch die Quelle, z. B. Name der Zeitung) und das Thema des Textes.
- Im **Hauptteil** fasst ihr die wichtigsten Textinformationen knapp, sachlich und in eigenen Worten zusammen. Verwendet als Zeitform das **Präsens** (bei Vorzeitigkeit das Perfekt).

Grafiken und Diagramme auswerten

Die Reifeprüfung – Mit dem Hundeschlitten durch Alaska

Von Sina Löschke

Als Melissa Owens ihr Husky-Team für das „Iditarod Race" anmeldet, ahnt die 18-Jährige noch nicht, dass Kälte, Eis und schwächelnde Vierbeiner ihre kleinsten Sorgen sein werden. Den entscheidenden Kampf, so muss der Neuling beim härtesten Hundeschlitten-Rennen der Welt lernen, führt sie mit sich selbst.

Melissa kann nicht mehr. Mit letzter Kraft klammert sich die 18-jährige US-Amerikanerin an ihren Hundeschlitten. Ihre Knie schlackern wie Wackelpudding, ihre Augenlider sinken herab, als hingen Gewichte an den Wimpern. Meist wacht sie nach zwei, drei Sekunden blitzartig wieder auf. War sie eingeschlafen? Wer auf dem Schlitten wegdöst, riskiert sein Leben – und erst recht das seiner Hunde. Dabei hat Melissa Owens sich geschworen, auf ihre Huskys aufzupassen. Sie liebt Kiwi, Piko, Yoda und die anderen 13, als wären sie ihre Kinder. Die meisten hat Melissa selbst aufgezogen. Und die Huskys laufen, obwohl auch sie nach acht Tagen längst am Ende ihrer Kräfte sind.
Melissa fallen die Augen aufs Neue zu. Diesmal aber versagt der innere Wecker. Die junge Frau sackt zusammen und lässt den Schlitten los. Der schlingert, kippt schließlich um. Zum Glück landet Melissa unverletzt im Schnee. Auch die Hunde kommen glimpflich davon. Doch der Unfall macht ihr schlagartig bewusst, warum „Iditarod" als das härteste Schlittenrennen der Welt gilt: Wer die 1688 Kilometer quer durch Alaska überstehen will, muss seine Grenzen überschreiten. Steile Berghänge, brüchiges Eis, kilometerweit keine Menschenseele. Dazu kommen eisige Schneestürme und Hunde, die nur richtig laufen, wenn sie Lust und keinen leeren Magen haben.
Aufgeben aber kommt für Melissa zu diesem Zeitpunkt nicht in Frage. Soll alle Arbeit umsonst gewesen sein? Sechs Monate lang hat sie ihr Husky-Team auf die Tour vorbereitet. Melissa kann im Schlaf aufsagen, welcher ihrer Hunde am liebsten Hühnerfleisch frisst, welcher Rind. Sie ist mit ihnen Tausende Trainingskilometer gefahren und hat von erfahrenen Kollegen gelernt, wie man erschöpfte Vierbeiner mit Massagen wieder fit macht.
Ja, Melissa strahlt Zuversicht aus, als sie am 2. März 2008 ins Rennen geht. In welchem Tempo und zu welcher Tageszeit die Gespanne fahren, entscheiden die Musher[1] selbst. Das Regelbuch schreibt nur drei Pflichtpausen vor:

Seit 1973 findet das „Iditarod Race" statt, das nach dem damaligen Goldgräberort Iditarod benannt ist. Es wird zu Ehren eines legendären Rettungsmanövers ausgetragen: Im Winter 1925 brach unter den Einwohnern von Nome die Diphtherie aus und es begann ein Wettlauf gegen die Zeit, um die benötigte Medizin von Anchorage nach Nome zu schaffen. In einem Staffellauf transportierten insgesamt zwanzig Musher mit mehr als einhundert Hunden den Impfstoff in nur fünfeinhalb Tagen nach Nome.

1 der Musher: Schlittenhundeführer/-in

zwei achtstündige Stopps an einem der Kontrollpunkte am Yukon River und in White Mountain sowie einen 24-Stunden-Halt nach freier Wahl.

Melissa verliert schon auf dem ersten Streckenabschnitt Zeit. Ihr Magen streikt vor Aufregung. Tagelang kann sie nichts essen. Auf den eng gewundenen Bergpfaden haben ihre Huskys zudem mehr Mühe, als Melissa angenommen hatte.

Das Pech schlägt aber erst richtig zu, als Melissas Schlitten auf einem Flussabschnitt in ein Eisloch rutscht. Sie knallt aufs Knie und bricht sich fast das Bein. Zähne zusammenbeißen. Weiter. Die Hälfte ist fast geschafft. Dann frisst Gail plötzlich nicht mehr. Ein schlechtes Omen[2]!

Nach zehn Tagen, 20 Stunden und 21 Minuten überqueren Melissa und ihr Husky-Team die Ziellinie. Eltern, Bruder und Freunde schließen sie in die Arme: Platz 30, ein fantastisches Ergebnis! Nach einer Zielparty ist Hunden und Musher allerdings nicht zu Mute. Sie wollen nur noch eines: ausschlafen – mindestens zwei Wochen lang.

2 das Omen: Vorzeichen

1 a Lest den Text zügig durch. Betrachtet dann die Abbildungen.

b Besprecht: Was findet ihr an diesem Rennen besonders beeindruckend oder interessant? Warum ist wohl in der Überschrift von einer „Reifeprüfung" die Rede?

2 a Lest den Text noch einmal sorgfältig. Beantwortet dann in Partnerarbeit abwechselnd die folgenden W-Fragen mit Hilfe des Textes:
- Wo (in welchem Land) findet das „Iditarod Race" statt?
- Mit wie vielen Hunden geht Melissa Owens ins Rennen?
- Wie viele Kilometer umfasst die Rennstrecke?
- Wie viele Pflichtpausen in jeweils welchem Umfang (Zeitdauer) schreibt das Regelbuch vor?
- Wie viel Zeit braucht Melissa Owens für die Strecke?

b Formuliert zwei weitere W-Fragen, die sich mit Hilfe des Textes beantworten lassen.

3 a Besprecht, welche Funktion das Foto, der Infokasten und die Grafik (Landkarte) im Text haben.

b Erklärt, welche Angaben aus dem Text ihr auf der Landkarte wiederfindet. Nennt die Zeilen.

c Beschreibt genau, was auf der Landkarte zu sehen ist. Welche Informationen könnt ihr herauslesen?

d Begründet, was ihr in dem Text am ehesten für verzichtbar haltet: Foto, Landkarte oder Infokasten?

Eine Abbildung kann eine rein schmückende Funktion haben. Sie kann aber auch Zusatzinformationen bieten, indem sie etwas erklärt oder veranschaulicht.

4 a Lest den Vorspann und die ersten Zeilen des Textes (▶ S. 176, Z. 1–10). Entwerft nun einen sachlich-nüchternen Textanfang, indem ihr zu Beginn – wie in einem Bericht – die wichtigsten W-Fragen beantwortet.

b Vergleicht euren Textanfang mit dem Beginn des vorliegenden Textes. Welche Unterschiede fallen euch auf? Überlegt, warum die Verfasserin diesen Texteinstieg gewählt hat.

5 Im Folgenden seht ihr zwei Diagramme zum Thema „Sport“:

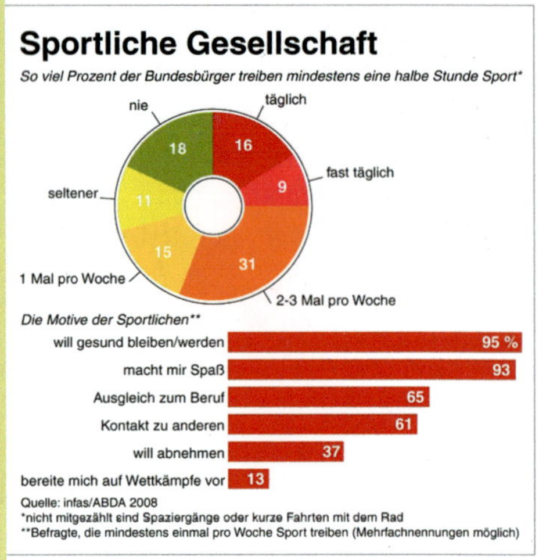

a Betrachtet die Diagramme. Bestimmt mit Hilfe der Informationen unten die Art der Diagramme

b Sucht euch ein Diagramm aus und wertet es in Partner- oder Gruppenarbeit aus. Nehmt hierzu die unten stehenden Informationen zu Hilfe.

6 Die Angaben aus dem Diagramm „Sport und Spiel“ gelten für alle Deutschen, also für alle Altersgruppen. Vergleicht die Angaben aus diesem Diagramm mit euren eigenen Sportinteressen. Stehen Fußball, Turnen und Tennis auch bei euch an erster Stelle? Wie hoch ist bei euch der Anteil von Mädchen und Jungen in den verschiedenen Sportvereinen?

Methode **Diagramme verstehen und auswerten**

Ein Diagramm ist eine anschauliche Darstellung von Daten und Informationen. Um ein Diagramm auszuwerten, geht ihr so vor:

- Schaut euch das Diagramm genau an. Lest die Überschrift und die übrigen Angaben und Erklärungen.
- Stellt fest, worüber das Diagramm informiert. Welche Maßeinheiten werden verwendet, z. B. Prozentzahlen (%), Kilo (kg), Euro (€)?
- Vergleicht die Angaben miteinander (höchster und niedrigster Wert, gleiche Werte).
- Fasst zusammen, was im Diagramm gezeigt wird. Was lässt sich ablesen?

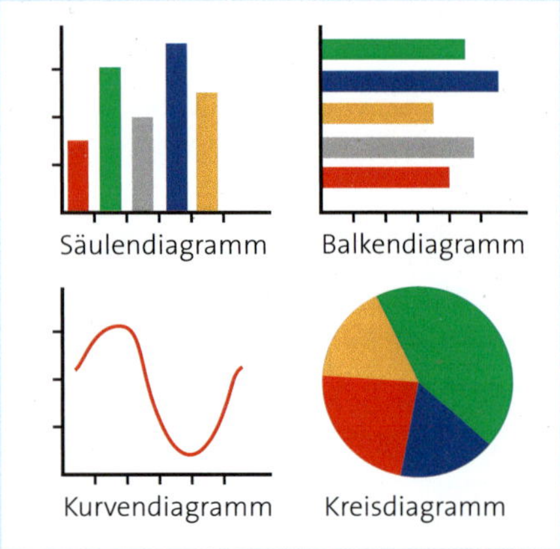

Testet euch!

Sachtexte lesen und verstehen

Mülltonnenrennen

Man nehme eine handelsübliche Mülltonne und lege sie mit Rädern und Deckelscharnieren auf den Boden. Nun wirft man sich bäuchlings auf die Tonne, umfasst mit den Händen den Deckelrahmen und streckt die Beine aus. Dabei berühren die Füße den Boden nur leicht. Jetzt schiebt man langsam den Körper nach hinten, bis die Tonne vorne zehn bis 15 Zentimeter abhebt. Geübte Fahrer balancieren die Tonne aus, ohne mit den Füßen den Boden zu berühren. Die Tonne rollt nun von selbst die Straße herunter. Lenken kann man durch Aufsetzen der Füße sowie durch Verlagern des Körpergewichts. Damit aber neben allem Sportsgeist auch der Spaß nicht zu kurz kommt, gibt es zwei komplett unterschiedliche Läufe, in denen beim Mülltonnenrennen gestartet werden kann. Zum einen gibt es das Hauptrennen, in dem einzig und allein die Geschicklichkeit des Fahrers und damit die Geschwindigkeit der Tonne zählt. Zum anderen gibt es aber auch ein Showrennen, bei dem die Geschwindigkeit überhaupt nicht gewertet wird. Hier zählt ausschließlich der Ideenreichtum, mit dem das Alltagsgerät aufgemotzt wurde.

1 Gliedert den Text in Sinnabschnitte und notiert für jeden Abschnitt eine treffende Überschrift.

2 Notiert die Buchstaben der richtigen Aussagen. Berücksichtigt hierbei auch das Foto.
A Man liegt auf einer Mülltonne und rutscht auf den Deckelscharnieren den Abhang hinab.
B Für das Mülltonnenrennen ist eine normale Mülltonne ausreichend.
C Beim Mülltonnenrennen ragt der Oberkörper vorne etwas über den Deckelrand hinaus.
D Gelenkt wird die Mülltonne mit den Füßen sowie durch Verlagerung des Körpergewichts.

3 a Erklärt knapp, was auf dem Foto dargestellt wird.
b Sucht die Textstelle, zu der man das Foto in Beziehung setzen kann. Notiert die entsprechenden Zeilenangaben und erläutert den Zusammenhang zwischen Text und Foto.

4 Der Text spricht von zwei Rennen. Worin unterscheiden sie sich? Ordnet einander zu, indem ihr die Ziffern mit den jeweils richtigen Buchstaben notiert:

1 Hauptrennen
2 Showrennen

A Hier geht es darum, besonders schnell und geschickt zu sein.
B Hier geht es vor allem darum, Spaß zu haben.
C Hier muss die Tonne besonders originell aussehen.
D Hier spielt das Aussehen von Tonne und Fahrer keine Rolle.

5 Vergleicht eure Lösungen aus den Aufgaben 1 bis 4 in Partnerarbeit.

9.2 Die Olympischen Spiele – Informationen recherchieren und präsentieren

Holger Sonnabend

Der Anfang der Olympischen Spiele

Ursprünglich sind die Menschen nicht nach Olympia gekommen, um sich an einem sportlichen Wettkampf zu erfreuen. Vielmehr ist der kleine Ort Olympia im Nordwesten des Peloponnes[1] eine heilige Stätte. Denn hier befindet sich ein berühmter Tempel des Zeus, des obersten Gottes der Griechen. In Scharen pilgern die Menschen dorthin, um den Göttervater zu ehren und den Opferhandlungen beizuwohnen. Opfer sind Geschenke für die Götter und dienen dazu, sie wohlwollend zu stimmen.

Den Verwaltern des Heiligtums und den verantwortlichen Politikern von Elis verdanken wir auch die Idee des Sports in Olympia. Sie wissen, dass der Sport hoch im Kurs steht. So wird der Beschluss gefasst, in Olympia als Ergänzung zu den Opferhandlungen Spiele zu Ehren des Gottes Zeus zu veranstalten.

Zunächst findet nur eine einzige Disziplin statt, nämlich der Stadionlauf. Die Rechnung der Priester und Politiker von Elis geht auf. Die Olympischen Spiele kommen bei Athleten und Zuschauern groß in Mode. Das sportliche Programm wird im Laufe der Zeit ständig erweitert. Längst geht es nicht mehr allein um den Siegerkranz im Stadionlauf. Auch Boxen und Ringkampf gehören bald zu den ständigen Disziplinen und begeistert gehen die Zuschauer mit, wenn sich die Muskelpakete im Staub wälzen. Vielseitigkeit müssen die Athleten im olympischen Fünfkampf unter Beweis stellen, der aus Weitsprung, Diskuswurf, Speerwurf, Ringen und Laufen besteht. Zum größten Spektakel und zu einer absoluten Attraktion für das Publikum entwickelt sich das Wagenrennen, bei dem die wagemutigen Lenker ihre Vierergespanne in zwölf Runden über die Piste der Pferderennbahn jagen und dabei nicht selten Kopf und Kragen riskieren.

Anfangs sind die Griechen in Olympia unter

1 der Peleponnes: griechische Halbinsel

sich, Fremde sind nicht zugelassen. Das ändert sich erst, als die Römer im 2. Jahrhundert v. Chr. die Herrschaft in Griechenland übernehmen. Nun werden die Spiele international, die Athleten kommen aus allen Teilen des Römischen Reiches. 66 n. Chr. versucht sich sogar der römische Kaiser Nero als Wagenlenker, fällt aber gleich nach dem Start vom Wagen. Die Kampfrichter erklären ihn dennoch zum Sieger, weil sie den Kaiser nicht verlieren lassen wollen. 393 n. Chr. beendet der römische Kaiser Theodosius (347–395 n. Chr.) die lange Tradition der Olympischen Spiele. Der Grund: Kurz zuvor hat Kaiser Theodosius das Christentum zur Staatsreligion erklärt, und weil die Olympischen Spiele immer noch zu Ehren des Gottes Zeus veranstaltet werden, spricht der christliche Herrscher ein Verbot über das „heidnische" Spektakel aus. In den Wettkampfstätten und Tempeln in Elis kehrt nun Ruhe ein.

Die Olympischen Spiele der Antike

Mythische Ursprünge
Die Olympischen Spiele sollen von dem Halbgott Herakles zu Ehren seines Vaters Zeus ins Leben gerufen und in Olympia ausgetragen worden sein.

Olympischer Friede
Für das Jahr 776 v. Chr. sind die Olympischen Spiele zum ersten Mal schriftlich bezeugt. Während der Spiele herrschte eine heilige Waffenruhe, um allen Beteiligten eine sichere An- und Abreise zu gewährleisten.

Verbot der Spiele
393 n. Chr. verbot der Kaiser Theodosius I. die Olympischen Spiele.

→ 776 v. Chr. → 394 n. Chr.

Die Olympischen Spiele der Neuzeit

Wiederbelebung der Olympischen Spiele
1894 forderte der französische Baron Pierre de Coubertin eine Wiederbelebung der Olympischen Spiele.
Vom 6. bis zum 15. April 1896 fanden in Athen die ersten Olympischen Spiele der Neuzeit statt.

Teilnahme von Frauen
Bei den zweiten Olympischen Spielen in Paris 1900 durften zum ersten Mal auch Frauen teilnehmen.

Olympische Winterspiele
Seit 1924 gibt es auch Olympische Winterspiele.

→ 1894 → 1896 → 1900 → 1924

1 a Lest den Text und die Zusatzinformationen unter den Überschriften „Die Olympischen Spiele der Antike" und „Die Olympischen Spiele der Neuzeit". Erklärt, worum es geht.
b Vergleicht die beiden Materialien (Text und Zusatzinformationen): Welche Informationen findet ihr wo?

2 a Auf den nächsten Seiten (► S. 182–185) bereitet ihr einen Kurzvortrag zum Thema „Olympische Spiele" vor. Über welche interessanten Teilbereiche könnt ihr in eurem Vortrag informieren? Sammelt in Gruppen Fragen und Stichworte.
b Überlegt, worauf ihr bei der Recherche und der Auswertung der Materialien achten müsst.

Fordern und fördern – Informationen vergleichen

A Mehr als 1500 Jahre nach dem Verbot der Olympischen Spiele im Jahre 393 wurde am 23. Juni 1894 die Wiedereinführung der Olympischen Spiele beschlossen. Die Idee dazu hatte der Franzose Pierre de Coubertin. Auf seinen Reisen lernte er die englische Internatserziehung kennen. Im Sportunterricht wurden Ehrgeiz und Teamfähigkeit vermittelt, die körperliche Tüchtigkeit gefördert und die Schüler nahmen dies mit Begeisterung auf. Coubertin erkannte, dass Sport das ideale Mittel sein müsse, um junge Menschen aus aller Welt zusammenzubringen. Fast zeitgleich fand der deutsche Archäologe Ernst Curtius Reste der antiken Spielstätten von Olympia. Von diesen Funden fasziniert, kam Coubertin auf die Idee, die Olympischen Spiele wiederzubeleben. Sportinteressierte Vertreter aus aller Welt trafen zusammen und bildeten das erste Internationale Olympische Komitee (IOC). Sie wählten die Sportarten aus, die olympische Disziplinen werden sollten, und stellten die Regeln auf. Die ersten Olympischen Spiele der Neuzeit fanden im April 1896 in Athen statt.

B Der französische Baron Pierre de Coubertin gilt als Vater der Olympischen Spiele der Neuzeit. Er war der Meinung, dass Sport für die geistige und körperliche Entwicklung der Jugend eine große Bedeutung habe und dass die Wettkämpfe die Freundschaft zwischen den teilnehmenden Ländern fördere. Deshalb wollte er die Wettkämpfe der Antike wieder ins Leben rufen. Bei einer internationalen Sportkonferenz in Paris 1894 trug er seine Idee vor und stieß damit auf große Begeisterung. Im selben Jahr wurde das Internationale Olympische Komitee (IOC) mit dem Ziel gegründet, die Olympischen Spiele der Neuzeit zu organisieren. Nur zwei Jahre später, im April 1896, fanden die ersten Olympischen Spiele der Neuzeit statt. Die Spiele waren ein großer Erfolg: 60 000 Zuschauer/-innen kamen zur Eröffnung. Zwar waren die meisten Sportler aus Griechenland, es nahmen aber auch Sportler aus anderen Ländern teil.

Bei euren Recherchen zu den Olympischen Spielen der Neuzeit werdet ihr meist mehrere Texte zu einem Thema finden. Hier müsst ihr die Informationen auswählen und ordnen.
Übt dies anhand der vorliegenden Texte (A und B).
Geht so vor:

●●● 1 Lest die beiden Texte. Formuliert das Thema beider Texte in einer treffenden Überschrift.
▷ Hilfen zu dieser Aufgabe findet ihr auf Seite 183.

●●● 2 Legt eine Tabelle mit zwei Spalten an und haltet die Informationen der Texte A und B jeweils getrennt in einer Spalte fest.
▷ Hilfen zu dieser Aufgabe findet ihr auf Seite 183.

●●● 3 Vergleicht mit Hilfe eurer Tabelle die Informationen aus den beiden Texten.
Markiert gleiche bzw. ähnliche Informationen, auch wenn sie unterschiedlich formuliert sind, in der gleichen Farbe. Markiert sparsam!
▷ Hilfen zu dieser Aufgabe findet ihr auf Seite 183.

●●● 4 Tragt die wichtigsten Informationen aus den beiden Texten zusammen, indem ihr sie nach Oberbegriffen geordnet in Stichpunkten auflistet.
▷ Hilfen zu dieser Aufgabe findet ihr auf Seite 183.

Aufgabe 1 mit Hilfen

Lest die beiden Texte sorgfältig. Benennt dann das Thema beider Texte. Formuliert hierzu eine genaue Überschrift, die für beide Texte passt. Ihr könnt eine der beiden Überschriften fortführen:

- *Nach 1500 Jahren: Fortsetzung der ...*
- *Wie die Olympischen Spiele ...*

Aufgabe 2 mit Hilfen

Legt eine Tabelle mit zwei Spalten an und haltet die Informationen der Texte jeweils in einer Spalte fest. Ihr könnt die folgende Tabelle in euer Heft übertragen und fortführen:

Text A	Text B
– *393: Verbot der ...*	– *Vater der Olympischen Spiele der Neuzeit: ...*
– *23. Juni 1894: Wiedereinführung der ...*	– *Coubertin glaubte, dass Sport für die Entwicklung der ...*
– *Grund: Coubertin erkannte, dass ...*	– *1894: Gründung des ...*
– *Zur gleichen Zeit: ...*	– *1896: ...*
– *Das erste Jnternationale Olympische Komitee ...*	– *großer Erfolg: ...*
– *Jm April 1896 ...*	

Aufgabe 3 mit Hilfen

Vergleicht mit Hilfe eurer Tabelle die Informationen aus den beiden Texten.
Markiert gleiche bzw. ähnliche Informationen in der gleichen Farbe. Markiert sparsam!
TIPP: Die folgenden Aussagen finden sich jeweils nur in einem der beiden Texte:

- Verbot der antiken Olympischen Spiele
- Der deutsche Archäologe Ernst Curtius fand Reste der antiken Spielstätte von Olympia.
- Das IOC legte die olympischen Disziplinen und Regeln fest.
- Die ersten Spiele der Neuzeit: 60 000 Zuschauer, vorwiegend Sportler aus Griechenland

Aufgabe 4 mit Hilfen

Tragt die wichtigsten Informationen aus den beiden Texten zusammen, indem ihr sie nach Oberbegriffen geordnet in Stichpunkten auflistet. Folgende Oberbegriffe könnt ihr verwenden:

Wiedereinführung • Grundidee • Internationales Olympisches Komitee • Die ersten Spiele

Methode — **Informationen aus unterschiedlichen Texten vergleichen und ordnen**

Bei euren Recherchen werdet ihr meist mehrere Texte zu einem Thema finden.
Dann müsst ihr die Informationen auswählen und ordnen. Geht so vor:

1. Unterstreicht auf einer Kopie oder einem Textausdruck die wichtigsten Informationen.
2. Notiert am Textrand, zu welchen Oberbegriffen oder Teilthemen die markierten Informationen gehören, z. B.: Wiedereinführung (der Olympischen Spiele), Grundidee ...
3. Tragt die wichtigsten Informationen zusammen, indem ihr sie nach Oberbegriffen ordnet.

Informationen recherchieren

1 Heute gehören die Olympischen Spiele zu den sportlichen Großereignissen.
Bereitet in Kleingruppen einen Kurzvortrag über die Olympischen Spiele vor. Geht so vor:

a Überlegt, über welche interessanten Teilbereiche ihr in eurem Vortrag informieren wollt. Sammelt in Gruppen Fragen und Stichworte, z. B. in einem Cluster:

b Ordnet eure Fragen nach Unterthemen, z. B.: Entstehung der Olympischen Spiele der Neuzeit, sportliche Disziplinen, Organisation ...

c In einem Kurzvortrag könnt ihr nicht alle Informationen zu einem Thema vorstellen. Trefft eine Auswahl und markiert die Unterthemen, über die ihr euch genauer informieren wollt.

2 a Entscheidet, welche Materialien von den Seiten 180–183 ihr für euren Kurzvortrag nutzen könnt. Notiert dann, über welche Bereiche ihr weitere Informationen recherchieren wollt.

b Teilt die Unterthemen, zu denen ihr recherchieren wollt, unter euch auf. Haltet fest:
- Wer übernimmt welches Unterthema? Bis wann sollen die Informationen vorliegen?
- Wie sollen die Informationen festgehalten werden (z. B. Stichworte, Texte mit Markierungen)?

c Recherchiert zu euren Unterthemen und tragt die Informationen zusammen (▶ Informationen vergleichen und ordnen, S. 183). Notiert, wo ihr das Material gefunden habt (Quellenangaben).
TIPP: Recherchiert auch Bilder, Grafiken oder anderes Anschauungsmaterial zu eurem Vortrag.

Methode **Informationen recherchieren**

1. Bibliothek aufsuchen: in Büchern, Zeitschriften und Zeitungen recherchieren
In der Bibliothek könnt ihr mit Hilfe des Computers nach Büchern (Lexika, Sach- oder Fachbüchern) und anderen Medien suchen (▶ weitere Informationen hierzu, Seite 340).

2. Im Internet recherchieren
Für die Recherche im Internet verwendet man so genannte Suchmaschinen, z. B. google.de. Für Jugendliche gibt es spezielle Suchmaschinen, z. B.: *fragfinn.de*, *helles-koepfchen.de*. Durch die Eingabe von Suchbegriffen wird die Suche sinnvoll eingeschränkt. Mehr Informationen zur Internetrecherche findet ihr auf den Seiten 340–341.

3. Quellenangaben machen
Es ist wichtig, zu allen Materialien Quellenangaben zu machen, damit man die Informationen noch einmal nachlesen oder überprüfen kann:
- **Buch:** Autor/-in, Buchtitel, Seitenangabe, z. B.: *Edwin Klein: Die Olympischen Spiele, S. 33.*
- **Zeitung/Zeitschrift:** Verfasser/-in, Titel des Textes, Name der Zeitschrift/Zeitung, Ausgabe (z. B. *Nr. 2/2013*), Seitenangabe, z. B.: *Felix Muster: Zwischenfälle bei den Olympischen Spielen. In: Olympiade heute, Nr. 33/2012, S. 33–36.*
- **Internet:** Internetadresse und Datum, an dem ihr die Seite aufgerufen habt, z. B.: *www.helles-koepfchen.de/artikel/2673.html (15. 3. 2013)*

Einen Kurzvortrag gliedern und halten

1 a Entwickelt in eurer Themengruppe eine Gliederung für den Hauptteil eures Kurzvortrags. Legt eine sinnvolle Reihenfolge für eure Unterthemen fest, z. B.:
1. Wiedereinführung der Olympischen Spiele
2. Olympische Symbole und Zeremonien (Fackellauf)
3. Sportarten
4. ...

b Überlegt, zu welchen Informationen eures Vortrags ihr welche Bilder, Grafiken etc. zeigen wollt.

c Legt dann für jedes Unterthema eine Karteikarte an und notiert die wichtigsten Informationen. Vermerkt auch, wann ihr euer Anschauungsmaterial zeigen wollt.
TIPP: Die Kärtchen dienen als Gedächtnisstütze für den Vortrag, den ihr möglichst frei haltet.

2 Plant die Einleitung und den Schluss eures Vortrags.

a Begründet, welche der folgenden Einleitungen am ehesten geeignet ist, um das Interesse der Zuhörerinnen und Zuhörer zu wecken:
- *Alle vier Jahre werden Olympische Spiele veranstaltet. Die nächsten finden ... in ... statt.*
- *Im 4. Jahrhundert hat ein römischer Kaiser die Olympischen Spiele verboten, aber wir feiern sie alle vier Jahre. Wie ist es dazu gekommen?*

b Sammelt weitere Einstiegsmöglichkeiten und formuliert sie aus.

c Formuliert einen möglichen Schluss für euren Vortrag.

3 a Übt eure Kurzvorträge in der Gruppe. Gebt euch mit Hilfe des folgenden Bogens ein Feedback, was euch gut gefallen hat und was ihr noch verbessern könnt.

Beobachtungsfragen Kurzvortrag	☺	😐	☹	Notizen
War der Vortrag gut gegliedert?				...
Wurde alles verständlich erklärt?				...
War das Anschauungsmaterial gut gewählt?				...
Wurde laut, deutlich und frei gesprochen?				...

b Haltet eure Kurzvorträge vor der Klasse. Die anderen hören aufmerksam zu und notieren mit Hilfe der Beobachtungsfragen, was ihnen auffällt.

Methode **Einen Kurzvortrag gliedern**

1. **Einleitung:** Die Einleitung eines Kurzvortrags soll das Interesse eurer Zuhörerinnen und Zuhörer wecken und in das Thema einführen. Es gibt verschiedene Möglichkeiten, z. B.: ein Bild zum Thema, ein passendes Zitat, ein interessantes Ereignis.
2. **Hauptteil:** Im Hauptteil werden die Informationen in einer sinnvollen Reihenfolge wiedergegeben. Beantwortet hierbei die W-Fragen (Was? Wo? Wie? Warum? ...).
3. **Schluss:** Der Schluss rundet den Vortrag ab. Ihr könnt wichtige Informationen zusammenfassen oder eine persönliche Meinung zum Thema formulieren.

9.3 Fit in ... – Einen Sachtext untersuchen

Die Aufgabenstellung richtig verstehen

Stellt euch vor, ihr bekommt in der nächsten Klassenarbeit folgende Aufgabenstellung:

Lies den Text über das Tauchen aufmerksam und bearbeite dann folgende Aufgaben:
1. Erkläre auf der Grundlage des Textes, was das Faszinierende beim Schnorcheln bzw. Tauchen ist.
2. Der Text gibt einerseits *Tipps* zum Schnorcheln und Tauchen und nennt andererseits *Vorschriften*. Fasse beides getrennt zusammen.
3. Sieh dir die Abbildungen an. Beschreibe sie kurz und erkläre ihre Funktion.

Tauchen

Von Kai Hirschmann

Das Leben läuft unter Wasser einfach anders ab. Alles ist ruhiger – und es gibt viel Neues zu entdecken. Man taucht in eine Welt ein, die anders ist als alles, was man sonst so kennt.

1 Am Anfang – vor dem Tauchen – steht das Schnorcheln. In vielen Urlaubsländern liegen nur wenige Meter vom Strand entfernt Korallenriffe vor der Küste. Mit Flossen, Taucherbrille und einem Schnorchel geht's dann – am besten mit einem einheimischen Tauchlehrer – ab in eine neue Welt. Es warten herrlich bunte Korallen, Fische, Krebse und Unterwasserschnecken darauf, von dir entdeckt zu werden.

2 Schnorcheln ist sicher faszinierend, kann aber auch ein bisschen für Nervenkitzel sorgen. Wenn zum Beispiel ein Hai oder – eigentlich viel gefährlicher – ein Schwarm Barrakudas[1] auftaucht, heißt es Ruhe bewahren. Nur keine hektischen Bewegungen, denn die könnten die Raubfische reizen. Am besten macht man das, was der Tauchlehrer tut. Denn eigentlich stehen Menschen nicht auf dem Speisezettel von irgendwelchen Fischen des Korallenriffs. Dort gibt es nämlich genug Nahrung für alle, die nicht so gefährlich ist wie der Mensch.

3 Das Anfassen und Abbrechen von Korallen ist übrigens streng verboten. Denn zum einen sind einige der Korallen (und auch Fische im Korallenriff) ziemlich giftig, zum anderen brauchen Korallen Jahrzehnte, manchmal sogar Jahrhunderte, um so groß zu werden. Und wenn jeder Tourist sich eine besonders schöne Koralle abbrechen und mit nach Hause nehmen würde, dann gäbe es bald keine Korallenriffe mehr. Daher ist auch das Mitbringen von Korallen nach Deutschland streng verboten und kann sogar mit Haftstrafen geahndet werden.

1 Der Barrakuda, auch Pfeilhecht genannt, ist ein Raubfisch.

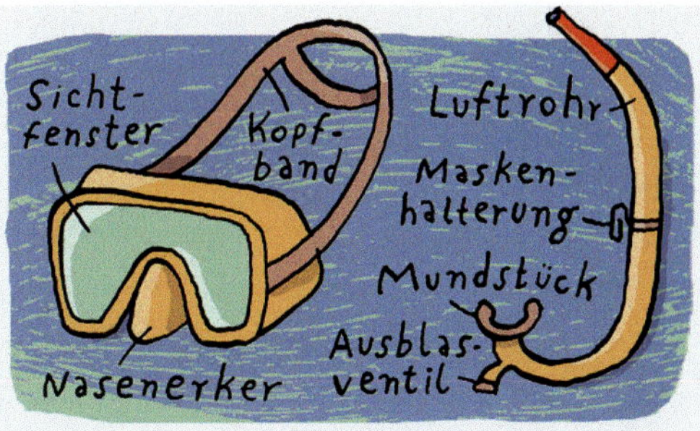

4 Wenn du nach ein paar Schnorchelgängen nicht mehr genug von der Unterwasserwelt bekommen kannst, dann folgt der nächste Schritt: das Tauchen mit Sauerstoffflasche. So kannst du, in Begleitung deiner Eltern und eines Tauchlehrers, in tiefere Regionen abtauchen und noch viel mehr Fische und Wasserschildkröten sehen.

5 Aber das Tauchen in größere Tiefen will gelernt sein. Atmen, schwimmen und ruhig wieder auftauchen – all das muss vor dem Sprung ins Meer sitzen. Vor allem ein hektisches Auftauchen ist gesundheitlich gefährlich. Daher sollte man vorher einen Tauchschein machen, z. B. bei speziellen Tauchschulen oder bei der DLRG[2]. Dafür fängst du im Schwimmbad oder am See mit kurzen Übungen an – entweder am Urlaubsort oder auch zu Hause. Du merkst schnell, ob dir das wirklich Spaß macht. Wenn ja, kannst du auch in deutschen Seen eine interessante Unterwasserwelt beobachten. Und für den nächsten Urlaub bist du dann gut gerüstet.

2 DLRG: Deutsche Lebensrettungsgesellschaft

1 a Richtig oder falsch? Prüft, ob ihr die Aufgabenstellung auf Seite 186 verstanden habt. Schreibt die richtigen Aussagen in euer Heft.

Ich soll …
- die Gefahren beim Tauchen erklären, denn die machen das Tauchen abenteuerlich.
- erklären, was das Besondere an der Unterwasserwelt ist.
- erzählen, was ich in einem Tauchurlaub erleben könnte.
- Tipps und Vorschriften zum Tauchen formulieren.
- Tipps und Vorschriften aus dem Text getrennt zusammenfassen.
- meine Meinung zu den Abbildungen formulieren.
- die Abbildungen beschreiben und erklären, welche Funktion sie im Text haben.

b Vergleicht euer Ergebnis in Partnerarbeit.

Den Text und die Abbildungen lesen und verstehen

2 a Lest den Text zweimal sorgfältig und betrachtet die Abbildungen.
b Der Text besteht aus fünf Absätzen. Ordnet die nebenstehenden Überschriften zu, indem ihr hinter der Nummer des Absatzes die richtige Überschrift notiert.
c Prüft eure Zuordnungen gemeinsam mit einer Partnerin oder einem Partner.

- Korallen berühren verboten
- Unter Wasser ist alles anders
- Gefährliche Tiere
- Schulung muss sein
- Tauchen mit der Sauerstoffflasche

Die Aufgaben zum Text beantworten und den eigenen Text überarbeiten

3 Bearbeitet nun nacheinander die Aufgaben 1 bis 3 von Seite 186. Geht Schritt für Schritt vor:

Aufgabe 1:
Erklärt, was das Besondere an der Unterwasserwelt ist. Im Text werden hierzu zusammenfassende Aussagen gemacht, aber auch Einzelheiten angeführt, z. B.:
Die Unterwasserwelt ist nach der Darstellung im Text ...
Man kann viele faszinierende Einzelheiten beobachten, z. B. ...

Aufgabe 2:
a Bei Aufgabe 2 sollt ihr zwischen Tipps und Vorschriften unterscheiden. Überlegt, was der Unterschied ist. Ergänzt dann die folgenden Aussagen und schreibt sie in euer Heft.
- ? *muss man befolgen, weil man sonst z. B. Probleme mit der Polizei bekommt.*
- ? *sind Ratschläge oder Empfehlungen, die man befolgen sollte.*

b Tipp oder Vorschrift? Überlegt und vergleicht eure Einschätzungen untereinander:

- Korallen darf man nicht abbrechen.
- Das Mitbringen von Korallen nach Deutschland ist verboten.
- Wenn sich Raubfische nähern, sollte man sich ruhig verhalten.
- Das Tauchen in größeren Tiefen muss man richtig lernen (Tauchschein).

c Fasst die Tipps und die Vorschriften getrennt zusammen. Ihr könnt die folgenden Formulierungsanfänge zu Hilfe nehmen:

Der Text informiert über ..., aber er gibt auch ...
Zuerst sollen die Tipps dargestellt werden. Beim Schnorcheln sollte man ...
Aber es gibt beim Tauchen und Schnorcheln auch einige Vorschriften zu beachten. So ist es z. B. ...

Aufgabe 3:
Beschreibt kurz, was auf den einzelnen Abbildungen zu sehen ist. Erklärt dann den Unterschied, indem ihr auf die Funktion (z. B. schmückend, erklärend) der Abbildungen eingeht.

4 Überarbeitet euren Text in Partnerarbeit. Nehmt hierzu die folgende Checkliste zu Hilfe:

Checkliste

Einen Sachtext untersuchen

Aufgabe 1 (▸ S. 186): Habt ihr sowohl die Unterwasserwelt in ihrer Gesamtheit (faszinierende Fremdartigkeit) berücksichtigt als auch einzelne Beispiele genannt?
Aufgabe 2 (▸ S. 186): Habt ihr deutlich zwischen Tipps und Vorschriften unterschieden und den Unterschied erläutert?
Aufgabe 3 (▸ S. 186): Habt ihr die beiden Abbildungen kurz beschrieben und deutlich gemacht, welche unterschiedlichen Funktionen sie haben?
- Ist das, was ihr geschrieben habt, sachlich richtig? Habt ihr euch verständlich ausgedrückt?
- Sind die Rechtschreibung und die Zeichensetzung korrekt?

10 Verlocken, verführen, verkaufen – Werbung untersuchen und gestalten

1 Erklärt, wofür mit dieser Werbeanzeige geworben wird.

2 Tauscht euch in der Klasse über Werbung aus:
- Wo begegnet euch Werbung?
- Welche Ziele verfolgt Werbung?

3 Habt ihr euch schon einmal durch Werbung beeinflussen lassen, z. B. beim Kauf eines Produkts oder bei der Teilnahme an einer Aktion? Berichtet davon.

In diesem Kapitel ...

- lernt ihr den Aufbau, die Wirkung und die sprachliche Gestaltung von Werbung kennen,
- untersucht ihr Werbespots im Hinblick auf Kameraführung, Schnitt und Montage,
- dreht ihr selbst einen Werbespot über eure Schule.

10.1 „We kehr for you" – Werbung kennen lernen

Aufbau und Gestaltung von Werbeanzeigen

1 a Betrachtet die Werbeplakate. Was fällt zuerst ins Auge? Beschreibt eure ersten Eindrücke.
b Überlegt, wofür jeweils geworben wird.

2 Untersucht den Aufbau und die Gestaltung der Plakate. Geht so vor:
a Beschreibt die beiden Fotos.
b Erklärt, welche Textteile es gibt und wo diese platziert sind.
c Untersucht die Farbgestaltung und erläutert, wie sie auf euch wirkt. Wie würde das Plakat wohl wirken, wenn es z. B. grün oder grau wäre?
TIPP: Bei der Farbe Orange handelt es sich um die Farbe der Berliner Stadtreinigung (BSR).

3 Die Schlagzeilen auf den beiden Plakaten sind doppeldeutig.
a Untersucht das Wortspiel „We kehr for you". Findet das mehrdeutige Wort und erklärt seine unterschiedlichen Bedeutungen.
b Erläutert, worauf die Formulierung „Eimer für alle" anspielt und was damit bewirkt werden soll.

4 a An welche Zielgruppe richten sich die beiden Werbeplakate? Begründet eure Meinung.
b Erklärt mit Hilfe des Merkkastens, inwiefern sich die Ziele der beiden Plakate unterscheiden.

5 Beurteilt die beiden Plakate: Was ist den Werbemachern gelungen, was gefällt euch weniger?

6 Gestaltet selbst ein Plakat für eine Mitmachkampagne, das ihr in eurer Schule aufhängen könnt, z. B. für eine saubere Schule oder für einen freundlichen Umgangston.

Information **Imagewerbung und Mitmachkampagne**

- **Imagewerbung** verfolgt das Ziel, den (guten) Ruf (das Image) einer Marke oder eines Unternehmens zu erhalten oder zu verbessern.
- **Mitmachkampagnen (Mitmachwerbung)** wollen die Bevölkerung auffordern, bei etwas mitzumachen, z. B.: Müll zu trennen, zur Wahl zu gehen, Blut zu spenden.

1 Betrachtet die beiden Werbeanzeigen und äußert eure ersten Eindrücke.
- Was fällt euch als Erstes ins Auge?
- Für welches Produkt wird jeweils geworben?
- Welche Anzeige spricht euch spontan mehr an?

2 Untersucht in Partnerarbeit den Aufbau einer der Werbeanzeigen. Geht so vor:

a Entscheidet euch gemeinsam für eine Anzeige.

b Erstellt eine Skizze, die den Aufbau der Werbeanzeige verdeutlicht. Verwendet dabei die Fachbegriffe aus dem Merkkasten von Seite 193.

c Haltet das Besondere der Anzeige in Stichworten fest, indem ihr die folgenden Fragen beantwortet:
- Was soll zuerst ins Auge fallen?
- Welche Textteile sind besonders wichtig?

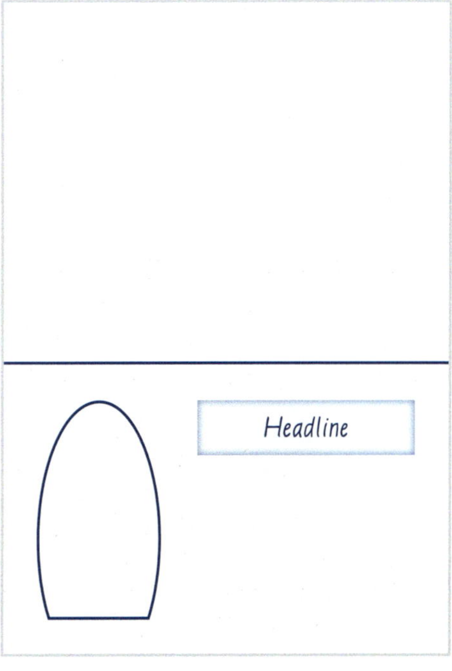

3 Tauscht euch in der Klasse über eure Ergebnisse aus.

4 Untersucht die Farbgestaltung der beiden Anzeigen auf Seite 191.
- a Notiert, was ihr mit den einzelnen Farben auf den Anzeigen verbindet. Ihr könnt dazu den Wortspeicher rechts zu Hilfe nehmen.
- b Überlegt, warum gerade diese Farben verwendet wurden.
- c Begründet, mit welchen Farben ihr für die folgenden Produkte werben würdet: Waschmittel, Sonnencreme, Deo, Bio-Joghurt, Bonbons.

frisch • gesund • fröhlich • kühl • erfrischend • cool • lustig • warm • edel • männlich • weiblich • geheimnisvoll • exotisch • jung • alt • gefährlich • elegant • modern • altmodisch • natürlich • aktiv • ruhig • sportlich • lebendig • stark • kraftvoll • rein

5
- a Beschreibt, welche Botschaft mit den Slogans (Werbesprüchen) auf Seite 191 jeweils vermittelt werden soll.
- b Erklärt, welche sprachlichen Mittel in den Slogans verwendet werden.

Sprachliche Mittel von Werbung, z. B.:
Verwendung von Wortspielen, Vergleichen, Ellipsen (Auslassung von Satzteilen)

6
- a Beschreibt die Personen, die in den Anzeigen (▸ S. 191) abgebildet sind.
- b Erklärt, inwiefern man diese Personen als „Idealmenschen" bezeichnen könnte und warum solche Personen in der Werbung häufig auftauchen.

7
- a Betrachtet die folgende Werbeanzeige und übersetzt den englischen Text. Erklärt, wofür hier geworben wird.
- b Vergleicht die Personen in den Anzeigen von Seite 191 mit der in der folgenden Anzeige. Stellt Vermutungen an, warum hier bewusst nicht mit „Idealmenschen" geworben wird.
- c Diskutiert in der Klasse, ob euch Werbung mit „Idealmenschen" mehr oder weniger anspricht.

8 Beschreibt die Zielgruppen, die mit den Werbeanzeigen auf Seite 191 und 192 angesprochen werden sollen: Was lässt sich im Hinblick auf Alter und Geschlecht der Zielgruppe vermuten? Welches Lebensgefühl soll mit den Anzeigen vermittelt werden?

9 a Lest die Informationen zur AIDA-Formel im Merkkasten unten. Gebt dann in eigenen Worten wieder, was mit dieser Formel beschrieben wird.
b Untersucht die beiden Werbeanzeigen von Seite 191: Wie werden die vier AIDA-Bausteine in diesen Anzeigen umgesetzt?

10 In der Werbung der BSR auf Seite 190 wurden nicht alle AIDA-Bausteine umgesetzt. Welche fehlen? Aus welchem Grund?

Information **Werbung**

Werbetexte sind appellative Texte. Sie wollen den Betrachter zu etwas auffordern, meist zum Kauf eines Produkts. Weil Werbung im Durchschnitt nur zwei Sekunden lang wahrgenommen wird, muss sie auf das Wesentliche reduziert und einprägsam sein.

1 **Aufbau und Gestaltung von Werbeanzeigen:** Werbeanzeigen und -plakate enthalten meist ein Bild und verschiedene Textteile, z. B.:
- **Headline:** Schlagzeile (meist Überschrift) einer Anzeige; sie soll den Betrachter auf die gesamte Anzeige aufmerksam machen und ist neben dem Bild das wichtigste Element einer Werbeanzeige.
- **Bild:** Foto (evtl. Abbildung), das mit dem Produkt in Verbindung gebracht werden soll.
- **Informationstext:** Text, der das Produkt näher beschreibt oder Zusatzinformationen gibt.
- **Slogan:** einprägsamer Werbespruch, der fest zu einer Marke oder Firma gehört, z. B.: *Just do it! (Nike); Come in and find out (Douglas).*
- **Logo:** symbolische Darstellung des Firmennamens, z. B.: ······T··

Auch die **Farbgestaltung** spielt in der Werbung eine wichtige Rolle. Die Farben Weiß oder Hellblau können in einer Waschmittelwerbung besonders rein und sauber wirken, Grün kann für Natürlichkeit stehen und Schwarz kann Stärke, Exklusivität oder das Geheimnisvolle vermitteln.

2 **Zielgruppe:** Werbung ist meist auf eine bestimmte Zielgruppe ausgerichtet, z. B.: Jugendliche, preisbewusste Kunden, sportbegeisterte Personen, die Bewohner einer Stadt.

3 **Sprachliche Gestaltung:** Durch die Verwendung bestimmter sprachlicher Mittel (▸ siehe Merkkasten auf Seite 194) ist die Werbesprache auffällig und einprägsam.

4 **Wie Werbung funktioniert (AIDA-Formel):** Die wichtigsten Aufgaben von Werbung werden mit der AIDA-Formel zusammengefasst:
- **A**ttention (engl.: Aufmerksamkeit): Die Aufmerksamkeit soll erregt werden, z. B. durch ein witziges Bild, eine grelle Farbe.
- **I**nterest (engl.: Interesse): Das Interesse soll geweckt werden, z. B. durch einen witzigen Text.
- **D**esire (engl.: Wunsch, Begierde): Es soll der Wunsch geweckt werden, das Produkt zu kaufen, z. B. indem bestimmte Vorteile des Produkts genannt werden.
- **A**ction (engl.: Handlung): Das Produkt soll bald gekauft werden, z. B. durch befristete Sonderangebote.

Sprachliche Gestaltung von Werbung

Have a break, have a Kit Kat

Actimel aktiviert Abwehrkräfte

HARIBO MACHT KINDER FROH UND ERWACHSENE EBENSO

Mars macht mobil

Ritter Sport: QUADRATISCH. PRAKTISCH. GUT.

GUT IN BIO: SCHLECHT IN CHEMIE (Bionade)

Nokia. Connecting People

Alles Müller oder was? (Müllermilch)

Ich liebe Dazs (Eis von Häagen-Dazs)

1 a Lest die Werbeslogans. Welche kennt ihr? Welche gefallen euch besonders gut?
b Überlegt, welche Eigenschaften ein guter Slogan haben muss.

2 Untersucht, welche sprachlichen Mittel in den Slogans verwendet werden. Nutzt dazu den Merkkasten unten.

3 a Notiert zwei bis drei bekannte Werbeslogans.
b Tauscht eure Werbeslogans aus und notiert, welche sprachlichen Mittel jeweils verwendet wurden.

4 a Bildet Gruppen und entscheidet euch für ein Produkt, für das ihr einen Werbeslogan entwickeln wollt.
b Überlegt gemeinsam, was ihr mit diesem Produkt verbindet. Sammelt eure Ideen, z. B.:
Erdbeereis: fruchtig, cremig, Spaß, Sommer
c Formuliert nun einprägsame Werbeslogans.
d Präsentiert eure Ideen in der Gruppe und wählt den besten Slogan aus.

Information **Sprachliche Mittel von Werbung**

Damit die Werbebotschaft beim Verbraucher in Erinnerung bleibt, ist die Sprache der Werbung auffällig und einprägsam. Typische sprachliche Mittel der Werbung sind:

- **Fremdwörter,** vor allem aus dem Englischen (Anglizismen), z. B.: *Always Coca-Cola!*
- **Wortneuschöpfung** (Neologismus), z. B.: *Supersaugweg-Wischkraftrolle; unkaputtbar.*
- **Wortspiel,** z. B.: *Die klügere Zahnbürste gibt nach.*
- **Reim,** z. B.: *Wer Swiffer benutzt, hat clever geputzt.*
- **Vergleich,** z. B.: *... so gesund und frisch **wie** die Apfelernte bei Opa.*
- **Alliteration** (Wörter mit gleichem Anfangslaut), z. B.: ***Sp**iel, **Sp**aß und **Sp**annung.*
- **Ellipse** (Auslassung von Satzteilen, die vom Hörer/Leser leicht ergänzt werden können), z. B.: *Nikon Kamera. Automatisch gut. Weil von Nikon.*
- **Dreierfigur/Zweierfigur** (Dreigliedriger oder zweigliedriger Ausdruck, bei dem alle Teile gleich aufgebaut sind), z. B.: *Gut, besser, Paulaner; Mehr Konzept. Mehr Erfolg.*
- **Imperativ** (Befehlsform des Verbs), z. B.: *Befrei dein Haar vom Kalk-Schleier!*
- **Frage/rhetorische Frage** (Scheinfrage), z. B.: *Wohnst du noch oder lebst du schon?*

TIPP: Die sprachlichen Mittel können natürlich auch miteinander kombiniert werden.

Radio. Geht ins Ohr. Bleibt im Kopf

Guten Tag. Dieser Radiospot ist für eine ganz bestimmte Frau. Ich sehe sie oft in der Kirchstraße spazieren gehen mit ihrem Hund. Sie ist blond, groß und hat eine schlanke Taille. Der Hund ist auch groß. Und ich möchte dieser Frau sagen: Ich bin schon dreimal in die Haufen von deinem Köter reingetreten. Nimm Plastiktüten mit! Danke.
Mit Radio erreichen Sie immer die Richtigen.
Radio. Geht ins Ohr. Bleibt im Kopf.

Lieber schlanker, maskierter Mann mit Jeans und dunkler Jacke. Bei unserem Zusammenstoß neulich vor der Sparkasse haben Sie Ihre Geldbörse verloren. Kein Wunder bei dem Tempo, das Sie draufhatten. Und durch so eine Maske sieht man ja auch ziemlich schlecht. Die ist übrigens völlig überflüssig. Denn so übel sehen Sie auf Ihrem Führerscheinfoto gar nicht aus. Ihr Portemonnaie habe ich übrigens bei der Sparkasse hinterlegt. Also keine Sorge! Sie kriegen alles wieder!
Mit Radio erreichen Sie immer die Richtigen.
Radio. Geht ins Ohr. Bleibt im Kopf.

1 a Lest die beiden Radiospots laut vor. Probiert dabei unterschiedliche Vortragsweisen aus, z. B.: flüsternd, aufgeregt, laut, leise, salopp, schüchtern, schreiend, freundlich.
b Diskutiert, auf welche Weise die Radiospots gesprochen werden sollten.
c Erklärt, wofür hier geworben wird.

2 a Überlegt, wodurch die beiden Radiospots die Aufmerksamkeit der Hörer wecken: Welche Erwartung wird aufgebaut, worin liegt die Pointe (überraschende Wendung)?
b Nennt den Slogan und erklärt, welches sprachliche Mittel (▸ Merkkasten, S. 194) hier verwendet wird.
c An welche Zielgruppe richten sich die beiden Radiospots? Begründet eure Meinung.

3 a Nennt Radiospots, die euch „im Kopf“ geblieben ist. Erklärt, woran das liegt.
b Diskutiert, welche Rolle Jingles (gesungene Slogans, Erkennungsmelodien) im Radio haben.
c Beschreibt, was man bei einer Hörfunkwerbung – im Vergleich zum Werbeplakat – berücksichtigen muss. Welche Gestaltungsmittel kann man einsetzen? Worauf muss man achten?

4 Hört euch Werbespots im Radio an und haltet fest, wie diese aufgebaut sind. An welcher Stelle hört ihr Musik, wo gesprochenen Text? Wann ertönt der Jingle? Gibt es Geräusche?

5 Gestaltet selbst in Gruppen einen Radiospot.
a Entscheidet euch für ein Produkt, für das ihr werben wollt.
b Formuliert Sprechtexte, sucht passende Musik (evtl. auch Geräusche) und überlegt euch einen Jingle.
c Probiert aus, wie ihr Text, Musik (Geräusche) und Jingle kombinieren wollt.
d Nehmt den Radiospot auf. Wiederholt die Aufnahme, bis ihr mit dem Ergebnis zufrieden seid.

Dreiste Werbelügen? – Werbung kritisch diskutieren

Ferrero: Goldener Windbeutel für „dreisteste Werbelüge“

17.06.2011 – Das Produkt „Milch-Schnitte“ des Lebensmittelherstellers Ferrero hat den „Goldenen Windbeutel“ für die dreisteste Werbelüge des Jahres gewonnen. Die Verbraucherschutzorganisation Foodwatch hatte Verbraucher auf der Internetseite „abgespeist.de“ über Produkte, die nicht halten, was sie versprechen, abstimmen lassen. Ferrero will den Negativpreis nicht annehmen.

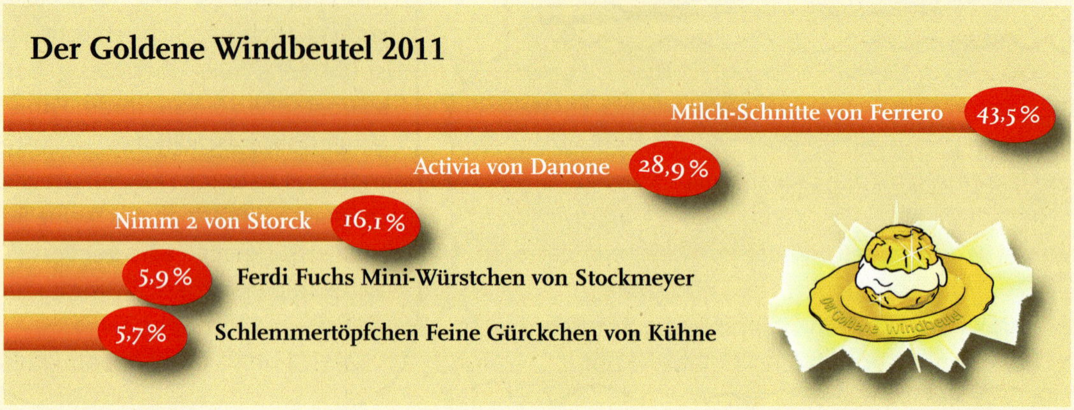

Verbraucher haben die Milch-Schnitte von Ferrero zur dreistesten Werbelüge des Jahres gewählt. Bei einer Internetabstimmung unter fünf umstrittenen Produkten entschieden sich 43,5 Prozent der knapp 118000 Teilnehmer für die Milch-Schnitte als „dreistesten Fall von Etikettenschwindel“, wie die Verbraucherschutzorganisation Foodwatch am Freitag in Berlin mitteilte. Ferrero wies die Kritik zurück.

Die Verbraucherschützer beanstandeten[1], dass der Nahrungsmittelhersteller seine Süßspeise als sportlich leichte Zwischenmahlzeit bewerbe, obwohl sie zu rund 60 Prozent aus Zucker und Fett bestehe und damit gehaltvoller sei als Schoko-Sahnetorte. Die Ferrero-Manager täuschten damit ihre Kunden „nach Strich und Faden“, kritisierte Anne Markwardt von Foodwatch.

Ferrero wies den Vorwurf zurück. Eigene Untersuchungen „geben uns keine Hinweis darauf, dass die Verbraucher die Werbung für Milch-Schnitte als irreführend empfinden“, teilte das Unternehmen am Freitag in Frankfurt am Main mit. Der Konzern[2] werde den Negativpreis deshalb nicht annehmen.

Kritik erntete der Milch-Schnitte-Hersteller auch vom Berufsverband der Kinder- und Jugendärzte (BVKJ). Die Werbestrategie, auch die kalorienhaltigsten Süßspeisen als etwas Leichtes anzupreisen, sei aus medizinischer Sicht „unverantwortlich“, erklärte BVKJ-Präsident Wolfram Hartmann. „Durch solche Kampagnen macht sich die Lebensmittelindustrie mitschuldig daran, dass immer mehr Kinder an Übergewicht und Adipositas[3] leiden und erhebliche Kosten im Gesundheitssystem entstehen“, erklärte der Mediziner.

Ferrero hingegen betonte, dass auch der Konsum[4] einer Milch-Schnitte zwischendurch „durchaus mit einem ausgewogenen, sportlichen Lebensstil vereinbar“ sei. Mit Sportlern als Werbepartner werde gezeigt, „dass Ernährung und Bewegung zusammengehören“.

Auf dem zweiten Platz in der Foodwatch-

1 beanstanden: kritisieren
2 der Konzern: Firma, Unternehmen
3 Adipositas: Fettleibigkeit, Fettsucht
4 der Konsum: Verbrauch, Verzehr

Abstimmung landete der Joghurt der Marke „Activia" von Danone, auf dem dritten Rang die „Nimm 2"-Bonbons des Herstellers Storck. Foodwatch wendet sich mit dieser Kampagne gegen irreführende Werbepraktiken von Lebensmittelherstellern. Dazu stellt die Organisation regelmäßig Produkte vor, die nach ihren Angaben nicht halten, was sie versprechen. Fünf dieser Produkte hatte eine Jury nun zur Abstimmung gestellt.

1 a Lest den Text. Klärt anschließend Wörter und Textstellen, die euch unklar sind.
b Erklärt, was der „Goldene Windbeutel" ist und warum Ferrero diesen Preis nicht annehmen möchte.

2 a Lest noch einmal im Text nach: Was genau werfen die Verbraucherschützer von Foodwatch und der Berufsverband der Kinder- und Jugendärzte dem Milch-Schnitte-Hersteller Ferrero vor?
b Im Text ist die Rede von „Werbelüge" (▶ Z. 2, 6), „Etikettenschwindel" (▶ Z. 10–11) und „irreführenden Werbepraktiken" (▶ Z. 52). Erläutert mit eigenen Worten, was damit gemeint ist.
c Diskutiert in der Klasse, ob ihr die Werbung für die Milch-Schnitte für gerechtfertigt haltet oder ob ihr auch der Meinung seid, dass es sich hier um eine „dreiste Werbelüge" handelt.
TIPP: Im Text erfahrt ihr, wie das Unternehmen Ferrero für sein Produkt „Milch-Schnitte" wirbt.

3 Beschreibt das Balkendiagramm auf Seite 196 mit eigenen Worten (▶ Diagramme auswerten, S. 315). Beantwortet dabei die folgenden Fragen:
– Worüber informiert das Diagramm?
– Welche Angaben werden gemacht?

Das Balkendiagramm zeigt das Ergebnis der Internetabstimmung über den Preis „Goldener Windbeutel".
Insgesamt sind fünf …
Fast die Hälfte (43,5 Prozent) der Teilnehmer stimmten dafür, dass …
Etwas weniger als ein Drittel …
16,1 Prozent der Befragten …
…

4 Nennt selbst andere Produkte, die mit Vorzügen werben, die man als Werbelüge bezeichnen könnte. Begründet eure Einschätzung.

5 Foodwatch stellt auf der Internetseite abgespeist.de regelmäßig Produkte vor, die „nicht halten, was sie versprechen" (▶ Z. 3–4). Diskutiert, ob ihr eine solche Internetseite für sinnvoll haltet oder nicht.

6 Bei der Foodwatch-Abstimmung erreichte der Joghurt „Activia" von Danone den zweiten und die Bonbons „Nimm 2" des Herstellers Storck den dritten Platz (▶ vgl. Z. 47–50).
a Recherchiert im Internet: Was genau kann bei der Bewerbung dieser Produkte als irreführend beurteilt werden?
b Überlegt, wie die Hersteller der Produkte ihre Werbestrategie dennoch verteidigen könnten.
c Recherchiert im Internet nach dem aktuellen „Windbeutel" des Jahres.

Testet euch!

Eine Werbeanzeige untersuchen

Jährlich werden zu Silvester Knaller im Wert von rund 45.000.000 Broten in die Luft gejagt.

Teilen Sie doch einfach Ihre Freude: Knallen Sie dieses Jahr etwas weniger und spenden die andere Hälfte – damit auch die Ärmsten dieser Welt das Neue Jahr mit Zuversicht beginnen können.

„Brot statt Böller"

Postbank Köln 500 500-500
BLZ 370 100 50

1 Betrachtet die Werbeanzeige genau und lest den Informationstext.

2 Untersucht die Werbeanzeige. Löst hierzu die folgenden Aufgaben:

a Notiert, wofür geworben wird und was die Werbebotschaft ist.
b Beschreibt den Aufbau der Anzeige. Verwendet dabei die Begriffe „Headline", „Bild", „Informationstext", „Slogan" und „Logo".
c Haltet fest, welche sprachliche Besonderheit die Headline aufweist.
d Erklärt, welche Bedeutung die Farbwahl hat.

3 Vergleicht eure Ergebnisse mit denen eures Lernpartners oder eurer Lernpartnerin. Korrigiert bzw. ergänzt gegebenenfalls eure Ergebnisse.

10.2 Storys in 30 Sekunden – Werbespots untersuchen

Die Wirkung filmischer Mittel verstehen

1

„Vielleicht sollten wir mal in die Berge fahren."
(Ruhige Musik: akustische Gitarre und klopfende Handtrommel)

2

(Schnelle, energiegeladene Sambamusik: Schlagzeug und Rasseln)

3

(Schnelle, energiegeladene Sambamusik: Schlagzeug und Rasseln)

4

(Schnelle, energiegeladene Sambamusik: Schlagzeug und Rasseln)

5

(Begeistertes Jauchzen der Frau; schnelle, energiegeladene Sambamusik: Trommeln und Rasseln)

6

„Ja."

7

„Oder lieber ans Meer ..."
(Ruhige Musik: akustische Gitarre und klopfende Handtrommel)

8

(Schnelle, energiegeladene Sambamusik: Schlagzeug und Rasseln)

9

(Begeistertes Jauchzen der Frau; schnelle, energiegeladene Sambamusik: Schlagzeug und Rasseln)

10

(Schnelle, energiegeladene Sambamusik: Schlagzeug und Rasseln)

11

„Mmmmhhh ..."

12
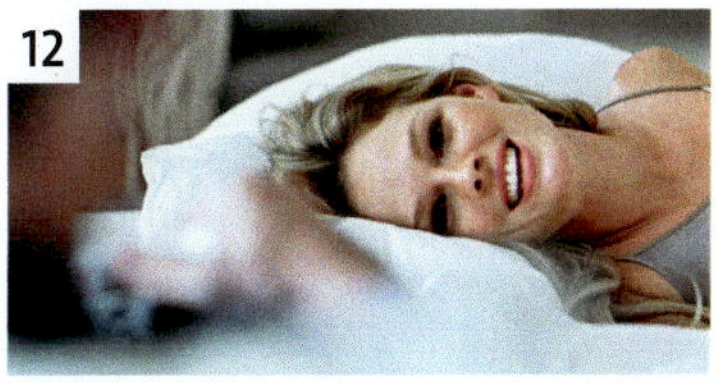
„Und in Venedig waren wir auch noch nie."

13

(Langsame italienische Arie)

14

(Langsame italienische Arie)

15

„Oh nein! Vergiss es!"

1 a Die Screenshots auf Seite 199 stammen aus einem 45-Sekunden-Fernseh-Werbespot. Erzählt die Handlung des Spots nach.
- *Eine junge Frau und ein junger Mann liegen bzw. sitzen ... Sie schlägt ihm vor, ...*
- *Auf den nächsten vier Bildern ist zu sehen, was der Mann ... Er sieht vor seinem inneren Auge ...*
- *Auf den Vorschlag der Frau antwortet ...*
- *Die Frau meint, man könnte ja auch ...*

b Untersucht, an welchen vier verschiedenen Handlungsorten die einzelnen Szenen spielen, und erklärt die Bedeutung dieser Orte. Achtet hierbei auch auf die Hinweise zur Musik.

c Begründet, welche der folgenden Aussagen die Werbebotschaft des Spots am besten beschreibt.

A Urlaub am Meer und in den Bergen ist schöner als ein Urlaub in Venedig.
B Jeder Urlaub ist lohnenswert, solange er die Möglichkeit bietet, mit dem neuen Mercedes der C-Klasse zu fahren.
C Männer interessieren sich mehr für schöne Landschaften als für die Sehenswürdigkeiten einer Stadt.

2 Beschreibt das Lebensgefühl, das in dem Spot vermittelt wird. Wie fühlt man sich, wenn man den neuen Mercedes fährt? Wie lebt man?

3 In der Werbung wird häufig mit Rollenbildern (▸ Merkkasten unten) gearbeitet.

a Tragt zusammen: Welche Eigenschaften und Verhaltensweisen könnten als „typisch Mann“, „typisch Frau“ gelten?
- *typisch Frau: sanft, ...*
- *typisch Mann: abenteuerlustig, ...*

b Erklärt, welche Rollen dem Mann und der Frau in dem Werbespot (▸ S. 199) zugeschrieben werden.

c Kennt ihr andere Werbespots, in denen Männer und Frauen typische Rollen einnehmen? Berichtet davon in der Klasse.

d Diskutiert, was ihr von diesen Rollenbildern haltet. Begründet eure Meinung.

4 Bei einem Werbespot, der die Zuschauer in weniger als einer Minute in den Bann ziehen soll, muss der Einsatz filmischer Mittel besonders gut durchdacht sein.

a Beschreibt die Einstellungsgröße der Bilder. Achtet darauf, wie weit die Kamera von den Figuren oder dem Schauplatz entfernt ist, und erläutert, worauf die Aufmerksamkeit gelenkt wird (▸ Einstellungsgrößen, S. 316).

b Sucht die Bilder mit einer auffälligen Kameraperspektive heraus und beschreibt deren Wirkung (▸ Kameraperspektive, S. 316).

Information **Rollenbilder**

Frauen/Mädchen und Männer/Jungen werden auf bestimmte Rollen festgelegt, d. h., ihnen werden Verhaltensweisen und Eigenschaften zugeschrieben, die als „typisch Mann/Junge“ oder „typisch Frau/Mädchen“ gelten, z. B.:
Jungen spielen mit Autos, Mädchen mit Puppen.

Fordern und fördern – Schnitt und Montage

1 Untersucht, wie die Handlung in dem Werbespot erzählt wird.

a Skizziert die einzelnen Filmbilder (► S. 199) in eurem Heft. Macht euch klar, welche Bilder zu einer Szene gehören, und kennzeichnet jeden Szenenwechsel durch einen senkrechten Strich. Nummeriert dann die einzelnen Szenen.
▷ Hilfen zu dieser Aufgabe findet ihr auf Seite 202.

b Markiert die Szenen, die in der Gedankenwelt des Mannes spielen, und die Szenen, welche die Wirklichkeit zeigen, in unterschiedlichen Farben.
▷ Hilfen hierzu auf Seite 202.

c Erklärt, warum die einzelnen Szenen in dieser Weise zusammengefügt (montiert) wurden.
▷ Hilfen zu dieser Aufgabe Seite 202.

2 Untersucht, welche Funktion die Musik in der 2., 4. und 6. Szene hat. Geht so vor:

a Beschreibt die Handlung und die Stimmung in diesen drei Szenen (2, 4 und 6) und haltet fest, welche Musik jeweils erklingt. Schaut euch hierzu den Spot auf Seite 199 noch einmal an.
Szene 2: Mann stellt sich eine rasante Autofahrt in den Bergen vor → schnelle, energiegeladene Musik
▷ Hilfen zu dieser Aufgabe findet ihr auf Seite 202.

b Erläutert, welche Funktion die Musik in diesem Spot hat.
▷ Hilfen zu dieser Aufgabe findet ihr auf Seite 202.

3 Erklärt, welche Funktion der Schnitt jeweils zwischen den Filmbildern 3 und 4 und den Bildern 6 und 7 hat. Lest hierzu die Informationen im folgenden Merkkasten.
▷ Hilfen hierzu auf Seite 202.

Information **Schnitt und Montage: Anordnung und Zusammenstellung der Filmszenen**

Nach den Dreharbeiten mit der Kamera folgt die Bearbeitung des Filmmaterials, der so genannte **Filmschnitt** und die **Montage.** Das Rohmaterial wird in einzelne Szenen zerlegt, überflüssige Szenen werden z. B. herausgeschnitten, einzelne Szenen umgestellt und neu angeordnet. Je nachdem, wie die einzelnen Filmbilder oder -szenen wieder aneinandergefügt (montiert) werden, wird die **Handlung des Films** erzählt und **dramaturgisch gestaltet.**
Man kann zum Beispiel:

- Handlungen, die zeitgleich an verschiedenen Orten spielen, gleichzeitig zeigen, indem man zwischen den Szenen hin- und herspringt, z. B.: Ein Einbrecher knackt einen Tresor. – *Schnitt:* Die Polizei nähert sich. – *Schnitt:* Der Einbrecher lauscht. – *Schnitt:* ...
- in einer Rückblende ein Ereignis aus der Vergangenheit zeigen, z. B.: Eine erwachsene Figur erinnert sich – *Schnitt:* Die Kindheit der Figur wird gezeigt.

Die Begriffe „Schnitt" und „Montage" stammen aus einer Zeit, als das Filmmaterial noch auf Band aufgenommen wurde. Das Filmband wurde tatsächlich mit einem Messer oder einer Schere zerschnitten, z. B. um eine Szene herauszuschneiden, und dann wieder zusammengeklebt (montiert). Heute werden Schnitt und Montage meist am Computer vorgenommen.

Aufgabe 1 mit Hilfen

Untersucht, wie die Handlung in dem Werbespot erzählt wird.

a Skizziert die einzelnen Filmbilder (► S. 199) in eurem Heft. Macht euch klar, welche Bilder zu einer Szene gehören. Kennzeichnet jeden Szenenwechsel durch einen senkrechten Strich. Nummeriert dann die sieben Szenen.

Eine neue Szene beginnt z. B., wenn
- der Ort wechselt,
- ein Zeitsprung stattfindet,
- eine neue Figur auftaucht.

b Markiert die Szenen, die in der Gedankenwelt des Mannes spielen, und die Szenen, welche die Wirklichkeit zeigen, in unterschiedlichen Farben. **TIPP:** Die Szenen wechseln sich immer ab.

c Erklärt, warum die einzelnen Szenen in dieser Weise zusammengefügt (montiert) wurden. Berücksichtigt dabei vor allem den Geschichtsausdruck und die Aussagen des Mannes auf den Bildern 6, 11 und 15.

Aufgabe 2 mit Hilfen

Untersucht, welche Funktion die Musik in der 2., 4. und 6. Szene hat. Geht so vor:

a Beschreibt die Handlung und die Stimmung in diesen Szenen und haltet fest, welche Musik jeweils erklingt. Schaut euch hierzu den Spot auf Seite 199 noch einmal an.
Szene 2: Mann stellt sich eine rasante Autofahrt in den Bergen vor → schnelle, energiegeladene Musik
Szene 4: Mann stellt sich eine sportliche ...
Szene 6: Mann stellt sich einen Ausflug nach Venedig vor, das Auto steht ...

b Erläutert, welche Funktion die Musik in diesem Spot hat, z. B.:
Die Musik untermalt ...

Aufgabe 3 mit Hilfen

Erklärt, welche Funktion der Schnitt jeweils zwischen den Bildern 3 und 4 und 6 und 7 hat.

a Beschreibt zunächst genau, was auf den jeweiligen Bildern abgebildet ist, z. B.:
Auf Bild 3 sieht man in der Totale eine Straße, die in Serpentinen ...
Bild 4 zeigt das Gesicht des Mannes in der Großaufnahme. Er ...

b Erläutert, welche Aufgabe die Schnitte haben. Lest hierzu auch die Informationen im Merkkasten auf Seite 201, z. B.:
Durch den Schnitt zwischen Bild 3 und 4 ändert sich die Perspektive auf die Autofahrt: Erst sieht man ... Dann wird deutlich, wie der Mann ...

10.3 Projekt: Einen Werbespot drehen

1. Schritt: Ideen sammeln und einen Drehplan schreiben

1 Plant einen Werbespot als Imagewerbung (▸ S. 190) für eure Schule.

a Entscheidet zunächst,
- was die Botschaft eurer Imagewerbung sein soll.
- welche Zielgruppe ihr mit eurem Film ansprechen wollt, z. B. Grundschulkinder, Eltern.
- wann ihr euren Film zeigen wollt, z. B. am Schulfest, am Tag der offenen Tür, am Infoabend.

TIPP: Vielleicht könnt ihr euren Film auch auf der Schulwebsite veröffentlichen?

b Überlegt gemeinsam, was in einem Werbespot über eure Schule gezeigt werden sollte. Denkt dabei auch daran, was für eure Zielgruppe interessant sein könnte. Sammelt eure Ideen, z. B.:

c Entscheidet, welche Ideen ihr ausführen wollt. Beschränkt euch auf das Allerwichtigste, denn euer Werbespot sollte nicht länger als zehn Minuten dauern.

2 Erstellt einen Drehplan für euren Film, z. B.:

Szene	Drehort, Inhalt	Personen	Ton (Geräusche, Musik, Texte)	Kamera (Einstellung, Perspektive)
1	*vor dem Schulgebäude: Schüler laufen fröhlich in das Gebäude hinein*	*viele Schüler*	*Schulgong, Stimmengewirr, Lachen*	*Überblick über Schulgebäude und Schüler (Totale, Normalperspektive)*
2	*Chemieraum: Schüler führen spannendes Experiment durch*	*7a, Frau Martin*	...	...
3	*Sporthalle:* ...	...	...	...

2. Schritt: Den Werbespot drehen

3 a Betrachtet die beiden Filmbilder. Beurteilt, was im Hinblick auf die Kameraführung gelungen ist und was nicht.
b Macht euch klar, worauf ihr bei euren Dreharbeiten achten müsst. Prüft noch einmal euren Drehplan.

4 a Bildet Drehteams und entscheidet, welches Team welche Szene dreht.
b Dreht nun die einzelnen Szenen. Probiert unterschiedliche Einstellungen und Perspektiven aus und dreht die Szene zwei- oder dreimal.
- Achtet auf gute Lichtverhältnisse, filmt nicht gegen das Licht.
- Haltet die Kamera ruhig und stellt sie möglichst auf ein Stativ oder einen festen Untergrund.
- Verzichtet auf den übermäßigen Einsatz von Zooms und Schwenks. Je näher ihr das Objekt oder die Person heranzoomt, desto mehr verwackelt das Bild.
- Achtet auf einen guten Ton. Geht bei Interviews nah an den Gesprächspartner heran.

TIPP: Denkt daran, dass die Personen, die ihr filmt, damit einverstanden sein müssen.

5 Seht euch euer Filmmaterial an und prüft Bild- und Tonqualität. Notiert eure Verbesserungsvorschläge und dreht einzelne Szenen gegebenenfalls noch einmal.

3. Schritt: Schnitt und Montage

6 a Schneidet euer Filmmaterial am Computer mit Hilfe eines Schnittprogramms:
- Löscht Szenen, die überflüssig oder nicht gelungen sind.
- Probiert verschiedene Schnitte aus. Verändert z. B. die Reihenfolge der Szenen und testet verschiedene Übergänge (Blenden) zwischen den Szenen.

b Überlegt, ob ihr einige Szenen mit Musik unterlegen möchtet oder den Ton verändern solltet.

7 a Überlegt euch für euren Film einen ansprechenden Titel, eventuell Zwischentitel für einzelne Szenen oder Texte für den Vor- und Abspann.
b Fügt die Titel bzw. Texte in euren Film ein.

11 Sprachspiele – Über Wörter und ihre Bedeutung nachdenken

rot grün blau gelb gelb grün rot blau
rot grün grün blau gelb rot grün rot
blau rot grün blau rot rot grün grün
blau gelb rot grün blau gelb rot grün

1 a Nennt zeilenweise die Farben der Kästchen im oberen Rechteck von links nach rechts, also: Blau – Rot – Rot ... Wer schafft es am schnellsten ohne Fehler?
b Benennt jetzt nur die Farben der Wörter im unteren Rechteck, also: Blau – Rot – Rot ... Was stellt ihr fest?
c Erkärt, womit hier gespielt wird.

2 „Blaumachen ist verboten." – „Dann mach doch gelb."
a Erklärt dieses Wortspiel.
b Findet weitere Wortspiele mit Wörtern, die unterschiedliche Bedeutungen besitzen.

In diesem Kapitel ...

– spielt ihr mit Homonymen und nutzt Synonyme für eine abwechslungsreiche Ausdrucksweise,
– untersucht ihr Fremdwörter,
– unterscheidet ihr Ober- und Unterbegriffe,
– beschäftigt ihr euch mit Jugend- und Standardsprache.

11.1 Verstehen und missverstehen – Wortbedeutungen untersuchen

Wortspiele – Homonyme

Ober: „Wie fanden Sie das Schnitzel?"
Gast: „Rein zufällig, als ich die Kartoffel aufhob."

„Schau mal, ein Zitronenfalter!"
„Wo denn? Ich sehe nur einen Schmetterling und niemanden, der Zitronen faltet."

Ein kleiner Junge zu einer freundlichen älteren Dame: „Nein, meine Mutti zieht mich nicht groß, ich wachse schon von ganz alleine."

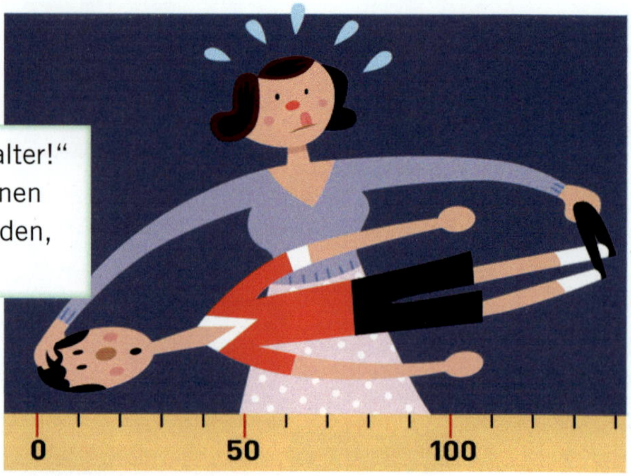

1 Diese Witze beruhen alle auf einem Missverständnis. Findet jeweils das mehrdeutige Wort (Homonym) und erklärt seine verschiedenen Bedeutungen.

2 Erfindet in Partnerarbeit eigene Witze oder Wortspiele mit Homonymen.

a Schreibt die unterschiedlichen Bedeutungen der Homonyme auf, z. B.:
Note: Zeichen für einen Ton (Musiknote) – Beurteilung einer Leistung (Zeugnisnote)

b Verknüpft dann die unterschiedlichen Bedeutungen auf witzige Weise miteinander, z. B. in einer missverständlichen Situation.
„Das sind aber gute Noten!" „Kannst du sie mir mal vorspielen?"

3 Diese Wörter haben – je nachdem, wie man sie ausspricht – unterschiedliche Bedeutungen.

a Betont die Wörter so, dass die unterschiedlichen Bedeutungen hörbar werden.

Staubecken • Spielende • Versendung • Eistempel • Gründung • Wachstube

b Bildet zu jedem Wort zwei Sätze, in denen die unterschiedlichen Wortbedeutungen einen Sinn ergeben.
- *Das Spiel war so intensiv, dass alle am Spielende völlig ausgelaugt waren.*
- *Bei diesem Tennisturnier hatten Spielende und Zuschauer trotz des Regens großen Spaß.*

Information **Homonyme**

Wörter, die **gleich lauten, aber unterschiedliche Bedeutungen** haben, nennt man **Homonyme.** Ihre Bedeutung kann nur im Sinnzusammenhang geklärt werden, z. B.:
Ball (Spielgerät, Tanzveranstaltung): Wir spielen mit dem Ball. Wir gehen auf den Ball.

Wörter mit gleicher oder ähnlicher Bedeutung – Synonyme

1 Unsere Vorstellungen und Erfahrungen bezeichnen wir nicht immer mit den gleichen Wörtern. Vergleicht die Gedanken der beiden Personen. Denken sie das Gleiche? Überprüft das, indem ihr zum Beispiel die Adjektive gegeneinander austauscht.

2 **a** Je zwei Adjektive im folgenden Kasten haben eine gleiche oder ähnliche Bedeutung. Schreibt diese zwölf Wortpaare in euer Heft, z. B.: *schlau – geistreich*

> schlau • unnötig • teuer • heiter • ruhig • abscheulich • ehrlich • preiswert • bunt • transparent • geräuschvoll • aufrichtig • still • überflüssig • farbenfroh • seltsam • laut • widerlich • durchsichtig • geistreich • fröhlich • kostspielig • günstig • eigenartig

b Sucht euch drei Adjektive heraus, zu denen ihr ein weiteres Adjektiv ergänzt, das das Gleiche oder fast Gleiche bedeutet, z. B.: *schlau – geistreich – klug*

3 Die folgenden Verben aus dem Wortfeld „essen" haben unterschiedliche Stilebenen.
a Sortiert die Verben in die folgenden Stilebenen ein: neutral – umgangssprachlich – gehoben.

> essen • dinieren • futtern • sich ernähren • verzehren • verspeisen • verdrücken • tafeln • mampfen • spachteln

b Entwerft Gesprächssituationen, in denen die verschiedenen Stilebenen verwendet werden.

Information **Synonyme**

- **Synonyme:** Wörter mit **gleicher oder fast gleicher Bedeutung** bezeichnet man als Synonyme. Mit Hilfe von Synonymen können wir unsere Ausdrucksweise abwechslungsreicher gestalten. So können wir Wiederholungen vermeiden, indem wir ein anderes, ähnliches Wort verwenden, z. B.: statt *sagen: reden, mitteilen, sprechen.*
- **Antonyme:** Wörter, die in ihrer Bedeutung **gegensätzlich** sind, nennt man Antonyme, z. B.: *groß – klein, stark – schwach.*
- **Wortfeld:** Wörter oder Wendungen, die eine **gleiche oder ähnliche Bedeutung** haben (Synonyme), bilden ein Wortfeld.

Ordnen nach Ober- und Unterbegriffen

Do – der Weg

Ist euch schon einmal aufgefallen, dass viele Kampfsportarten die Endung „do“ haben? Zum Beispiel Judo, Aikido, Taekwondo, Kendo. Auch Karate hieß ursprünglich Karate-Do. „Do“ ist japanisch und heißt wörtlich übersetzt „der Weg“. Damit ist gemeint, dass der Schüler bei diesen Kampfsportarten nicht nur seinen Körper (Schnelligkeit, Sprungkraft, Gelenkigkeit, Ausdauer) trainieren soll, sondern sich auch geistig weiterentwickeln soll, indem er lernt, seine Schwächen zu überwinden: Konzentration, Selbstdisziplin, Willensstärke und vor allem Respekt sollen trainiert werden. Deshalb beginnt auch jeder Kampf mit einer respektvollen Verbeugung und der Begrüßung der Gegnerin oder des Gegners.

1 a Trainiert ihr selbst eine Sportart? Berichtet, worauf es bei dieser Sportart ankommt.
b Ordnet die zentralen Textinformationen nach Ober- und Unterbegriffen. Vervollständigt dazu die folgende Mind-Map in eurem Heft.

2 a Ordnet die nebenstehenden Sportarten nach folgenden Oberbegriffen. Manche lassen sich beiden Begriffen zuordnen.
- Individual- und Mannschaftssportart,
- Hallensportart und Außensportart.

b Ergänzt zu den Oberbegriffen weitere Sportarten (Unterbegriffe).

Fußball • Geräteturnen • Volleyball • Orientierungslauf • Tennis • Basketball • Schwimmen • Eishockey • Polo • Segeln

Information **Ober- und Unterbegriffe unterscheiden**

Ein **Oberbegriff** fasst mehrere Gegenstände, Eigenschaften, Begriffe zusammen, die gemeinsame Merkmale haben, z. B.:
Oberbegriff: *Wassersportarten*
Unterbegriffe: *Schwimmen, Tauchen, Surfen, Rudern, Segeln ...*
Oft lassen sich die Unterbegriffe weiter unterteilen. → *Regattasegeln, Fahrtensegeln, ...*
Die Über- und Unterordnung von Begriffen kann man zum Beispiel in einer Mind-Map darstellen. Von einem Ast (Oberbegriff) können mehrere Zweige (Unterbegriffe) abgehen.

Übertragene Bedeutungen – Metaphern

„Und dann raste er mit seinem Schlitten die Straße entlang. Ein Polizist, ein echter Schrank, hielt ihn an und wollte seinen Lappen sehen."

1 a Welche Wörter hat der Zeichner hier falsch verstanden? Erklärt, warum.
b Erklärt das nebenstehende Schaubild. Verwendet hierfür die folgenden Begriffe: *übertragene Bedeutung (Metapher), wörtliche Bedeutung, Ähnlichkeit.*

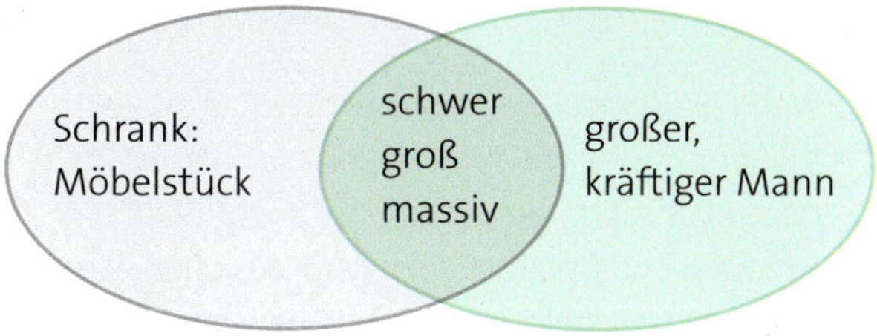

2 Lest die folgenden Wörter und Metaphern. Erklärt, welche Ähnlichkeiten zur Bildung der jeweiligen Metapher geführt haben.
– Bett (Möbel) – Bett des Flusses
– Krone (König) – Krone des Baumes
– Schlange (Tier) – Schlange (Form des Anstehens)

3 Auch in Redensarten (Redewendungen), die wir täglich gebrauchen, stecken viele Metaphern.
a Erklärt die Bedeutung der folgenden Metaphern. Erläutert auch die Ähnlichkeit zwischen wörtlicher und metaphorischer Bedeutung.

einknicken • unter einer Decke stecken • auf dem Schlauch stehen • jemanden durch den Kakao ziehen • die Nadel im Heuhaufen suchen

b Eine Reihe von Metaphern stammen aus dem Sport- und Kleidungsbereich. Tragt diese zusammen, z. B.:
- *Sportbereich: eine Vorlage geben, die Rote ...*
- *Kleidungsbereich: mir geht der Hut hoch, den Gürtel enger schnallen, ...*

c Erklärt, was diese Metaphern bedeuten.

4 Jede Redewendung hat ihre Entstehungsgeschichte, die uns – obwohl wir die Redewendung verstehen – häufig nicht bekannt ist.
a Klärt gemeinsam, wie die folgenden Redewendungen entstanden sein könnten: *Es geht um die Wurst.* • *Er hat den Vogel abgeschossen.*
b Prüft eure Erklärungen mit Hilfe eines Herkunftswörterbuchs.

Information **Die Metapher**

Bei einer Metapher wird ein Wort nicht wörtlich, sondern in einer **übertragenen (bildlichen) Bedeutung** gebraucht, z. B.: *Schnee von gestern* für ein nicht mehr aktuelles Thema.
Man verwendet Metaphern, weil sich zwei Dinge auf Grund einer Eigenschaft ähnlich sind.

Wörter aus anderen Sprachen – Fremdwörter

Die Fußball-Matrix des Bundestrainers

Von Kerstin Hermes

Der Countdown läuft. In zwei Tagen beginnt die Fußball-EM. Experten und Fans sind der Meinung, dass Deutschland gute Chancen auf die Trophäe hat.

Wenn die deutsche Nationalmannschaft ab kommender Woche bei der Europameisterschaft auf dem Platz steht, dann hat ein ganzer Stab von Experten und Sportwissenschaftlern schon ganze Arbeit geleistet. Denn wichtig bei einem Spiel ist schon lange nicht mehr nur, was auf dem Platz passiert, sondern auch im Hintergrund: Ohne Analysen per Computer und ungezählte Statistiken ist moderner Spitzenfußball heute nicht mehr denkbar. Der Ball muss ins Tor: Im Prinzip geht es beim Fußball um nichts anderes. Den Weg dorthin beeinflussen unzählige Faktoren und der Trainer will so viele wie möglich von ihnen steuern. Das fängt bei Fitness, Ernährung, Psychologie und dem Teamgeist an und hört bei der Analyse der Spiele und der Gegner auf. Die Informationen über die Gegner liefern Experten, die so genannten Scouts.

An der Deutschen Sporthochschule Köln untersuchen fast 40 Studenten jede teilnehmende Mannschaft und stellen Daten zur Verfügung, um über jeden Spieler möglichst viel zu wissen. Am Ende kommen rund 800 Seiten und 25 DVDs über jede gegnerische Mannschaft zusammen. Die Interpretation der Informationen liegt beim DFB-Trainerteam. Aber neben allen Analysen ist der Teamgeist der entscheidende Faktor für den Erfolg. „Natürlich müssen wir planen. Wir müssen aber auch entscheiden, wer in einer guten Verfassung ist und wer die Spiele mit Elan und absoluter Power bestreiten kann. Unsere Stärke ist der Teamgeist der Mannschaft. Jeder weiß zu jeder Zeit, was er machen muss", sagt der DFB-Coach.

1 a Erläutert die Überschrift des Artikels. Schlagt gegebenenfalls das Fremdwort „Matrix" in einem Wörterbuch nach.
b Klärt, was die markierten Fremdwörter im Text bedeuten. Prüft eure Ergebnisse mit Hilfe eines Wörterbuchs.

2 a Die meisten Fremdwörter, die wir im Deutschen gebrauchen, kommen aus dem Griechischen, dem Lateinischen, dem Französischen oder dem Englischen.
b Übertragt die Tabelle in euer Heft und ordnet die markierten Fremdwörter aus dem Text nach ihrer Herkunft ein. Nehmt hierzu ein Wörterbuch zu Hilfe.

Fremdwörter	Beispiele aus dem Text	Bedeutung
aus dem Griechischen	...	...
aus dem Lateinischen	*Matrix*	...
aus dem Französischen	...	...
aus dem Englischen	...	...

c Sucht aus den Zeilen 23–38 alle Fremdwörter heraus und ordnet sie ebenfalls in eure Tabelle ein. Schlagt hierzu in einem Wörterbuch nach.

Hot Summer! Promi-Girls setzen die Trends, doch auch ihr könnt mit einigen coolen Teilen euren eigenen Style kreieren. Wir haben die besten Tipps für ein stylisches Outfit.
Als Eyecatcher dienen in diesem Sommer Kleider mit Afrika-Appeal oder mit großen Blumen-Prints. Wer lieber Denim trägt, kann die alte Jeansjacke aus dem Schrank holen oder bei seinem großen Bruder betteln, denn oversized ist angesagt. Auch Animalprints – Zebra und Leopard – sind trendy. Aber Vorsicht: Nicht too much! Echte Fashion-Victims tragen in diesem Jahr ihre Hosen im Fetzenlook. Mutige mit dem richtigen Body greifen zum Jumpsuit. Alle lieben Schuhe: Sneakers, Ballerinas oder Gladiators sind im Sommer ein absolutes Must-have.

1 a Erklärt, worum es in dem Text geht. Wo könnte er veröffentlicht worden sein?
b Begründet, wie dieser Text auf euch wirkt. Was fällt euch auf?

2 a Formuliert die Überschrift und den ersten Textabschnitt (▶ Z. 1–2) um, indem ihr möglichst keine Fremdwörter aus dem Englischen (Anglizismen) verwendet.
b Vergleicht eure Sätze mit den Originalsätzen und beschreibt die jeweilige Wirkung der Texte.
c Untersucht, welche englischen Wörter sich ins Deutsche übertragen lassen und bei welchen es Probleme bei der Übertragung gibt. Verwendet, wenn nötig, ein Englisch-Wörterbuch.
d Findet Gründe, warum in dem Text diese Anglizismen verwendet werden. Lest hierzu auch die Informationen im Merkkasten unten.

3 a Die folgenden Anglizismen lassen sich leicht ins Deutsche übertragen. Notiert die deutschen Übertragungen, z. B.: *Coffee to go – Kaffee zum …*
b Begründet jeweils, ob ihr die englische oder die deutsche Bezeichnung verwenden würdet.

Coffee to go • Community • Christmas • Beachwear • Ticket • Meeting • joggen • easy • Location • Drummer • Dad • chillen • News • happy (sein)

4 Übersetzt die folgenden Wörter mit Hilfe eines Englisch-Wörterbuchs und notiert, welche Bedeutung die Wörter im Englischen und im Deutschen haben. Was stellt ihr fest?
Handy, Oldtimer, Happy End, Mobbing

Information **Fremdwörter**

Fremdwörter sind **Wörter,** die **aus anderen Sprachen** kommen, z. B.: *Gymnastik* (griech.), *diskutieren* (lat.), *Garage* (frz.), *Spaghetti* (ital.), *Snowboard* (engl.).
Viele Fremdwörter übernehmen wir **gegenwärtig aus dem Englischen** (Anglizismen), vor allem aus den Bereichen der Informationstechnik *(Software, WLAN)*, der Musik *(Rapper, Boygroup)*, der Mode *(Jeans)* und des Sports *(Inlineskates)*.

- Fremdwörter werden zum Teil aus anderen Sprachen übernommen, weil sie etwas bezeichnen, für das es kein oder kein einfaches deutsches Wort gibt, z. B.: *Scanner, Chips.*
- Es werden aber auch Fremdwörter in die deutsche Sprache aufgenommen, für die es deutsche Entsprechungen gibt, etwa um modern und aktuell zu wirken, z. B: *Service-Point* (statt *Auskunft/Information*).

Testet euch!

Homonyme, Ober- und Unterbegriffe, Metaphern

- Wegen des Taus rutschte er aus.
- Er erreichte den Ball zu spät.
- Am meisten hasste er die Laster.
- Der Schuss rutschte dem Torwart durch die Finger, was für ein Tor!
- Was sich unter dem Pflaster tat, sah sie nicht.
- Ich mag Berliner.

1 **a** Schreibt die Sätze in euer Heft. Unterstreicht in jedem Satz das mehrdeutige Wort (Homonym).
b Bildet zu jedem Homonym zwei Sätze, in denen die unterschiedlichen Bedeutungen deutlich werden, z. B.: Tau: *Wir zogen zusammen an dem dicken Tau. Morgens lag noch der Tau auf der Wiese.*

2 **a** Ordnet jedem Oberbegriff zwei Unterbegriffe zu, z. B.:
Fernsehsendung
Sportschau, GZSZ (Gute Zeiten, schlechte Zeiten)

~~Fernsehsendung~~ • Kleidung • Wortart • Elektrogeräte • Sportart • Geschirr • Singvogel • Möbel • Blume • Schmuck

Teller • ~~Sportschau~~ • Lerche • Orchidee • Amsel • Badminton • Socken • Mixer • ~~GZSZ~~ • Ring • Verb • T-Shirt • Brosche • Adjektiv • Tasse • Bett • Stuhl • Narzisse • Staubsauger • Golf

b Findet zu den folgenden Oberbegriffen jeweils drei Unterbegriffe. Notiert eure Ergebnisse.

Fahrzeug • Bauwerk • Schreibgerät • Medien • Werkzeug • Kunst

3 Erklärt die wörtliche Bedeutung und die metaphorische Bedeutung der folgenden Redewendungen. Übertragt hierzu die unten stehende Tabelle in euer Heft und setzt sie fort.

immer am Ball sein • ein Eigentor schießen • die Notbremse ziehen • den Nagel auf den Kopf treffen

Redewendung	wörtliche Bedeutung	übertragene Bedeutung
immer am Ball sein	*jederzeit im Fußballspiel den Ball führen*	...

4 Überprüft eure Ergebnisse aus den Aufgaben 1 bis 3 in Partnerarbeit.

11.2 Spiel oder Provokation? – Jugendsprache

Susanna Nieder

Sechsmal „gut“: fett, krass oder knorke?

Ist euch schon mal aufgefallen, dass die wenigsten Leute einfach „gut“ sagen, wenn ihnen etwas gefällt? Für das Wörtchen „gut“ gibt es jede Menge Ausdrücke, die sich ständig verändern. Deshalb werden sie nicht von allen benutzt, sondern immer nur von einer bestimmten Altersgruppe. Wenn ihr mal nicht wisst, wie alt Erwachsene sind, weil über 20 sowieso alle graue Haare, Runzeln und falsche Zähne haben, dann horcht einfach, was die Leute sagen, wenn sie etwas gut finden. Daran erkennt ihr sie bestimmt. Wenn zum Beispiel Zwölfjährigen etwas gefällt, dann finden sie es „voll fett“. Das ist der allerneueste Ausdruck, haben wir uns sagen lassen. 15-Jährige würden „voll krass“ dazu sagen. „Voll krass“ kann aber auch heißen, dass man etwas total blöd findet. Das kommt ganz auf den Zusammenhang an. „Cool“ ist ein Wort, das vor etwa 15 Jahren in Mode kam, als heute 25-Jährige in eurem Alter waren. Kurz davor hatten plötzlich alle angefangen, alles Mögliche „geil“ zu finden. Die meisten Eltern fanden dieses Wort ganz furchtbar. Viele sind wahrscheinlich heute noch nicht begeistert davon. Als ich vor 20 Jahren zur Schule ging, sagten wir „stark“, wenn uns etwas gefiel. „Echt stark“. Das sage ich manchmal heute noch und daran könnt ihr erkennen, dass ich Mitte 30 bin. Vielleicht findet ihr den Ausdruck auch komisch. Ich jedenfalls muss immer bei einem Wort grinsen, das Leute benutzen, die etwa 15 Jahre älter sind als ich. Manche Leute, die um die 50 Jahre alt sind, sagen nämlich „dufte“. Oder auch „spitze“. „Spitze“ sagte früher immer ein gewisser Showmaster mit Namen Hans Rosenthal. Und jedes Mal, wenn er „spitze“ rief, sprang er dabei in die Luft. In grauer Vorzeit, als Oma und Opa oder sogar deren Eltern klein waren, gab es auch schon Ausdrücke, die vor allem Kinder benutzten. Wenn ihr zum Beispiel „Emil und die Detektive“ von Erich Kästner lest, werdet ihr feststellen, dass Gustav mit der Hupe immerzu „eisern!“ ruft. Das soll heißen: Wir halten zusammen. Wenn Kinder wie Emil und Gustav etwas richtig gut fanden, sagten sie „knorke“ oder „schnafte“. Es könnte sogar sein, dass sie „töfte“ gesagt haben.

1 a Erklärt, worum es in dem Artikel geht.

b In dem Text werden verschiedene Bezeichnungen für „gut“ genannt, die man früher verwendete oder heute benutzt. Sucht sie heraus und ordnet sie auf einem Zeitstrahl an.

Bezeichnungen für „gut“

vor 15 Jahren — *heute* →

voll fett, …

2 Tragt zusammen, welche Wörter für „gut“ heute unter Jugendlichen benutzt werden. Welche verwendet ihr?

3 **a** Übertragt die nebenstehenden Beispielwörter aus der Jugendsprache in euer Heft und übersetzt jedes Wort in die Standardsprache, z. B.: *checken = prüfen, kontrollieren*

b Untersucht, welche Merkmale die Beispielwörter haben. Übertragt hierzu die Tabelle in euer Heft und ordnet die Wörter ein.

checken • supertoll • geflasht sein • Diggah • Popelstopper • abservieren • übelst gut • ultrakrass • auf keinsten • Perso • yo man • Alter • pogen • Knete • mega • Spezi

Anglizismen	*checken, …*
Metaphern/bildhafte Ausdrücke	…
Wortneubildungen (Neologismen)	…
Abkürzungen	…
Wortverstärker/Übertreibungen	…
…	…

c Ergänzt die Tabelle mit eigenen Wortbeispielen.

4 Sprecht ihr selbst in dieser oder einer ähnlichen Form? Erklärt, in welchen Situationen ihr Jugendsprache benutzt und wann ihr die Standardsprache wählt.

5 „Eine einheitliche Jugendsprache gibt es nicht. Es gibt nur Sprachen einzelner Szenen wie zum Beispiel die der Hip-Hopper, der Skater, der Computerfreaks usw.“ Diskutiert diese Ansicht.

Information **Jugendsprache**

Die **Jugendsprache** unterscheidet sich durch bestimmte Wörter, Wendungen oder den Satzbau von der **Standardsprache,** z. B.: *fett* (Jugendsprache) = *gut* (Standardsprache).
Sie ist sehr unterschiedlich, denn je nach Jugendgruppe finden sich ganz verschiedene Äußerungsformen, z. B.: *die Sprache der Computerfreaks, der Raver, der Skater* usw.
Zudem ist die Jugendsprache sehr schnelllebig und verändert sich oft innerhalb weniger Jahre oder Monate.
Die Jugendsprache ist häufig durch bestimmte **sprachliche Merkmale** geprägt, z. B.:
- Anglizismen (Übernahmen aus dem Englischen), z. B.: *chillen, Connections.*
- Metaphern/bildhafte Ausdrücke, z. B.: *ätzend, null Bock haben.*
- Neologismen (Wortneubildungen), z. B.: *Achselmoped (Deoroller).*
- Abkürzungen, z. B.: *Spezi* (für *Spezialist*).
- Wortverstärker/Übertreibungen, z. B.: *krass, fett.*

Fordern und fördern – Jugendsprache

A Test: Wie ehrlich bist du zu deiner Freundin? *83–105 Punkte:*

Bei dir weiß jede Freundin, wo sie dran ist! Wer dich zu seinen Freundinnen zählt, der weiß, dass Ehrlichkeit großgeschrieben wird und die Freundschaft durch und durch fair ist und nicht aus Lästereien besteht. Das wünscht sich doch jede Freundin. Du weißt zur richtigen Zeit mit guten Argumenten deinen Standpunkt zu vertreten und hasst nichts mehr als Ungerechtigkeiten und falsche, hinterlistige Spiele! Hervorragend, doch ab und zu solltest du über eine Situation nachdenken, bevor du sie ansprichst.

B Test: Bist du ein Supergirl? *27–39 Punkte:*

Mal Fun-Girl, mal Zicke, mal Tussi – du zeigst viel von dir. In der Clique oder wenn deine BF dabei ist, fühlst du deine Power und bist echt oberlässig. Allein bist du voll uncool und hast ab und zu einen Hänger. Zur Info: Zu einem echten Super-Girl fehlt dir noch ein bisschen dein eigenes Standing. Das solltest du noch hinkriegen.

C Test: Wie wirkst du auf andere? Mach den Test! *34–48 Punkte:*

Du wirkst fröhlich und unkompliziert. An deiner Seite ist das Leben easy und soft und diese positive Sicht der Welt strahlt auch auf andere ab. Ob Fremde oder Kumpel: Du hast für jeden ein Lächeln, jokst gerne herum und wirkst immer freundlich und zugewandt. Vor allem in schwierigen Situationen bist du tough, laberst nicht lange um den heißen Brei herum und machst klare Ansagen. Das kommt supergut an.

Ihr alle kennt wahrscheinlich „Psychotests" in Zeitschriften oder im Internet. Drei Auswertungen aus drei verschiedenen Tests findet ihr hier.

●○○ **1** Bringt die drei Texte (A, B, C) in eine Reihenfolge, die die Nähe zur Jugendsprache ausdrückt. Ordnet so: 1 = sehr nah an der Jugendsprache (jugendsprachlicher Text); 2 = Text mit Standard- und Jugendsprache; 3 = Standardsprache

●●○ **2** Sucht sechs jugendsprachliche Wörter oder Wendungen aus den Texten heraus und übersetzt sie in die Standardsprache.

●●● **3** Untersucht die sprachlichen Merkmale der jugendsprachlichen Wörter und Wendungen aus den Texten. Findet je zwei Beispiele für: Anglizismen, Metaphern, Wortverstärker.

11.3 Projekt – Das voll korrekte Lexikon

Wisst ihr, was mit einer „Rennpappe“ gemeint ist? Kennt ihr einen „Plattenpräsidenten“ oder ein „Frittennetz“? Sind euch die Ausrufe „güschabock!“ oder „hauste!“ bekannt? Alle diese Beispiele stammen aus Wörterbüchern der Jugendsprache. Viele Ausdrücke und Wendungen in diesen Wörterbüchern werden allerdings nicht von allen Jugendlichen verstanden, weil sie nur regional verbreitet sind oder nur in bestimmten Szenen verwendet werden.

1 Erstellt selbst ein Wörterbuch der Jugendsprache. Bildet Gruppen und sammelt Wörter und Wendungen aus der Jugendsprache, die ihr verwendet oder die in eurer Umgebung benutzt werden. Geht so vor:

a Sprecht mit Bekannten, Freundinnen und Freunden in eurem Alter und bittet sie, euch jugendsprachliche Wörter und Wendungen zu nennen, die sie zurzeit verwenden. Notiert auch, was diese Wörter und Wendungen bedeuten, z. B.:

canceln:
abbrechen, absagen, annullieren, aufheben, durchstreichen

abgedreht
1. außerordentlich gut, hervorragend
2. schlecht, untauglich, unpassend
3. originell, urwüchsig

das ist fett:
das ist toll, stark, sehr gut; Steigerung: voll fett

durch die Kanäle rudern:
fernsehen bzw. zappen

zutexten:
...

b Ordnet die Wörter und Wendungen nach dem Alphabet. Wenn ihr mit dem Computer arbeitet, könnt ihr sie automatisch sortieren lassen. Markiert hierzu den Text, klickt dann in der Menüleiste auf „Tabelle“, dann auf „Sortieren“.

c Stellt euch gegenseitig eure Ergebnisse vor. Gibt es Wörter und Wendungen, die ihr nicht verwenden würdet, weil sie zum Beispiel beleidigend sind?

2 Tragt die Ergebnisse eurer Gruppenarbeit zusammen und erstellt euer Wörterbuch der Jugendsprache. Ihr könnt die Seiten ausdrucken, ein Deckblatt gestalten und euer Wörterbuch zum Beispiel in einem Copyshop binden lassen. Oder ihr veröffentlicht euer Wörterbuch auf der Website eurer Schule.

Verschiedene Verlage veröffentlichen in regelmäßigen Abständen Wörterbücher oder Lexika der Jugendsprache. Schreibt die Verlage an und erkundigt euch, ob sie eure Funde in die nächste Ausgabe aufnehmen möchten.

12 Grammatiktraining – Wortarten, Aktiv und Passiv

1 Stellt Vermutungen darüber an, wie der Zaubertrick funktioniert.

2 **a** Prüft, welche Wortarten ihr in den Sätzen aus den Sprechblasen findet. Wie könnt ihr sie unterscheiden?
b Erklärt die Funktion der einzelnen Wortarten.

3 Untersucht die einzelnen Sätze genauer:
a In welchen Sätzen wird hervorgehoben, wer etwas tut? In welchen Sätzen wird betont, was geschieht?
b Bestimmt die Prädikate in den Sätzen. Wie unterscheiden sich die Verbformen?

In diesem Kapitel ...

- wiederholt ihr die wichtigsten Wortarten,
- unterscheidet ihr Aktivsätze und Passivsätze,
- nutzt ihr das Passiv zum Beschreiben von Vorgängen,
- lernt ihr Ersatzformen für das Passiv kennen.

12.1 K(l)eine Zauberei – Wortarten wiederholen

Zauberer und Magier – Rund um das Nomen

David Copperfield – Großmeister der Illusionen

Wenn einer der größten Zauberkünstler unserer Zeit auftritt, gibt er sich nicht mit Zylindern und weißen Kaninchen ab. Der Magier David Copperfield begeistert sein Publikum durch spektakuläre Großillusionen. Mit Hilfe von Licht- und Soundanlagen, Hebevorrichtungen und Spiegeln liefert Copperfield eine gigantische Show, die zahlreiche Zuschauer in riesige Hallen lockt. Unter dramatischen Klängen und geheimnisvoller Beleuchtung verzaubert er das Publikum, indem er Motorräder, seine Assistentin oder sich selbst innerhalb eines Augenblicks von der Bühne hext und urplötzlich an anderer Stelle wieder auftauchen lässt. Im Winter kommen die Menschen wegen der Festtagsstimmung in Copperfields Weihnachtsshow, denn dann lässt er Schnee aus dem Nichts auf das Publikum rieseln.

1 Habt ihr schon einmal eine Zaubershow erlebt oder im Fernsehen gesehen? Berichtet davon.

2 **a** Übertragt die folgende Tabelle in euer Heft. Sucht dann aus dem Text mehrere Beispiele für die Wortarten heraus und ordnet sie in die richtige Tabellenspalte ein.

Nomen	Adjektive	Präpositionen
...	...	...

b Erklärt, woran ihr die Wortarten im Text erkannt habt.

3 **a** Lest den Text und lasst dabei alle Adjektive weg. Wie wirkt der Text jetzt auf euch?
b Im Text heißt es „einer der <u>größten</u> Zauberkünstler unserer Zeit" (▶ Z. 1). Erklärt, in welcher Form das Adjektiv hier verwendet wird. Welche anderen Formen kennt ihr?

4 Präpositionen können ein örtliches, zeitliches, modales oder kausales Verhältnis ausdrücken. Erklärt dies am Beispiel ausgewählter Präpositionen im Text.

5 **a** Verfasst einen kurzen Erlebnisbericht über eine Zaubershow. Verwendet dabei möglichst viele Adjektive, um die Zaubereffekte zu veranschaulichen, z. B.: *fantastisch, großartig*.
b Unterstreicht anschließend alle Adjektive.
c Kreist in eurem Text alle Präpositionen ein und markiert das Wort oder die Wortgruppe, auf die sie sich jeweils beziehen.

Mit Adverbien genauere Angaben machen

Konkurrenz der Zauberer

Der Star-Magier David Copperfield hat in seiner Show nie Angst davor, dass das Publikum die ausgefeilte Technik hinter seinen Kunststücken durchschaut. Er glaubt stets an das Bedürfnis der Menschen, ihm gern auf eine Reise durch das Reich der Magie zu folgen. Insgeheim befürchtet er, dass Konkurrenten das Geheimnis hinter seinen Täuschungen entschlüsseln und somit den Zauber brechen könnten. Schon in der Anfangszeit der Bühnenzauberei verdarben Zauberkünstler ihren Rivalen oft das Geschäft, indem sie deren Tricks hinterrücks an das Publikum verrieten oder sie anderswo selber vorführten. Darum lässt Copperfield sicherheitshalber immer den gesamten Raum hinter der Bühne für neugierige Augen abriegeln. Und sämtliche dort arbeitenden Helfer müssen sich anfangs zu absolutem Stillschweigen über seine Zauberrezepte verpflichten.

1 „Zaubertricks zu durchschauen, ist langweilig." Stimmt ihr der Aussage zu? Begründet.

2 **a** Untersucht die markierten Adverbien im Text: Welche Funktion haben sie? Wozu machen sie genauere Angaben?
b Übertragt die folgende Tabelle in euer Heft und ordnet die Adverbien ein.

Adverbien des Ortes	Adverbien der Zeit	Adverbien der Art und Weise	Adverbien des Grundes
...	...	...	...

3 Schreibt den folgenden Text in euer Heft und setzt dabei passende Adverbien aus dem Wortspeicher ein. Bei einigen Lücken gibt es mehrere Möglichkeiten.

David Copperfield hieß ? mit Nachnamen Kotkin. ? übte er seine Zaubertricks. ? mit zwölf Jahren wurde er Mitglied der amerikanischen Zaubervereinigung. Mit 17 wurde er als Darsteller und Trickdesigner für das Zaubermusical „The Magic Man" engagiert. ? legte er sich den Künstlernamen „Davino" zu. Dieser Name klang ihm aber nicht elegant genug. ? wechselte er seinen Künstlernamen und nannte sich ? „Copperfield".

damals • schon • später • darum • frühzeitig • bald • schließlich • zunächst

Information **Das Adverb** (Umstandswort; Plural: die Adverbien)

Adverbien *(dort, dorther, überall, bald, heute, sehr, vielleicht, nämlich)* **machen nähere Angaben zu einem Geschehen.** Sie erklären genau, wo, wann, wie und warum etwas geschieht. Adverbien werden kleingeschrieben und sind im Gegensatz zum Adjektiv **nicht veränderbar** (nicht flektierbar).

Pronomen stellen Bezüge her: Personal- und Possessivpronomen

Harry Houdinis Geheimnis

Der 7. Juli 1912 ist ein schöner Sommertag in New York. Am Pier 6 haben sich zahlreiche Zuschauer versammelt. Ihre Blicke richten sich auf einen kleinen Dampfer, der gerade ablegt. An Bord steht Harry Houdini, der König der Entfesselungskünstler. Unter den wachsamen Augen von einem Dutzend Zeitungsreportern lässt der Magier seine Hände und Füße mit stählernen Handschellen fesseln. Schließlich bugsieren ihn seine Assistenten in eine stabile Holzkiste. Sie nageln den Deckel zu und verschließen sie zusätzlich mit Metallbändern. Die Männer beenden ihre Vorbereitungen, indem sie ein starkes Seil mehrfach um die Kiste verknoten.

Dann schlägt die Stunde der Wahrheit. Am Haken eines Flaschenzugs versinkt das Gehäuse im Wasser, wobei es leichte Wellen schlägt. Da bricht Houdinis Kopf durch die Wasseroberfläche. Innerhalb einer Minute ist er seinem nassen Gefängnis entkommen. Wie er den Trick bewerkstelligt hat, bleibt allerdings sein Geheimnis.

1 Wie konnte sich Houdini aus dieser Holzkiste befreien? Stellt Vermutungen an.

2 „Sie nageln den Deckel zu und verschließen sie zusätzlich mit Metallbändern." (▶ Z. 11–12)
- **a** Lest noch einmal genau im Text nach und erklärt dann, worauf sich die Personalpronomen „sie" jeweils beziehen. Ersetzt die Personalpronomen durch passende Nomen.
- **b** Sucht weitere Personalpronomen im Text und ersetzt sie durch ein Nomen (auch Namen).
- **c** Erklärt, welche Funktion Personalpronomen in einem Text haben.

3 „Am Haken eines Flaschenzugs versinkt das Gehäuse im Wasser, wobei es leichte Wellen schlägt." (▶ Z. 16–18)
- **a** Überlegt, worauf sich das Personalpronomen „es" beziehen könnte.
- **b** Erklärt anhand des Beispiels, worauf ihr beim Gebrauch von Personalpronomen achten müsst.

4 In dem Text kommen sechs Possessivpronomen vor. Sie geben an, zu wem etwas gehört. Schreibt die sechs Possessivpronomen mit den jeweils dazugehörigen Nomen heraus. Notiert, welche Zugehörigkeit die Possessivpronomen jeweils ausdrücken, z. B.:
ihre Blicke → die Blicke der Zuschauer

5 Verfasst ein Interview mit Houdini, nachdem er sich aus der verschlossenen Kiste befreit hat. Markiert in eurem Text die Personal- und Possessivpronomen in verschiedenen Farben, z. B.:
Reporter: „Verraten Sie uns Ihr Geheimnis?"
Houdini: „Nein, natürlich nicht. Ich sage nur so viel: Es hat mit meiner Geschicklichkeit zu tun."

Pronomen stellen Bezüge her: Demonstrativpronomen

Artisten gegen Spiritisten

Der Zauberkünstler Harry Houdini verstand sich nicht als echter Magier, sondern als ein besonders geschickter Artist. Als solcher kämpfte er sein Leben lang gegen jene Taschenspieler, die ihre Tricks als Zauberei verkauften. Zu diesen gehörten vor allem die so genannten Spiritisten. Diese behaupteten, sie könnten Kontakt zu den Geistern Verstorbener herstellen. Houdini hielt das für Betrug. Die angeblichen Geisterseher würden nur die Leichtgläubigkeit der Hinterbliebenen ausnutzen, um jenen Geld aus der Tasche zu ziehen. So nahm er an vielen Geisterbeschwörungen teil und entlarvte die Tricks, mit denen die Spiritisten angeblich übersinnliche Phänomene erzeugten. Er versprach sogar demjenigen einen hohen Geldbetrag, der ihm ein magisches Phänomen präsentieren könnte, welches nicht erklärbar sei. Diesen musste Houdini jedoch nie auszahlen.

1 Erklärt den Unterschied zwischen Zauberkünstlern und Geisterbeschwörern.

2 **a** Schreibt Wörter, Wortgruppen oder auch ganze Sätze in euer Heft, auf welche die markierten Demonstrativpronomen hinweisen, z. B.:
solcher (Z. 2) = ein besonders geschickter Artist

b Sucht weitere Beispiele für Demonstrativpronomen aus dem Text heraus. Schreibt sie in gleicher Weise mit den entsprechenden Bezugswörtern in euer Heft.

3 Verfasst zu zweit ein Streitgespräch zwischen Houdini und einem Geisterbeschwörer. Achtet darauf, dass ihr möglichst häufig Demonstrativpronomen verwendet. Unterstreicht sie, z. B.:
Houdini: „Diese Klopfgeräusche sind nur Tricks. Sie machen das mit Ihrem Knie."
Spiritist: „Niemals würde ich einen solchen Betrug wagen. Dieses Phänomen ist …"

Information **Pronomen**

Es gibt verschiedene Arten von Pronomen:

1. Mit den **Personalpronomen** *(ich, du, er/sie/es, wir, ihr, sie)* kann man **Nomen** (dazu gehören auch Namen) ersetzen, z. B.: *Die Männer nageln die Kiste zu und versenken sie im Wasser.*
2. **Possessivpronomen** *(mein/meine, dein/deine, sein/seine, ihr/ihre, unser/unsere, euer/eure, ihr/ihre)* **geben an, zu wem etwas gehört,** z. B.: *mein Geheimnis, dein Trick, unsere Zaubershow.* Possessivpronomen begleiten meist Nomen und stehen dann im gleichen Kasus wie ihr Bezugswort.
3. **Demonstrativpronomen** *(der/die/das, dieser/diese/dieses, jener/jene/jenes, solcher/solche/solches, derselbe/dieselbe/dasselbe)* **weisen besonders deutlich auf eine Person oder Sache hin,** z. B.: *Dieser Mann ist der wahre Täter.*
   Demonstrativpronomen können als Begleiter oder als Stellvertreter des Nomens verwendet werden.

Mit Verben Zeitformen bilden: Präsens und Futur

Die Visionen des Nostradamus

Seine düsteren Voraussagen faszinieren die Menschen heute noch. Nostradamus, der wohl berühmteste Seher aller Zeiten, kommt 1503 in Frankreich zur Welt. In seinen Prophezeiungen findet man düstere Vorhersagen für die Zukunft. Seine Weissagungen sind jedoch so unklar und rätselhaft, dass man – ähnlich wie bei Horoskopen auch – vieles hineindeuten kann. Und weil viele Menschen an Vorhersagen glauben wollen, ziehen sie die rätselhaften Prophezeiungen auch heute noch zur Deutung von zukünftigen Ereignissen heran.

1 Sprecht darüber, warum viele Menschen Vorhersagungen reizvoll finden.

2 **a** Schreibt den Text in euer Heft und unterstreicht alle Präsensformen.
b Erklärt den Unterschied in der Funktion des Präsens in den folgenden Sätzen:
– Die Wahrsagerin schaut in eine Kugel. – Wahrsagerei ist keine Wissenschaft.

3 Berühmt geworden ist Nostradamus mit der vermeintlichen Vorhersage des Todes des französischen Königs Heinrich II. Er starb 1559 bei einem Turnierkampf, weil ein Lanzensplitter in seinen Kopf eindrang. Nostradamus' Prophezeiung um 1550 lautete:

> Der junge Löwe wird den alten auf dem Schlachtfeld in einem einzigen Duell besiegen. Im goldenen Käfig wird er ihm die Augen ausstechen.
> Dann stirbt der alte Löwe bald einen grausamen Tod.

a Passt die Prophezeiung eindeutig zu den Ereignissen von 1559? Begründet eure Meinung.
b In den ersten beiden Sätzen werden zukünftige Ereignisse ausgedrückt. Wie nennt man diese Zeitform und wie wird sie gebildet?
c Erklärt, warum im letzten Satz das Präsens verwendet werden kann.

4 Macht Aussagen über eure eigene Zukunft. Nutzt dabei das Futur und das Präsens.

Information **Die Zeitformen Präsens und Futur**

1 Das **Präsens** wird verwendet:
- wenn etwas in der Gegenwart geschieht, z. B.: *Noch heute glauben viele an Wahrsagungen.*
- wenn eine Aussage immer gilt, z. B.: *Wahrsagerei ist umstritten.*
- Außerdem kann man mit dem Präsens Zukünftiges ausdrücken. Meist verwendet man dann eine Zeitangabe, die auf die Zukunft verweist, z. B.: *Er kämpft morgen im Turnier.*

2 Die Zeitform **Futur** wird verwendet, um ein zukünftiges Geschehen auszudrücken, z. B.: *Es wird eine Finsternis geben.* Das Futur wird mit der Personalform von **„werden“** und dem **Infinitiv des Verbs** gebildet, z. B.: *ich werde siegen, du wirst siegen.*

Mit Verben Zeitformen bilden: Perfekt

Halloween – Süßes oder Saures!

Ursprünglich war Halloween ein Herbstfest der Kelten in England und Irland. Die Kelten glaubten, dass die Seelen der Verstorbenen in der Nacht vom 31. Oktober zum 1. November als Geister auf die Erde zurückkommen. Auch heute noch verkleiden sich viele in dieser Nacht als Hexen, Feen oder Dämonen, ziehen von Haus zu Haus und fordern die Bewohner auf, ihnen Süßigkeiten zu geben, weil sie ihnen sonst Streiche spielen. „Süßes oder Saures!", so lautet die Botschaft.
Eva und Klaus erzählen von ihren Erlebnissen:

Eva: Bist du gestern auch durch die Straßen gezogen?
Klaus: Ja, ich habe mich als Gespenst verkleidet. Ich habe wirklich gruselig ausgesehen. Unsere Nachbarin hat einen kleinen Schrei ausgestoßen, als ich an ihrer Tür geklingelt habe.
Eva: Ich bin als Hexe gegangen und bin auf einem Besen geritten. Die Leute haben eher gelacht. Wie hast du denn dein Gespensterkostüm gemacht?
Klaus: Ich habe mir eine Gummiglatze übergezogen, habe den ganzen Kopf dann weiß geschminkt, die Augen schwarz umrandet und mir ein schwarzes Gebiss um den Mund gemalt. Auf einen schwarzen Umhang hat meine Mutter dann mit Klebeband die Umrisse eines Skeletts geklebt. Das hat wirklich unheimlich ausgesehen.
Eva: Claudia ist als Zombie herumgelaufen, das hat mir auch sehr gut gefallen.

1 Habt ihr selbst Erfahrungen mit Halloween? Erzählt von euren Erlebnissen.

2 Die Verbformen in diesem Text stehen in der Zeitform Perfekt.
a Erklärt, wann man das Perfekt verwendet.
b Beschreibt, wie die Verbformen des Perfekts gebildet werden.

3 Schreibt den Dialog zwischen Klaus und Eva weiter. Verwendet dabei das Perfekt.

Information **Die Zeitform Perfekt**

Wenn man **mündlich von etwas Vergangenem** berichtet, verwendet man häufig das **Perfekt,** z. B.: *Ich habe mich als Teufel verkleidet.*
Das Perfekt ist eine **zusammengesetzte Zeitform,** die mit einer Form von **„haben"** oder **„sein"** im Präsens (z. B. *habe, bin*) und dem **Partizip II des Verbs** *(ausgesehen, gegangen)* gebildet wird.

Mit Verben Zeitformen bilden: Präteritum und Plusquamperfekt

Wer war Dr. Faust?

Dr. Georg Faust kam um 1480 zur Welt, studierte Theologie und erwarb sich den Ruf eines bedeutenden Wahrsagers und Zauberers. Der Legende nach ließ er Wein aus einem Tisch laufen, ritt auf einem Fass aus dem Weinkeller und fuhr mit einem breiten Pferdewagen durch eine viel zu enge Gasse. Nachdem er um 1538 gestorben war, tauchte die Gestalt des Dr. Faustus in vielen Büchern auf, so zum Beispiel im „Volksbuch vom Dr. Faust“ (1587). Johann Wolfgang Goethe, der sich schon immer für die Figur des Dr. Faust interessiert hatte, machte den Magier durch sein Drama „Faust“ weltberühmt.

1 In dem Drama „Faust“ von Goethe schließt der Teufel Mephisto mit Faust einen Pakt. Kennt ihr andere Geschichten, in denen der Teufel eine Rolle spielt? Erzählt davon.

2 **a** Übertragt die Tabelle in euer Heft. Sucht alle Verben im Präteritum aus dem Text heraus und ordnet sie in die richtige Spalte ein. Bildet zu jedem Verb den dazugehörigen Infinitiv.

regelmäßige (schwache) **Verben** mit unverändertem Stammvokal	**unregelmäßige** (starke) **Verben** mit verändertem Stammvokal
studierte → studieren	*kam → kommen*

b Begründet, warum in diesem Text die Zeitform Präteritum verwendet wird.

3 **a** Untersucht in den letzten beiden Sätzen (► Z. 7–13) den zeitlichen Ablauf: Was geschieht in der Vergangenheit, was ist dem vorausgegangen?

b Erklärt, wie die Zeitform Plusquamperfekt gebildet wird.

4 Verdeutlicht den zeitlichen Ablauf in den folgenden Sätzen mit Hilfe der Konjunktion „nachdem“:
- Faust studierte Theologie, er wurde ein berühmter Wahrsager und Zauberer.
- Faust verfügte über magische Kräfte, er unterschrieb einen Vertrag mit dem Teufel.

Information **Die Zeitformen Präteritum und Plusquamperfekt**

1 Das **Präteritum** ist eine einfache **Zeitform der Vergangenheit,** z. B.: *Er studierte Theologie.*
- Bei den **regelmäßigen** (schwachen) **Verben** ändert sich im Präteritum der Vokal im Verbstamm nicht, z. B.: *ich schütte (Präsens) → ich schüttete (Präteritum)*
- Bei den **unregelmäßigen** (starken) **Verben ändert sich** im Präteritum der **Vokal** im Verbstamm, z. B.: *ich halte (Präsens) → ich hielt (Präteritum)*

2 Wenn etwas vor dem passiert, wovon im Präteritum oder Perfekt erzählt wird, verwendet man das **Plusquamperfekt,** z. B.: *Nachdem Faust Heidelberg verlassen hatte, reiste er nach Nürnberg.* Das **Plusquamperfekt** ist eine **zusammengesetzte Zeitform.** Es wird gebildet mit einer Form von **„haben“** und **„sein“** im Präteritum (z. B. *hatte, war*) und dem **Partizip II des Verbs** *(unterschrieben, gelaufen).*

Fordern und fördern – Die Zeitformen des Verbs

Geisterzüge in Blankenheim

Alljährlich verwandelt sich das kleine Eifelstädtchen Blankenheim in einen von Geistern beherrschten Ort. Wirbelnde Tanz- und Frühlingsgeister vertreiben die finsteren Winterdämonen. Schon im Jahr 1631 feierte man in Blankenheim den Karneval mit einem Geisterzug und auch in Zukunft wird diese touristische Attraktion wohl weiterleben. Geisterzüge haben eine lange Tradition, die bis ins Mittelalter zurückreicht. Nachdem die kalten Wintermonate ihnen große Entbehrungen abverlangt hatten, vertrieben die Menschen mit lautem Spektakel die Dämonen des Winters. „Die Menschen haben den Frühling einfach als Erlösung empfunden“, meinen die Historiker Nobert P. und Markus L. So ist der Karneval, der Fasching, die Fassenacht oder die Fastnacht im Grunde ein Frühlingsfest, das auch in anderen Ländern gefeiert wird.

1 Übertragt die Tabelle in euer Heft und sucht zu jeder Zeitform ein Beispiel aus dem Text.

Präsens	Futur	Präteritum	Perfekt	Plusquamperfekt
…	…	…	…	…

2 Schreibt den Text ab und setzt die Infinitive ins Präteritum bzw. ins Plusquamperfekt.

Schutz vor bösen Geistern

Im Mittelalter glaubten die Menschen, stets von bösen Geistern bedroht zu sein. Sie ? *(fürchten)* sich vor Krankheit und Tod durch die Rachsucht böswilliger Dämonen. Nachdem immer schrecklichere Seuchen die Menschen ? *(heimsuchen)*, versuchten diese, die bösen Geister zu vertreiben. Man ? *(führen)* ein gottesfürchtiges Leben und ? *(schützen)* auch das Haus durch allerlei Bräuche. Nachdem man in der Kirche ? *(beten)*, ? *(brennen)* man zum Beispiel im Haus Weihrauch oder Wacholder ab, um die krank machenden Dämonen fernzuhalten.

3 Verbindet die nebeneinanderstehenden Hauptsätze zu Satzgefügen (Hauptsatz und Nebensatz). Drückt durch das Plusquamperfekt die Vorzeitigkeit aus:

Die Menschen verkleideten sich mit einem weißen Tuch als Winterdämon.	**nachdem**	Sie bemalten ihre Gesichter mit weißer Farbe.
Es war dunkel.	**nachdem**	Der Geisterzug setzte sich mit lautem Geschrei in Bewegung.
Hunderte Geister machten sich auf den Heimweg.	**nachdem**	In den Gassen von Blankenheim kehrte wieder Ruhe ein.

Testet euch!

Die Zeitformen des Verbs

Graf Dracula – Wahrheit oder Legende?

Ein Vampir ? *(sein)* ein Untoter, der sein Grab ? *(verlassen)* und sich auf die Jagd nach menschlichem Blut ? *(begeben).* Schon lange ? *(geben) es* Legenden um diese Blut saugenden Wesen, die am Tage erstarrt und reglos in ihren Särgen ? *(liegen)* und nach Sonnenuntergang zum Leben erwachen. Der berühmteste Blutsauger ? *(sein)* der grausame Graf Dracula, den der irische Schriftsteller Bram Stoker vor mehr als 100 Jahren in seinem Roman „Dracula" ? *(erfinden).*

Doch ? *(geben) es* damals diesen unheimlichen Grafen wirklich? Tatsächlich ? *(dienen)* ein grausamer Fürst, der im 15. Jahrhundert über die Walachei im heutigen Rumänien ? *(herrschen),* als Romanvorlage. Dieser Fürst trug den Beinamen „Dracul" (Teufel) und ? *(sich verhalten)* tatsächlich grausam und blutrünstig. Nachdem er seine Feinde ? *(gefangen nehmen),* ? *(durchbohren)* er sie mit langen, spitzen Pfählen und ? *(trinken)* das Blut seiner Opfer. Mit 46 Jahren ? *(ermorden)* man den Fürsten. Seine Leiche ? *(bleiben)* jedoch bis heute verschwunden. Nachdem man 1931 sein Grab ? *(öffnen),* ? *(finden)* man keine sterblichen Überreste. Allerdings ? *(wissen)* man bis heute nicht, ob es sich um die richtige Grabstätte handelt.

1 a Schreibt den Text ab und ergänzt das konjugierte Verb in der richtigen Zeitform (Präsens, Präteritum oder Plusquamperfekt).
b Unterstreicht die verschiedenen Zeitformen mit unterschiedlichen Farben.

2 Schreibt aus dem Text zwei starke (unregelmäßige) und zwei schwache (regelmäßige) Verben heraus und begründet, warum es sich um starke bzw. schwache Verben handelt.

3 In dem Roman „Dracula" von Bram Stoker fährt ein Rechtsanwalt zum Schloss des Vampirs. Hier erzählt er von seinen ersten Eindrücken. Lest den folgenden Text, ergänzt die passenden Verbformen im Perfekt und schreibt sie auf.

> Als Rechtsanwalt ? ich von England zum Schloss eines Grafen in die Südkarpaten ? *(reisen).* Schon beim Anblick meines Gastgebers ? ich stutzig ? *(werden)* und ? ein unbehagliches Gefühl ? *(haben).* Zuerst ? ich ? ? *(sich wundern),* dass ich dem Grafen nur nachts ? ? *(begegnen).* Tagsüber ? er in einem Sarg ? *(liegen).* Ich ? schnell ? *(merken),* dass in diesem Schloss schon viele unheimliche Dinge ? ? *(geschehen).* Überstürzt ? ich nach London ? *(fliehen),* aber der Graf ? mir ? *(folgen).*

4 Vergleicht eure Ergebnisse aus den Aufgaben 1 bis 3 in Partnerarbeit.

12.2 Zaubertricks – Aktiv und Passiv

Aktiv und Passiv im Vergleich

Der schwebende Kochlöffel

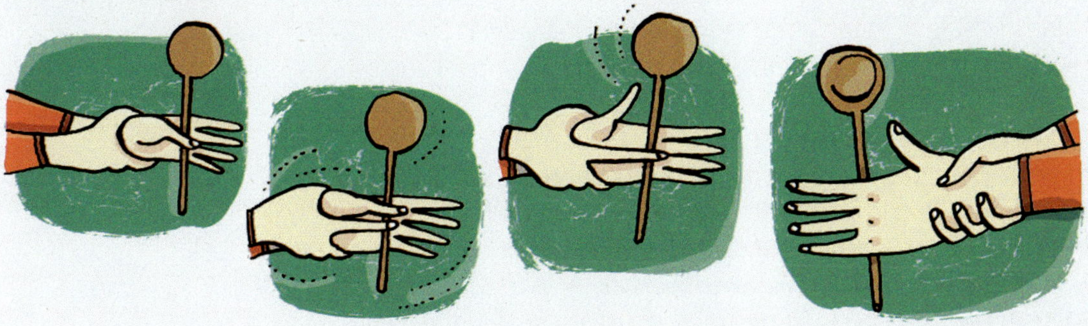

A Der Kochlöffel wird mit einem Tuch abgerieben. Dadurch wird er angeblich magnetisch aufgeladen. Zuerst wird der Kochlöffel mit dem Daumen der linken Hand festgehalten. Das linke Handgelenk wird dabei mit der rechten Hand umfasst. Jetzt wird der Kochlöffel mit der Hand auf und ab bewegt, danach wird der Zeigefinger der rechten Hand blitzschnell gegen den Kochlöffel gedrückt und der Daumen hochgehalten.

B Michael kann einen richtig guten Zaubertrick: Zuerst reibt er den Kochlöffel mit einem magischen Tuch ab. Dann streckt Michael seine linke Hand aus und umfasst das Handgelenk mit der rechten Hand. Der Kochlöffel schwebt nun wie von Geisterhand gehalten hinter den Fingern seiner linken Hand. Damit die Zuschauer nicht durchschauen, dass er den Kochlöffel mit dem Daumen festhält, bewegt er die Hand, drückt blitzschnell den Zeigefinger der rechten Hand gegen den Kochlöffel und hält den Daumen in die Luft.

1 Lest die beiden Texte. Könnt ihr erklären, wie dieser Zaubertrick funktioniert?

2 Untersucht die beiden Texte genauer: In welchem Text wird hervorgehoben, wer etwas tut? In welchem Text wird betont, was geschieht? Nennt Beispiele.

3 **a** Untersucht die Verbformen in dem Text A. Schreibt hierzu einige Sätze ab und unterstreicht die Prädikate.
b Erklärt, wie diese Passivformen gebildet werden.

4 Überlegt, in welchen Fällen es sinnvoll ist, das Passiv zu verwenden. Wann bietet sich eher das Aktiv an?

Täter nennen oder verschweigen?

Die Knalltüte

1. Silke zeigt dem Publikum eine leere Papiertüte.
2. Dann nimmt sie ein Papiertaschentuch mit Farbtupfern.
3. Silke steckt das Tuch in die Tüte und bläst sie auf.
4. Nun spricht sie einen Zauberspruch und bringt die Tüte zum Platzen.
5. Ein bunter Konfettiregen überrascht das Publikum.
6. Silke hat aus dem bunten Papiertaschentuch Konfetti gezaubert.

1 Erfragt die Handlungsträger in den Sätzen. Geht so vor:

a Schreibt den Text in euer Heft. Lasst dabei über jeder Zeile eine Zeile frei.

b Erfragt in jedem Satz den Handlungsträger (Subjekt) und markiert ihn rot, z. B.:

1. Silke zeigt dem Publikum eine leere Papiertüte. → Wer zeigt dem Publikum eine leere Papiertüte?

c Nicht immer ist der Handlungsträger eine Person. Nennt ein Beispiel.

2 Das Handeln des Handlungsträgers ist meist auf ein Objekt gerichtet. Erfragt die Akkusativobjekte in euren Sätzen und unterstreicht sie grün.

1. Silke zeigt dem Publikum eine leere Papiertüte. → Wen oder was zeigt Silke dem Publikum?

3 **a** Formuliert die Aktivsätze oben in Passivsätze um. Nehmt hierzu den Merkkasten zu Hilfe.

b Untersucht, was jeweils mit dem Subjekt und dem Objekt des Aktivsatzes geschieht.

4 Versucht, die nebenstehenden Sätze ins Passiv zu setzen. Was stellt ihr fest?

– Die Zuschauer applaudieren begeistert.
– Die Zauberin dankt für den Applaus.

Information **Aktiv und Passiv der Verben**

Das Aktiv und das Passiv sind zwei Verbformen, die man bei der Darstellung von Handlungen und Vorgängen unterscheidet. Man kann aus zwei Perspektiven schauen:

Aktiv: Der Handlungsträger (Handelnde) wird betont, z. B.:
Der Zauberer hält einen Kochlöffel in der Hand.

Passiv: Die Handlung/der Vorgang wird betont, z. B.:
Der Kochlöffel wird in der Hand gehalten.

- Im **Aktiv** ist wichtig, **wer** handelt/etwas tut. Im **Passiv** wird betont, **was geschieht.**
- Das **Passiv** wird meist mit einer Form von **„werden“** und dem **Partizip II des Verbs** (▶ S. 322) gebildet, z. B.: *wird gehalten; werden aufgeteilt.*
- Im Passivsatz kann der Handlungsträger ergänzt werden, z. B.:
  Der Kochlöffel wird von dem Zauberer in der Hand gehalten.

Sätze, in denen der Handlungsträger als Subjekt des Satzes erscheint, stehen in der Verbform Aktiv. Bei der Umwandlung eines Aktivsatzes in einen Passivsatz wird das **Akkusativobjekt** des Aktivsatzes zum **Subjekt** des Passivsatzes, z. B.:

Aktiv: *Silke führt einen Zaubertrick vor.* (einen Zaubertrick: Akkusativobjekt) → Passiv: *Der Zaubertrick wird (von Silke) vorgeführt.* (Der Zaubertrick: Subjekt)

Böse Überraschung

1 Lest die Aussagen in den Sprechblasen. Erfragt bei den einzelnen Sätzen die Handlungsträger.

2 **a** Formuliert Aussagen, die das Geschehen benennen, nicht aber den Täter. Verwendet dabei das Passiv und nutzt auch die folgenden Adverbien: *angeblich, möglicherweise, vermutlich.*

b Vergleicht eure Passivsätze mit den Aussagen oben. Welche Unterschiede könnt ihr feststellen?

3 Für die Stellungnahme haben die Schülerinnen und Schüler beschlossen, mögliche Täter nicht preiszugeben, sondern als Klasse gemeinsam die Verantwortung zu übernehmen.

a Formuliert diese Stellungnahme. Verschweigt die Handlungsträger (Täter), indem ihr gezielt Passivformulierungen verwendet, z. B.:
In der zweiten großen Pause wurde auf dem Pausenhof jongliert. Es wurde für das ...

b Unterstreicht in eurer Stellungnahme die Verbformen im Passiv.

Information **Passiv aus Informationsmangel/als Informationsriegel**

- In einem Passivsatz kann der Handlungsträger ergänzt werden, z. B.:
  Die Schüler wurden von Herrn Schweppenstette zur Stellungnahme aufgefordert.
- In einem **Passivsatz** kann der **Handlungsträger** aber auch **völlig weggelassen werden,** z. B.
  – wenn er unbekannt ist (Passiv aus Informationsmangel): *Mein Fahrrad wurde gestohlen.*
  – wenn der Handelnde aus bestimmten Gründen nicht genannt werden soll (Passiv als Informationsriegel), zum Beispiel um eine betroffene Person zu schützen oder die verantwortlichen Personen oder Täter zu verschleiern: *Beim Fußballspiel wurde ein Fenster beschädigt.*

Vorgangs- und Zustandspassiv

1 In diesem Jahr wird die neue Show des Zirkus „Roncalli“ aufgeführt.
2 Auf dem Marktplatz werden die letzten Vorbereitungen getroffen.
3 In einem Interview wird vom Organisationsleiter mitgeteilt:
4 „Das 16 Meter hohe Zirkuszelt wird schon auf der Platzmitte errichtet.
5 Auch die Stromanschlüsse sind schon verlegt.
6 Unter den Planen sind zudem drei Kilometer Wasserleitungen und 1500 Meter Abwasserschläuche verlegt.
7 Jetzt werden nur noch die Hinweisschilder für die Zuschauer aufgestellt.“
8 Die Premiere für die Show ist für das erste Maiwochenende angesetzt.

1 a Vergleicht die Passivformulierungen im Text: Welche Sätze beschreiben einen Zustand, welche einen Vorgang?
b Erklärt, wie die jeweiligen Passivformulierungen gebildet werden.

2 a Lest die Informationen im Merkkasten unten.
b Formt die Sätze 5, 6 und 8 vom Zustandspassiv ins Vorgangspassiv um.
c Wandelt die Sätze 2 und 4 vom Vorgangspassiv ins Zustandspassiv um.
d Vergleicht eure Sätze mit den Originalsätzen und erklärt, in welcher Weise sich die Aussage der Sätze jeweils verändert hat.

3 Bildet weitere Sätze, in denen ihr das Zustands- und das Vorgangspassiv verwendet.
Ihr könnt die folgenden Stichworte zu Hilfe nehmen:

Sitzreihen aufbauen • Trapeze montieren • Manege aufräumen • Kostüme fertigstellen • Generalprobe durchführen • Vorhänge öffnen

Information **Zustands- und Vorgangspassiv**

Während das Vorgangspassiv den Ablauf eines Vorgangs beschreibt, drückt das Zustandspassiv das Ergebnis eines Vorgangs aus.

1 Das **Zustandspassiv** *(sein-Passiv)* wird durch eine Personalform von **„sein“** und durch das **Partizip II des Verbs** gebildet, z. B.: *Die Tür ist geschlossen.*
2 Das **Vorgangspassiv** *(werden-Passiv)* wird durch eine Personalform von **„werden“** und durch das **Partizip II des Verbs** (► S. 322) gebildet, z. B.: *Die Tür wird geschlossen.*

Aktiv und Passiv in verschiedenen Zeitformen

Nichts als fauler Zauber?

Der Bühnenzauberer James Randi wird seit den 1950er Jahren von der Öffentlichkeit als Entfesselungskünstler gefeiert. Seine legendäre Entfesselungs-Performance über den Niagarafällen wurde weltweit zur Kenntnis genommen. Auf der Bühne begeisterten seine Tricks die Zuschauer so sehr, dass ihm unterstellt wurde, er verfüge über echte magische Fähigkeiten. Weil James Randi weiß, wie Illusionen erzeugt werden, ist er sehr skeptisch, wenn von anderen Zauberkünstlern behauptet wird, dass sie übernatürliche Fähigkeiten besitzen. Berühmt wurde James Randi vor allem durch seine Auseinandersetzung mit dem Zauberer Uri Geller. Nachdem von Uri Geller behauptet worden war, dass er durch übersinnliche Kräfte Löffel verbiegen und Gedanken lesen könne, wurde er von Randi als Betrüger entlarvt. Mühelos führte James Randi auf der Bühne dieselben Tricks vor und schrieb ein Buch, in dem Uri Gellers Tricks genau erklärt werden. Dennoch ist von Uri Geller bis heute nicht zugegeben worden, statt übernatürlicher Kräfte nur einfache Zaubertricks zu verwenden. Eine Million Dollar bietet Randi, wenn ihm ein Zaubertrick vorgeführt werden wird, den er nicht wissenschaftlich erklären kann.

1 Ein Zauberkünstler müsse eine ehrliche Person sein, meint Randi. Erklärt, was er damit meint.

2 **a** Schreibt aus dem Text alle Passivformen heraus und bestimmt jeweils das Tempus. Nehmt hierzu die Informationen aus dem Merkkasten unten zu Hilfe.
b Erklärt anhand von Beispielen aus dem Text, warum jeweils Passivformen im Präsens, im Präteritum, im Plusquamperfekt und im Futur verwendet werden.

3 In Zeile 20–23 wird das Perfekt Passiv verwendet. Erklärt, warum.

4 Erfindet einen Zeitungsbericht (z. B. über einen Betrug oder einen Diebstahl), in dem ihr unterschiedliche Zeitformen des Passivs verwendet. Ihr könnt die folgenden Verben benutzen:
betrügen, verfolgen, verhaften, befragen, verurteilen, einsperren, entlassen

5 Schreibt den Text ins Aktiv um. Ergänzt dabei mögliche Handlungsträger.

Information **Zeitformen im Aktiv und Passiv**

	Aktiv: Verb *(bewundern)* in der entsprechenden Tempusform	**Passiv:** „werden" in der entsprechenden Tempusform + Partizip II des Verbs *(bewundern)*
Präsens	*Jens bewundert den Zauberer.*	*Der Zauberer wird bewundert.*
Futur I	*Jens wird ... bewundern.*	*... wird bewundert werden.*
Präteritum	*Jens bewunderte ...*	*... wurde bewundert.*
Perfekt	*Jens hat ... bewundert.*	*... ist bewundert worden.*
Plusquamperfekt	*Jens hatte ... bewundert.*	*... war bewundert worden.*

Ersatzformen für das Passiv

Der befreite Ring

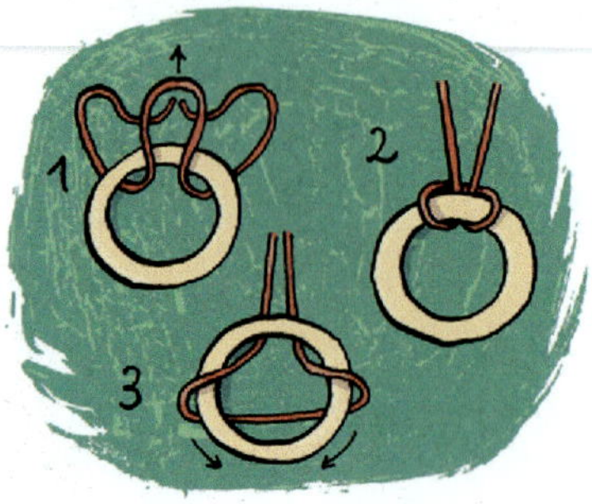

Für diesen Zaubertrick werden folgende Materialien gebraucht: ein Kunststoffring, ein Seil, ein größeres Tuch. Zuerst werden das Seil und der Kunststoffring von den Zuschauern untersucht. Dann wird der Ring mit dem Seil verknotet. Der gefesselte Ring wird noch einmal dem Publikum gezeigt.
Jetzt werden die Seilenden verknotet und das verknotete Ende des Seils wird von einem Zuschauer festgehalten. Danach wird angekündigt, den Ring ohne Lösen des Knotens oder Zerschneiden des Seils zu befreien. Nun wird ein Tuch über den eingeknoteten Ring gelegt. Dabei werden die Seilenden nach wie vor von dem Zuschauer gehalten. Unter dem Tuch wird der Ring blitzschnell von dem Seil befreit, ohne dass das Seil losgelassen oder beschädigt wird. Zur Befreiung des Rings wird die Schlaufe des Seils etwas gelockert und die Schlinge über den Ring nach unten gezogen. Der Trick muss natürlich vorher gut geübt werden.

1 Der Text oben soll in einem Zauberbuch veröffentlicht werden. Er enthält jedoch zu viele Passivformen.

a Überarbeitet den Text und reduziert die Passivformen, indem ihr in einzelnen Sätzen das Passiv durch eine passende Ersatzform austauscht. Der Merkkasten unten hilft euch dabei.

b Vergleicht eure Ergebnisse.

2 **a** Erprobt an dem folgenden Satz alle Ersatzformen aus dem Merkkasten unten.
Dann wird der Ring mit dem Seil verknotet.

b Diskutiert, welche Ersatzformen geeignet sind und welche eher nicht.

Information **Ersatzformen für das Passiv**

Um Passivformen in Texten zu vermeiden, stehen die so genannten Passiv-Ersatzformen zur Verfügung. Sie haben mit dem Passiv gemeinsam, dass der Handlungsträger nicht genannt wird. Im Unterschied zum Passiv handelt es sich bei den Ersatzformen jedoch um aktive Verbformen. Die wichtigsten Ersatzformen für das Passiv sind:

Ersatzformen für das Passiv	Beispiele
▪ Man-Form	▪ *Man löst die Schlaufe des Seils.*
▪ Sie-Form/Du-Form	▪ *Sie lösen/Du löst die Schlaufe des Seils.*
▪ Imperativform	▪ *Lösen Sie/Löse die Schlaufe des Seils.*
▪ „sich lassen" + Infinitiv	▪ *Die Schlaufe des Seils lässt sich lösen.*
▪ Verbform von „sein" + Infinitiv mit „zu"	▪ *Die Schlaufe des Seils ist zu lösen.*
▪ Verbform von „sein" + Adjektiv mit der Endung „-bar", „-lich", „-fähig"	▪ *Die Schlaufe des Seils ist lösbar.*

Fordern und fördern – Passiv

Manege frei

1 In der Projektwoche üben die Schülerinnen und Schüler verschiedene Zirkusnummern ein.
2 Beim Jonglieren werfen schon die Kleinen die Bälle gekonnt in die Luft und fangen diese wieder auf.
3 Die Zauberer trainieren ihre Tricks für die Zirkusshow.
4 Die Schülerinnen und Schüler der Klassen 7 entwerfen Eintrittskarten für die Aufführung.
5 Das Schulorchester begleitet die einzelnen Zirkusnummern mit Musik.
6 Die Eltern helfen den Schülerinnen und Schülern beim Nähen der Kostüme.
7 Die Schülerinnen und Schüler aus der Oberstufe bauen auf dem Schulhof das Zirkuszelt für die Show auf.

●○○ **1** Wandelt die Aktivsätze (Sätze 1–7) ins Passiv um, z. B.:
In der Projektwoche werden verschiedene Zirkusnummern (von den Schülerinnen und Schülern) …

●●○ **2** **a** Formt die folgenden Sätze sowohl ins Vorgangspassiv als auch ins Zustandspassiv um:
– Die Mitglieder der Schülervertretung verkaufen die Eintrittskarten für die Zirkusshow.
– Eine Gruppe von Schülern beleuchtet die Manege mit einer Lichtanlage.

b Erklärt den Unterschied zwischen Vorgangs- und Zustandspassiv.

●●● **3** **a** Setzt den folgenden Satz ins Präsens Passiv, ins Futur Passiv, ins Präteritum Passiv und ins Perfekt Passiv:
– Die Schüler bauen das Zirkuszelt auf.

b Setzt die folgenden Sätze ins Passiv. Achtet darauf, die Vorzeitigkeit mit den korrekten Zeitformen im Passiv auszudrücken:
– Nachdem die Schülerinnen und Schüler die Eintrittskarten gedruckt haben, verkaufen sie diese.
– Nachdem die Schülerinnen und Schüler die Eintrittskarten gedruckt hatten, verkauften sie diese.

4 Vergleicht eure Ergebnisse aus den Aufgaben 1 bis 3 in Partnerarbeit.

Testet euch!

Verbformen im Aktiv und im Passiv

Harry Potter in der Schule

1 Harry Potter wird in der Hogwarts-Schule für Hexerei und Zauberei zusammen mit anderen magisch begabten Schülern ausgebildet.
2 Das Fach „Geschichte der Zauberei" verabscheuen alle.
3 In diesen Unterrichtsstunden werden von dem Geist Professor Binns Daten und Fakten zur Geschichte der Zauberei auf eine ermüdende Weise vorgetragen.
4 Im Gegensatz zu Professor Binns lieben die angehenden Zauberer und Hexen von Hogwarts den kleinen, freundlichen Zauberkunstlehrer Filius Flitwick.
5 Filius Flitwick kann nur über das Lehrerpult schauen, nachdem er einen Bücherstapel erklettert hat.
6 Der große, dünne, mit einem schwarzen Umhang bekleidete Severus Snape führt die Zauberlehrlinge in die Zaubertrank-Braukunst ein.
7 Harry Potter wird allerdings noch schmerzvoll erfahren, dass er von Severus Snape gehasst werden wird.

1 Bestimmt in allen Sätzen die Verbformen **(Tempus** und **Aktiv** oder **Passiv).** Achtet darauf, dass in einigen Sätzen mehrere Verbformen vorliegen, z. B.:
1. wird ... ausgebildet = Präsens Passiv
2. ...

2 Formt die Sätze 2, 4 und 6 ins Passiv um.

3 Setzt die Sätze 1, 3 und 5 ins Präteritum. Beachtet bei Satz 5 die Vorzeitigkeit.

4 Formuliert den Satz 7 so um, dass Severus Snape im Nebensatz als Handlungsträger und Subjekt erscheint.
TIPP: Ihr müsst hierzu den Nebensatz umformen.

5 a Verbindet die folgenden Sätze mit der Konjunktion „nachdem". Achtet auf die Kommasetzung.
Die Posteule hat die Zeitung gebracht. Ron und Harry erfahren vom Einbruch bei Gringotts.
b Formt euren „nachdem-Satz" aus Aufgabe 5 a ins Passiv um.
c Setzt den Passivsatz aus Aufgabe 5 b ins Präteritum. Beachtet die Vorzeitigkeit im Nebensatz.

6 Vergleicht eure Ergebnisse aus den Aufgaben 1 bis 5 mit dem Lösungsteil auf Seite 350.

12.3 Fit in ... – Einen Text überarbeiten

Stellt euch vor, ihr bekommt in der Klassenarbeit folgende Aufgabenstellung:

Der folgende Artikel über einen außergewöhnlichen Vorfall beim Zauberabend der Klasse 7 b soll in der Schülerzeitung veröffentlicht werden. Das Redaktionsteam hat sich bereits mit dem Text beschäftigt und Vorschläge für eine Überarbeitung gemacht.
Überarbeitet den Text, indem ihr die am Rand notierten Anweisungen umsetzt.

Skandal beim Zauberabend

Beim Zauberabend der Klasse 7 b am letzten Freitag vor den Weihnachtsferien kam es zu einem kleinen Skandal.

Ein Schülervater war erbost. Man hatte ihm angeblich einen 20-Euro-Schein gestohlen.

1. man-Form vermeiden, besser: Passiv

Hintergrund der Aufregung war ein Zaubertrick. Dieser war von Jens P. vorgeführt worden.

Die Zuschauer waren zunächst von dem jungen Zauberer begrüßt worden und ihnen allen wurde ein schöner Abend gewünscht.

2. besser: Aktiv

Nachdem mehrere Gegenstände wie Brille und Taschentuch weggezaubert und dann an einem anderen Ort aufgefunden wurden, kam der Höhepunkt des Abends.

3. Tempusfehler

Das Licht wurde gelöscht und Trommelwirbel begleitete den Zauberer. Nur ein kleiner Spot erhellte die Bühne.

Jens P. kündigte mit großen Worten an, dass er nun versuchen werde, einen 20-Euro-Schein in einen 50-Euro-Schein zu verwandeln.

Sofort wurde von einem Schülervater erklärt, dass er den Geldschein zur Verfügung stelle.

4. besser: Aktiv

Der Zauberer sagte mit magischer Stimme seine Sprüche auf. Der Geldschein verschwand im Zauberhut.

5. Sätze mit „während“ verbinden

Nachdem eine Zeit lang nichts passiert ist, sahen sich die beiden Akteure auf der Bühne völlig ratlos an.

6. Tempusfehler

Jens P. griff mehrfach in den Hut, ohne dass etwas geschah.

Kleinlaut murmelte er: „Tut uns leid, der Trick ist misslungen!“

Ein Raunen ging durch das Publikum. Meike rief von hinten: „Ihr Stümper!“ Der Schülervater sprang verärgert auf, stürmte auf die Bühne und wollte sein Geld zurück. Doch der Hut blieb leer. Plötzlich wurde dem Schülervater in die Jackentasche gegriffen und Jens P. zog einen 50-Euro-Schein hervor. Das Publikum applaudierte. Der Vater war erstaunt und erleichtert und sagte mit einem Augenzwinkern: „Ich spende diese 50 Euro für die Klassenkasse!“

7. Namen verschweigen, besser: Passiv

8. besser: Aktiv

1 a Lest euch die Aufgabenstellung auf Seite 235 und den Artikel mit den Überarbeitungsvorschlägen sorgfältig durch.

b Besprecht gemeinsam mit eurer Banknachbarin oder eurem Banknachbarn, was ihr tun sollt.

2 Überarbeitet nun den Artikel, indem ihr bei den rot unterstrichenen Sätzen jeweils die Überarbeitungsvorschläge des Redaktionsteams umsetzt.
Die folgenden Hinweise zu den einzelnen Überarbeitungsvorschlägen helfen euch dabei:

1. man-Form vermeiden, besser: Passiv
Hinweis: Formt den Satz im Aktiv in einen Passivsatz um. Achtet darauf, das Tempus des Ausgangssatzes in eurem Passivsatz beizubehalten.

2. besser: Aktiv
Hinweis: Wandelt den Satz vom Passiv ins Aktiv um. Übernehmt das Tempus aus der Vorlage.

3. Tempusfehler
Hinweis: Der Zeitungsartikel steht im Präteritum. Wenn etwas vor dem passiert, wovon im Präteritum berichtet wird, verwendet man das Plusquamperfekt.

4. besser: Aktiv
Hinweis: Formt den Satz vom Passiv ins Aktiv um. Berücksichtigt dabei das Tempus des Ausgangssatzes.

5. Sätze mit „während“ verbinden
Hinweis: Verbindet die Sätze mit der Konjunktion „während“. Achtet auf die Kommasetzung.

6. Tempusfehler
Hinweis: Der Zeitungsartikel steht im Präteritum. Wenn etwas vor dem passiert, wovon im Präteritum berichtet wird, verwendet man das Plusquamperfekt.

7. Namen verschweigen, besser: Passiv
Hinweis: Wandelt den Satz vom Aktiv ins Passiv um. Behaltet das Tempus der Vorlage bei.

8. besser: Aktiv
Hinweis: Formt den unterstrichenen Teilsatz vom Passiv ins Aktiv um und nennt dabei den Handlungsträger (Zauberer).

13 Grammatiktraining – Sätze und Satzglieder

1 Auf dem Bild seht ihr das erste Telefon, das 1861 von Johann Philipp Reis erfunden wurde. Beschreibt, wodurch sich dieses Telefon von unseren heutigen Geräten unterscheidet.

2 Um das Telefon zu testen, sprach sein Kollege angeblich unsinnige Sätze in den Apparat, die Reis dann wiederholte.

a Bestimmt die unterstrichenen Satzglieder mit Hilfe der Frageprobe.

b Denkt euch selbst verrückte Sätze aus und lasst einzelne Satzglieder erfragen und bestimmen.

3 Tragt zusammen, welche Satzglieder ihr kennt und wie man danach fragt.

In diesem Kapitel ...

- wiederholt ihr Satzglieder,
- untersucht ihr Satzreihen und Satzgefüge und übt die Kommasetzung,
- lernt ihr die Funktion von Adverbial-, Subjekt- und Objektsätzen kennen.

13.1 Spektakuläre Erfindungen – Satzglieder und Sätze unterscheiden

Satzglieder wiederholen – Subjekt, Prädikat und Objekt

Der Traum vom Fliegen

Im Jahr 1783 ließen die Brüder Michel und Étienne Montgolfier in ihrem französischen Heimatdorf den ersten Heißluftballon steigen. Dieser bestand aus Leinwand und Papier. Im Gegensatz zu heutigen Ballons wurde er vom Boden aus mit einem Feuer beheizt. König Ludwig XVI. war sich der großen Bedeutung dieser Erfindung sofort bewusst. Er schickte den beiden Brüdern gleich eine Einladung. Dort demonstrierten sie dem König die „fliegende Kugel".

1 Stellt mit Hilfe der Umstellprobe (▶ Merkkasten unten) fest, aus wie vielen Satzgliedern der erste Satz des Textes besteht. Schreibt den neu geordneten Satz in euer Heft.

2 a Schreibt alle Prädikate aus dem Text heraus. Denkt daran, dass ein Prädikat auch aus mehreren Teilen bestehen kann (▶ S. 325), z. B. *ließen ... steigen.*

b Bestimmt die markierten Satzglieder mit Hilfe der Frageprobe. Schreibt dazu jeweils die Frage und die entsprechende Antwort auf, z. B.: *Wer oder was ließ im Jahr 1783 den ersten Heißluftballon steigen? → die Brüder Michel und Étienne Montgolfier (Subjekt)*

Information **Satzglieder erkennen und bestimmen**

Mit der **Umstellprobe** könnt ihr feststellen, wie viele Satzglieder ein Satz hat. Wörter und Wortgruppen, die bei der Umstellprobe immer zusammenbleiben, bilden ein Satzglied, z. B.:
Die beiden Brüder | bauten | in Frankreich | einen Heißluftballon.
Einen Heißluftballon | bauten | die beiden Brüder | in Frankreich.
Das **Prädikat** ist der Kern des Satzes. Prädikate werden duch Verben gebildet.
Mit der **Frageprobe** könnt ihr weitere Satzglieder ermitteln:

Frageprobe	Satzglied
Wer oder was ...?	Subjekt
Wen oder was ...?	Akkusativobjekt
Wem ...?	Dativobjekt
Wessen ...?	Genitivobjekt
Wofür ...?/Für wen oder was ...? Wovon ...? Worüber? Woran? Woraus? usw.	Präpositionalobjekt

Satzglieder wiederholen – Adverbiale Bestimmungen

Otto Lilienthal: Fliegen wie ein Vogel

Otto Lilienthal gilt als der erste Mensch, der erfolgreich und wiederholbar mit einem Flugzeug Gleitflüge absolvierte. Im Alter von 19 Jahren begann Lilienthal, die Grundlagen des Fliegens zu erforschen. Am 5. Dezember 1889 veröffentlichte er sein Buch „Der Vogelflug als Grundlage der Fliegekunst". Mit wissenschaftlicher Genauigkeit untersuchte er den Flug und die Flügelform der Vögel, führte zahlreiche Messungen durch und erkannte, dass gewölbte Tragflächen einen größeren Auftrieb liefern als flache.

Mehr als 20 Jahre beschäftigte sich Lilienthal mit der Theorie des Fliegens. Erst danach begann er mit seinen praktischen Flugversuchen. Er baute die Vogelflügel in einem aufwändigen Verfahren nach. Sein erster Flugapparat hatte einen Weidenholzrahmen, der mit einem gewachsten Baumwollstoff bespannt war. Im Garten seines Hauses machte er regelmäßig Sprungübungen. Im Sommer 1891 führte Lilienthal seine ersten Flugversuche durch. Auf einem Gelände am Mühlenberg bei Derwitz gelangen ihm mehrere 25 Meter weite Flüge, die er zur Verbesserung seines Fluggeräts sorgfältig auswertete. Er entwickelte und testete 17 verschiedene Flugapparate und legte dabei eine Strecke von 250 Metern zurück. Innerhalb von sieben Jahren machte Lilienthal 2000 Flugversuche, häufig 80 an einem Tag. Wegen seiner theoretischen Erkenntnisse und seiner spektakulären Flugversuche gilt Lilienthal als Pionier der Luftfahrt.

1 Lest den Text und betrachtet das Foto. Erklärt, wie es Otto Lilienthal gelungen ist, seinen Traum vom Fliegen zu verwirklichen.

2 Im ersten Textabschnitt wurden alle adverbialen Bestimmungen markiert.

a Übertragt die folgende Tabelle in euer Heft und ordnet die markierten adverbialen Bestimmungen in die passende Spalte ein.

Adverbiale Bestimmung			
des Ortes	**der Zeit**	**der Art und Weise**	**des Grundes/Zwecks**
…	…	…	…

b Arbeitet zu zweit. Sucht alle adverbialen Bestimmungen aus dem zweiten Textabschnitt heraus und tragt sie ebenfalls in die Tabelle ein.

c Überlegt, welche adverbialen Bestimmungen die Genialität Otto Lilienthals besonders deutlich machen. Markiert diese in eurer Tabelle.

Der erste Motorflug der Welt

Das Jahr 1903 gilt als Beginn des Motorflugs, denn ? war den Brüder Wilbur und Orville Wright ihr erster motorisierter Flug gelungen. Aber ? hob ein motorisiertes Flugzeug vom Boden ab. Der Pilot war Gustav Weißkopf. Ihm gelang ? der erste bemannte Motorflug der Geschichte. Das Flugzeug war eine Konstruktion aus Bambus und Seide. ? beobachteten seine beiden Helfer und ein Zeitungsreporter ?, wie das fledermausähnliche Gebilde abhob. ? landete Weißkopf ? ?. Die Anwesenden hatten das historische Ereignis beobachtet, jedoch keine Fotos gemacht. ? gibt es keine Dokumente von diesem Flug.

1 **a** Lest den Text. Formuliert Fragen, die offenbleiben.

b Schreibt den Text ab und setzt dabei passende adverbiale Bestimmungen aus dem Wortspeicher ein. Notiert jeweils in Klammern, um welche adverbiale Bestimmung es sich handelt. Nutzt dazu die Frageprobe.

behutsam • in diesem Jahr • sprachlos • in der amerikanischen Stadt Fairfield • nach dem Starten der Propeller • auf dem Boden • darum • schon zwei Jahre vorher • nach dem Umfliegen einiger Kastanienbäume

Information **Adverbiale Bestimmungen**

Adverbiale Bestimmungen sind Satzglieder, die zusätzliche Informationen über den **Ort,** die **Zeit,** den **Grund** und die **Art und Weise** eines Geschehens oder einer Handlung liefern. Mit der **Frageprobe** könnt ihr ermitteln, welche adverbiale Bestimmung vorliegt:

Wann? Wie lange? Seit wann? Wie oft?	**adverbiale Bestimmung der Zeit**
Wo? Wohin? Woher?	**adverbiale Bestimmung des Ortes**
Warum? Weshalb? Weswegen?	**adverbiale Bestimmung des Grundes**
Wie? Auf welche Weise? Womit?	**adverbiale Bestimmung der Art und Weise**

Attribute als Teil eines Satzglieds

Daniel Düsentriebs Schwebemobil

Der berühmte Daniel Düsentrieb hat spektakuläre Flugobjekte erfunden. Bei dem Schwebemobil handelt es sich zum Beispiel um ein rotes Gefährt ohne Räder. An der Unterseite des Fahrzeugs befinden sich stattdessen leistungsstarke Luftdüsen. Der rote Sitz mit einem hochwertigen Lederbezug schont den Rücken des Piloten. Ein automatischer Zischer, eine weitere Erfindung, verhindert Unfälle.

1 a Sucht mit Hilfe der Umstellprobe alle Attribute mit ihren Bezugswörtern aus dem Text heraus. Unterstreicht die Attribute und kennzeichnet mit einem Pfeil, auf welches Bezugswort sich das jeweilige Attribut bezieht.

Der berühmte Daniel Düsentrieb

b Ordnet die Attribute (mit ihren Bezugswörtern) nach ihrer Form in eine Tabelle ein.

Adjektivattribut	präpositionales Attribut	Genitivattribut	Apposition
Der berühmte Daniel Düsentrieb	…	…	…

2 Lest den Text „Daniel Düsentriebs Schwebemobil“ und lasst dabei alle Attribute weg. Erklärt dann, warum Attribute bei der Beschreibung von Gegenständen besonders wichtig sind.

3 a Verfasst selbst eine Beschreibung von einem Flugobjekt. Verwendet dabei verschiedene Formen von Attributen, z. B.:

Bei meinem Flugobjekt handelt es sich um ein … Auto mit …
An den Seiten des …

b Tauscht eure Beschreibungen aus. Unterstreicht im Text alle Attribute und notiert, um welche Form es sich jeweils handelt.

Information **Attribute (Beifügungen)**

Attribute **bestimmen ein Bezugswort** (meist ein Nomen) näher. Sie sind immer **Teil eines Satzglieds** und bleiben bei der Umstellprobe mit ihrem Bezugswort verbunden. Attribute stehen vor oder nach ihrem Bezugswort. Man kann sie mit **„Was für …?“** erfragen.
Attribute gibt es in unterschiedlichen sprachlichen Formen:

- **Adjektivattribut,** z. B.: *das große Auto*
- **präpositionales Attribut,** z. B.: *ein Fahrzeug mit Tragflächen*
- **Genitivattribut,** z. B.: *die Farbe des Fahrzeugs*
- **Apposition,** z. B.: *Daniel Düsentrieb, der Erfinder*

Relativsätze – Attribute in Form eines Nebensatzes

Die verrücktesten Erfindungen von Daniel Düsentrieb

Daniel Düsentrieb ist eine Comicfigur, die von Carl Barks erfunden wurde. Der Ingenieur Daniel Düsentrieb, der sein Erfindertalent von seinem Großvater geerbt hat, stellt bei seinen kuriosen Erfindungen regelmäßig seine Kreativität unter Beweis. Dabei wird er von Helferlein, den man als Düsentriebs genialste Erfindung bezeichnen kann, unterstützt. Helferlein ist ein kleiner Roboter aus Draht und einer Glühbirne, der Düsentrieb bei seinen Aktivitäten stets helfend zur Seite steht. Zu Düsentriebs bekanntesten Erfindungen zählen ein Brotschmierapparat, das Dunkellicht, ein Telefon mit eingebautem Bügeleisen, eine Rückenkratzmaschine, eine Torwartmütze, die mehrere Arme hat, eine Wanderlampe und eine Mülltonne mit Armen und Beinen.

1 Vergleicht die unterstrichenen Attribute in den folgenden Sätzen und beschreibt die Unterschiede:
- Daniel Düsentrieb ist eine von Carl Barks erfundene Comicfigur.
- Daniel Düsentrieb ist eine Comicfigur, die von Carl Barks erfunden wurde.

2 Nebensätze, die in einem Text die Rolle eines Attributs einnehmen, nennt man Relativsätze.

a Schreibt aus dem Text alle Relativsätze mit ihren Bezugswörtern (Nomen) heraus.

b Umkreist das Relativpronomen, das den Relativsatz einleitet. Kennzeichnet dann mit einem Pfeil, auf welches Nomen sich der Relativsatz bezieht.

Daniel Düsentrieb ist eine Comicfigur, die von Carl Barks erfunden wurde.

3 Sucht aus dem Text drei Attribute heraus und formt sie in einen Relativsatz um. Unterstreicht jeweils das Attribut und den Relativsatz und umkreist das Relativpronomen.
Beispiel: *bei seinen kuriosen Erfindungen → bei seinen Erfindungen, die kurios sind*

4 Wählt eine von Daniel Düsentriebs Erfindungen aus und verfasst eine möglichst genaue Beschreibung davon. Verwendet dabei Attribute und Relativsätze.

Information **Der Relativsatz**

Relativsätze sind Nebensätze, die ein vorausgehendes Bezugswort (Nomen oder Pronomen) näher erklären. Sie werden mit einem **Relativpronomen** eingeleitet, z. B.:
der, die, das oder *welcher, welche, welches.*

Ein Relativsatz wird **immer** durch ein **Komma** vom Hauptsatz abgetrennt. Wird er in einen Hauptsatz eingeschoben, dann setzt man vor und hinter den Relativsatz ein Komma.
Daniel Düsentrieb ist eine Comicfigur, die von Carl Barks erfunden wurde.

Relativsätze nehmen im Satz die **Rolle eines Attributs ein** und werden deshalb auch Attributsätze genannt.

Satzreihen und Satzgefüge wiederholen

Die Satzreihe – Hauptsätze verknüpfen

Der Traum von einer Zeitreise

Seit Jahrhunderten träumen Forscher davon, eine Zeitmaschine zu erfinden. Der zerstreute Professor Tüftel berichtet von seinen Bemühungen, diesen Traum wahr werden zu lassen.

Ich habe jahrelang an dem Bau einer Zeitmaschine gearbeitet. Ich habe mir nichts sehnlicher gewünscht, als in die Vergangenheit zu reisen. Das Gerät habe ich fertig gestellt. Es hat nicht richtig funktioniert. Nun träume ich nicht mehr von einer Reise in die Vergangenheit. Ich möchte in die Zukunft reisen. Jetzt baue ich an einer Rakete für eine solche Zeitreise. Mit Lichtgeschwindigkeit möchte ich damit durchs All fliegen. Dabei werde ich langsamer altern als die Menschen auf der Erde. Wenn ich dann wieder auf der Erde lande, lande ich in der Zukunft!

1 Kennt ihr ein Buch oder einen Film, in dem Menschen in die Vergangenheit oder Zukunft reisen? Erzählt davon.

2 a Lest den Bericht von Professor Tüftel. Beschreibt, wie der Satzbau auf euch wirkt.
b Überarbeitet den Text, indem ihr einige Hauptsätze sinnvoll miteinander verknüpft. Verwendet hierfür passende Konjunktionen und achtet auf die Kommasetzung.
c Vergleicht eure überarbeiteten Texte mit dem Text in der Sprechblase. Erklärt, was sich durch die Verknüpfung der Hauptsätze verändert hat.

Konjunktionen
aber • oder • denn • doch • sondern • und

3 Verfasst selbst drei Satzreihen, in denen ihr von Professor Tüftels Experimenten berichtet. Ihr könnt so beginnen: *Eine Reise in die Zukunft scheint Professor Tüftel möglich, denn …*

Information **Die Satzreihe**

Ein Satz, der aus **zwei oder mehr Hauptsätzen** besteht, wird **Satzreihe** genannt. Die einzelnen Hauptsätze werden durch ein **Komma** voneinander getrennt.
Häufig werden Hauptsätze durch die **nebenordnenden Konjunktionen** wie *und, oder, aber, doch, sondern, denn* miteinander verbunden. Nur vor den Konjunktionen *und* bzw. *oder* darf das Komma entfallen, z. B.:
Professor Tüftel war enttäuscht, denn er konnte nicht in die Vergangenheit reisen.
Der Professor baut eine Rakete und er fliegt damit durchs Weltall.

Das Satzgefüge – Haupt- und Nebensätze verknüpfen

Nie erfunden: Die Goldmaschine

Dem alten Griechen Aristoteles zufolge kann man jeden beliebigen Stoff herstellen,	... obwohl alle diese Versuche stets erfolglos blieben.
Im Mittelalter wurden immer wieder Rezepte und Geräte zur Goldherstellung erprobt,	... solange sich dieser Menschheitstraum nicht erfüllt hat.
Forscher werden auch in Zukunft an Verfahren zur Goldherstellung arbeiten,	... weil jeder Stoff aus den Grundelementen Feuer, Wasser, Erde und Luft bestehen soll.

1 a Um etwas über die Versuche zur Goldherstellung zu erfahren, müsst ihr die Haupt- und Nebensätze richtig miteinander verknüpfen. Verbindet immer zwei Sätze miteinander, sodass die Zusammenhänge deutlich werden. Schreibt sie in euer Heft.
b Umkreist die Konjunktionen und unterstreicht die Personalformen der Verben.
c Vergleicht: Welche Satzgliedstelle nimmt die Personalform des Verbs in den Hauptsätzen ein, welche in den Nebensätzen?

2 Bei den Versuchen, Gold herzustellen, ist ein interessantes Zufallsprodukt entstanden.
a Verbindet die folgenden Sätze mit treffenden Konjunktionen. Achtet auf die Kommasetzung.

- Der Apothekerlehrling Johann Friedrich Böttger wurde von Kurfürst Friedrich August von Sachsen inhaftiert. Er sollte für ihn Gold herstellen.
- Böttger experimentierte mit verschiedenen Materialien. Er erfand 1708 zufällig das berühmte Meißner Porzellan.
- Porzellan ist nicht so wertvoll wie Gold. Die Erfindung des Porzellans machte ihn sehr berühmt.

b Umkreist die Konjunktionen und unterstreicht die Kommas.
c Erklärt, welche Bedeutung die Konjunktionen jeweils haben, z. B. Begründung, Angabe eines zeitlichen Zusammenhangs.

Information **Das Satzgefüge**

Einen Satz, der aus mindestens einem **Hauptsatz und** einem **Nebensatz** besteht, nennt man **Satzgefüge.** Der Nebensatz kann vor, zwischen oder nach dem Hauptsatz stehen. Zwischen Hauptsatz und Nebensatz muss **immer ein Komma** stehen. Der Nebensatz wird mit einer **unterordnenden Konjunktion** eingeleitet, z. B. *während, weil, obwohl, wenn.*

Hauptsatz — Nebensatz

Chemiker wollen eine Goldmaschine erfinden, weil Gold ein wertvolles Edelmetall ist.

Personalform des Verbs an zweiter Stelle — Komma — Konjunktion — Personalform des Verbs an letzter Stelle

Fordern und fördern – Satzbaupläne zeichnen

Wunder der Medizin – durch Zufall entdeckt

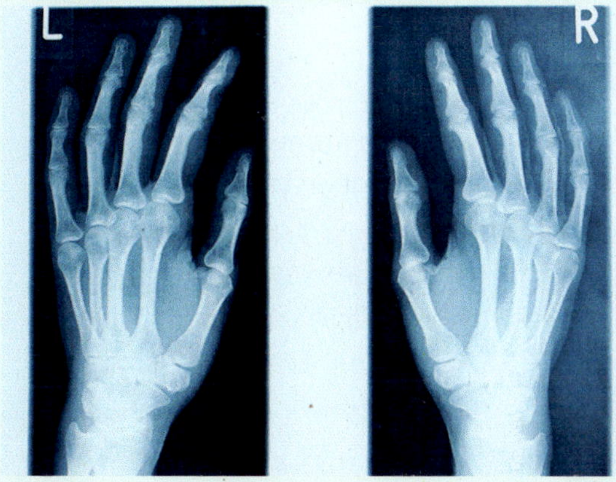

Wilhelm C. Röntgen entdeckte 1895, während er experimentierte, zufällig eine besondere Strahlung. Da ihm die Art der Strahlen unbekannt war, nannte er sie X-Strahlen. Seine Entdeckung war von großer Bedeutung, weil diese Strahlen die innere Struktur eines festen Körpers sichtbar machen können. Während sie im deutschen Sprachraum dem Erfinder zu Ehren Röntgenstrahlen heißen, verwendet man im Englischen weiterhin die Bezeichnung X-rays (rays = Strahlen).

- Auch Alexander Fleming ist ein berühmter Erfinder.
  Er hat eine wichtige Entdeckung gemacht.
- Der Arzt entdeckte 1928 zufällig das Penicillin.
  Er experimentierte mit Krankheitserregern.
- Eine seiner Bakterienkulturen wurde zufällig von einem Schimmelpilz befallen.
  Er wollte die verunreinigte Probe wegwerfen.
- Er betrachtete die Probe genauer.
  Ihm fiel ein Rückgang der krank machenden Bakterien auf.
- Das war eine bahnbrechende Entdeckung.
  Die Herstellung eines Medikaments gelang Fleming nicht.
- Fleming ist dennoch berühmt geworden.
  Er hat den Grundstein für unsere heutigen Antibiotika gelegt.

●○○ **1** Zeichnet zu den Sätzen im ersten Absatz Satzbaupläne. Beispiel:

Wilhelm C. Röntgen entdeckte 1895, während er experimentierte, zufällig eine besondere Strahlung.

——— Hs ———, ——— Fortsetzung Hs ———.

——— Ns ———,

●●○ **2** Stellt die Nebensätze in den ersten drei Sätzen wie folgt um:
1. Satz: Nebensatz am Anfang; 2. Satz: Nebensatz am Ende; 3. Satz: Nebensatz in der Mitte.
Schreibt die neu geordneten Satzgefüge in euer Heft.

●●● **3** **a** Verbindet die Sätze im zweiten Absatz mit passenden Konjunktionen zu Satzgefügen oder Satzreihen. Achtet dabei auf die Kommasetzung.

b Zeichnet zu euren Sätzen Satzbaupläne. Beispiel:

Alexander Fleming ist ein berühmter Erfinder, denn er hat eine wichtige Entdeckung gemacht.

——— Hs ———, ——— Hs ———.

Testet euch!

Satzglieder und Sätze

Jugend forscht

Junge Erfindertalente sollen in Deutschland frühzeitig entdeckt und gefördert werden. Seit 1966 findet daher der Bundeswettbewerb „Jugend forscht" statt. Während dieses europäischen Jugendwettbewerbs im Bereich Naturwissenschaften, Mathematik und Technik können Jugendliche im Alter von 15 bis 21 Jahren als Einzelpersonen oder in Gruppen einer Jury ihre neuesten Erfindungen präsentieren. Die jeweiligen Regionalsieger qualifizieren sich für den landesweiten Wettbewerb. Die Sieger des Landeswettbewerbs dürfen dann am Bundeswettbewerb teilnehmen. Die Preisträger erhalten Geldpreise für die Platzierungen und ihnen winken außerdem Sonderpreise wie Einladungen zu Praktika oder Exkursionsreisen.

1 a Bestimmt in den Sätzen die markierten Satzglieder. Schreibt die einzelnen Satzglieder heraus und notiert daneben jeweils die Lösung.
b Unterstreicht in eurem Heft bei den Satzgliedern alle Attribute und bestimmt ihre Form.

Sonderpreis für Venenfinder

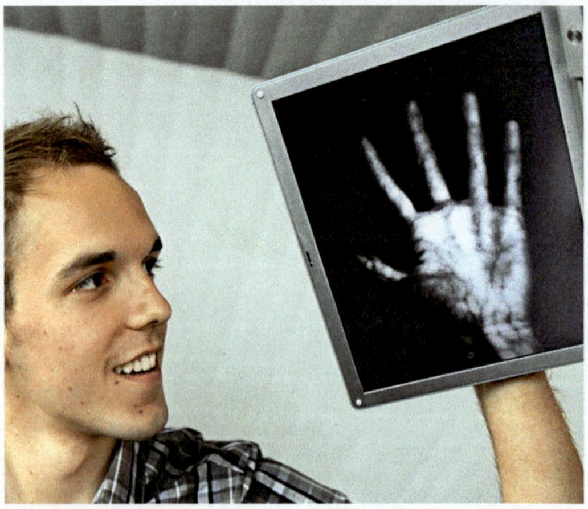

A Wenn der Arzt mit einer Spritze mehrmals erfolglos im Arm herumpikst, ist das ein unangenehmes Gefühl.
B Ärzte treffen leider häufig die Venen ihrer Patienten nicht sofort, weil man bei vielen Menschen die Venen kaum sehen kann.
C Aus diesem Grund erfand Steffen Strobel eine Spezialkamera und er programmierte eine spezielle Software.
D Mit diesen Geräten kann der Arzt, bevor er eine Spritze setzt, die unter der Haut liegenden Venen sichtbar machen.
E Nachdem er 2009 bei „Jugend forscht" schon den Bundessieg errungen hatte, erhielt Steffen Strobel von der Bundeskanzlerin auch noch einen Sonderpreis für die originellste Arbeit.

2 a Notiert jeweils, ob es sich bei den Sätzen A bis E um eine Satzreihe oder ein Satzgefüge handelt, z. B.: *A = ...; B = ...*
b Zeichnet zu den Sätzen A bis E Satzbaupläne.

3 Vergleicht eure Ergebnisse aus den Aufgaben 1 und 2 mit dem Lösungsteil auf Seite 351.

13.2 Experimente mit Luft – Gliedsätze unterscheiden

Mit Adverbialsätzen Zusammenhänge darstellen

Die Luftballonrakete

Ein Faden wird auf eine Länge von ca. drei Metern zugeschnitten. Er kann durch einen Raum gespannt werden.	damit
Der Faden wird zwischen zwei Stühlen befestigt. Er wird durch einen Trinkhalm gezogen.	bevor
Die Stühle werden auseinandergeschoben. Der Faden zwischen den Stühlen ist stramm gespannt.	sodass
Der Luftballon wird aufgeblasen und die Öffnung mit einer Wäscheklammer verschlossen. Die Luft kann nicht entweichen.	damit
Der aufgeblasene Ballon wird mit einem Klebeband am Trinkhalm befestigt. Zusammen mit dem Trinkhalm wird der Ballon an ein Fadenende geschoben.	nachdem
Die Wäscheklammer wird gelöst. Das Experiment kann beginnen.	sobald

1 Beschreibt den Versuch, indem ihr die Sätze mit Hilfe der angegebenen Konjunktionen zu Satzgefügen verbindet. Achtet auf die Kommasetzung, z. B.:
Ein Faden wird auf eine Länge von ca. drei Metern zugeschnitten, damit er ...

2 Unterstreicht in eurer Versuchsbeschreibung alle Nebensätze. Umkreist dann die Konjunktionen, mit denen die Nebensätze eingeleitet werden.

3 Adverbialsätze ersetzen adverbiale Bestimmungen und können wie diese erfragt werden.

Je nach Funktion im Satz unterscheidet man unterschiedliche Arten von Nebensätzen.

a Erfragt die unterstrichenen Adverbialsätze (Nebensätze) aus Aufgabe 2 mit Hilfe der Frageprobe (► Merkkasten, S. 249). Erläutert dann, welche Art von Zusatzinformation sie geben.
Wozu wird ein Faden auf eine Länge von ca. drei Metern zugeschnitten?
→ Der Nebensatz gibt einen Zweck an.

b Bestimmt, um welche Art von Adverbialsatz es sich jeweils handelt. Verwendet hierzu die Fachbegriffe aus dem Merkkasten (► S. 249).

4 a Erklärt den Versuch „Luftballonrakete", indem ihr die Sätze unten zu Satzgefügen mit Adverbialsätzen verbindet. Ihr könnt die vorgegebenen Konjunktionen verwenden.
Achtet auf die Kommasetzung.
TIPP: In einigen Sätzen sind verschiedene Konjunktionen möglich.

Konjunktionen
sodass • damit • während • weil • da • obwohl • wenn

Die Wäscheklammer wird gelöst.
Die Luft kann aus dem Ballon entweichen.

Der Ballon gleitet schnell am gespannten Faden entlang.
Er verliert die gesamte Luft.

Die Luft strömt nach hinten aus.
Das erzeugt eine Gegenbewegung (Rückstoß) nach vorne.

Das Rückstoßprinzip ist immer dann wirksam.
Luft oder andere Gase wirken nach hinten und es gibt eine vorwärts- oder nach oben treibende Gegenkraft.

Weltraumraketen sind sehr viel größer und schwerer als ein Luftballon.
Sie funktionieren dennoch nach dem gleichen Prinzip.

b Unterstreicht in euren Satzgefügen die Adverbialsätze und umkreist die Konjunktionen, die die Adverbialsätze einleiten.

c Erklärt die inhaltliche Beziehung (z. B. Grund, Folge) zwischen den Haupt- und den Adverbialsätzen, indem ihr die Art der Adverbialsätze bestimmt.

Die Wäscheklammer wird gelöst, sodass die Luft aus dem Ballon entweichen kann.
Mit welcher Folge wird die Wäscheklammer gelöst? → Konsekutivsatz

5 a Bestimmt die unterstrichenen adverbialen Bestimmungen in den folgenden Sätzen:
- Trotz eines Gewichts von 700 Tonnen kann eine Rakete in den Weltraum fliegen.
- Beim Start einer Rakete wird Treibstoff verbrannt und in Gas umgewandelt.
- Wegen der nach unten gerichteten Düsen bewegt sich die Weltraumrakete nach oben.

b Wandelt die Sätze zu Satzgefügen um, indem ihr die adverbialen Bestimmungen zu Adverbialsätzen umformt. Verwendet hierfür passende Konjunktionen und achtet auf die Kommasetzung, z. B.: *Obwohl eine Rakete ein Gewicht von 700 Tonnen hat, ...*

Information **Nebensätze unterscheiden: Adverbialsätze**

Je nach Funktion im Satz unterscheidet man unterschiedliche Arten von Nebensätzen. Nebensätze können die Stelle von Satzgliedern übernehmen. Man nennt sie dann auch Gliedsätze. **Adverbialsätze** sind Gliedsätze, weil sie die **Stelle einer adverbialen Bestimmung einnehmen**, z. B.:

Nach dem Experiment sprachen wir über unsere Beobachtungen.
adverbiale Bestimmung

↓

Nachdem wir das Experiment beendet hatten, sprachen wir über unsere Beobachtungen.
Adverbialsatz

Adverbialsätze werden mit einer **Konjunktion** eingeleitet. Sie können nicht ohne Hauptsatz stehen und werden durch ein **Komma** von diesem abgetrennt. Wie die adverbialen Bestimmungen können auch die Adverbialsätze mit Hilfe der Frageprobe näher bestimmt werden.

Adverbialsatz	**Frageprobe**	**Konjunktionen**	**Beispiel**
Temporalsatz (Zeit)	Wann ...? Seit wann ...? Wie lange ...?	nachdem, als, während, bis, bevor, solange, sobald ...	*Solange der Luftballon verschlossen ist, bewegt er sich nicht.*
Kausalsatz (Grund)	Warum ...?	weil, da	*Weil die Luft entweicht, bewegt sich der Ballon.*
Konditionalsatz (Bedingung)	Unter welcher Bedingung ...?	wenn, falls, sofern	*Wenn der Ballon mehr Luft enthält, legt er eine größere Strecke zurück.*
Konsekutivsatz (Folge)	Mit welcher Folge ...?	sodass (auch: so ..., dass)	*Die Schnur wird gespannt, sodass der Ballon gleiten kann.*
Finalsatz (Absicht, Zweck)	Wozu ...?	damit	*Wir lesen die Versuchsbeschreibung genau, damit das Experiment gelingt.*
Modalsatz (Art und Weise)	Wie ...?	indem, dadurch, dass, wie, als (ob) ...	*Der Versuch wird vorbereitet, indem das Material besorgt wird.*
Konzessivsatz (Einräumung)	Trotz welcher Umstände ...?	obwohl, obgleich, obschon, auch wenn	*Obwohl eine Rakete sehr schwer ist, funktioniert sie nach diesem Prinzip.*

Luft nimmt Raum ein

Nachdem du einen Luftballon in eine Flasche gesteckt hast, versuchst du das Aufblasen des Ballons. Obwohl du kräftig pustest, dehnt sich der Ballon nicht weiter aus. Sobald du einen Strohhalm in den Flaschenhals steckst, lässt sich der Ballon jedoch mit Luft füllen.

Erklärung: Wenn du den Ballon ohne Strohhalm aufbläst, drückt er sich an den Innenrand der Flasche und wirkt jetzt wie ein Flaschenverschluss. Weil die Flasche jedoch schon mit Luft gefüllt ist, findet der Ballon keinen Raum zur Ausdehnung. Durch den Strohhalm kann die Luft aber aus der Flasche entweichen, sodass sich der Ballon nun ausdehnen kann. Auch wenn wir die Luft um uns herum nicht als Masse wahrnehmen, nimmt sie einen bestimmten Raum ein.

1 Lest die Versuchsbeschreibung und betrachtet die Abbildungen. Gebt den Versuchsablauf in eigenen Worten wieder. Erklärt dann, was mit diesem Versuch gezeigt werden soll.

2
- a Bestimmt die Art der Adverbialsätze aus dem Text mit Hilfe der Frageprobe (▶ Merkkasten, S. 249).
- b Die einleitenden Konjunktionen machen die inhaltliche Beziehung zwischen Haupt- und Nebensatz (hier: Adverbialsatz) deutlich. Untersucht, welche Konjunktionen ihr durch andere ersetzen könnt, ohne den Sinn des jeweiligen Satzes zu verändern.

3
- a Formt die Satzgefüge im ersten Absatz jeweils in einen Hauptsatz um. Geht so vor:
- b Schreibt die drei Satzgefüge ab. Lasst unter jedem Satz zwei Zeilen frei.
- c Unterstreicht in jedem Satzgefüge den Adverbialsatz.
- d Wandelt nun die Satzgefüge in einen Hauptsatz um. Formt hierzu jeweils den Adverbialsatz in eine adverbiale Bestimmung um, z. B.:
  Nach dem Einstecken eines Luftballons …
- e Vergleicht eure Hauptsätze mit den ursprünglichen Satzgefügen. Was stellt ihr fest?

4 a In dem Text auf Seite 250 finden sich zwei Temporalsätze. Schreibt sie in euer Heft.

b Unterstreicht die Konjunktionen, die die Temporalsätze einleiten.

c Temporalsätze geben ein zeitliches Verhältnis zwischen zwei Ereignissen an. Erklärt, welche Informationen zur Zeit ihr in diesen beiden Sätzen jeweils erhaltet. Nehmt hierzu die Informationen aus dem Merkkasten unten zu Hilfe.

5 Die unten stehenden Konjunktionen leiten Temporalsätze ein.

a Arbeitet gemeinsam mit einer Partnerin oder einem Partner. Bildet mit Hilfe der folgenden Konjunktionen Satzgefüge, z. B.:

- *Während du aus dem Fenster schaust, schreibe ich diesen Satz.*
- *Nachdem ...*

während • nachdem • bis • seit/seitdem • sobald • solange • ehe • bevor

b Unterstreicht die Temporalsätze in euren Satzgefügen und kreist die einleitenden Konjunktionen ein.

c Bestimmt bei jedem Satz, ob das Ereignis im Temporalsatz
- vor dem Ereignis im Hauptsatz abläuft (Vorzeitigkeit),
- nach dem Ereignis im Hauptsatz stattfindet (Nachzeitigkeit),
- gleichzeitig mit dem Ereignis im Hauptsatz verläuft (Gleichzeitigkeit).

Information **Mit Temporalsätzen Zeitverhältnisse ausdrücken**

Temporalsätze sind Adverbialsätze, die ein **Zeitverhältnis** ausdrücken. Sie geben an, wann sich das Geschehen im Verhältnis zum Geschehen im Hauptsatz vollzieht. Dabei kann zwischen **Vorzeitigkeit, Gleichzeitigkeit und Nachzeitigkeit** unterschieden werden.

Hauptsatz: *Marlene bereitet das Experiment vor, ...*

Temporalsätze

... nachdem sie die Versuchsbeschreibung gelesen hat.	*... während sie Musik hört.*	*... bevor sie den Klassenraum verlässt.*
Vorzeitigkeit: Das Ereignis im Temporalsatz liegt vor dem Ereignis im Hauptsatz.	**Gleichzeitigkeit:** Das Ereignis im Temporalsatz verläuft gleichzeitig mit dem Ereignis im Hauptsatz.	**Nachzeitigkeit:** Das Ereignis im Temporalsatz findet nach dem Ereignis im Hauptsatz statt.

Fordern und fördern – Adverbialsätze

Warme Luft

1 Bevor das Experiment beginnen kann, musst du einige Vorbereitungen treffen.
2 Eine leere Glasflasche, ein Luftballon, eine Schüssel mit heißem und eine mit kaltem Wasser sind nötig, damit du den Versuch durchführen kannst.
3 Nachdem du den Luftballon über den Hals der Flasche gestülpt hast, stellst du sie abwechselnd in die Schüssel mit kaltem und mit heißem Wasser.

Beobachtung
4 Beim Abkühlen der Flasche wird der Luftballon klein und in die Flasche hineingezogen.
5 Während sich die Flasche im heißen Wasser erwärmt, kommt der Ballon wieder aus der Flasche heraus und bläht sich auf.

Erklärung
6 Wenn du die Flasche in heißes Wasser stellst, erwärmt sich die Luft in der Flasche.
7 Weil sich warme Luft ausdehnt und dadurch mehr Platz benötigt als die gleiche Menge kalte Luft, bläht sich der Ballon auf.
8 Beim Abkühlen der Luft durch das kalte Wasser zieht sich die Luft zusammen.
9 In die kalte Flasche könnte also Luft nachströmen, da jetzt mehr Raum in der Flasche ist.
10 Wegen des luftdichten Verschlusses durch den Ballon wird dies aber verhindert.
11 Dieselbe Menge Luft braucht also je nach Temperatur mehr oder weniger Raum, sodass sich der Ballon aufbläht oder in die Flasche hineingezogen wird.

●○○ **1** Der vorliegende Text enthält acht Satzgefüge mit Adverbialsätzen. Sucht sie heraus und bestimmt die Art der Adverbialsätze mit Hilfe der Frageprobe. Notiert hierzu die Ziffern der Sätze, die einen Adverbialsatz enthalten, und schreibt die Art des Adverbialsatzes daneben, z. B.:
1. Temporalsatz
2. …

●●○ **2** In dem Text finden sich drei Temporalsätze. Sucht sie heraus und bestimmt bei jedem Satz, ob das Ereignis im Temporalsatz vor, nach oder gleichzeitig mit dem Ereignis im Hauptsatz verläuft. Schreibt die Ziffern der Temporalsätze auf und notiert daneben VZ für Vorzeitigkeit, NZ für Nachzeitigkeit und GZ für Gleichzeitigkeit.

●●● **3**
a Die Sätze 4, 8 und 10 enthalten adverbiale Bestimmungen. Schreibt die Sätze in euer Heft und unterstreicht jeweils die adverbiale Bestimmung.
b Wandelt die Sätze um, indem ihr die adverbialen Bestimmungen zu Adverbialsätzen umformt. Verwendet hierfür passende Konjunktionen und achtet auf die Kommasetzung.

Subjekt- und Objektsätze unterscheiden

Der Zerstäuber

Wisst ihr, warum aus einer Parfumflasche per Knopfdruck feine Duftwolken aufsteigen? Mit dem folgenden Experiment erforscht ihr, wie so etwas funktioniert.
Ihr braucht ein Glas Wasser, eine Schere, einen dickeren Plastikstrohhalm und ein Blatt Papier.
Unter dem oberen Drittel des Strohhalms schneidet ihr quer einen kleinen Schlitz. Dass der Strohhalm dabei nicht durchgeschnitten werden darf, wird auch in der Zeichnung rechts gezeigt. Jetzt knickt ihr den Strohhalm an der Einschnittstelle nach hinten und steckt das lange Ende des Strohhalms in das Wasserglas. Haltet nun das Blatt Papier vor die Strohhalmöffnung und blast kurz in das abgeknickte Ende des Strohhalms.

Beobachtung: Ihr seht, dass sich das Wasser aus dem Glas wie ein Spray auf dem Blatt Papier verteilt. Wer das Wasser mit Wasserfarbe einfärbt, wird ein noch eindrucksvolleres Ergebnis erzielen. Wer dieses Experiment jetzt schon erklären kann, weiß schon sehr viel über das Thema „Luftdruck“.

Erklärung: Dass das Wasser aus dem Glas auf das Papier spritzt, hat mit dem Luftdruck zu tun. Ihr wisst, dass in der Umgebung ein bestimmter Luftdruck herrscht. Wenn ihr in den Strohhalm blast, erzeugt ihr einen Unterdruck. Der Luftdruck im Strohhalm ist dann also kleiner als der Luftdruck in der Umgebung. Das Wasser wird von diesem Unterdruck angesaugt und steigt im Strohhalm, bis es an die Schnittstelle kommt.
Weil ein Teil der Luft, die ihr in den Halm blast, über die Schnittfläche hinwegströmt, wird das aufsteigende Wasser an dieser Stelle vom Luftzug mitgenommen und fein zerstäubt.

1 Lest den Text und betrachtet die Abbildung. Gebt dann den Versuchsablauf in eigenen Worten wieder und erklärt, was mit diesem Versuch gezeigt wird.

2 **a** Bestimmt in dem grün markierten Satzgefüge (► Z. 1–2) den Hauptsatz und den Nebensatz.
b Erfragt nun die Satzglieder des Hauptsatzes. Erklärt, was mit dem Objekt des Hauptsatzes geschehen ist. Betrachtet dazu noch einmal das ganze Satzgefüge.

3 **a** Untersucht das rot markierte Satzgefüge (► Z. 10–12). Wo steht der Hauptsatz, wo der Nebensatz?
b Bestimmt die Satzglieder des Hauptsatzes. Erläutert, wie das Subjekt des Hauptsatzes in diesem Satzgefüge gebildet wird.

4 a Sucht in Partnerarbeit alle Satzgefüge mit Objektsätzen und Subjektsätzen aus dem Text (► S. 253) heraus und schreibt sie in euer Heft. Lasst unter jedem Satz eine Zeile frei. Wendet die Frageproben an:
- Objektsätze: Wen oder was ...?
- Subjektsätze: Wer oder was ...?

b Unterstreicht in euren Sätzen die Objektsätze grün und die Subjektsätze rot.

c Ersetzt die unterstrichenen Nebensätze jeweils durch ein Satzglied. Geht so vor:
- Ersetzt die grün unterstrichenen Objektsätze jeweils durch ein Objekt und
- die rot unterstrichenen Subjektsätze jeweils durch ein Subjekt.

Vorsicht: Es entstehen Hauptsätze und das Komma entfällt. Beispiel:
Wisst ihr, warum aus einer Parfumflasche per Knopfdruck feine Duftwolken aufsteigen?
Wisst ihr etwas?

5 Schreibt je zwei weitere Satzgefüge mit einem Subjektsatz und einem Objektsatz auf.
TIPP: Objektsätze stehen oft bei Verben des Sprechens und der Wahrnehmung, z. B.:

sagen, dass ... • behaupten, dass ... • erklären, dass ... • sehen, ob ... • hören, ob ... • beobachten, wer ... • fragen, ob/wer ... • überlegen, wer ...

Information **Nebensätze unterscheiden: Subjektsätze und Objektsätze**

Nebensätze können die Stelle von Satzgliedern übernehmen. Man nennt sie dann auch Gliedsätze. **Subjektsätze und Objektsätze** sind Gliedsätze, weil sie **die Rolle des Subjekts bzw. des Objekts** für den Hauptsatz übernehmen. Sie lassen sich wie das Subjekt oder das Objekt mit Hilfe der Frageproben ermitteln.
Subjekt- und Objektsätze sind Nebensätze und können nicht ohne Hauptsatz stehen.
Sie werden durch ein **Komma** vom Hauptsatz abgetrennt.

Subjektsatz: Das Subjekt eines Satzes kann von einem Nebensatz gebildet werden, z. B.:
Der interessante Versuch überraschte Ben. → *Dass der Versuch interessant war, überraschte Ben.*
Subjekt — Subjektsatz (Wer oder was überraschte Ben?)

Objektsatz: Das Objekt eines Satzes kann von einem Nebensatz gebildet werden, z. B.:
Amina erklärt den Versuch. → *Amina erklärt, wie der Versuch funktioniert.*
Objekt — Objektsatz (Wen oder was erklärt Amina?)

Subjekt- und Objektsätze können unterschiedliche Gestalt annehmen, z. B.:

Satzform	**Subjektsatz**	**Objektsatz**
indirekter Fragesatz	*Wer diesen Versuch erklären kann,* hat ihn genau beobachtet.	Tom ahnte, *wie das Experiment ausgehen würde.*
dass-Satz	*Dass der Versuch gelang,* erfreute uns alle.	Er sagte, *dass er den Versuch erklären könne.*

Fordern und fördern – Subjekt- und Objektsätze

Ein Marmeladenglas überlisten

1 Sicher habt ihr auch schon einmal festgestellt, dass sich ein fest verschlossenes Marmeladenglas nicht öffnen lässt.
2 Auf den Abbildungen oben seht ihr, wie ihr ein solches Marmeladenglas öffnen könnt.
3 Dass der Deckel des Glases mit heißem Wasser überlistet werden kann, erstaunt euch vielleicht.
4 Könnt ihr erklären, warum das so ist?
5 Wer jetzt schon die Antwort weiß, ist ein Spezialist in Sachen Luftdruck.
6 Wenn die Marmelade abgefüllt und verschlossen wird, ist sie heiß.
7 Dass die warme Luft im Glasinneren mehr Raum einnimmt als die gleiche Menge kalte Luft, habt ihr schon in dem Versuch auf Seite 252 festgestellt.
8 Während die Marmelade abkühlt, kühlt auch die Luft im Glas ab und zieht sich zusammen.
9 Es entsteht ein Unterdruck im Glas und der Deckel wird angesaugt bzw. ins Marmeladenglas gedrückt.
10 Ihr wisst sicherlich, dass man dies auch als Vakuum bezeichnet.
11 Wenn man den Deckel und damit auch die Luft im Glas erwärmt, dehnt sie sich wieder aus und drückt sozusagen gegen den Deckel.

●○○ 1 Erfragt in Satz 1 den Objektsatz und in Satz 3 den Subjektsatz. Schreibt die Fragen und Antworten in euer Heft.

●●○ 2 a Untersucht Satz 2 sowie die Sätze 4 bis 11 genau. Sucht in diesen Sätzen alle Satzgefüge heraus, die einen Objekt- oder Subjektsatz enthalten. Schreibt sie in euer Heft.
b Unterstreicht in euren Sätzen die Objektsätze grün und die Subjektsätze rot.
c Ersetzt in einem Satzgefüge mit Objektsatz und in einem Satzgefüge mit Subjektsatz den Nebensatz jeweils durch ein Satzglied. Notiert eure Ergebnisse.

●●● 3 Schreibt je zwei weitere Satzgefüge mit einem Subjektsatz und einem Objektsatz auf.

Testet euch!

Gliedsätze: Adverbialsätze, Subjekt- und Objektsätze

Eine Münze trockenlegen

1 Zuerst stellst du ein Teelicht in die Mitte eines Suppentellers und legst eine Münze daneben. **2** Dann füllst du Wasser in den Teller, sodass die Münze davon gerade bedeckt ist. **3** Jetzt kündigst du an, dass du die Münze ohne Eintauchen der Finger in das Wasser aus dem Suppenteller entfernen kannst. **4** Nachdem du das Teelicht angezündet hast, stülpst du ein Trinkglas über die Flamme. **5** Zu beobachten ist, dass die Flamme nach einiger Zeit erlischt. **6** Wie von Geisterhand strömt nun das Wasser in das Trinkglas, sodass der Wasserspiegel dort ansteigt. **7** Sobald das gesamte Wasser im Glas ist, liegt die Münze tatsächlich im Trockenen und du kannst sie herausnehmen. **8** Die Flamme erlischt nach einiger Zeit, weil sie nicht mehr mit Sauerstoff versorgt wird. **9** Warum steigt jedoch der Wasserspiegel? **10** Durch die Flamme wird die Luft im Glas erhitzt und dehnt sich aus, sodass ein Teil der Luft aus dem Glas entweicht. **11** Dass die erwärmte Luft aus dem Glas entweicht, kannst du auch an den aufsteigenden Wasserbläschen erkennen. **12** Sobald das Teelicht erloschen ist, kühlt zudem die Luft im Glas wieder ab und zieht sich zusammen. **13** Dass kalte Luft weniger Raum benötigt als warme, ist dir bekannt. **14** Aus diesem Grund entsteht im Glas ein Unterdruck. **15** Weil der Luftdruck außen größer ist, drückt er das Wasser in das Glas.

1 a Die vorliegende Versuchsbeschreibung enthält acht Satzgefüge mit Adverbialsätzen. Sucht sie heraus und bestimmt die Art der Adverbialsätze mit Hilfe der Frageprobe. Notiert hierzu die Ziffern der Sätze, die einen Adverbialsatz enthalten, und schreibt die Art des Adverbialsatzes daneben.
b Bestimmt das Zeitverhältnis in den Temporalsätzen. Notiert die Ziffern der Temporalsätze und schreibt daneben: *VZ* für Vorzeitigkeit oder *GZ* für Gleichzeitigkeit.

2 a Sucht aus dem Text alle Satzgefüge heraus, die einen Objekt- oder Subjektsatz enthalten, und schreibt die kompletten Sätze in euer Heft.
b Unterstreicht in euren Sätzen die Objektsätze grün und die Subjektsätze rot.

3 Wandelt die Sätze 4, 5 und 11 in Hauptsätze um, indem ihr jeweils den Nebensatz durch ein Satzglied ersetzt. Ihr müsst hierzu die Sätze etwas umformulieren.

4 Vergleicht eure Ergebnisse aus den Aufgaben 1 bis 3 in Partnerarbeit.

13.3 Fit in ... – Einen Text überarbeiten

Stellt euch vor, ihr bekommt in der nächsten Klassenarbeit folgende Aufgabenstellung:

Die Schülerzeitung deiner Schule will einen Artikel über ein Experiment veröffentlichen, das in der AG Naturwissenschaften durchgeführt wurde. Als Mitglied der Redaktion sollst du die Versuchsbeschreibung überarbeiten. Folgende Überarbeitungsaufträge hat man dir gestellt:

1. Überarbeitungsauftrag für die Abschnitte 1 und 3: Mache in diesen Textabschnitten die Zusammenhänge deutlich, indem du die Hauptsätze zu Satzgefügen mit Adverbialsätzen verbindest. Verwende sinnvolle Konjunktionen und achte auf die Kommasetzung.
2. Überarbeitungsauftrag für den Abschnitt 4: In diesem Abschnitt stehen die Nebensätze immer am Anfang. Um Eintönigkeit zu vermeiden, stellst du die Nebensätze teilweise um.
3. Überarbeitungsauftrag für den Abschnitt 5: Im letzten Abschnitt fehlen die Kommas. Überarbeite diesen Textabschnitt, indem du die fehlenden Kommas ergänzt.

Wärme fühlen?

1 Man lässt ein Holzlineal und eine Metallschere mehrere Stunden nebeneinander in einem Raum liegen. Sie sind der gleichen Umgebungstemperatur ausgesetzt. Danach prüft man die Temperatur der beiden Gegenstände. Man berührt sie kurz. Das Metallstück fühlt sich kälter an als das Holz. Beide haben im gleichen Raum gelegen.

2 Ist das Holzlineal nun tatsächlich wärmer als die Metallschere? Würde man die Temperatur beider Gegenstände messen, wäre man überrascht, denn beide hätten tatsächlich die gleichen Werte. Dass sich bei gleicher Temperatur Holz wärmer anfühlt als Metall, hat etwas mit der unterschiedlichen Wärmeleitung zu tun.

3 Metall leitet Wärme sehr gut. Bei der Berührung wird die Körperwärme rasch aufgenommen. Wärme aus den Fingern fließt sehr schnell zum Metall ab. Das Gehirn empfindet Wärmeverlust (Kälte). Das geschieht nach dem Gesetz des Wärmeaustausches: Zwei Körper unterschiedlicher Temperatur kommen in engen Kontakt miteinander. Der Körper höherer Temperatur gibt Wärme ab und der Körper niedrigerer Temperatur nimmt Wärme auf.

4 Anders als Metall leitet Holz die Wärme schlecht. Wenn man Holz berührt, fließt nur wenig Körperwärme in diesen Stoff hinein. Weil sich beim Berühren ein Wärmestau bildet, empfindet man Holz als warm. Da Wärme teuer ist, spielt Wärmeleitung im Alltag eine große Rolle.

5 Wenn zum Beispiel ein Haus in einer Gegend mit extremen Tiefsttemperaturen gebaut wird sollte man das Gebäude mit einem wenig leitfähigen Dämmstoff versehen. Ähnlich funktioniert eine Thermoskanne. Damit Getränke oder andere Flüssigkeiten längere Zeit warm oder kalt gehalten werden muss die Wärmeübertragung zwischen dem Inneren der Thermoskanne und der Umgebung durch wenig leitfähige Stoffe möglichst gering gehalten werden. Stoffe mit schlechter Wärmeleitung nennt man übrigens Isolatoren.

1 a Lest die Aufgabenstellung auf Seite 257 aufmerksam durch.
b Erklärt euch gegenseitig, in welcher Form ihr die Abschnitte 1, 3, 4 und 5 überarbeiten sollt.

2 Überarbeitet nun den Text. Geht gemäß der Aufgabenstellung abschnittsweise vor:

Abschnitt 1 (▶ Z. 1–8) **und 3** (▶ Z. 17–26):
Überarbeitet die Textabschnitte 1 und 3, indem ihr jeweils zwei Hauptsätze zu einem Satzgefüge verknüpft und so die Zusammenhänge deutlich macht. Achtet auf die Kommasetzung zwischen Haupt- und Nebensatz. Ihr könnt die unten angeführten Konjunktionen zu Hilfe nehmen:

obwohl • weil/da • wenn • indem • sodass

Man lässt ein Holzlineal und eine Metallschere mehrere Stunden nebeneinander in einem Raum liegen, sodass sie der …

Abschnitt 4 (▶ Z. 27–33):
Formuliert abwechslungsreicher, indem ihr die Nebensätze in den Satzgefügen teilweise umstellt. Bei der Neufassung sollten die Nebensätze in den Satzgefügen auch teilweise nach dem Hauptsatz stehen, z. B.:

______________________ , ______________________ .

Hs — *Komma* — *Konjunktion + Ns*

Abschnitt 5 (▶ Z. 34–45):
Im letzten Absatz fehlen zwei Kommas. Schreibt den letzten Abschnitt ab und ergänzt die fehlenden Kommas.
TIPP: Nebensätze werden immer mit einem Komma vom Hauptsatz abgetrennt. Ein Nebensatz kann vor, zwischen oder nach einem Hauptsatz stehen.

14 Rechtschreibtraining – Übung macht den Meister

1 a Welchen Titel für das Foto findet ihr passend? Begründet und diskutiert eure Meinungen.
- WIE HAUSAUFGABENMACHEN AM SCHÖNSTEN IST
- LERNEN FÜR EINE BESSERE ZUKUNFT
- HAUSAUFGABEN MACHEN WIR IM SAND
- NICHTS UNGEWÖHNLICHES: KINDER IN INDIEN LERNEN AUCH IM FREIEN
- EIN ORT ZUM SCHREIBEN: IM HOF EINER SCHULE

b Schreibt die Bildunterschriften in der richtigen Groß- und Kleinschreibung in euer Heft.

c Vergleicht eure Ergebnisse: Bei welchen Wörtern seid ihr unsicher gewesen? Welche Wörter habt ihr falsch geschrieben? Klärt eure Schwierigkeiten im Gespräch.

In diesem Kapitel ...

- beschäftigt ihr euch mit besonderen Regeln der Groß- und Kleinschreibung,
- wendet ihr Regeln zur Getrennt- und Zusammenschreibung an,
- übt ihr, Kommas und andere Satzzeichen richtig zu setzen.

14.1 Menschenskinder! – Richtig schreiben

Kinder lernen überall – Groß- und Kleinschreibung

Nominalisierungen – Aus Verben und Adjektiven können Nomen werden

Lernen mit Pantoffeln?

Wenn Ortensia am Morgen zur Schule geht, behält sie ihre Pantoffeln gleich an. Nur ein paar Schritte über den Flur, schon steht die zehnjährige US-Amerikanerin aus dem Städtchen Tinley Park im Bundesstaat Illinois vor der richtigen Tür: Das Wohnzimmer ist Ortensias Klassenraum, der Computer ihre Tafel, die Tastatur ersetzt in vielen Fällen den Füllhalter. Denn Ortensia besucht eine Internetschule. Ob dieser Unterricht allerdings so abwechslungsreich ist wie in einer richtigen Schule? Ortensia wird in allen Fächern auch von ihrer Mutter angeleitet.

1 Ortensia besucht eine Internetschule. Vergleicht diese Unterrichtssituation mit euren eigenen Schulerfahrungen.

2 Sucht aus dem Text oben alle Nomen heraus und erklärt, an welchen Begleitwörtern ihr sie jeweils erkannt habt.

VORSICHT FEHLER!

Wo ist Lernen am schönsten?

„Im computerraum im gemeindezentrum. Bei den lernprogrammen finde ich immer auch etwas tolles zum spielen, knobeln oder rätseln."
(Emanuel, Kroatien)

„Am liebsten bin ich im kunstworkshop. Dort gibt es alles mögliche zum herumexperimentieren."
(Trjavna, Bulgarien)

„In der schule. ich mag das gemeinsame beim lernen. Und man kann dort auch viel spaßiges mit den schulfreunden machen." *(Bano, Bangladesch)*

„Am allermeisten mag ich meinen schreibtisch zu hause. dort fällt mir das schreiben am leichtesten."
(Tainara, Brasilien)

3 **a** Groß oder klein? Schreibt die Aussagen in der richtigen Schreibweise in euer Heft. Achtet dabei besonders auf die Großschreibung der nominalisierten Verben und Adjektive.

b Erklärt die Groß- oder Kleinschreibung an den markierten Stellen.

c Wo ist das Lernen am schönsten? Notiert eure Antwort in Kleinbuchstaben und tauscht sie untereinander aus. Schreibt die Antwort eurer Partnerin oder eures Partners in der richtigen Groß- und Kleinschreibung auf.

4 Sucht aus den Schülerantworten von Seite 260 Beispiele für folgende Aussagen:
- Indefinitpronomen wie z. B. *etwas, manches, alles, nichts, einige, kein, viel, (ein) paar* stehen häufig vor nominalisierten Adjektiven.
- Adjektive im Superlativ mit *am* werden kleingeschrieben.

Erstaunlich!

Lernen in der Schule – das ist doch etwas ganz GEWÖHNLICHES. So denkt ihr vielleicht. Beim REISEN um die Welt würdet ihr feststellen, dass es viel BESONDERES und manches UNGLAUBLICHE zu entdecken gibt. Amy zum Beispiel ist mit ihrer Mutter von Südkorea nach Neuseeland gezogen, nur um besser Englisch zu LERNEN und dadurch später etwas BESSERES werden zu können als ihre Eltern. Shati und Sabuj aus Bangladesch folgen dem Unterricht nicht selten im LIEGEN, denn in ihrem Klassenzimmer gibt es keine Möbel. In KLEINEN Ortschaften auf den Philippinen lernen die JÜNGEREN alles NOTWENDIGE aus einem einzigen Lehrbuch: kritisches DENKEN, Geschichte und GUTES BENEHMEN. Rupchandra und Rupak aus Nepal machen ihre Hausaufgaben im Wohnzimmer, und das TEILEN sie mit ihren Ziegen. Das MECKERN, MALMEN und RASCHELN nebenan versuchen sie zu IGNORIEREN, um für einen GUTEN Ausbildungsplatz zu lernen. Für Henrik von Nordstrandischmoor, einer winzigen Hallig in der Nordsee, ist selbstständiges ARBEITEN nichts AUßERGEWÖHNLICHES: Seine beiden Geschwister und er sind die EINZIGEN im Klassenzimmer außer dem Lehrer. Dieser widmet sich jedem Schüler einzeln für eine GEWISSE Zeit, während die anderen beiden jeweils eigene Aufgaben erledigen.

5 **a** Groß oder klein? Untersucht in Partnerarbeit, wie die Verben und Adjektive in Großbuchstaben jeweils geschrieben werden müssen. Begründet eure Entscheidung.

b Schreibt alle nominalisierten Verben und Adjektive mit ihren Nomenbegleitern aus dem Text heraus. Unterstreicht die Begleiter, benennt sie und notiert, welche Wortart nominalisiert wurde, z. B.: *viel Neues (Indefinitpronomen + nominalisiertes Adjektiv).*

Information **Nominalisierungen: Großschreibung von Verben und Adjektiven**

Verben und Adjektive schreibt man **groß,** wenn sie im Satz **als Nomen gebraucht** werden, z. B.: *das Lernen* (Verb), *das Neue* (Adjektiv). Ihr könnt solche Nominalisierungen – genauso wie Nomen – an ihren **Begleitwörtern** erkennen. Begleitwörter sind:
- ein **Artikel,** z. B.: *das Arbeiten, ein Lärmen.*
- ein **Pronomen** (Possessivpronomen, Demonstrativpronomen, Indefinitpronomen), z. B.: *dein Nachdenken, dieses Lernen, etwas Ungewöhnliches.*
  TIPP: Indefinitpronomen geben eine ungefähre Menge oder Anzahl an, z. B.: *etwas, manches, alles, nichts.* Sie stehen häufig vor nominalisierten Adjektiven, z. B.: *etwas Neues.*
- ein **Adjektiv,** z. B.: *konzentriertes Lernen.*
- eine **Präposition,** die mit einem Artikel verschmolzen sein kann, z. B.: *vor Lachen, beim (bei dem) Unterrichten, bis zum (zu dem) Äußersten.*

TIPP: Nicht immer wird ein nominalisiertes Wort durch einen Nomenbegleiter angekündigt. Macht die Probe: Wenn ihr einen Nomenbegleiter (z. B. einen Artikel) ergänzen könnt, schreibt ihr groß, z. B.: *Sie lieben (das) Schwimmen im See.*

Groß- und Kleinschreibung bei Zeitangaben

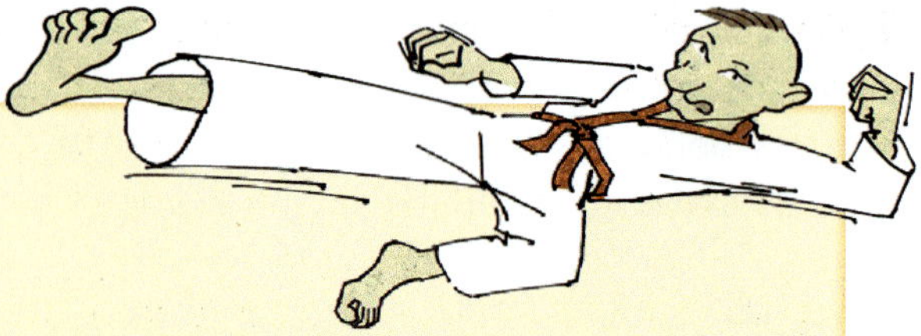

Harte Schule

Von Verena Linde

Kung-Fu ist mehr als eine Kampfkunst. In einer Schule in Hanyuan in Zentralchina ordnen junge Kämpfer sogar ihr ganzes Leben danach. Einer von ihnen ist Bai Bingtao. Wie die meisten seiner 17 Mitschüler stammt er aus einer armen Familie. Viele Jugendliche in dieser Region finden keine Arbeitsstelle, hängen herum, organisieren Banden. Die Gefahr, dann in einen Strudel aus Drogen, Glücksspiel und Gewalt gezogen zu werden, ist groß. Für solche gefährlichen Dummheiten ist im Alltag der Dai-Shi-Men-Schule kein Platz. Der Großmeister Dai Kang weiß, was den Jungen fehlt: Regeln und Disziplin. Jeder Tag ist straff organisiert – und immer gleich.

Dai Kang knipst heute Morgen um halb sechs Uhr im Schlafsaal das Licht an. Schlaftrunken rollen die Jungen aus ihren Betten und versammeln sich im Hof. „Laufen!“, schreit der Großmeister. Gehorsam trabt die Gruppe – wie gestern Morgen auch – im Kreis. Runde für Runde, 20 Minuten lang, jeden Tag. Danach gibt es jeden Morgen Suppe – heute mit Nudeln und Speck, morgen mit Reis und Gemüse. Nach dem Frühstück wartet dann eine weitere schwere Aufgabe: Stillsitzen und Lernen mit den anderen Kindern der Stadt im normalen Schulunterricht. Zur Erholung dürfen die Jungen mittags ein kleines Nickerchen machen. Die Hausaufgaben werden am Nachmittag unter dem wachsamen Blick des Großmeisters gemacht. Und dann gibt es nachmittags das Training: Kung-Fu-Übungen in der Gruppe und im Einzeltraining mit dem Großmeister. Grundhaltungen, gezielte Tritte und Schläge, Liegestütz und Spagat werden täglich geübt. Das ist extrem anstrengend und manchmal auch schmerzhaft. Erschöpft von den Anstrengungen dürfen die Jungen abends noch eine Weile zusammen fernsehen. Zu Hause übernachten sie nur am Wochenende. Bai Bingtao wird seine Familie morgen Abend wiedersehen.

1 a Stellt auf einem Zeitstrahl dar, was die Kung-Fu-Schüler zu welcher Tageszeit tun.
b Diskutiert, welche Vorteile und welche Nachteile eine Schule wie die von Bai Bingtao eurer Meinung nach hat.

2 a „Die Hausaufgaben werden am Nachmittag […] gemacht. Und dann gibt es nachmittags das Training“ (► Z. 30–33). Vergleicht die Schreibung der beiden Zeitangaben und erklärt diese. Achtet dabei auf die Wortarten.
b Formuliert eine Regel zu eurer Beobachtung.

3 Schreibt alle Zeitangaben aus dem Text heraus und ordnet sie in eine Tabelle ein:

großgeschriebene Zeitangaben (Nomen)	kleingeschriebene Zeitangaben (Adverbien)	kombinierte Zeitangaben (Adverbien + Nomen)
…	…	…

4 Gitti ist Leistungsschwimmerin und besucht ein Sportinternat. Unten seht ihr ihren Trainingsplan.

a Schreibt aus Gittis Perspektive eine Mail an ihre Eltern. Berichtet darin, was in dieser Woche auf dem Trainingsplan steht. Verwendet Zeitangaben wie z. B. *Montagmorgen, nachmittags, an drei Vormittagen.*

Montag	Dienstag	Mittwoch	Donnerstag	Freitag	Samstag	Sonntag
9.30–11.00 Schwimmtraining	*9.30–11.00 Ausdauertraining*	*16.00–18.30 Schwimmtraining*	*7.00–9.00 Ausdauertraining*	*15.00–17.00 Wettkampftraining*	*9.00–11.00 Schwimmtraining*	*11.00 Wettkampf Olympiahalle*
18.00–19.00 Videoanalyse	*17.00–18.00 Krafttraining*		*17.00–19.00 Wettkampftraining*			

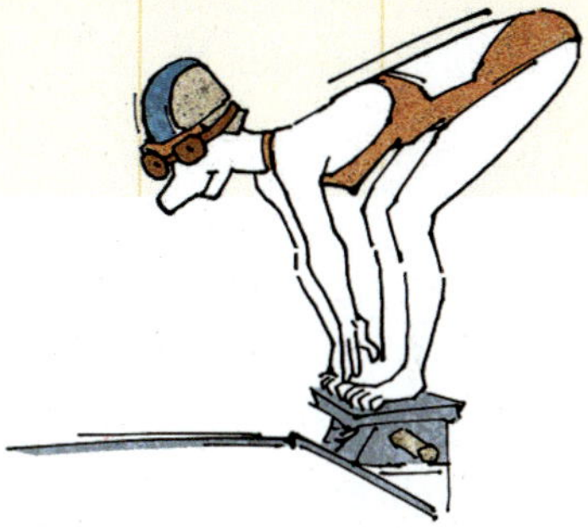

b Vergleicht eure Ergebnisse in Partnerarbeit.

5 Groß oder klein? Schreibt den folgenden Text ab und entscheidet, wie die Wörter in Großbuchstaben geschrieben werden.

> Die Glocke läutet im Internat FRÜHMORGENS und klingt HEUTE MORGEN genauso schrill wie GESTERN. Sie schellt am MITTAG zum Essen, sie schellt NACHMITTAGS, wenn die Sport- und Kreativkurse beginnen. Sie ruft die Schüler jeden ABEND zum Essen, von MONTAGS bis FREITAGS. Zum Glück schellt sie NACHTS nicht!

6 **a** Notiert auf einem Zettel jeweils in ganzen Sätzen,
- was ihr gestern zu verschiedenen Tageszeiten gemacht habt, z. B.: *Gestern Morgen habe ich ...*
- was ihr morgen zu verschiedenen Tageszeiten machen werdet, z. B.: *Ich werde morgen ...*
- was ihr an bestimmten Wochentagen macht, z. B.: *... gehe ich immer montagabends.*

b Tauscht in Vierergruppen eure Zettel aus: Unterstreicht auf den Zetteln die Zeitangaben und kontrolliert sorgfältig, ob sie richtig geschrieben sind.

Information **Groß- und Kleinschreibung bei Tageszeiten und Wochentagen**

- **Tageszeiten und Wochentage** werden **großgeschrieben,** wenn sie **Nomen** sind. Ihr erkennt sie häufig an den üblichen Nomensignalen, z. B.: *am Nachmittag, mitten in der Nacht, eines Tages, am Montag, diesen Dienstag, jeden Mittwoch.*
- **Tageszeiten und Wochentage** werden **kleingeschrieben,** wenn sie **Adverbien** sind, z. B.: *heute, morgen, gestern, nachmittags, abends, freitags.*
- Bei **kombinierten Angaben** schreibt man die **Adverbien klein** und die **Nomen groß,** z. B.: *heute Abend, gestern Nacht, morgen Mittag.*
- Auch für **zusammengesetzte Zeitangaben** aus Wochentag und Tageszeit gilt: Sie werden großgeschrieben, wenn sie Nomen sind, und kleingeschrieben, wenn sie Adverbien sind, z. B.: *der Montagnachmittag, am Mittwochabend, montagnachmittags, mittwochabends.*

Fordern und fördern – Groß- und Kleinschreibung

Vor dem SPRINGEN nicht an die Höhe denken!

Lexie aus Großbritannien kann etwas ganz BESONDERES: Turmspringen. Als ihr Talent zum KUNSTSPRINGEN entdeckt wurde, konnte sie noch gar nicht schwimmen. Die ersten sechs Monate hat sie TÄGLICH nur auf dem TROCKENEN trainiert und nebenbei das SCHWIMMEN gelernt. Nun stürzt sie sich von MONTAGS bis FREITAGS zum ÜBEN ins NASSE. Am SAMSTAG hat sie frei. Und HEUTE MORGEN, am SONNTAG, gibt sie ihr BESTES, denn es steht ein Wettkampf an.

●○○ **1** Groß oder klein? Schreibt die Wörter in Großbuchstaben in der richtigen Schreibweise in euer Heft. Schreibt die nominalisierten Verben und Adjektive mit ihren Nomenbegleitern auf.

●●○ **2** Löst die beiden Wörterschlangen auf und schreibt die Sätze in der richtigen Groß- und Kleinschreibung in euer Heft.

●●● **3** In dem folgenden Text ist bei 16 Wörtern die Groß- oder die Kleinschreibung falsch. Findet die Fehlerwörter und schreibt sie richtig in euer Heft.

VORSICHT FEHLER!

Suman, die Kohlesammlerin

Suman lebt in Jharia, einer Stadt im Osten Indiens. Unter der Stadt gibt es große Kohlefelder. Kinder und Jugendliche verdienen Geld durch kohlesammeln. Sumans Eltern schicken ihre Töchter täglich zu den Minen, Morgens und am Nachmittag. Das aufmerksame absuchen der Erde, das vorsichtige vortasten auf dem abschüssigen Boden, das Bücken und ausgraben der Kohlebröckchen sind sehr anstrengend. Nach dem Kohlesammeln geht Suman zum waschen an den Brunnen. Den Schwarzen Staub von Gesicht und Armen zu spülen, ist etwas herrliches! Dann beginnt am Späten vormittag für Suman das schönste: die Schule. Suman genießt es, mit ihren Freundinnen zu Lernen und zu Spielen. Von ihren Eltern bekommt sie Sonntags manchmal ein Wenig Geld. Davon kauft sie sich etwas süßes oder geht zum Vergnügen auf einen kleinen Jahrmarkt.

Jugendliche probieren etwas Besonderes – Getrennt- und Zusammenschreibung

Jobs für junge Leute

Kinderarbeit ist in Deutschland zwar verboten, aber wenn die Eltern ihre Erlaubnis geben, dürfen Kinder ab 13 Jahren kleine Jobs übernehmen. Welche Tätigkeiten kommen in Frage? Zum Beispiel Zeitungen austragen, Babys beaufsichtigen, Autos waschen, bei der Oma Unkraut jäten, bei den Nachbarn Blumen gießen und Nachhilfe geben.

1 a Bessert ihr euer Taschengeld mit kleinen Jobs auf? Sammelt eure Tätigkeiten an der Tafel.
b Leitet aus den markierten Stellen im Text eine Regel zur Getrennt- und Zusammenschreibung von Nomen + Verb ab: *Wortgruppen aus Nomen und Verb werden in der Regel …*
c Kontrolliert eure Tafelnotizen im Hinblick auf diese Regel.

Kein Geld ausgeben – Anna berichtet

1. Tag: Heute ist der Tag, an dem ich normalerweise ? – dieses Mal nicht. Noch kein Problem. Am Nachmittag habe ich mit meinem Vater draußen ? . **2. Tag:** Meine Freunde wollten nach der Schule schwimmen gehen, aber ich konnte nicht mit, denn im Schwimmbad muss man ja ? . Da habe ich das erste Mal gemerkt, dass ich kein ? darf. **3. Tag:** Der Tag war ein bisschen doof. Die anderen wollten nachmittags ins Kino gehen. Ich finde, sie hätten etwas machen können, wofür man kein Geld braucht. Zum Beispiel hätten wir ? oder ? können. **4. Tag:** Wochenende. Weil ich nichts machen darf, was ? , ist meine Mutter mit mir und meinem Bruder am Rhein ? . Das fand ich nett. **5. Tag:** Die fünf Tage haben mir gezeigt: Ohne Geld beschäftigt man sich mehr mit sich selbst, dabei kann man auch ? . Aber ich habe es vermisst, mit meinen Freunden ausgehen zu können.

2 Schreibt den Text in euer Heft. Setzt dabei die folgenden Wortgruppen aus Nomen und Verb an den passenden Stellen und in der richtigen Form ein:

Karten spielen • Geld ausgeben • Taschengeld bekommen • Spaß haben • Geld kosten • Eintritt bezahlen • Tischtennis spielen • Rad fahren • Musik hören

Information **Wortgruppen aus Nomen und Verb**

Wortgruppen aus **Nomen und Verb** können immer **getrennt geschrieben** werden, z. B.:
Rad fahren, Handball spielen, Schlange stehen.
Achtung: Werden sie nominalisiert, schreibt man sie zusammen und groß, z. B.:
Ich hole dich zum Fußballspielen ab. Das Radfahren macht mir Spaß.

Ein Jahr lang Klima schützen – bewusst handeln lernen

Jonas hat in der Schule einen Klimaführerschein gemacht. Ein Jahr lang hat er sich bewusst gemacht, wie man klimafreundlich leben kann. Jonas berichtet: „Dass ich das Licht nicht unnötig brennen lasse, daran habe ich mich wirklich erst gewöhnen müssen. Man muss sich auch an einen neuen Umgang mit den technischen Geräten gewöhnen. Zum Beispiel sollte man das Ladegerät vom Handy nicht länger als nötig stecken lassen und den Fernseher und den Computer nicht im Stand-by-Betrieb laufen lassen. In der Küche kann man ebenfalls sehr gut sparen üben, indem man zum Beispiel nicht länger als nötig vor der geöffneten Kühlschranktür stehen bleibt und das Essen nicht ohne Deckel auf dem Topf kochen lässt. Wenn wir klimafreundlich einkaufen gehen wollen, brauchen wir natürlich auch mehr Zeit. Vor jedem Regal muss man stehen bleiben und überlegen, wie die „Ökobilanz“ eines Produktes ist: Von wo hat man es einführen lassen und wie ist es hergestellt oder angebaut worden? Was ich an einem solchen Jahr das Wichtigste finde, ist, dass man über den eigenen Energieverbrauch nachdenkt. Ich bin einfach bei meinem Handeln nicht mehr so gedankenlos.

1 Habt ihr euch auch schon einmal Gedanken darüber gemacht, wie ihr das Klima bzw. die Umwelt schützen könnt? Tauscht euch über eure Erfahrungen aus.

2 **a** Schreibt aus dem Text alle Wortgruppen aus Verb und Verb heraus, die die unten stehende Regel veranschaulichen, z. B.: *leben kann, ...*

b Formuliert Aussagen zum Thema Klima- oder Umweltschutz, in denen ihr jeweils zwei der folgenden Verben miteinander verbindet:

liegen • informieren • gehen • lassen • nutzen • abschalten • bleiben • lernen • beachten

3 **a** Übertragt die Tabelle in euer Heft und sortiert die nebenstehenden Wortgruppen mit „sein“ in die richtige Spalte ein.

zufrieden sein • ihr Wegsein • los sein • da sein • zusammen sein • pleite sein • vorhanden sein • übrig sein • das Reichsein • das Glücklichsein

Verbindungen mit „sein“	
getrennt und klein	groß und zusammen
...	...

b Formuliert eine Regel zur Getrennt- oder Zusammenschreibung von Wortgruppen mit „sein“.

Information **Wortgruppen aus Verb und Verb**

Wortgruppen aus **Verb und Verb** können immer **getrennt geschrieben werden,** z. B.:
kennen lernen, einkaufen gehen, liegen lassen, gesagt bekommen, gelobt werden.
Achtung: Werden sie nominalisiert, schreibt man sie zusammen und groß, z. B.:
Das Spazierengehen im Wald ist eine schöne Abwechslung.

Für einen Monat Rollen tauschen

Was passiert, wenn man die Verantwortung in der Familie komplett auf die Kinder überträgt? Michael Müller hat mit seiner Frau Marion den Versuch gewagt. Sie haben mit ihren Kindern für vier Wochen die Rollen getauscht und ließen Tochter Merit (14 Jahre) und Sohn Malte (12 Jahre) das Haushaltsgeld und das Kommando übernehmen.
„Die Bedingungen waren klar geregelt“, erklärt Michael Müller. „Den Kindern Anweisungen zu geben, war uns strengstens verboten. Wir mussten ihren Anweisungen gehorsam folgen.“ „Anfangs ist mir der Rollentausch wirklich nicht leichtgefallen“, gibt Marion Müller zu. „Ich kann es mir doch nicht gemütlich machen, während die Kinder so fleißig sind, habe ich gedacht. Aber dann bin ich doch einsichtig geworden und ich habe mich mit dem Rollentausch schneller angefreundet, als ich dachte.“ „Als meine Eltern uns das Geld für einen Monat feierlich übergeben haben, ist mir schon ein bisschen mulmig geworden“, gibt Merit zu. „Ich musste mir erst einmal klarmachen, was das bedeutet: für vier Menschen verantwortlich sein.“ „Ich habe die Idee von Anfang an toll gefunden“, grinst Malte, „und ich finde, wir haben fast alles richtig gemacht!“

1 Diskutiert, was ihr von einem solchen Rollentausch haltet.

2 **a** Schreibt aus dem Text alle Wortgruppen aus Adjektiv und Verb heraus.
TIPP: Zwölf Wortgruppen aus Adjektiv und Verb werden getrennt, zwei zusammengeschrieben.
b Überlegt, nach welcher Regel Wortgruppen aus Adjektiv und Verb getrennt oder zusammengeschrieben werden.

3 Erklärt die Zusammen- oder Getrenntschreibung der markierten Wortgruppen aus Adjektiv und Verb, indem ihr die unterschiedlichen Bedeutungen erläutert.
- Der Richter wird den Angeklagten freisprechen.
- Bei einem Referat solltest du möglich frei sprechen.
- Auf dem vereisten Bürgersteig kann man leicht fallen.
- Diese Aufgabe wird mir leichtfallen.

Information **Wortgruppen aus Adjektiv und Verb**

Wortgruppen aus Adjektiv und Verb werden **meist getrennt geschrieben,** z. B.: *laut singen, schnell rennen, bequem sitzen.*

Aber: Entsteht durch die Verbindung von Adjektiv und Verb ein **Wort mit einer neuen Gesamtbedeutung, schreibt man zusammen,** z. B.: *schwarzfahren* (= ohne Fahrschein fahren), *schwerfallen* (= Mühe bereiten), *blaumachen* (= schwänzen).

4 Zusammen oder getrennt? Entscheidet, wie die Wortgruppen aus Adjektiv und Verb geschrieben werden. Notiert eure Ergebnisse.
- Mein Vater kann über unsere Rollentausch-Erfahrung witzig und gut/schreiben.
- Natürlich mussten wir in dieser Zeit auch zur Schule gehen und durften nicht blau/machen.
- Nicht alle Arbeiten, die sonst unsere Eltern erledigen, sind uns leicht/gefallen.
- Es gab auch Dinge, die uns wirklich schwer/fielen.
- Aber in den vier Wochen gab es nichts, was uns wirklich fertig/gemacht hätte.

5 a Bildet Sätze mit Wortgruppen aus Adjektiv und Verb. Verwendet hierzu die folgenden Adjektive und Verben und achtet auf die Getrennt- oder Zusammenschreibung.

Adjektive	**Verben**
krank • rot • kaputt •	lachen • gehen • sehen •
schwarz • schief • kurz •	streichen • reden • machen •
klein • schön • sicher	fassen • schreiben

b Überprüft eure Sätze in Partnerarbeit.

6 Schreibt die folgenden Sätze in euer Heft. Prüft dabei mit Hilfe der Regel 1 im Merkkasten, ob die Wortgruppen aus Adverb und Verb getrennt oder zusammengeschrieben werden.
- Dieses Wort muss man zusammen/schreiben.
- Wenn die beiden weiter stören, wird man sie auseinander/setzen.
- Können wir das Regal zusammen/tragen?
- Freunde müssen auch in schwierigen Zeiten zusammen/halten.
- Können wir etwas schneller laufen, damit wir vorwärts/kommen?
- Gibt es Dinge, die man voraus/sehen kann?

7 a Bildet Sätze, in denen die unten stehenden Wörter im Infinitiv stehen.

umkehren • mitkommen • aufheben • abwarten • vorstellen

b Überprüft die Schreibung der Wörter mit Hilfe der Regel 2 aus dem Merkkasten unten.

Information **Wortgruppen aus Adverb und Verb, Präposition und Verb**

1 Wenn **Adverb und Verb zusammengeschrieben werden,** liegt die **Hauptbetonung** in der Regel **auf dem Adverb,** z. B.: *Wir müssen zusammenhalten.*
Bei der **Getrenntschreibung** werden **Adverb und Verb in der Regel gleich betont,** z. B.: *Ich wohne in dem Haus, das du gegenüber siehst.*
TIPP: Macht die Erweiterungsprobe. Wenn ihr ein Wort oder eine Wortgruppe zwischen Adverb und Verb einfügen könnt, schreibt ihr getrennt, z. B.:
Wollen wir das Regal zusammen (in die Küche) tragen?

2 **Verbindungen aus Präposition und Verb** schreibt man in der Regel **zusammen.** Die Hauptbetonung liegt bei der Zusammenschreibung auf der Präposition, z. B.:
Können wir umkehren? Möchtest du mitkommen?

Fordern und fördern – Getrennt oder zusammen?

Die folgenden Diktattexte haben verschiedene Schwierigkeitsstufen:

- **Level 1 für Sparsame:** Hier werdet ihr euch nicht verausgaben. Aber beschwert euch hinterher nicht, zu wenig Futter bekommen zu haben!
- **Level 2 für Regelbewusste:** Wer gut aufgepasst und fleißig geübt hat, schafft das locker!
- **Level 3 für Risikofreudige:** Wer wagt, gewinnt! Hier gewinnt ihr das gute Gefühl, topfit in Fragen der Rechtschreibung zu sein!

1 **a** Entscheidet euch für einen Diktattext und diktiert euch die Texte als Partnerdiktat (► S. 333).
b Prüft anschließend, ob ihr alle Wörter richtig geschrieben habt. Achtet dabei besonders auf die markierten Wörter.

Level 1

Ich muss feststellen: Eine Woche ohne Fernsehen ist mir schwergefallen. Eigentlich sitze ich abends mit meiner Schwester vor dem Fernseher. In dieser Woche habe ich Vokabeln gelernt oder Musik gehört. Ich habe tagsüber Hausaufgaben gemacht und Klavier geübt. Am Mittwochnachmittag war ich beim Fußballspielen. Der Samstag war etwas öde. Meine Freunde haben sich nachmittags zusammengetan, um DVDs auszuleihen und anzuschauen. Da konnte ich leider nicht dabei sein. Wenn ich ab morgen wieder fernsehen darf, werde ich das richtig klasse finden. *(80 Wörter)*

Level 2

Am letzten Mittwoch habe ich mich abends mit meiner Mutter zusammengesetzt. Wir haben uns ausgemalt, dass es doch lustig wäre, wenn wir einmal die Rollen tauschen würden. Was auf mich zukommen würde, konnte ich da ja noch nicht vorhersehen. Erst während unseres Experiments habe ich mir klargemacht, dass meine Mutter morgens sehr früh aufsteht, damit sie all die Dinge erledigen kann. Ich musste nachmittags einkaufen gehen, abends kochen und dann kamen noch das Wäschewaschen und all die anderen Dinge hinzu. Mir blieb kaum Zeit zum Spielen und Fernsehen. Manchmal ist es mir schwergefallen, abends zu kochen. Immerhin haben wir beschlossen, dass wir am Sonntagmittag auf Kosten der Haushaltskasse zusammen essen gehen. *(111 Wörter)*

Level 3

Am Sonntagnachmittag habe ich beschlossen, einen Monat lang klimafreundlicher zu leben. Mit meinem Bruder habe ich mich nachmittags zusammengesetzt und wir haben gemeinsam überlegt, was alles dazu gehört. Wenn man den Klimaschutz ernst nimmt, muss man sich ganz schön zusammenreißen. Wir mussten uns erst einmal klarmachen, worauf wir achten wollen. Man sollte zum Beispiel das Licht ausschalten, elektrische Geräte durch das Ziehen des Steckers von der Stromversorgung trennen und natürlich auch auf das Wassersparen achten. Muss man morgens beim Duschen das Wasser so lange laufen lassen? Manches kann ganz schön lästig sein. Wenn man einkaufen geht, sollte man nicht mit dem Auto fahren, sondern besser das Rad nehmen oder zu Fuß gehen. Ich habe mir von einem Umweltexperten einmal vorrechnen lassen, was verschiedene Geräte an Strom fressen. Das hat mich tief beeindruckt! Wir sollten die Dinge nicht einfach so hinnehmen, sondern verantwortlich handeln, damit unsere Umwelt nicht noch mehr kaputtgeht. *(150 Wörter)*

Testet euch!

Rechtschreibung

Blandine ist als Austauschschülerin in der Klasse von Paul und Marlen. Die beiden versuchen, ihr bei den Rechtschreibregeln zu helfen. Allerdings sind sich Paul und Marlen bei Regeln auch nicht immer ganz sicher.

1 **a** Entscheidet, welche Aussagen richtig sind, und schreibt die Buchstaben der richtigen Antworten in euer Heft.

b Ergeben die Buchstaben rückwärts gelesen den Namen der französischen Stadt, in der Blandine zu Hause ist?

VORSICHT FEHLER!

Rechtschreibrätsel

X Marlen: „Nominalisierungen sind Verben und Adjektive, die im Satz als Nomen gebraucht werden."

U Paul: „Man kann bei den Nominalisierungen eine Artikelprobe machen, z. B.: *Für alle Kinder ist Lernen wichtig.* – *Für alle Kinder ist (**das**) Lernen wichtig.*"

L Marlen: „Die Tageszeitangaben sind doch von Nomen abgeleitet. Deshalb schreibt man sie immer groß: *Der Morgen – Morgens, der Abend – Abends.*"

A Paul: „Bei den Tageszeiten mit dem angefügten *-s* handelt es sich um Adverbien, die kleingeschrieben werden: *morgens, mittags, abends.* Auch hier hilft die Artikelprobe: Bei *morgens* kann man keinen Artikel ergänzen."

E Marlen: „Die Schreibung von Wörtern mit *sein,* z. B. *froh sein,* ist leicht: Die schreibt man immer getrennt."

M Paul: „Bist du sicher? Ich meine, *zusammensein* wird auch zusammengeschrieben."

D Paul: Verb und Verb *(schlafen gehen)* kann man immer getrennt schreiben."

R Marlen: „Ja, das ist richtig. Aber werden sie nominalisiert, z. B. *zum Schlafengehen,* schreibt man sie zusammen und groß."

N Marlen: „Und wie ist es bei Adjektiv und Verb? Zum Beispiel: *Ich muss mir die Aufgabe erst klar machen.* – Das würde ich getrennt schreiben."

O Paul: „Aber ergeben hier nicht Adjektiv und Verb ein Wort mit einer neuen Bedeutung, also *klarmachen = etwas verdeutlichen?* Das würde ich zusammenschreiben."

I Paul: „Bei dem Satz *Wir können den Stuhl zusammentragen* wird *zusammentragen* doch nicht getrennt geschrieben, oder?"

B Marlen: „Doch, hier wird *zusammen tragen* getrennt geschrieben, weil beide Wörter gleich betont werden.

14.2 Wenn Kinder reisen – Zeichen setzen

Das Komma in Satzgefügen

Ab in die Ferien!

A Weil morgen die Ferien beginnen, habe ich schon jetzt so ein Kribbeln im Bauch.
B In diesem Jahr fahren wir in ein Land, das ich noch gar nicht kenne.
C Ich bin immer so neugierig, was dort anders ist als bei uns.
D Die Frage, wie gut man sich verständigen kann, ist für mich immer besonders spannend.
E Seitdem ich Englisch und Französisch lerne, funktioniert zum Beispiel das Einkaufen schon ganz gut.

1 Geht ihr gerne auf Reisen? Vergleicht eure Erfahrungen mit der Schilderung im Text.

2 a Zeichnet zu den Satzgefügen oben Satzbaupläne. Berücksichtigt dabei auch die Kommas, z. B.:

A) ——————— *Hs* ———————.
——————— *Ns* ———————,

b Formuliert eine Regel zur Kommasetzung in Satzgefügen.

3 a Schreibt den folgenden Text ab und setzt dabei die fehlenden Kommas.

VORSICHT FEHLER!

Obwohl ich so gern reise finde ich das Kofferpacken wirklich lästig. Ich weiß nie wie ich meine ganzen Sachen in meinen winzigen Koffer bekommen soll. Sobald es dann endlich losgeht ist die Mühe schnell vergessen. Meistens müssen wir weil wir eine weite Strecke vor uns haben am Reisetag ganz früh aufstehen. Wir nehmen immer genügend Proviant mit sodass wir im Auto frühstücken können.
Wenn wir aus dem Urlaub zurückkehren bin ich traurig und froh zugleich. Einerseits freue ich mich auf meine Freunde die ich im Urlaub vermisst habe. Dass die nächste Urlaubsreise aber in so weiter Ferne liegt finde ich auch ein bisschen schade.

b Überprüft eure Kommasetzung in Partnerarbeit.
c Unterstreicht die Hauptsätze rot und die Nebensätze grün. Umkreist dann die Wörter, mit denen die Nebensätze eingeleitet werden.
d Bestimmt die Wortart der Einleitewörter, die am Anfang der Nebensätze stehen und auf ein Komma hinweisen.

4 Verbindet immer drei Sätze (einen aus jeder Spalte) miteinander, sodass inhaltlich schlüssige Satzgefüge entstehen. Schreibt die Sätze auf und setzt dabei die notwendigen Kommas, z. B.:
Ich bin gern am Mittelmeer, weil man dort schwimmen gehen kann, sobald es einem zu heiß wird.

Reisewünsche

Ich bin gern am Mittelmeer ...	... würde ich gern mal in die Alpen reisen ...	... dass ich meine Freunde gar nicht mehr beneide.
Nachdem ich in der Halle klettern gelernt habe ...	... dass ich in den nächsten Ferien eine Sprachreise mache ...	... bei der wir zelten und über dem Lagerfeuer kochen.
Wenn wir nicht genügend Geld für einen Urlaub haben ...	... weil wir dann immer woanders hinfahren können ...	... damit ich mein Englisch verbessern kann.
Meine Eltern haben vorgeschlagen ...	... weil man dort schwimmen gehen kann ...	... wenn es uns an einem Ort nicht mehr gefällt.
Ich finde eine Reise mit dem Wohnmobil toll ...	... möchte ich eine Ferienfreizeit mitmachen ...	... damit ich meine Kletterkünste an einem richtigen Berg ausprobieren kann.
Falls meine Eltern es erlauben ...	... machen wir es uns zu Hause so schön ...	... sobald es einem zu heiß ist.

Information **Die Kommasetzung im Satzgefüge (Hauptsatz + Nebensatz)**

Einen **Satz,** der aus mindestens einem **Hauptsatz und** mindestens einem **Nebensatz** besteht, nennt man **Satzgefüge.** Der Nebensatz kann vor, zwischen oder nach dem Hauptsatz stehen. Zwischen Hauptsatz und Nebensatz muss **immer ein Komma** stehen, z. B.:
Wenn wir verreisen, möchte ich nicht allzu lange im Auto sitzen.
Die Sommerferien, die ich in diesem Jahr zu Hause verbracht habe, waren schön.

Ein **Satzgefüge kann mehrere Nebensätze enthalten.** Alle Nebensätze werden mit einem **Komma** abgetrennt, z. B.: *Weil ich gern reise, fahre ich weg, wann immer es geht.*
Ich glaube, dass man auch zu Hause schöne Urlaubstage verbringen kann, weil ich zu den Leuten gehöre, die gern lesen und ins Freibad gehen.

Folgende Wörter können Nebensätze einleiten:

unterordnende **Konjunktionen**	nachdem, wenn, obwohl, weil, dass, indem ...	***Weil*** *die Sonne scheint, gehen wir ins Freibad.*
Fragewörter und **ob**	wann, woher, warum, weshalb, wie, wo, ob ...	*Ich weiß nicht genau,* ***wann*** *er kommen wird.*
Relativpronomen	der, die, das, welcher, welche, welches	*Der Junge,* ***der*** *dort vorne steht, heißt Peter.*

5 a Lest die Informationen im Merkkasten auf Seite 272 genau. Erklärt: Warum ist es für die Kommasetzung hilfreich, auf die Wörter zu achten, mit denen die Nebensätze eingeleitet werden?

b Bildet Satzgefüge, in denen ihr die verschiedenen Einleitewörter (Konjunktionen, Fragewörter und „ob" sowie Relativpronomen) verwendet.

c Tauscht eure Sätze aus und prüft die Kommasetzung.

VORSICHT FEHLER!

Landratten werden Seebären

Mein ungewöhnlichster und bester Urlaub war ein Segeltörn, **1** den wir letzten Sommer mit unseren Eltern, **2** vor der türkischen Küste gemacht haben. Obwohl wir alle richtige Landratten sind **3** haben wir uns auf dieses Abenteuer eingelassen, **4** weil wir einmal etwas ganz anderes erleben wollten. Es hat ein bisschen gedauert, **5** bis wir uns an das Schaukeln des Bootes, **6** und die Enge der Kojen gewöhnt hatten. Zum Glück wussten unsere Skipper Klaus und Michaela **7** genau **8** wie sie uns ablenken konnten, **9** wenn wir uns mal schlecht fühlten. Wir haben mehrmals an griechischen und türkischen Inseln angelegt **10** auf denen man antike Ruinen besichtigen konnte, **11** was ich sehr beeindruckend fand.

Besonders viel Spaß hatten wir **12** als Klaus einmal den Motor des Segelbootes anwarf, **13** und meine Schwester und mich an zwei Tauen durchs Meer zog. Toll fand ich auch **14** dass wir in den Mastkorb des Schiffes klettern durften **15** obwohl **16** meine Mutter sonst immer so ängstlich ist. Meine schönste Erinnerung sind aber die Delfine, **17** die wir am letzten Nachmittag gesehen haben.

6 Prüft die Kommasetzung in dem Text genau. Geht so vor:

a Übertragt die Tabelle in euer Heft.

b Prüft dann bei jeder Nummer: Ist das Komma richtig gesetzt, falsch gesetzt? Fehlt ein Komma oder nicht? Kreuzt dann die richtige Spalte an.

Nummer	richtig gesetztes Komma	falsch gesetztes Komma	Komma fehlt	Komma fehlt nicht
1	*X*			
2	…	…	…	…
…				

Das Komma bei Aufzählungen

Victoria Krabbe

Urlaub vor der Haustür

VORSICHT FEHLER!

1 An einem sonnigen Samstag in den Ferien füllen wir den Picknickkorb mit Thunfischbagels, Hühnchensandwiches, Muffins, Chips und Coladosen.
2 Nach 15 Minuten erreichen wir den Baseball-Trainingsplatz der HSV Stealers.
3 Ungefähr 100 Zuschauer sitzen auf der Tribüne, auf Campingsitzen oder auf dem Gras am Spielfeldrand.
4 Sie sind umgeben von bunten Kühltaschen und Hunden, Kindern und Kinderwagen.
5 Man isst plaudert liest Comics schaut gelegentlich aufs Spielfeld applaudiert ab und an freundlich.
6 Das Spiel läuft und läuft und läuft. Die Regeln sowie Sinn und Ziel dieses Spiels bleiben mir auch nach zwei Stunden noch verborgen.
7 Wir warten das Ende nicht ab sondern räumen unsere Siebensachen zusammen und machen noch einen Abstecher nach Hollywood:
8 An der Kinokasse kaufen wir Tickets einen Rieseneimer mit salzigem Popcorn sowie drei gigantische Becher Cola. That's America.

1 a Begründet mit Hilfe der Regeln im Merkkasten unten die Kommasetzung in den markierten Aufzählungen (Sätze 1, 3 und 4).
b Schreibt die Sätze 5 bis 8 ab. Markiert die Aufzählungen und setzt die fehlenden Kommas.

2 a Schreibt die folgenden Sätze ab und setzt dabei die fehlenden Kommas.

VORSICHT FEHLER!

Wohin geht die Reise?

– In Inas Rucksack befinden sich sowohl Wanderschuhe als auch Badeschlappen ein Französisch-Sprachführer und ein Bestimmungsbuch „Meeresfische“ sowie Fähren-Tickets.
– In Christians Reisetasche gibt es eine Regenjacke eine Badehose außerdem einen Lenkdrachen und einen Surfanzug aber keinen Sprachführer.

b Denkt euch selbst ähnliche Rätsel aus. Statt Gepäckstücke könnt ihr auch Souvenirs auflisten.

Information **Das Komma in Aufzählungen**

Wörter und Wortgruppen in Aufzählungen werden **durch Kommas abgetrennt,** z. B.:
Zum Reisen gehören gutes Wetter, ein schönes Reiseziel, nette Mitreisende.
Dies gilt auch, wenn das Wort oder die Wortgruppe durch einschränkende Konjunktionen wie *aber, jedoch, sondern, doch* eingeleitet wird, z. B.:
Du hast an den Regenschirm und an den Wollpulli gedacht, aber nicht an Sonnencreme.

Achtung: Kein Komma steht vor den nebenordnenden Konjunktionen *und, oder, sowie, entweder ... oder, sowohl ... als auch, weder ... noch,* z. B.: *Ich liebe sowohl das Meer als auch die Berge.*

Das Komma bei Appositionen und nachgestellten Erläuterungen

- Das Strandbad Wannsee, eines der größten Seebäder Europas, ist eine der beliebtesten Badestellen in Berlin.
- Auch der Müggelsee, der größte der Berliner Seen, lädt zum Schwimmen ein.
- Besonderen Badespaß verspricht das Badeschiff, ein Schwimmbad mitten in der Spree.

1 Begründet mit Hilfe des Merkkastens unten, dass es sich bei den markierten Stellen jeweils um eine Apposition handelt.

2 Schreibt die folgenden Sätze ab. Fügt dabei in die Lücken jeweils eine passende Ergänzung als Apposition ein. Achtet auf den richtigen Kasus und die Kommasetzung.

- Das Wahrzeichen von Bremen ? ist der Roland ? .
- Die Mark Brandenburg ? ist ein Wasserparadies mit Flüssen, Kanälen und Seen.
- Im Aachener Dom ? wurden über 30 deutsche Könige gekrönt.
- Der Römer ? wird heute unter anderem als Standesamt genutzt.

das historische Rathaus von Frankfurt am Main • dem kleinsten Bundesland • Grabstätte Karls des Großen • eine große Ritterstatue mit Schwert • das Land zwischen Elbe und Oder

3 Schreibt den folgenden Text ab. Unterstreicht die nachgestellten Erläuterungen und setzt die fehlenden Kommas. Der Merkkasten unten hilft euch dabei.

VORSICHT FEHLER!

Auf dem Globus findest du Deutschland in der oberen Hälfte also auf der nördlichen Halbkugel. Es grenzt an zwei Meere nämlich Nordsee und Ostsee. Deutschland hat neun Nachbarländer unter anderem Polen und Frankreich. Es fließen einige große und viele kleine Flüsse durch unser Land zum Beispiel der Rhein und die Elbe. Von den 16 Bundesländern sind drei so genannte Stadtstaaten das heißt Stadt und Bundesland in einem nämlich Berlin und Hamburg und Bremen.

Information | **Das Komma bei Appositionen und nachgestellten Erläuterungen**

1 Die **Apposition** ist eine besondere Form des Attributs und besteht in der Regel aus einem Nomen oder einer Nomengruppe. Sie folgt ihrem Bezugswort (meist ein Nomen) und wird **durch Kommas abgetrennt,** z. B.: *Berlin, unsere Hauptstadt, ist ein beliebtes Reiseziel für Schulklassen.* Die Apposition steht im gleichen Kasus wie ihr Bezugswort (hier: Nominativ).

2 Die **nachgestellte Erläuterung** wird oft mit Wörtern wie *nämlich, und zwar, vor allem, das heißt (d. h.), zum Beispiel (z. B.)* eingeleitet. Sie wird **durch Kommas abgetrennt,** z. B.: *Das Reichstagsgebäude, also der Sitz des Bundestags, besitzt eine Kuppel aus Glas.*

Zeichensetzung bei der wörtlichen Rede

Hajo Schumacher

Urlaubspläne am Familientisch (1)

„Meine Lieben“, hebe ich an, „wohin fahren wir in diesem Sommer?“ Argwöhnische Blicke werden mir zugeworfen. Schnell schiebe ich nach: „Ich möchte, dass wir uns heute Abend gemeinsam auf einen Urlaubsort verständigen, an dem jeder seinen Spaß hat.“ Skeptisches Schweigen. „Einstimmigkeit wäre ganz toll!“, füge ich noch hinzu.
„Nicht nach Italien“, sagt Mona, meine Frau.
„Kein Wohnmobil!“, erklärt Karl, unser dreizehnjähriger Sohn.
„Auf eine Schäre?“, fragt Mona, die als Kind begeistert *Ferien auf Saltkrokan* gelesen hat.
„Nach Amerika“, fordert Karl.
„Grrrgll“, macht Hans, unser Zweijähriger.
Es wird Zeit für meinen ersten Vorstoß. „Ich würde gern baden, klettern, gut essen, nette Leute kennen lernen und Tiere für Hans haben. Ich habe da einen tollen Bauernhof in den Dolomiten empfohlen bekommen.“ Meine Familie guckt mich entsetzt an.
„Berge sind langweilig“, behauptet Karl.
„Ich möchte Strand“, verlangt Mona.
„Und Meer!“, fordert Karl.

1 a Untersucht aufmerksam die Zeichensetzung bei der wörtlichen Rede in diesem Text.
b Der Redebegleitsatz kann vor, nach oder zwischen der wörtlichen Rede stehen. Findet für diese drei Fälle jeweils ein Beispiel aus dem Text und schreibt sie auf.
c Formuliert gemeinsam mit einer Partnerin oder einem Partner eure Beobachtungen zu Regeln aus, z. B.:
- *Der Redebegleitsatz vor der wörtlichen Rede ...*
- *Der Redebegleitsatz nach der wörtlichen Rede ...*
- *Der Redebegleitsatz zwischen der wörtlichen Rede ...*
- *Anführungszeichen stehen ...*

2 a Schaut euch nun die Satzschlusszeichen (Punkt, Ausrufezeichen, Fragezeichen) bei der wörtlichen Rede an, die vor dem Redebegleitsatz steht. Was fällt euch auf?
b Formuliert in Partnerarbeit eine Regel zu euren Beobachtungen.
- *Wenn die wörtliche Rede vor dem Redebegleitsatz steht, bleiben ... und ... am Ende ... Der Schlusspunkt aber ...*

3 Vergleicht eure Regeln zur Zeichensetzung bei der wörtlichen Rede mit den Informationen im Merkkasten auf Seite 277.

Hajo Schumacher

Urlaubspläne am Familientisch (2)

VORSICHT FEHLER!

1 Wir bleiben einfach zu Hause bestimme ich Berlin ist großartig im Sommer
2 Und die Nachbarn wirft Mona entgeistert ein denken dann dass wir uns einen Urlaub nicht leisten können
3 Ich dachte immer dass man wegfährt weil man sich erholen will wende ich ein
4 Ich kann mich nur am Strand richtig erholen nutzt Mona die Gelegenheit
5 Meint ihr dass man sich mit dreizehn Jahren schon erholen muss fragt Karl
6 Na gut ich rufe morgen Frau Reinermann an erkläre ich

Der Rest der Familie ist beruhigt. Die Reisekauffrau unseres Vertrauens hat noch immer einen Kompromiss gefunden. Sie ist schwere Fälle gewohnt.

1 a Schreibt die Sätze 1 bis 6 in euer Heft. Setzt dabei alle fehlenden Satzzeichen. Denkt auch an die Kommasetzung zwischen Hauptsatz und Nebensatz.

b Tauscht eure Hefte aus und kontrolliert die Zeichensetzung in euren Texten. Nehmt hierzu den Merkkasten unten sowie die Informationen aus dem Merkkasten von Seite 272 zu Hilfe.

2 a Setzt den Text in Partnerarbeit fort. Erzählt, wie der Ich-Erzähler im Reisebüro anruft und um einen Urlaubsvorschlag bittet. Verwendet in euren Texten wörtliche Rede und achtet auf die Zeichensetzung, z. B.:

„Jch rufe jetzt im Reisebüro an", sage ich und nehme den Telefonhörer in die Hand.
„Reisebüro Sonnenschein", ertönt es am anderen Ende, „was kann ich für Sie tun?"
„Hallo, hier spricht Herr Müller", antworte ich. „Jch rufe Sie ...

b Überprüft die Zeichensetzung in euren Texten.

Information **Zeichensetzung bei der wörtlichen Rede**

Die wörtliche Rede steht in einem Text in Anführungszeichen. Die Satzzeichen ändern sich, je nachdem, ob der Redebegleitsatz vor, nach oder zwischen der wörtlichen Rede steht.

- Der **Redebegleitsatz vor der wörtlichen Rede** wird durch einen Doppelpunkt von der wörtlichen Rede abgetrennt, z. B.: *Ich fragte: „Wohin sollen wir verreisen?"*
- Der **Redebegleitsatz nach der wörtlichen Rede** wird durch ein Komma von der wörtlichen Rede abgetrennt, z. B.: *„Ich würde gern ans Meer fahren!", rief Jana.*
  „Sollen wir ans Meer fahren?", fragte Jana. „Ich möchte ans Meer", sagte Jana.
  In der wörtlichen Rede entfällt der Punkt; Frage- und Ausrufezeichen bleiben aber erhalten.
- Der **Redebegleitsatz zwischen der wörtlichen Rede** wird durch Kommas von der wörtlichen Rede abgetrennt, z. B.: *„Ach nein", meint Matthias, „ich würde lieber in die Berge fahren."*

Fordern und fördern – Zeichensetzung

VORSICHT FEHLER!

Urlaub im Baumhaus

1 Ein Baumhaus muss sich nach der Persönlichkeit des Baumes also nach seiner Eigenart richten. **2** Da der Baum ein Haus und mehrere Personen zu tragen hat sollte es sich um einen starken und gesunden Baum handeln. **3** Besonders geeignet sind Eichen Buchen Eschen und Linden. **4** Heutzutage gibt es Architekten die sich nur mit Baumhauskonstruktionen befassen.

●○○ **1** **a** Schreibt den Text ab und setzt dabei alle fehlenden Kommas.
b Schreibt die Tabelle in euer Heft und tragt die Nummern der Sätze in die passende Spalte ein.

Satzgefüge (Hs + Ns)	Satz mit Aufzählung	Satz mit nachgestellter Erläuterung
…	…	…

VORSICHT FEHLER!

1 Ein Baumhaushotel findet man in Sachsen und zwar in einem Wald zwischen Görlitz und Rothenburg. **2** In den Holzhütten die sich in zehn Metern Höhe befinden können ganze Familien schlafen und träumen. **3** Auf dem Gelände das die bebauten Bäume umgibt befindet sich ein Abenteuerspielplatz mit unterirdischen Gängen einem Wasserlauf einem Schloss und einem Piratenschiff. **4** In die Sterne schauen kann man im „Green Magic Nature Resort" das im südindischen Dschungel liegt. **5** In 30 Metern Höhe nämlich oben in einem Feigenbaum befindet sich ein Bett über dem der freie Himmel ist. **6** Am Fuße des Baums tummeln sich nachts schon mal Panther Schakale und Elefanten.

●●○ **2** **a** Schreibt die Sätze ab und setzt dabei alle fehlenden Kommas.
b Übertragt die Tabelle oben in euer Heft und ordnet die Nummern der Sätze in die passende Spalte ein. Manche Sätze gehören in mehrere Spalten.

VORSICHT FEHLER!

Um etwas zu erleben muss man doch nicht in die Ferne sagt mein Sohn Sondern frage ich Am ersten sonnigen Ferientag machen wir uns gegen neun Uhr abends auf in den Dschungel Vater und Sohn packen Fernglas Petroleumleuchte und Schlafsäcke ein ich den Proviant Wir schlagen uns durch Dickicht bis zum Pflaumenbaum auf dem vier Meter über uns Jans Baumhaus liegt Weil die Strickleiter und ich kein gutes Team sind erreiche ich mit Herzklopfen das Ziel Ich erwarte Feuchtigkeit mumifizierte Essensreste und Kuscheltierkadaver aber der Raum ist trocken sauber und gemütlich Es knarrt und knackt als wir hineinkriechen Natürlich sind die Dielen stabil beruhigt mich mein Mann Wir zünden die Petroleumlampe an essen Würstchen Kartoffelsalat und Kirschen

●●● **3** Im Text fehlen alle Satzzeichen. Schreibt den Text ab und ergänzt dabei die fehlenden Kommas, Satzschlusszeichen und Redezeichen.

Testet euch!

Zeichensetzung

Victoria Krabbe

Hamburg liegt in Frankreich

Heute geht es nach Frankreich, also ziehen wir uns wie Franzosen an. Während ich ein elegantes Sommerkleid überstreife, tragen die Herren Ehemann und Sohn helle Hosen, **1** als wir uns am Nachmittag auf den Weg machen. Im Picknickkorb sind Ziegenkäse, Rotwein, Mandarinenlimonade **2** und natürlich ein Baguette. Das Departement Dordogne liegt fünf Fußminuten entfernt, an der Tarpenbek, **3** einem Nebenflüsschen der Alster. Mächtige Buchen säumen das Rinnsal, alte Eichen, schlanke Birken und buntes Wildkraut wuchern. Wir lassen uns im Schatten einer ausladenden Weide nieder, wo Jan sich sogleich in ein Comicheft vertieft. „Das ist auch das Tolle am Urlaub“, **4** sagt er und seufzt zufrieden, „ihr schimpft nicht, wenn ich keine richtigen Bücher lese.“ Nach dem Essen bauen Mann und Sohn einen Staudamm aus Zweigen, **5** Steinen und Matsch. Das Projekt dauert Stunden und wird nur unterbrochen von Picknickpausen und dem langwierigen, geduldigen, **6** aber vergeblichen Versuch, ob man mit Käsestückchen Fische anlocken kann. Die hellen Hosen waren keine gute Idee, aber was soll's: „Laisser-faire!“, lautet eine Devise in unserem Gastland. Mit meinem Pflanzenführer in der Hand entdecke ich an unserem Sommersitz Engelwurz, Hahnenklee **7** sowie Beinwell. Weil Botanisieren müde macht, **8** schlummere ich ein, als ich zurück auf der Picknickdecke bin. Bevor wir in der Dämmerung heimreisen, schreibe ich eine Postkarte an unsere Freunde. *Wir schicken euch liebe Urlaubsgrüße! Das Wetter ist herrlich, das Essen auch. Wir haben einen wunderbaren Picknickplatz entdeckt,* **9** *und zwar fast direkt vor der Haustür. Hier sieht Hamburg aus wie Südfrankreich.*

1 a Ordnet jeder nummerierten Textstelle die passende Regel zu, nach der dort ein Komma gesetzt werden muss oder kein Komma gesetzt wird, z. B.: *1 = …, 2 = …*

b Ergeben die Buchstaben hintereinander gelesen ein Lösungswort?

Kommaregeln

- **L** Eine Apposition wird vom vorangehenden Bezugswort durch ein Komma abgetrennt.
- **B** Das Komma trennt einen Nebensatz vom vorangehenden Hauptsatz.
- **E** Das Komma trennt einen Nebensatz vom folgenden Hauptsatz.
- **N** Das Komma trennt eine nachgestellte Erläuterung im Satz ab.
- **N** Das Komma trennt Wörter in einer Aufzählung, die mit *aber* verbunden sind.
- **K** Das Komma trennt die wörtliche Rede vom Redebegleitsatz.
- **O** Das Komma trennt einzelne Wörter in einer Aufzählung.
- **A** Kein Komma steht in einer Aufzählung vor der nebenordnenden Konjunktion *und*.
- **I** Kein Komma steht in einer Aufzählung vor der nebenordnenden Konjunktion *sowie*.

14.3 Fit in ... – Richtig schreiben

Mit diesem Kapitel könnt ihr testen, wie fit ihr bereits in der Getrennt- und Zusammenschreibung seid und wie sicher ihr die Zeichensetzung beherrscht. Ihr geht so vor:

1 **Textüberarbeitung:** Zuerst überarbeitet ihr einen Fehlertext.

2 **Fehlerschwerpunkte finden:** Danach wertet ihr euer Ergebnis aus und stellt fest, in welchen Bereichen ihr noch Probleme habt.

3 **Training an Stationen:** Auf den Seiten 283–288 übt ihr gezielt die Bereiche der Rechtschreibung, die für euch noch schwierig sind.

VORSICHT FEHLER!

1 Ich bin Linny 14 Jahre alt und Jugendreporterin genau wie viele andere Jugendliche in Tegucigalpa der Hauptstadt von Honduras.
2 Wir machen bei einer Kindernachrichten-Sendung die von UNICEF unterstützt wird mit.
3 Ich war als ich mein erstes Interview führte ziemlich aufgeregt.
4 Sobald die Kamera lief wusste ich dass nun jedes Wort aber auch jede Geste zu sehen war!
5 Mir hat aber der Gedanke Mut gemacht dass ich als Reporterin viele Leute Orte und Themen kennen lerne und vor allem wirklich etwas bewegen kann.
6 Denn in Honduras besonders hier in Tegucigalpa gibt es viele Probleme vor allem die Umweltverschmutzung die wir nicht so hinnehmen wollen.
7 Weil ich darüber berichten wollte bin ich mit Edouardo dem Kameramann des Kinderfernsehens zu einer großen Müllkippe gefahren.
8 Dort gibt es riesige Abfallberge hoch wie Vulkane und ständig bringen Lkws noch mehr Müll.
9 Wir sind dort lange stehen geblieben was mir schwergefallen ist weil es so übel roch.
10 Auch außerhalb der Müllkippe sieht man sowohl in den Straßen als auch in den Wäldern in den Flüssen und Bächen in Seen oder in Tümpeln massenweise Müll herumliegen.
11 Man muss Angsthaben, dass wir alle davon krankwerden.
12 Als Journalistin habe ich die Pflicht, dass ich die Wahrheit heraus finde und öffentlichmache.
13 Dann können auch andere Menschen nicht mehr vor den Tatsachen davon laufen, sondern müssen nachdenkenlernen, wie die Dinge sich ändernlassen.
14 Wenn unsere Sendung Mittwochabends direkt vor den Hauptnachrichten auf Kanal 5 läuft, erreichen unsere Berichte alle Menschen, die hier ein Fernsehgerät haben.
15 Meine Mutter sowie meine Geschwister gucken am mittwochabend natürlich auch immer.
16 Dass mein Vater nicht dabeisein kann, lässt mich traurigsein.
17 Er muss in den USA arbeitengehen, weil er dort mehr Geldverdient als hier.
18 Nur alle drei Monate kann er uns von Freitagabends bis sonntagmittag besuchenkommen.
19 Nächstes Jahr aber wird er hoffentlich zurück kehren und dann immer hiersein.
20 Wenn mir das Lernen weiterhin leicht fällt, könnte ich später Journalismus studieren.

1 Schreibt die Sätze 1 bis 10 ab. Setzt dabei alle fehlenden Kommas.

2 Schreibt die Sätze 11 bis 20 ab. Korrigiert dabei alle Fehler bei der Getrennt- und Zusammenschreibung sowie die Fehler bei der Groß- und Kleinschreibung von Tageszeiten und Wochentagen.

Die eigenen Fehlerschwerpunkte finden

1 Überprüft in Partnerarbeit die Rechtschreibung in eurem Text (▶ S. 280), indem ihr euren Text mit den Lösungen auf Seite 352 vergleicht. Prüft jedes Wort und jedes Satzzeichen und markiert alle Fehler, die ihr gemacht habt.

2 Findet eure Fehlerschwerpunkte. Geht so vor:

a Alle Fehler, die ihr gemacht habt, markiert ihr auf einer Kopie des folgenden Fehlerbogens.

b Zählt, wie viele Fehler ihr in jedem Kästchen gemacht habt. Tragt eure Fehlerzahl in die mittlere Spalte ein.

c In der rechten Spalte der Tabelle mit dem Namen „Trainingsstationen" seht ihr, bei welchen Stationen ihr üben solltet. Markiert diese Stationen und die entsprechenden Seitenzahlen.

3 Übt eure Rechtschreibung an euren Trainingsstationen.

Fehlerbogen

Fehlerschwerpunkte	Fehlerzahl	Trainingsstationen
Sätze 1–10		
Kommasetzung in Satzgefügen 2 ... Kindernachrichten-Sendung, die von UNICEF unterstützt wird, mit. 3 Ich war, als ich mein erstes Interview führte, ziemlich aufgeregt. 4 Sobald die Kamera lief, wusste ich, dass nun ... 5 Mir hat aber der Gedanke Mut gemacht, dass ich als Reporterin ... 6 ... die Umweltverschmutzung, die wir nicht so hinnehmen wollen. 7 Weil ich darüber berichten wollte, bin ich mit ... 9 ... dort lange stehen geblieben, was mir schwergefallen ist, weil es so übel roch.		Mehr als drei Fehler gemacht: ▶ Training an der Station 1, S. 283–284 ▶ Hilfen im Buch: S. 331
Kommasetzung bei Aufzählungen 1 Ich bin Linny, 14 Jahre alt und ... 4 ... nun jedes Wort, aber auch jede Geste zu sehen war! 5 ... viele Leute, Orte und Themen kennen lerne und vor allem wirklich ... 10 ... sowohl in den Straßen als auch in den Wäldern, in den Flüssen und Bächen, in Seen oder in Tümpeln ...		Mehr als zwei Fehler gemacht: ▶ Training an der Station 2, S. 284 ▶ Hilfen im Buch: S. 332

Fehlerschwerpunkte	Fehlerzahl	Trainingsstationen
Kommasetzung bei Appositionen und nachgestellten Erläuterungen **1** ... Jugend-Reporterin, genau wie ... ... in Tegucigalpa, der Hauptstadt ... **6** ... in Honduras, besonders hier in Tegucigalpa, gibt es viele Probleme, vor allem die ... **7** ... mit Edouardo, dem Kameramann des Kinderfernsehens, zu einer großen ... **8** Dort gibt es riesige Abfallberge, hoch wie Vulkane, und ...		Ab einem Fehler: ▶ Training an der Station 3, S. 285 ▶ Hilfen im Buch: S. 332
Sätze 11–20		
Groß- und Kleinschreibung bei Tageszeiten und Wochentagen **14** ... unsere Sendung mittwochabends ... **15** ... am Mittwochabend ... **18** ... von freitagabends bis Sonntagmittag ...		Ab einem Fehler: ▶ Training an der Station 4, S. 286 ▶ Hilfen im Buch: S. 336
Getrennt- und Zusammenschreibung bei Verbindungen mit Verb **11** Man muss Angst haben, dass wir alle davon krank werden. **12** Als Journalistin [...] herausfinde und öffentlich mache. **13** ... vor den Tatsachen davonlaufen, sondern müssen nachdenken lernen, wie die Dinge sich ändern lassen. **16** Dass mein Vater nicht dabei sein kann, lässt mich traurig sein. **17** Er muss in den USA arbeiten gehen, weil er dort mehr Geld verdient als hier. **18** ... besuchen kommen. **19** ... hoffentlich zurückkehren und dann immer hier sein. **20** Wenn mir das Lernen [...] leichtfällt, ...		Mehr als drei Fehler gemacht: ▶ Training an der Station 5, S. 287–288 ▶ Hilfen im Buch: S. 337
Andere Fehler:		Sprecht mit eurer Lehrkraft über diese Fehler.
Fehler insgesamt:		

Keine oder nur ganz wenige Fehler gemacht?
Bearbeitet an den Stationen die Aufgaben „Für Spezialisten".

Training an Stationen

Station 1: Kommasetzung im Satzgefüge

VORSICHT
FEHLER!

Der UNICEF-Juniorbotschafter-Wettbewerb

1 UNICEF ist das Kinderhilfswerk der Vereinten Nationen wie der Bund aus fast allen Staaten der Erde genannt wird. **2** In Entwicklungsländern und Krisengebieten sorgt UNICEF unter anderem dafür dass Kinder in die Schule gehen können. **3** Dass Kinder medizinisch versorgt und vor Missbrauch geschützt werden gehört ebenfalls zu den Zielen des Hilfswerks. **4** Mit dem Juniorbotschafter-Wettbewerb möchte UNICEF darauf aufmerksam machen wie bedeutsam Kinderrechte sind. **5** Das waren die Sieger des Wettbewerbs 2011: **6** 1. Preis: Auf der thailändischen Inselgruppe Koh Phi Phi wo die heute 15-jährige Kölnerin acht Jahre gelebt hat half Malin Eh beim Bau eines Schul- und Gemeindehauses für die Seenomaden. **7** Nachdem sie nach Deutschland zurückgekehrt war hielt sie Vorträge über das staatenlose Fischervolk und sammelte Spenden. **8** 2. Preis: Wenn sie nach ihren Herkunftsländern gefragt werden können die Jungen und Mädchen der Klasse 5 G1 der Heinrich-Böll-Schule in Hattersheim 13 Nationen aufzählen. **9** Während einer Projektwoche haben sie recherchiert ob und wie in diesen Ländern Kinderrechte geachtet werden und dazu Plakate entworfen. **10** 3. Preis: Es war das Märchen „Das Mädchen mit den Schwefelhölzern" das die Jungen und Mädchen der Lietzensee-Schule in Berlin auf eine zündende Idee gebracht hat. **11** Nachdem sie gemeinsam mehr als 700 Kamin-Streichhölzer bemalt oder beschrieben hatten hefteten sie Erklärungen zu Kinderrechten daran und verteilten beides in einem Berliner Kaufhaus.

1 a Schreibt den Text ab und setzt dabei die fehlenden Kommas.
b Unterstreicht die Hauptsätze rot und die Nebensätze grün. Umkreist die Konjunktionen, die Fragepronomen und die Relativpronomen, mit denen die Nebensätze eingeleitet werden.

2 Zeichnet zu den Sätzen 2, 3, 4, 9 und 11 Satzbaupläne. Berücksichtigt dabei auch die Kommas.
TIPP: Ein Beispiel für einen Satzbauplan findet ihr auf Seite 245.

3 Für Spezialisten: Begründet bei den folgenden Sätzen, warum an den markierten Stellen ein Komma bzw. kein Komma gesetzt ist.

- Als Journalistin habe ich die Pflicht, dass ich die Wahrheit herausfinde und öffentlich mache.
- Dann können auch andere Menschen nicht mehr vor den Tatsachen davonlaufen, sondern müssen nachdenken, wie die Dinge sich ändern lassen.
- Dass mein Vater nicht dabei sein kann, lässt mich traurig sein.
- Nächstes Jahr aber wird er hoffentlich zurückkehren und dann immer hier sein.

Station 2: Kommasetzung bei Aufzählungen

VORSICHT FEHLER!

Freiwillige vor!

Unter Jugendlichen sind internationale Workcamps beliebt: Man tut Gutes in der Ferne, trifft Gleichgesinnte, **1** und lernt das Gastland kennen. Man kann, **2** in Italien botanische Gärten anlegen, **3** in der Mongolei Englisch unterrichten **4** oder in Frankreich ein altes Schloss renovieren. Einige Veranstalter bieten das jetzt auch Familien an. Während die Jugendlichen entweder in Turnhallen, **5** oder in Zeltlagern unterkommen, stehen für Eltern mit Kindern sowohl Familienapartments **6** als auch Ferienhäuschen bereit. In den Camps wird Englisch gesprochen **7** zuweilen auch Spanisch, **8** oder Französisch **9** jedoch nur selten Deutsch. Nach der Tagesarbeit unternehmen die Helfer Ausflüge, besuchen Theater, **10** oder Konzerte.

1 Kontrolliert die Kommasetzung bei den Aufzählungen in den Sätzen oben. Ordnet hierzu jede nummerierte Stelle einem der folgenden Punkte zu:
- *richtig gesetztes Komma: Nr. ...*
- *falsch gesetztes Komma: Nr. ...*
- *fehlendes Komma: Nr. ...*
- *richtig weggelassenes Komma: Nr. ...*

2 Für Spezialisten: Erläutert, wie sich die Bedeutung der folgenden Sätze ändert, wenn man das zusätzliche, markierte Komma setzt.

- Lizzy, meine Schwester und ich schlafen im selben Zimmer.
  Lizzy, meine Schwester, und ich schlafen im selben Zimmer.
- Die beiden Projektleiter, die Textredakteurin und ein Jugendreporter treffen sich montags.
  Die beiden Projektleiter, die Textredakteurin und ein Jugendreporter, treffen sich montags.

Station 3: Kommasetzung bei Appositionen und nachgestellten Erläuterungen

VORSICHT FEHLER!

Honduras ein Staat in Zentralamerika grenzt an Guatemala, Nicaragua und El Salvador.

Der Name des Landes leitet sich vom spanischen Wort „hondura“ das heißt Tiefe ab und weist auf die tiefen Gewässer im Karibischen Meer vor der Küste Honduras’ hin. Die meisten Menschen in Honduras leben von der Landwirtschaft vor allem vom Anbau von Kaffee, Kakao und Bananen. Die Landschaft Honduras’ ist geprägt von sandigen Buchten am Karibischen Meer, Gebirgen und Regenwäldern.

Der Umweltreichtum des Landes vor allem der Regenwald ist jedoch zunehmend bedroht, denn viele Wälder werden abgebrannt oder abgeholzt, um den Boden landwirtschaftlich zu nutzen.

Außer Spanisch der offiziellen Amtssprache werden verschiedene indigene Sprachen gesprochen also einheimische Sprachen. In Honduras dem nach Haiti ärmsten Land Mittelamerikas leben mehr als 70 Prozent der Bevölkerung unter der Armutsgrenze.

1 a Schreibt den Text ab und setzt dabei die fehlenden Kommas bei den Appositionen und den nachgestellten Erläuterungen.
b Unterstreicht in eurem Text die Appositionen grün und die nachgestellten Erläuterungen rot.
c Umkreist die Wörter, mit denen die nachgestellten Erläuterungen eingeleitet werden.

2 Verändert die folgenden Sätze so, dass die neuen Sätze eine Apposition enthalten.

- Tegucigalpa ist die Hauptstadt von Honduras und zugleich die größte Stadt des Landes.
- Die Kirche San Francisco, die das älteste Gebäude der Stadt ist, stammt vermutlich von 1590.
- Der berühmte honduranische Fußballspieler Amado Guevara gehört zu den Söhnen der Stadt.

3 Für Spezialisten: Schreibt zu einem Land eurer Wahl einen kurzen Informationstext, vergleichbar mit dem Text aus Aufgabe 1. Verwendet darin Appositionen und nachgestellte Erläuterungen.

Station 4: Groß- und Kleinschreibung bei Tageszeiten und Wochentagen

VORSICHT FEHLER!

Schüleraustausch in Costa Rica

Ein Schüleraustausch bietet euch die Möglichkeit, andere Länder kennen zu lernen. Matthias war für ein halbes Jahr in Costa Rica.

Was waren für dich die drei größten Unterschiede zwischen Costa Rica und Deutschland?

1. Das Essen ist ganz anders als in Deutschland. Es gibt MORGENS, MITTAGS und am ABEND Reis und Bohnen. Am Anfang war das etwas ungewöhnlich, aber ich habe mich schnell daran gewöhnt.
2. Die Menschen in Costa Rica sind viel entspannter als in Deutschland. Egal, ob ich am MONTAGMORGEN an der Bushaltestelle stand, am VORMITTAG in der Schule war, mich am SPÄTEN NACHMITTAG mit meinen Freunden getroffen habe oder ABENDS in meiner Gastfamilie war, niemals waren die Menschen gehetzt.
3. Costa Rica ist ein Naturparadies. Es gibt wunderbare Strände, Regenwälder und Vulkane.

Wie sah für dich ein typischer Schultag in Costa Rica aus?

Mein typischer Schultag begann FRÜHMORGENS um sechs Uhr mit einer kalten Dusche, dann bügelte ich jeden MORGEN meine Schuluniform, frühstückte und lief zum Bus, der mich von MONTAGS bis FREITAGS zur Schule brachte. Unterrichtsbeginn war um acht Uhr. Am MITTAG, zwischen elf und zwölf Uhr, gab es eine Pause, am NACHMITTAG ging der Unterricht weiter und endete meist erst um 16 Uhr.

Wie hast du die Zeit außerhalb der Schule verbracht?

Ich habe JEDEN DIENSTAG in der Schulband gespielt, DONNERSTAGS war ich in einer Fußballmannschaft und von SAMSTAGFRÜH bis zum SONNTAGABEND war ich häufig mit meiner Gastfamilie unterwegs. Die restlichen Tage in der Woche habe ich mich mit meinen Freunden getroffen. In Costa Rica trifft man sich als Jugendlicher eher am ABEND, weil die Schule bis zum NACHMITTAG dauert.

1 Groß oder klein? Übertragt die Tabelle in euer Heft. Entscheidet dann, wie die markierten Wörter geschrieben werden, und ordnet sie in die passende Spalte ein.
TIPP: Achtet auf die Nomensignale. Sie helfen euch zu entscheiden, ob ein Wort groß- oder kleingeschrieben wird:

großgeschriebene Zeitangaben (Nomen)	kleingeschriebene Zeitangaben (Adverbien)	kombinierte Zeitangaben (Adverbien + Nomen)
…	…	…

2 Für Spezialisten: Unter welchem Wochentag muss man im Wörterbuch nachschlagen, um etwas über die Schreibung von Wochentagen und Tageszeiten zu erfahren?

Station 5: Getrennt- und Zusammenschreibung

1 a Übertragt die Tabelle in euer Heft und ordnet die Wortgruppen in die passende Spalte ein.

Mut machen • kennen lernen • traurig sein • liegen lassen • stehen bleiben • Angst haben • Karten kaufen • vorbei sein • Mut haben • Spaß haben • dabei sein • arbeiten gehen • froh sein • baden gehen • hier sein • Ballett tanzen • weg sein • Fußball spielen • spazieren gehen • Fahrrad fahren

Nomen + Verb	Verb + Verb	Wort + sein
Mut machen	...	...

b Formuliert für jede Spalte eine Regel zur Getrennt- oder Zusammenschreibung. Vergleicht euer Ergebnis mit den Informationen auf Seite 337.

c Bildet mit je zwei Beispielen aus jeder Tabellenspalte Nominalisierungen. Achtet darauf, die Nominalisierungen zusammen- und großzuschreiben. Bildet ganze Sätze, z. B.:
Während des Kartenkaufens habe ich eine Stunde in der Schlange gestanden.

2 a Lest die folgenden beiden Satzpaare und ruft euch noch einmal in Erinnerung: Wann schreibt man Wortgruppen aus Adjektiv und Verb zusammen, wann getrennt?

– Es wird dir leichtfallen, diese Aufgabe zu lösen.
– Pass auf, wohin du trittst, du kannst hier leicht fallen.

b Zusammen oder getrennt? Entscheidet, wie die Wortgruppen aus Adjektiv und Verb geschrieben werden, und notiert die Sätze in eurem Heft.

– Wir mussten schnell/laufen, sonst hätten wir den Zug verpasst.
– Nomen muss man im Deutschen groß/schreiben.
– Für unser nächstes Treffen müssen wir noch einen Termin fest/legen.
– Auf dem Plakat sollten wir den Titel des Theaterstücks sehr groß/schreiben.
– Die Polizei wollte den Einbrecher fest/nehmen.

3 Prüft, ob die Wortgruppen aus Adverb und Verb getrennt oder zusammengeschrieben werden (► Informationen hierzu findet ihr auf Seite 268).

– Kannst du den Stuhl beiseite/stellen?
– Die Notizzettel sollten wir nicht durcheinander/bringen.
– Bei einer gemeinsamen Urlaubsreise muss man zusammen/halten.
– Mir sind gestern meine Turnschuhe abhanden/gekommen.

4 Sucht zu jeder Tabellenspalte jeweils fünf weitere Verben, die mit der gleichen Präposition bzw. dem gleichen Adverb verbunden sind, und schreibt sie in euer Heft. Achtet auf die Zusammenschreibung.

mitmachen	**vor**stellen	**herum**liegen	**heraus**finden	**zurück**kehren
mitessen	*vorgeben*	*herumreden*	...	...

Der CO_2-Fußabdruck

Von Simone Müller

Jeder hinter/lässt im Laufe seines Lebens Spuren, auch was den Verbrauch von Energie an/geht. Die Menschen leben über ihre Verhältnisse, vor allem in den Industrieländern. Das heißt, sie verbrauchen jedes Jahr mehr Ressourcen (Rohstoffe wie Wasser, Holz, Erdöl usw.), als die Erde jährlich bereit/stellen kann. Wir vernichten aber nicht nur den Ressourcenspeicher der Erde. Durch unseren wachsenden Energieverbrauch sorgen wir auch dafür, dass der CO_2-Ausstoß[1] an/steigt und der Klimawandel voran/getrieben wird.

Der CO_2-Fußabdruck verrät, wie viel des Treibhausgases CO_2 jeder Einzelne frei/setzt, zum Beispiel wenn er Bahn/fährt, sich die Haare/wäscht oder Chips/isst. CO_2 entsteht immer dann, wenn wir Energie/verbrauchen, genau/gesagt, wenn Gas, Öl oder Kohle verbrannt werden. Wie viel CO_2 zum Beispiel aus/gestoßen wird, damit eine Tüte Chips her/gestellt werden kann, können die Wissenschaftler inzwischen exakt/berechnen. Genau wie den CO_2-Ausstoß, der zum Beispiel entsteht, wenn wir Auto/fahren, Fleisch/essen oder baden/gehen.

Zusammen/gerechnet lässt sich daraus der so genannte persönliche CO_2-Fußabdruck ermitteln. Er gibt die Höhe des CO_2-Ausstoßes an, für die jeder Mensch verantwortlich/ist. Der Fußabdruck kann bei manchen klein/ausfallen, bei anderen riesig/sein. Leider müssen wir zugeben, dass wir in Deutschland mit Quadratlatschen auf dem Klima herum/trampeln: Im Schnitt werden von jedem Einwohner täglich 32 Kilogramm CO_2 aus/gestoßen. Ein Mensch aus Äthiopien kommt auf nicht einmal 300 Gramm pro Tag.

1 CO_2: Kohlenstoffdioxid oder Kohlendioxid; ein wichtiges Treibhausgas

5 Getrennt oder zusammen? Entscheidet, wie die markierten Wortgruppen geschrieben werden, und schreibt sie in euer Heft.

6 Für Spezialisten: Bildet Sätze, in denen die folgenden Wortgruppen einmal zusammengeschrieben, das andere Mal getrennt geschrieben werden. Begründet bei jedem Satz die Zusammen- oder Getrenntschreibung.

offen/bleiben • wieder/haben • gut/schreiben • zusammen/tragen • wieder/sehen • nahe/kommen

15 Ein starkes Team! – Gemeinsam arbeiten

1 a Ein starkes Team! Was versteht ihr darunter? Was gehört dazu? Betrachtet auch das Foto.
b Berichtet von euren eigenen Teamerfahrungen.

2 a Erklärt, welche Aufgaben oder Projekte ihr im Team oder als Gruppe schon erarbeitet habt. Was hat euch dabei besonders gut gefallen? Gab es Probleme?
b Formuliert gemeinsam Tipps für ein gutes Gelingen von Gruppenarbeit.

In diesem Kapitel ...

- lernt ihr, wie ihr erfolgreich im Team arbeitet,
- recherchiert ihr zum Thema „Umweltschutz" und wertet die Informationen gemeinsam aus,
- übt ihr, einen Vortrag wirkungsvoll mit Folien und Handout zu stützen,
- verfasst ihr Aufrufe und überarbeitet sie in einer Schreibkonferenz.

15.1 Umweltschutz – Zu einem Thema recherchieren

Die Teamarbeit planen und organisieren

1 a Schaut euch die Etappenkarte zur Teamarbeit genau an.

b Erinnert euch an Aufgaben oder Projekte, die ihr schon im Team erarbeitet habt. Erklärt, wie ihr die Arbeit an den einzelnen Stationen durchgeführt habt. Nennt Beispiele.

c Überlegt, an welchen Stationen ihr in der Gruppe arbeitet und welche Etappen ihr in Einzel- oder Partnerarbeit durchführen würdet. Begründet eure Meinung.

Ein Thema festlegen

Baumstarker Umweltschutz!

1000 Milliarden – das ist eine Eins mit zwölf Nullen. So viele Bäume sollen es werden, die durch die Initiative „Plant-for-the-Planet“ dann weltweit wachsen. Jeder Baum ist ein aktiver Beitrag zum Umweltschutz und wichtig für den Erhalt einer intakten Natur, für das Klima, für den Tier- und Artenschutz und nicht zuletzt für den Menschen.

„Als ich von ‚Plant-for-the-Planet‘ gehört habe, fand ich das so toll, dass meine Freunde und ich gleich Mitglieder geworden sind. Mittlerweile haben wir einen eigenen Club gegründet“, erzählt der 13-jährige Jeremia. Zusammen mit seinen Freunden hat er schon viele Aktionen durchgeführt, auch an Schulen. Aliye, 14 Jahre, die von Anfang an dabei war, meint: „Die Kinder- und Jugendinitiative ‚Plant-for-the-Planet‘ wurde 2007 von dem damals neunjährigen Felix Finkbeiner gegründet. Er hat gezeigt, dass wir alle etwas für eine bessere Welt tun können. Also: ‚Stop talking. Start planting!‘ Und natürlich sollte man Umweltschutzpapier verwenden. Das sorgt dafür, dass schon gepflanzte Bäume nicht einfach wieder abgeholzt werden.“

1 a Lest den Text und erklärt, wie sich Jeremia und Aliye für den Umweltschutz einsetzen.
b Berichtet: Kennt ihr andere Projekte oder Aktionen zum Thema „Umweltschutz“? Was macht ihr selbst im Alltag, um unsere Umwelt zu schützen?
c Erklärt, was durch den Umweltschutz erreicht werden soll.

2 In Kurzvorträgen sollt ihr in eurer Schule über verschiedene Umweltthemen informieren und deutlich machen, was jeder im Alltag zum Umweltschutz beitragen kann.
a Sammelt Ideen zum Thema, indem ihr Fragen oder Stichpunkte notiert, z. B. in einem Cluster.

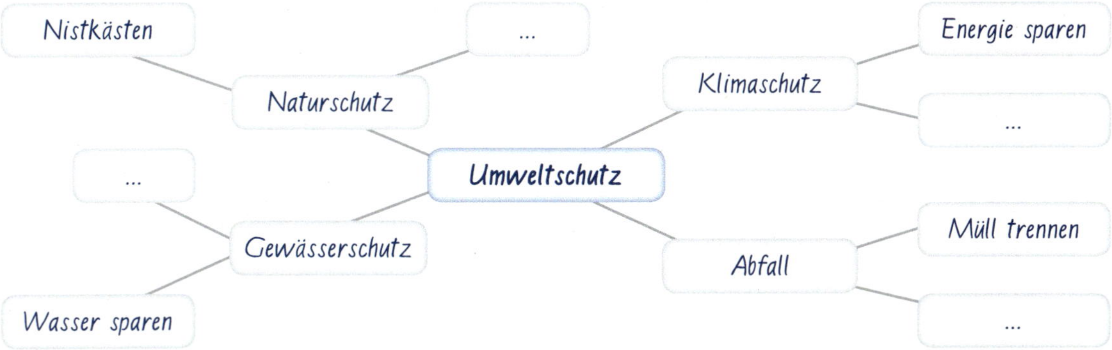

b Entscheidet euch, über welche Themen ihr informieren wollt. Dies könnt ihr z. B. mit einer **Punktabfrage** machen: Notiert alle Vorschläge an der Tafel, dann vergibt jeder drei Punkte. Zu den Themen mit den meisten Punkten gibt es je einen Vortrag.

Ein Team bilden, die Aufgaben verteilen

Für jedes von euch ausgewählte Thema zum Umweltschutz ist eine Gruppe zuständig, die hierzu recherchiert und die Informationen für die Mitschüler erarbeitet.

1 Bildet Gruppen von vier bis sechs Personen. Findet euch nach eurem Interesse für ein Thema zusammen.

2 Kein erfolgreiches Team ohne Regeln, an die sich alle halten! Einigt euch auf einige wichtige Gruppenregeln, an die ihr euch halten wollt. Haltet eure Ergebnisse auf einem Plakat fest.
TIPP: Ihr könnt eurem Team auch einen Namen geben und ein Foto von eurer Gruppe auf das Plakat kleben.

Jeder gibt sein Bestes! *Wir helfen uns gegenseitig.*
...

3 Im Folgenden erarbeitet ihr einen Vortrag zu eurem Thema. Dazu gehören folgende Aufgaben.

A Ihr **recherchiert Informationen** zu eurem Thema und bereitet sie für den Vortrag auf.

B Ihr erstellt zu eurem Vortrag **Präsentationsfolien** am Computer.

C Ihr entwickelt ein **Handout** (Informationspapier), das den Aufbau und die zentralen Informationen eures Vortrags wiedergibt.

Tauscht euch darüber aus, was ihr besonders gut könnt bzw. gerne macht. Haltet eure Ergebnisse fest, indem ihr eure Fähigkeiten und Vorlieben unter eurem Namen notiert. Dabei dürfen auch Doppelungen vorkommen, z. B.:

Kilian
– Ich recherchiere gern im Internet.

Ansgar
– Ich kann Folien am Computer erstellen.
– Ich trage gerne vor.

Susanne
– Ich gehe gerne in die Bibliothek.

...

4 Überlegt gemeinsam, wie ihr bei der Informationsrecherche und dem Erarbeiten eures Kurzvortrags (Arbeitsschritt A) vorgehen wollt. Notiert eure Ideen zu den folgenden Fragen:
- Welche Fragen zu eurem Thema wollt ihr in eurem Kurzvortrag beantworten?
- Wo wollt ihr nach Informationen suchen (Internet, Bibliothek, Interview mit ...)?
- Wer kann welche Aufgabe bis wann übernehmen? Berücksichtigt auch die Stärken und Schwächen der einzelnen Gruppenmitglieder.

5 Erstellt einen Arbeitsplan für eure Gruppenarbeit. Füllt zunächst nur die Felder für die Aufgaben 1 bis 3 aus.
So könnte ein Arbeitsplan für die Gruppe aussehen, die sich mit dem Thema „Klimaschutz" beschäftigt.

Thema: Klimaschutz	**Ziel: Informationen und Tipps für Mitschüler**		
Aufgaben	**Wer?**	**Wo?**	**Bis wann?**
1. Informationen recherchieren:			
– Was bedeutet Klimaschutz?	...	*Internet, Lexikon*	*nächsten Montag*
– Ursachen für den Klimawandel?	...	...	...
– Maßnahmen gegen den Klimawandel?	...	...	...
– Was können wir tun?	...	...	...
2. Informationen auswerten ...			*in zwei Wochen*
3. Den Kurzvortrag ausarbeiten ...			
4. Erstellen der Präsentationsfolien ...			
5. Verfassen des Handouts ...			

6 Nicht jeder ist ein geborener Teamplayer. Aber Teamfähigkeit kann man lernen.

a Gestaltet einen Bewertungsbogen für Teamfähigkeit und kopiert ihn für alle. Nehmt Aspekte auf, die euch wichtig sind.

Unsere Teamfähigkeit	☺	😐	☹
Wir haben die Aufgaben gemeinsam und gerecht verteilt.			
Wir arbeiten gut mit und geben unser Bestes.			
Wir helfen uns gegenseitig.			
Wir versuchen, Konflikte fair zu lösen.			
Wir haben die Zeitvorgaben eingehalten.			

b Gebt euch mit Hilfe des Bewertungsbogens während und am Ende eurer Teamarbeit ein Feedback: Was hat gut funktioniert? Was könnt ihr verbessern? Bleibt bei eurer Kritik fair!

Informationen recherchieren und auswerten

1 Um im Internet gezielt nach Informationen zu suchen, gibt es Suchmaschinen. Berichtet, welche Suchmaschinen ihr kennt und wie ihr bei der Informationsrecherche im Internet vorgeht.

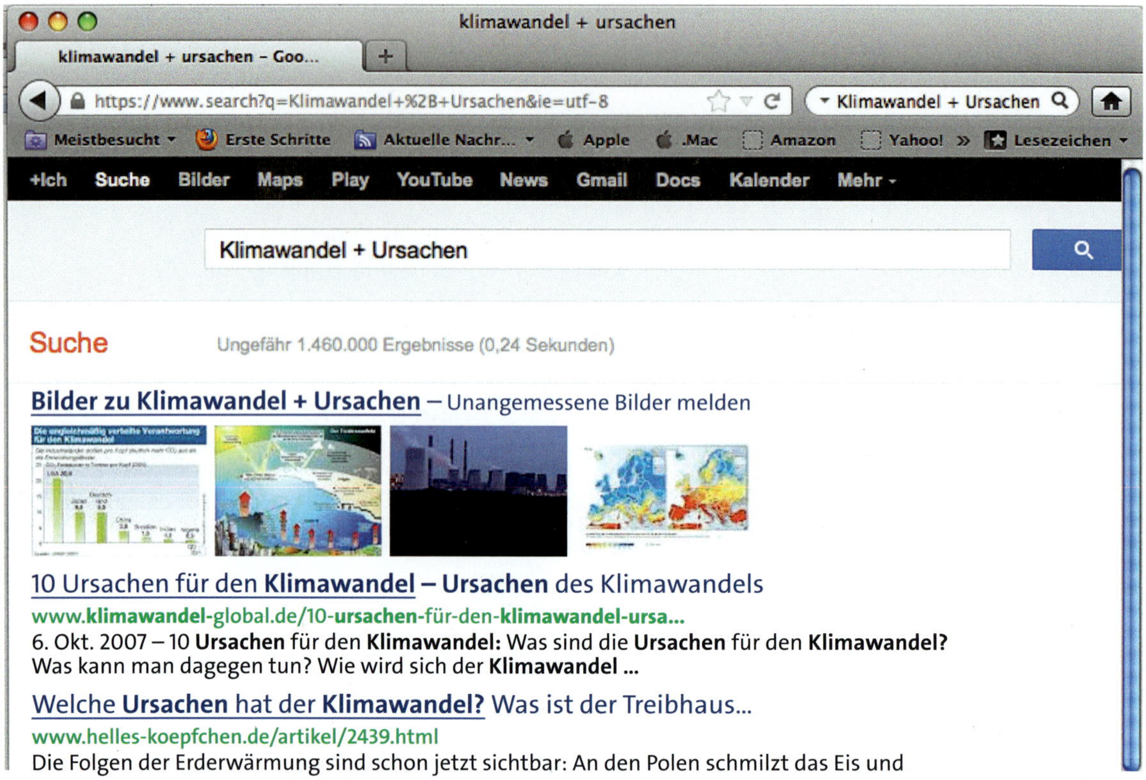

2 Beschreibt die Seite aus dem Internet, indem ihr die folgenden Fragen beantwortet:
- Welche Suchmaschine wurde benutzt?
- Welche Suchbegriffe wurden verwendet? Überlegt, warum.
- Welche Informationen lassen sich bei den einzelnen Suchergebnissen ablesen? Verwendet hierzu die folgenden Erklärungen: Titel der Seite (Link), Angabe der Internetadresse (Quelle), Textauszug aus dem Internetbeitrag.

3
a Jeder aus eurem Team notiert geeignete Suchbegriffe (Stichwortkombinationen) zu eurem Thema.
b Jedes Teammitglied ruft im Internet eine Suchmaschine auf und gibt in das Eingabefeld die Suchbegriffe ein. Entscheidet euch innerhalb von zwei Minuten für drei Seiten, die ihr für geeignet haltet. Speichert eure Ergebnisse.
c Tauscht eure Ergebnisse untereinander aus und beurteilt, ob ihr die Internetseiten für geeignet haltet.

4 Recherchiert nun geeignete Informationen zu eurem Thema. Nutzt neben dem Internet auch das Angebot in Bibliotheken (Lexika, Bücher, Zeitschriften). Vielleicht könnt ihr auch ein Interview führen, z. B. mit einer Person aus einer Umweltschutzorganisation?
Orientiert euch auch an eurem Arbeitsplan (► S. 293). Die Tipps im Methodenkasten (► S. 295) helfen euch bei der Internetrecherche.

> Notiert, wo ihr das Material gefunden habt (► Quellenangaben, S. 341).

Methode **Suchergebnisse beurteilen und Internetseiten speichern**

Suchergebnisse beurteilen

1 Lest den **Titel der Seite** und den Textauszug aus dem Internetbeitrag. Geben sie Hinweise darauf, dass diese Internetseite die gesuchten Informationen enthält?

2 **Prüft** die **Internetadresse.** Scheint der Betreiber der Seite zuverlässig? Weist die Seite auf einen Onlineshop (z. B. eBay) hin, findet ihr keine geeigneten Informationen.

3 **Überfliegt** den **Inhalt** der aufgerufenen Internetseite und entscheidet, ob euch der Beitrag tatsächlich brauchbare Informationen zum Thema oder zu euren Fragen liefert.

4 Wenn ihr sicher seid, dass die Informationen auf der Seite hilfreich sind, nehmt ihr sie in eure Materialsammlung auf. Hierzu könnt ihr die **Seite ausdrucken oder speichern.**

Internetseiten speichern: Lesezeichen oder Favoriten anlegen

Wenn ihr eine Internetseite gefunden habt, die ihr später noch einmal aufrufen möchtet, legt ihr sie als Lesezeichen oder Favoriten ab. Geht so vor:

1 Klickt oben im Browser auf Favoriten oder Lesezeichen.

2 Hier findet ihr die Funktion Zu Favoriten hinzufügen (beim Browser Internet Explorer) oder Lesezeichen hinzufügen (beim Browser Mozilla Firefox)

- **Lesezeichen hinzufügen:** Klickt auf den Pfeil neben dem Fenster Ordner → dann auf Wählen → Neuer Ordner. Gebt dem Ordner einen aussagekräftigen Namen, z. B. „Klimaschutzmaßnahmen“, und klickt dann auf Fertig.
- **Zu Favoriten hinzufügen:** Klickt auf Neuer Ordner und gebt dem Ordner einen aussagekräftigen Namen, z. B.: „Klimaschutzmaßnahmen“. Klickt dann auf Erstellen, danach auf Hinzufügen.

5 Nach der Recherche wertet ihr das Material aus.

a Lest die Texte und betrachtet die Grafik (► S. 295–296). Erklärt, worüber sie jeweils informieren.

b Erläutert, wie dieses Material bearbeitet wurde.

Klimaschutz

Das Weltklima hat sich in den letzten 100 Jahren verändert. Das heißt, die durchschnittliche Erdtemperatur ist angestiegen. Die Wissenschaftler sind sich einig, dass unbedingt verhindert werden muss, dass noch mehr Kohlenstoffdioxidemissionen, die zur Erwärmung beitragen, entstehen. Deshalb versuchen Regierungen auf der ganzen Welt, die CO_2-Emissionen einzudämmen. Denn überall dort, wo fossile Brennstoffe, aber auch biologische Materialien verarbeitet werden, entstehen Emissionen, die zur Klimaveränderung beitragen. Klimaschutz ist deshalb für jeden von uns nur dann zu erreichen, wenn wenig Energie verbraucht wird.

gut für die Einleitung

Kohlenstoffdioxidemission?

durch welche Maßnahmen?
fossile Brennstoffe?

Klimawandel

Hauptverursacher sind die Menschen, vor allem in den Industriestaaten. Das zeigen ganz klar folgende Zahlen: Pro Jahr verursacht ein Inder im Durchschnitt die Emission (das heißt Freisetzung) von einer Tonne Treibhausgas. Jede Deutsche verursacht dagegen das Zehnfache. Jeder US-Bürger sogar das Zwanzigfache.

Ursachen für den Klimawandel

Industriestaaten?

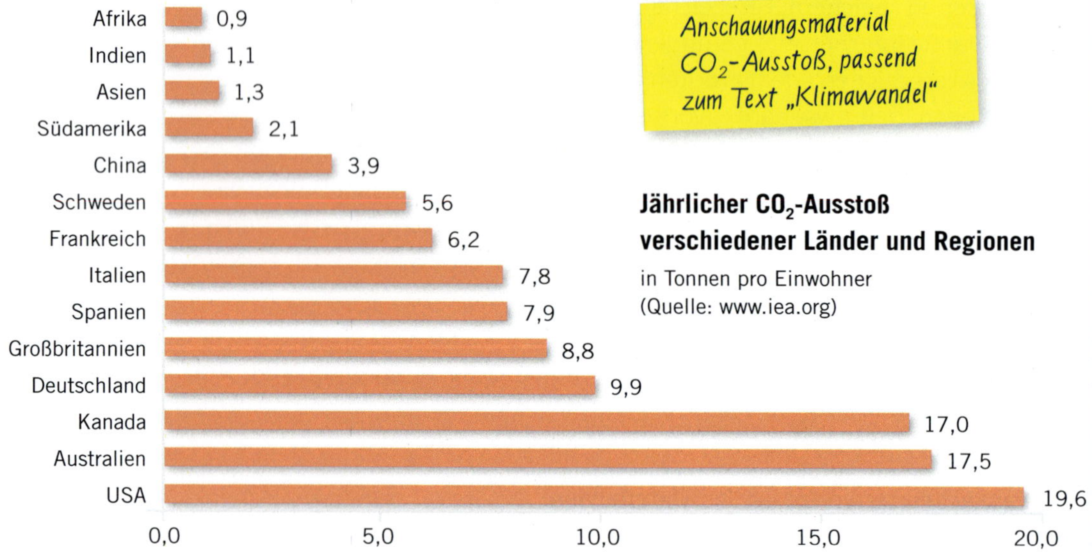

Anschauungsmaterial CO_2-Ausstoß, passend zum Text „Klimawandel"

Jährlicher CO_2-Ausstoß verschiedener Länder und Regionen
in Tonnen pro Einwohner
(Quelle: www.iea.org)

c Bearbeitet euer Material wie im Beispiel oben und fasst wichtige Informationen zusammen.

Den Kurzvortrag ausarbeiten

6 Erarbeitet nun gemeinsam euren Kurzvortrag.

a Entwickelt eine Gliederung.
- Ordnet die Informationen zu eurem Thema nach Unterthemen.
- Legt für jedes Unterthema ein Informationsblatt an, auf dem ihr die wichtigsten Informationen festhaltet.

b Notiert Ideen für die Einleitung eures Vortrags, z. B.:
- ein Foto, ein Bild,
- ein Zitat,
- eine überraschende Erkenntnis oder ein interessantes Ereignis,
- ein Überblick über euren Vortrag.

c Rundet den Vortrag ab, z. B. mit der Zusammenfassung wichtiger Informationen, eurer persönlichen Einschätzung oder einem Ausblick auf weitere Entwicklungen.

15.2 Einen Kurzvortrag anschaulich präsentieren

Eine Bildschirmpräsentation erstellen

*Wie der **Klimawandel** mit dem **Energieverbrauch** zusammenhängt*

- *Für den Klimawandel ist zum größten Teil der Energieverbrauch (CO_2-Ausstoß) der Menschen verantwortlich, vor allem in den Industriestaaten.*

Das zeigen ganz klar folgende Zahlen:
- *Afrika und Indien: ca. 1 Tonne CO_2-Ausstoß pro Kopf im Jahr*
- *Deutschland: ca. 10 Tonnen CO_2-Ausstoß pro Kopf im Jahr*
- *USA: ca. 20 Tonnen CO_2-Ausstoß pro Kopf im Jahr*

Durch die Freisetzung des Treibhausgases (CO_2) wird der Klimawandel vorangetrieben.

Klimawandel und Energieverbrauch

großer **Energieverbrauch** (CO_2-Ausstoß)
in den Industriestaaten
weltweiter Vergleich pro Kopf im Jahr:

Afrika/Indien	ca. 1 Tonne
Deutschland	ca. 10 Tonnen
USA	ca. 20 Tonnen

⇒ viel **Treibhausgas** (CO_2) wird freigesetzt
⇒ **Klimawandel** als Folge

1 Habt ihr schon einmal Texte am Computer gestaltet oder eine Bildschirmpräsentation erstellt? Berichtet von euren Erfahrungen: Wie seid ihr z. B. mit der Schriftgröße und -farbe sowie mit Hervorhebungen (fett/kursiv/unterstreichen) umgegangen?

2 Geeignete Folien unterstützen einen Vortrag. Betrachtet die beiden Präsentationsfolien. Welche haltet ihr für gelungen? Begründet eure Meinung.

3 a Untersucht die beiden Folien (▶ S. 298) in Partnerarbeit genauer und beurteilt die folgenden Punkte: Textmenge, Schriftgröße und Schriftart, farbliche Gestaltung.
b Sammelt Tipps, was man bei der Gestaltung von Präsentationsfolien, aber auch anderen Texten, die ihr am Computer erstellt, beachten solltet.

4 a Erstellt in Gruppen eine Bildschirmpräsentation für euren Kurzvortrag. Nehmt hierzu die folgenden Informationen zu Hilfe.
b Präsentiert eure Folien in der Klasse. Gebt euch Feedback darüber, was gut gelungen ist und was ihr noch verbessern könnt.

Eine Bildschirmpräsentation erstellen

Präsentationsprogramme

Präsentationsprogramme wie „Impress“ oder „PowerPoint“ arbeiten mit Folien.
Auf diesen Arbeitsflächen könnt ihr euer Thema nennen, wichtige Informationen in Stichpunkten hinzufügen und anschauliche Grafiken oder Tabellen zeigen.

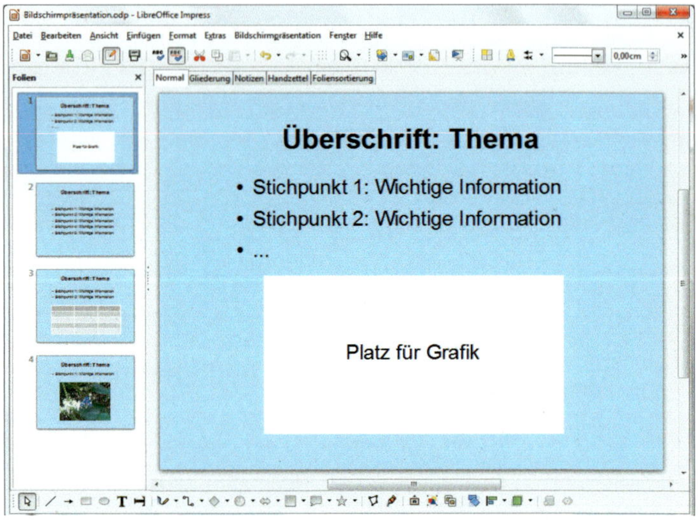

Folieninhalt

Folien dienen **zur Unterstützung** eures Vortrags. Sie geben ihm Struktur und ergänzen ihn um visuelle Inhalte wie Grafiken und Bilder, die man mündlich nicht darstellen kann.

- Bei einer Präsentation solltet ihr **nur das Wesentliche** auf der Folie festhalten, z. B.: Thema und wenige, knapp formulierte Stichpunkte (maximal 5). Alle weiteren Informationen könnt ihr im Notizenfeld unter den einzelnen Folien oder auf Karteikarten festhalten.
- **Lest** die Folien bzw. eure Notizen **nicht einfach ab,** sondern erläutert die Stichpunkte durch einen lebendigen, ausführlichen Vortrag.

Folienlayout

- Vortragsfolien sollen gut lesbar sein. Deshalb **verzichtet** man am besten **auf ablenkende** oder **mehrfarbige Hintergründe.**
- Achtet bei der Auswahl der **Schriftfarbe** auf einen guten **Kontrast zum Hintergrund.** Nehmt eine **gut lesbare Schrift** (z. B. Arial). Die **Schriftgröße** solltet ihr so wählen, dass jeder im Raum die Stichpunkte mühelos lesen kann **(mindestens 22 Punkt).**
- **Tabellen, Bilder** und andere Abbildungen müssen klar erkennbar bzw. **gut lesbar** sein. Präsentationsprogramme bieten nur grundlegende Funktionen zur Bildbearbeitung an. Gegebenenfalls müsst ihr das grafische Material vorher in einem Bildbearbeitungsprogramm für die Präsentation vorbereiten.

Ein Handout verfassen

Referenten: Robin Köster, Hanna Kühn, Rufus Jessen, Miriam Schulz
Datum: 22. 5. 2013
Fach: Deutsch

Klimaschutz und Klimawandel

1) **Warum ist der Klimaschutz notwendig?**
   – Klimawandel hat dramatische Folgen für Umwelt, Pflanzen, Tiere, Menschen

2) **Ursachen für den Klimawandel**
   – Hauptursache: Energieverbrauch (CO_2-Ausstoß) in den Industriestaaten

3) **Maßnahmen gegen den Klimawandel**
   – ...
   – ...

4) **Was jeder von uns tun kann**
   – Energie sparen, z. B.: Standby-Betrieb von Elektrogeräten vermeiden

---

Quellenangaben:
Ruth Omphalius / Monika Azakli: Klimawandel. Arena Verlag, Würzburg 2008.
http://www.bmu-kids.de/Themen/Klimaschutz/
http://www.nabu.de/themen/klimaschutz/

1 Zu einem gelungenen Vortrag gehört ein Handout, das ihr zu Beginn an alle Zuhörerinnen und Zuhörer verteilt. Betrachtet das Handout und beantwortet die folgenden Fragen:
– Welchen Nutzen hat ein Handout?
– Welche Informationen sollte ein Handout enthalten? Wie sollten diese formuliert sein?
– Wie sollte ein Handout gestaltet sein?

2 Erstellt ein Handout für euren Kurzvortrag. Achtet auf einen übersichtlichen Aufbau und haltet nur das Wichtigste in Stichworten fest.

Ein **Handout** gibt den Aufbau und die zentralen Informationen eines Vortrags knapp und übersichtlich wieder (möglichst auf einer DIN-A4-Seite).
Das Handout sollte
- die Namen der Vortragenden, das Datum, das Fach und das Thema des Vortrags nennen,
- eindeutige Stichworte zu den wichtigsten Abschnitten des Vortrags (Gliederung) enthalten,
- die Quellen zu den verwendeten Materialien nennen (► Quellenangaben, S. 341).

Die Ergebnisse präsentieren

1 Plant den Ablauf eures Vortrags:
- Legt fest, wer welchen Teil vorträgt und wie viel Redezeit jeder Einzelne von euch haben soll.
- Vermerkt, wann welche Folie eingesetzt werden soll.
- Jedes Gruppenmitglied hält die wichtigsten Informationen für den Vortrag fest, z. B. auf einer Karteikarte.
- Überlegt, welche technischen Geräte ihr benötigt, z. B. für eure Bildschirmpräsentation. Worauf müsst ihr beim Einsatz besonders achten?

2 Erstellt einen Beobachtungsbogen zur Bewertung eures Vortrags. Jedes Gruppenmitglied wählt ein bis zwei Punkte, auf die sie/er beim Zuhören besonders achtet.

Einen Vortrag bewerten	☺	😐	☹
Wurden alle wichtigen Informationen genannt?			
Wurde alles gut und verständlich erklärt?			
Wurde laut und deutlich gesprochen?			
Hat der/die Vortragende die Zuhörenden angeschaut?			
Wurde die festgelegte Redezeit eingehalten?			
Funktionierte der Einsatz der Folien?			

3 **a** Übt euren Vortrag in der Gruppe. Nehmt hierzu den Beobachtungsbogen zu Hilfe.
b Gebt den Vortragenden eine Rückmeldung, was gut gelungen ist und was er oder sie noch verbessern kann.

4 **a** Tragt eure Kurzvorträge in der Klasse vor. Die Zuhörerinnen und Zuhörer erhalten zu Beginn des Vortrags das Handout der Gruppen und notieren darauf Fragen.
b Klärt nach jedem Vortrag Fragen, die noch offengeblieben sind.

5 Wertet die Vorträge in der Klasse aus:
- Welcher Vortrag hat euch besonders gut gefallen? Begründet.
- Welche Informationen zum Thema „Umweltschutz“ fandet ihr besonders interessant? Gebt sie in eigenen Worten wieder.

6 Wie beurteilt ihr eure Gruppenarbeit? Nehmt hierzu noch einmal den Bewertungsbogen von Seite 293 zu Hilfe: Was hat gut funktioniert? Was könnt ihr verbessern? Bleibt bei eurer Kritik fair!

15.3 Schreibkonferenz – Einen Aufruf verfassen und überarbeiten

Hey, Leute!

Es nervt, dass alle immer nur über Umweltschutz reden! Überall in unserer Schule bleibt nach dem Unterricht das Licht an. Wenn ihr das auch blöd findet, macht bei unserer Aktion „Energie sparen" mit. Heizung runterdrehen, Wasser sparen, Papier recyceln und so. Wer noch Infos braucht, kann sich bei uns melden.

Tom und Tina von der Umwelt-AG

Gib nicht auf – gib ab,

... denn alles verdient eine zweite Chance

Was hast du schon alles in den Müll geworfen? Vieles davon war sicherlich noch brauchbar. Wir finden: Das muss nicht sein!

Unser Projekt:
Vor der Schule wird ein Pavillon errichtet, der Dinge enthält, die ihr nicht mehr braucht und verschenken wollt. Jeder kann sich dort bedienen.

Das könnt ihr tun:
- Macht mit bei unserer Umwelt-AG!
- Sammelt Gegenstände, Spenden oder Ideen!
- Begeistert andere für unser Vorhaben!

Schenkt Freude und schützt die Umwelt!
Wer noch mehr erfahren möchte, kommt einfach montags um 15 Uhr in die Aula.
Dort trifft sich jede Woche die Umwelt-AG. Wir freuen uns auf euch!

Selma Schäfer (8 a) und Benedikt Wagner (7 c)
Telefon: 01234-78..., E-Mail: umwelt_ag@xy.de

1 Diese Aufrufe sollen als Plakate in der Schule ausgehängt werden.

a Überlegt, an wen sich die Plakate richten und wozu sie jeweils auffordern.

b Vergleicht und bewertet die beiden Aufrufe der Umwelt-AG. Berücksichtigt dabei den Inhalt, die sprachliche Gestaltung, den Aufbau (Gliederung) und die optische Gestaltung (Layout).

c Schreibt in Stichworten auf, welche Merkmale ein guter Aufruf enthalten soll.

2 Überarbeitet den ersten Aufruf von Seite 301 mit Hilfe eurer Merkmalliste aus Aufgabe 1c (▶ S. 301).

3 Bildet Gruppen und besprecht eure Texte nun in einer Schreibkonferenz. Nehmt hierzu die folgende Checkliste zu Hilfe und geht so vor wie im Merkkasten unten beschrieben.

Checkliste zum Verfassen eines Aufrufs	Lob, Kritik	Vorschläge
Inhalt ■ Ziel wird deutlich ■ Informationen sind klar formuliert	…	…
sprachliche Gestaltung ■ Ausdruck, Rechtschreibung und Zeichensetzung sind korrekt	…	
Aufbau und Gestaltung ■ sinnvolle Gliederung ■ ansprechendes Layout	…	

4 Tragt zusammen, was ihr an eurer Schule für den Umweltschutz tun könnt, z. B.:
- Altpapier recyceln,
- Müll trennen,
- Schulgarten anlegen.

TIPP: Ihr könnt hierzu auch im Internet recherchieren, z. B.: Umweltschutz + Schule; Umweltwettbewerb + Schule.

5 **a** Bildet Gruppen und verfasst einen Aufruf zu einem Umweltschutzprojekt, den ihr in eurer Schule aushängen könnt.
b Überarbeitet eure Texte in einer Schreibkonferenz.

Methode **Texte überarbeiten: Eine Schreibkonferenz durchführen**

In einer Schreibkonferenz tauscht ihr eure Texte aus, korrigiert Fehler und gebt euch gegenseitig Tipps für die Überarbeitung.
1. Setzt euch in kleinen Gruppen zusammen.
2. Einer von euch liest seinen Text vor, die anderen hören aufmerksam zu.
3. Anschließend gebt ihr dem Verfasser oder der Verfasserin eine Rückmeldung, was euch besonders gut gefallen hat.
4. Dann wird der Text in der Gruppe Satz für Satz besprochen und die Verbesserungsvorschläge werden schriftlich festgehalten. Korrigiert auch die Rechtschreibung und die Zeichensetzung.
5. Zum Schluss überarbeitet der Verfasser oder die Verfasserin den eigenen Text.

Orientierungswissen

Sprechen und Zuhören

Gesprächsregeln ▶ S. 37

Gespräche, in denen verschiedene Meinungen oder Wortbeiträge ausgetauscht werden, sollten nach bestimmten Regeln ablaufen, damit die Verständigung erleichtert wird.
Die wichtigsten Gesprächsregeln sind:

- Jede/r äußert sich nur zu dem Thema, um das es geht.
- Wir melden uns zu Wort und reden nicht einfach los.
- Wir hören den anderen Gesprächsteilnehmern aufmerksam zu.
- Wir fallen den anderen Gesprächsteilnehmern nicht ins Wort.
- Niemand wird wegen seiner Äußerungen beleidigt, verspottet oder ausgelacht.
- Wir befolgen die Hinweise des Gesprächsleiters oder der Gesprächsleiterin.

Die eigene Meinung überzeugend begründen ▶ S. 36–39

In einer Diskussion können verschiedene Meinungen aufeinanderprallen. Um andere für seine Interessen zu gewinnen, muss man seine Meinung überzeugend begründen. Das nennt man Argumentieren. Beim Argumentieren stellt man eine Meinung (Behauptung) auf, die man durch Begründungen (Argumente) stützt und durch Beispiele veranschaulicht bzw. erklärt, z. B.:

- **Meinung:** *Bei einem persönlichen Gespräch sollte man das Handy ausschalten.*
- **Argument:** ..., *weil es unhöflich ist, wenn man sich durch das Handy ablenken lässt.*
- **Beispiel:** *Als mein Handy neulich nicht funktionierte, konnte ich mich viel besser auf meinen Gesprächspartner konzentrieren und aufmerksamer zuhören.*

TIPP: Argumente könnt ihr mit den folgenden Konjunktionen einleiten: *weil, da, denn.*

Einwände entkräften
Wenn ihr einen möglichen Einwand vorwegnehmt und entkräftet, nehmt ihr euren „Gegnern" sozusagen den Wind aus den Segeln, z. B.:
Es stimmt schon, dass ..., aber ...
Wir können verstehen ... Dennoch ...

Gesprächsverhalten: Eine Diskussion kann man durch sein Verhalten fördern oder hemmen. Zu einer guten Diskussion gehören das **Einhalten von Gesprächsregeln,** das Nachfragen, wenn man etwas nicht verstanden hat, und das **Vermeiden von Killerphrasen,** die den Gesprächspartner unter Druck setzen, z. B.:
Du immer mit deinem ... • *Jedes Kind weiß doch, dass ...*

Schreiben

Stellung nehmen in einem Leserbrief

► S. 40–43; 49–50

In einem Leserbrief nehmt ihr persönlich Stellung zu einem Thema oder einem Artikel aus einer Zeitung oder einer Zeitschrift.

Einleitung:
Hier stellt ihr knapp den Anlass des Leserbriefes dar. Dann leitet ihr zum Hauptteil über. Man kann auch schon kurz seine Meinung zum Thema sagen (ohne Begründung).

Hauptteil:
Im Hauptteil formuliert ihr eure Meinung zum Thema und nennt Argumente und Beispiele, die eure Meinung stützen. Macht den Zusammenhang eurer Argumentation deutlich und entwickelt eine Argumentationskette, indem ihr die Argumente und Beispiele sprachlich gut einleitet und miteinander verknüpft (► Formulierungshilfen, S. 305).

- Eure Argumentation wird noch überzeugender, wenn ihr auf die Anordnung der Argumente achtet. So kann z. B. das erste oder das letzte Argument besonders schlagkräftig sein.
- Mögliche Einwände (Gegenargumente) könnt ihr nennen, um sie zu entkräften.

Schluss:
Fasst zum Schluss noch einmal euren Standpunkt zusammen oder formuliert einen Vorschlag oder einen Wunsch für die Zukunft.

TIPP: Der Leserbrief ist übersichtlicher, wenn ihr zwischen Einleitung, Hauptteil und Schluss Absätze setzt. Wie andere sachliche Briefe enthält er meist eine Betreffzeile (Bezug zum Zeitungsartikel), eine Anrede und endet mit einer Grußformel und eurer Unterschrift.

Betreffzeile	– Artikel „Oma und Opa ...?“, Kölner Stadt-Anzeiger vom 15. 3. 2012
Anrede	– Sehr geehrte Redaktion, / Sehr geehrte Damen und Herren,
Einleitung Anlass des Leserbriefs (Überleitung zum Hauptteil)	– ich habe mit Interesse Ihren Artikel über ... gelesen, in dem ... – In dem Artikel ... vertritt ... die Meinung, dass ... – Weil ich selbst ..., möchte ich Ihnen meine Position ...
Hauptteil Meinung Argumente und Beispiele (Einwand entkräften)	– Ich vertrete die Auffassung, dass ... – Ein wichtiges Argument für/gegen ... ist, dass ... – Hinzu kommt, dass ... – Zwar ..., aber ...
Schluss Zusammenfassung, Vorschlag	– Aus diesen Gründen bin ich der Meinung, ... – Ich fände es gut, wenn ...
Grußformel Unterschrift	– Viele Grüße/Mit freundlichen Grüßen ...

Formulierungshilfen für die Argumentation

► S. 40–43

Einleitungen und Überleitungen

- Ein Argument/Beispiel für ... ist ...
- Hinzu kommt, dass ...
- Ein weiterer Grund für/gegen ... ist ...
- Besonders wichtig ist ...
- zudem/außerdem/darüber hinaus/daher/deshalb/weil/da/denn
- Für/Gegen spricht außerdem die Tatsache, dass ...
- Es darf nicht übersehen werden, dass ...
- Außerdem sollte man bedenken, dass ...
- Noch wichtiger ist ...

Einwände entkräften

- Sicherlich kann man einwenden, dass ... Dennoch habe ich die Erfahrung gemacht, dass ...
- Obwohl ... denken, dass ..., muss man berücksichtigen, dass ...
- Es ist schon richtig, dass ... Es darf aber nicht übersehen werden, dass ...

Einen Bericht verfassen

► S. 18–22; 30–34

Ein Bericht **informiert knapp und genau** über ein vergangenes Ereignis. Er beschränkt sich auf die **wesentlichen Informationen** und beantwortet die **W-Fragen.**

Aufbau:

- In der **Einleitung** informiert ihr knapp darüber, worum es geht. (Was ist geschehen? Wann geschah es? Wo geschah es? Wer war beteiligt?)
- Im **Hauptteil** stellt ihr den Ablauf der Ereignisse in der zeitlich richtigen Reihenfolge dar. (Wie lief das Ereignis ab? Warum?)
- Im **Schlussteil** nennt ihr die Folgen des Ereignisses (Welche Folgen?) oder gebt einen Ausblick.
- Findet eine knappe und treffende **Überschrift,** die das Ereignis genau benennt.

Sprache:

- Schreibt **sachlich und nüchtern.** Vermeidet erzählende Ausschmückungen, Umgangssprache oder Vermutungen.
- Verwendet als Tempus das **Präteritum** *(startete, begann).* Verwendet das Plusquamperfekt, wenn etwas vorher passiert ist, z. B.: *Nachdem ein Pfiff den Startschuss gegeben hatte, begann die Kissenschlacht.*
- Macht die **Reihenfolge der Ereignisse** deutlich, z. B.: *Als Erstes ..., Zuerst ..., Anschließend ..., Danach ..., Später ..., Zum Schluss ...*
- Verdeutlicht die Zusammenhänge, indem ihr die Sätze durch **treffende Verknüpfungswörter** verbindet, z. B.: *weil, und, obwohl, sodass, da, aber, jedoch, denn.*

TIPP: Überlegt, zu welchem **Zweck** ihr den Bericht schreibt. Wenn ihr z. B. einen Unfallbericht für die Polizei schreibt, beschränkt ihr euch auf die nötigsten Informationen. Schreibt ihr einen Bericht für die Schülerzeitung, könnt ihr auch eure persönliche Meinung wiedergeben.

Beschreiben

Eine Person beschreiben

► S. 54–55; 68–69

- **Einleitung:** Macht in der Einleitung allgemeine Angaben zur Person (z. B. Geschlecht, Alter, Nationalität).
- **Hauptteil:** Beschreibt im Hauptteil das Aussehen der Person in einer geordneten Reihenfolge, z. B. von oben nach unten.
- **Schluss:** Hier könnt ihr beschreiben, wie die Person auf euch wirkt.
- Sucht **aussagekräftige Adjektive,** um die Person zu beschreiben, z. B.: *schlank, tiefschwarz.*
- Verwendet an Stelle der Wörter „ist", „sind", „hat" und „haben" **treffende Verben,** z. B.: *tragen, aussehen, besitzen, aufweisen, wirken, umgeben.*
- **Vermeidet persönliche Wertungen** wie *schön, süß, lieb* oder *hässlich.*
- Schreibt im **Präsens.**

Bilder beschreiben

► S. 56–57; 70–72

- **Einleitung:** Macht Angaben zum Titel, zur Künstlerin oder zum Künstler, zum Erscheinungsjahr, zur Technik (z. B. Aquarell, Öl auf Leinwand), zum Format des Bildes (Hochformat oder Querformat) sowie allgemeine Angaben zum Bildinhalt.
- **Hauptteil:** Geht vom **Gesamteindruck** des Bildes oder vom **Hauptmotiv** aus (was ist abgebildet?). Dann erwähnt ihr die **Einzelheiten.** Geht dabei geordnet vor, ohne zu springen: von der linken zur rechten Bildhälfte, von oben nach unten oder von vorne (Vordergrund) über die Mitte (Mittelgrund) nach hinten (Hintergrund). Macht auch genaue Angaben zur **Farbgestaltung** (überwiegen helle oder dunkle Farbtöne? Welche Farben liegen vor und wie sind sie verteilt?) und eventuell zu den Formen (z. B. rund, eckig, weich).
- **Schluss:** Hier könnt ihr beschreiben, wie das Bild insgesamt auf euch wirkt.

Die Bildbeschreibung wird im **Präsens** und in einer **sachlichen Sprache** verfasst.

Einen Vorgang beschreiben

► S. 58–59

- **Einleitung:** Nennt die notwendigen **Materialien** und/oder **Vorbereitungen,** z. B.: *Man braucht 500 Gramm Mehl, einen Viertelliter Wasser, 350 Gramm ...*
- **Hauptteil:** Beschreibt **Schritt für Schritt den Ablauf des Vorgangs,** z. B.: *Zuerst werden Mehl und Wasser zu einem Teig verarbeitet. Danach ...*
- **Schluss:** Hier könnt ihr einen weiterführenden Hinweis geben, z. B.: *Manchmal wird in einer der Teigtaschen eine Münze versteckt, die dem Finder Glück bringen soll.*
- Verwendet nur **eine Form der Ansprache:** *Man springt ...* oder *Du springst ...*
- Wechselt zwischen Aktiv- und Passivformulierungen, dann wird eure Beschreibung abwechslungsreicher, z. B.: *Der Teig wird geknetet. Danach lässt man ihn eine Stunde ruhen.*
- Wählt passende Wörter, die die **Reihenfolge** der einzelnen Schritte **deutlich machen,** z. B.: *zuerst, dann, danach, zum Schluss ...*
- Schreibt im **Präsens.**

Schildern

Eine Situation oder Stimmung schildern

► S. 74–79; 87–88

Wenn man eine Situation oder Stimmung schildert, versucht man, **mit Worten ein anschauliches und lebendiges Bild** zu **malen.** Man beschreibt z. B. eine Landschaft, eine belebte Straße, die Stimmung bei einem Konzert so, dass die Leser die Situation und die Atmosphäre genau vor Augen haben. Schilderungen sind handlungsarm und geben **Wahrnehmungen, Sinneseindrücke** (sehen, hören, fühlen, riechen/schmecken) sowie **persönliche Gedanken und Empfindungen** wieder. Sie beruhen auf genauen Beobachtungen.
Die folgenden Fragen können euch helfen, eine Situation mit allen Sinnen wahrzunehmen:
Was sehe ich? Was höre ich? Was rieche/schmecke ich? Was empfinde ich? Was denke ich?
Schilderungen können im Präsens, aber auch im Präteritum verfasst werden.
Folgende **Gestaltungsmittel** helfen euch, besonders anschaulich zu schildern:

- **anschauliche Adjektive** und **Partizipien,** z. B.:
  stockdunkel, eiskalt, fröstelnd, frierend
- **ausdrucksstarke Verben,** z. B.:
  kriechen, rascheln, knistern
- **sprachliche Bilder** wie Vergleiche, Metaphern und Personifikationen (► unten)

Sprachliche Bilder

► S. 75; 209

Der Vergleich:
Bei einem Vergleich werden zwei verschiedene Vorstellungen durch ein „wie" oder ein „als ob" miteinander verknüpft, z. B.:
kalt wie Eis; so nass, als ob ich durch einen Fluss geschwommen wäre.

Die Metapher:
Bei einer Metapher wird ein Wort nicht wörtlich, sondern in einer übertragenen (bildlichen) Bedeutung gebraucht, z. B.:
Nussschale für kleines Boot; Suppe für dichten Nebel.
Man verwendet Metaphern, weil sich zwei Dinge auf Grund einer Eigenschaft ähnlich sind.
Im Unterschied zum direkten Vergleich fehlt bei der Metapher das Vergleichswort „wie", z. B.:
Die Sonne war (wie) von einer Wolkenmauer verdeckt.

Die Personifikation (Vermenschlichung) ist eine besondere Form der Metapher:
Leblose Gegenstände, Begriffe oder die Natur werden vermenschlicht, das heißt, ihnen werden menschliche Verhaltensweisen und Eigenschaften zugesprochen, z. B.:
die Natur schläft; der Wind rüttelt an den Bäumen; der Tag verabschiedet sich; das Veilchen träumt.

Texte zusammenfassen

Inhaltsangabe eines literarischen Textes

► S. 117–130

Eine Inhaltsangabe fasst den Inhalt eines Textes knapp und sachlich zusammen, sodass andere, die den Text nicht gelesen haben, über das Wesentliche informiert werden.

Aufbau

- In der **Einleitung** nennt ihr die Art des Textes (z. B. Fabel, Erzählung), den Titel, den Namen des Autors/der Autorin und das Thema des Textes.
- Im **Hauptteil** fasst ihr die wichtigsten Ereignisse der Handlung (Handlungsschritte) in der zeitlich richtigen Reihenfolge zusammen. Mögliche Rückblenden oder Vorausdeutungen werden in den zeitlich richtigen Handlungsverlauf eingeordnet und zusammengefasst.
  - Verzichtet auf die Darstellung von Einzelheiten und beschränkt euch auf das Wesentliche.
  - Macht die Zusammenhänge der Handlung (z. B. zeitliche Zusammenhänge) durch passende Satzverknüpfungen und Satzanfänge deutlich (► Tipp auf S. 121), z. B.:
    Als Heinz die Blicke der anderen Restaurantbesucher sieht, hält er sich zurück, denn er will nicht als Rassist gelten. Zuerst wird Heinz wütend, dann …

Sprache

- Schreibt **sachlich und nüchtern,** vermeidet ausschmückende Formulierungen.
- Formuliert **in eigenen Worten** und übernehmt keine Passagen aus dem Originaltext.
- Verwendet als Zeitform das **Präsens** (bei Vorzeitigkeit das Perfekt), z. B.: *Er sieht die Blicke der anderen Restaurantbesucher.*
- Verwendet **keine wörtliche Rede.** Besonders wichtige Äußerungen von Figuren werden in der indirekten Rede (► S. 324) wiedergegeben oder umschrieben, z. B.:
  „Aber dann spendiere ich die Spaghetti!" (wörtliche Rede)
  → *Heinz sagt, beim nächsten Mal spendiere er die Spaghetti.* (indirekte Rede im Konjunktiv)
  → *Heinz kündigt an, Marcel zum Spaghettiessen einzuladen.* (Umschreibung)

Sachtext zusammenfassen

► S. 173–175

In einer Textzusammenfassung informiert ihr andere, die den Text nicht gelesen haben, knapp und sachlich über den Inhalt des Textes.

- In der **Einleitung** nennt ihr den Titel, den Namen des Verfassers/der Verfasserin (evtl. auch die Quelle, z. B. Name der Zeitung) und das Thema des Textes.
- Im **Hauptteil** fasst ihr die wichtigsten Textinformationen knapp, sachlich und in eigenen Worten zusammen. Verwendet als Zeitform das **Präsens** (bei Vorzeitigkeit das Perfekt).
- Verzichtet auf die Darstellung von Einzelheiten und beschränkt euch auf das Wesentliche.
- Macht die Zusammenhänge der Informationen (Ursache, Wirkung, zeitliche Zusammenhänge) durch passende Satzverknüpfungen deutlich (Satzverknüpfungen ► S. 121).

Sprache

- Schreibt **sachlich und nüchtern,** vermeidet ausschmückende Formulierungen.
- Formuliert **in eigenen Worten** und übernehmt keine Passagen aus dem Originaltext.

Lesen – Umgang mit Texten und Medien

Erzählende Texte (Epik)

▸ S. 89–130

Die erzählenden Texte (Epik) sind neben den Gedichten (Lyrik) und den dramatischen Texten (Dramatik) eine der drei Gattungen der Dichtung (Epik, Lyrik, Dramatik). Erzählende Texte gliedern sich in eine Vielzahl von Textsorten auf, z. B.: Märchen, Fabel, Erzählung (▸ S. 310), Anekdote (▸ S. 310), Kalendergeschichte (▸ S. 310), Roman usw.
Folgende Elemente sind für erzählende Texte kennzeichnend:

Der Erzähler/die Erzählerin

Das **wesentliche Merkmal** für einen erzählenden (epischen) Text **ist der Erzähler/die Erzählerin,** der/die nicht mit dem Autor/der Autorin gleichgesetzt werden darf. Ein erwachsener Autor kann zum Beispiel eine Geschichte von einem Kind, ein männlicher Autor eine Geschichte von einer Frau erzählen lassen oder umgekehrt. Immer ist der Erzähler/die Erzählerin eine vom Autor erfundene Figur und gehört zur Welt der erzählten Geschichte.

Erzählformen: Ich-Erzähler oder Er-/Sie-Erzähler

▸ S. 90–91

Die Autorin oder der Autor einer Erzählung entscheidet sich für eine Erzählform:
- Der **Ich-Erzähler** (oder die Ich-Erzählerin) ist selbst als handelnde Figur in das Geschehen verwickelt. Er/Sie schildert die Ereignisse aus seiner/ihrer persönlichen Sicht, z. B.: *Aus der Ferne sah ich ein kleines Boot.*
- Der **Er-/Sie-Erzähler** ist nicht am Geschehen beteiligt und erzählt von allen Figuren in der Er-Form bzw. in der Sie-Form, z. B.: *Aus der Ferne sah sie das kleine Boot*.

Die Figuren einer Geschichte

▸ S. 92–95

Die **Personen,** die **in einer Geschichte** vorkommen bzw. handeln, **nennt man Figuren.** Sie haben ein bestimmtes Aussehen, bestimmte Eigenschaften, Gefühle, Gedanken und Absichten. In vielen Geschichten gibt es eine **Hauptfigur,** über die der Leser besonders viel erfährt. Um eine Geschichte zu verstehen, solltet ihr euch ein klares Bild von den einzelnen Figuren machen.
Auch Tiere können handelnde Figuren in Erzähltexten sein, z. B. in einem Märchen.

Eine literarische Figur charakterisieren

▸ S. 92–95

In literarischen Texten werden die Figuren durch eine Reihe von Merkmalen und Eigenschaften beschrieben. Wenn ihr eine Figur charakterisieren wollt, geht ihr so vor:
Sammelt zuerst aus dem Text Informationen über die Figur, z. B. über ihr Aussehen, ihre Lebensumstände, ihre Verhaltensweisen, Eigenschaften, Gefühle und ihr Verhältnis zu den anderen Figuren.
- **Einleitung:** Nennt allgemeine Informationen zur Figur, z. B.: Name, Alter, Beruf.
- **Hauptteil:** Beschreibt die Figur anschaulich und genau, z. B.: ihr Aussehen, ihre Verhaltensweisen, ihre Eigenschaften und ihr Verhältnis zu den anderen Figuren.
- **Schluss:** Hier könnt ihr angeben, wie die Figur auf euch wirkt (persönliche Einschätzung).
  Verwendet als Tempus das **Präsens.** Formuliert sachlich und anschaulich.

Äußere und innere Handlung

In einer Geschichte wird nicht nur die äußere Handlung (das, was geschieht; das, was man von außen sehen kann) dargestellt, sondern es wird vor allem erzählt, **was die Figuren in einer Situation denken und fühlen (innere Handlung).** So können sich die Leser besser in die Figuren hineinversetzen und erhalten einen Einblick, was in einer Figur vorgeht, z. B. Angst, Wut, Freude, Verzweiflung.

- Beispiel für äußere Handlung: *Während die halbe Klasse auf dem Gang versammelt war, schrie Klaus aus dem Klassenraum um Hilfe.*
- Beispiel für innere Handlung: *Als ich Klaus' Hilfeschrei hörte, drehte sich mir der Magen um. Wie sollte ich Klaus bloß helfen?*

Literarische Textsorten

Erzählende Texte (► S. 309) gliedern sich in eine Vielzahl von Textsorten auf, z. B.: Erzählung, Anekdote, Kalendergeschichte usw.

Erzählung

► S. 117–119

„Erzählung" ist ein **Sammelbegriff für unterschiedliche Kurzformen des Erzählens,** die nicht genauer durch bestimmte Textmerkmale gekennzeichnet sind. Im Unterschied zum Roman ist die Erzählung knapper und überschaubarer.

Die Anekdote

► S. 109–111

Eine Anekdote ist eine kurze Geschichte über eine bekannte Persönlichkeit. Auf humorvolle Weise verdeutlicht sie das Verhalten oder die Eigenarten dieses Menschen. Wie der Witz enthält die Anekdote am Ende eine Pointe (überraschende Wendung).
Das, was über die Person erzählt wird, muss nicht unbedingt wahr sein. Wichtig ist vielmehr, dass in der Anekdote das Typische einer Person erkennbar wird.

Die Kalendergeschichte

► S. 112–116

Eine Kalendergeschichte ist eine **kurze Geschichte, die unterhalten und belehren soll** und **meist** mit einer **Pointe (überraschenden Wendung)** endet. Bis ins 19. Jahrhundert wurden diese Geschichten in Jahreskalendern abgedruckt. Neben der Bibel waren Kalendergeschichten für viele Familien oft die einzige Lektüre. Ab dem 20. Jahrhundert erschienen die Kalendergeschichten nur noch in Buchform. Der bekannteste Autor von Kalendergeschichten ist Johann Peter Hebel (1760–1826).

Gedichte (Lyrik)

► S. 132–146

Vers: Die Zeilen eines Gedichts heißen Verse.

Strophe: Eine Strophe ist ein Gedichtabschnitt, der aus mehreren Versen besteht. Die einzelnen Strophen eines Gedichts sind durch eine Leerzeile voneinander getrennt. Häufig bestehen Gedichte aus mehreren, gleich langen Strophen.

Reim:
Oft werden die einzelnen Verse (Gedichtzeilen) durch einen Reim miteinander verbunden.
Zwei Wörter reimen sich, wenn sie vom letzten betonten Vokal an gleich klingen, z. B.:
Haus – Maus, singen – entspringen.
Die regelmäßige Abfolge von Endreimen ergibt verschiedene Reimformen. Dabei werden Verse, die sich reimen, mit den gleichen Kleinbuchstaben gekennzeichnet, z. B.:

- **Paarreim:** Wenn sich zwei aufeinanderfolgende Verse reimen, sprechen wir von einem Paarreim (aa bb):
  ... Katertier a
  ... Kavalier a
  ... Garten b
  ... erwarten b
- **Kreuzreim:** Reimen sich – über Kreuz – der 1. und der 3. sowie der 2. und der 4. Vers, dann nennt man das Kreuzreim (a b a b).
  ... verschieden a
  ... Bauch b
  ... zufrieden a
  ... auch b
- **umarmender Reim:** Wird ein Paarreim von zwei Versen umschlossen (umarmt), die sich ebenfalls reimen, heißt dies umarmender Reim (a bb a).
  ... springen a
  ... Traum b
  ... Raum b
  ... singen a

Metrum (Versmaß):
In den Versen (Zeilen) eines Gedichts wechseln sich häufig betonte (X́) und unbetonte Silben (X) regelmäßig ab. Wenn die **Abfolge von betonten und unbetonten Silben** (Hebungen und Senkungen) einem bestimmten Muster folgt, nennt man dies **Metrum** (Versmaß). Die wichtigsten Versmaße sind:

Jambus (X X́): X X́ X X́ X X́ X X́
Die Mitternacht zog näher schon (Heinrich Heine)

Trochäus (X́ X): X́ X X́ X X́ X X́ X
O du Ausgeburt der Hölle! (Johann Wolfgang Goethe)

Daktylus (X́ X X): X́ X X X́ X X X́ X X X́ X
Pfingsten, das liebliche Fest, war gekommen (Johann Wolfgang Goethe)

Anapäst (X X X́): X X X́ X X X́
Wie mein Glück, ist mein Lied (Friedrich Hölderlin)

Manchmal werden auch zwei Versmaße miteinander kombiniert, z. B.: *Er hát uns geréttet, er trä́gt die Krón'* (Kombination aus Jambus und Anapäst; Theodor Fontane).
Beim Vortrag müsst ihr die Abfolge von betonten und unbetonten Silben zwar beachten, ihr dürft aber nicht leiern. Dies gibt eurem Vortrag einen besonderen Rhythmus.
Häufig bildet eine unbetonte Silbe am Versanfang den Auftakt.

Stilmittel von Gedichten

In lyrischen Texten werden häufig Bilder durch Sprache entfaltet (z. B. durch Vergleiche, Metaphern oder Personifikationen) oder einzelne Wörter klanglich hervorgehoben (Lautmalerei). Solche sprachlichen Mittel sind besonders geeignet, um Gefühle und Stimmungen auszudrücken oder eine bestimmte Atmosphäre entstehen zu lassen. So werden zur Darstellung von Liebe, Freude, Angst oder Einsamkeit z. B. oft Bilder aus dem Bereich der Natur verwendet.

- **Vergleich:** Bei einem Vergleich werden zwei verschiedene Vorstellungen durch ein „wie" oder ein „als ob" miteinander verknüpft, z. B.: *Das Meer glänzte schwarz wie die Nacht. In meinem Zimmer sah es aus, als ob ein Orkan durchgezogen wäre.*
- **Metapher:** Bei einer Metapher wird ein **Wort** nicht wörtlich, sondern **in einer übertragenen (bildlichen) Bedeutung** gebraucht, z. B.: *Nussschale für ein kleines Boot, Suppe für Nebel.*
  Im Unterschied zum direkten Vergleich fehlt bei der Metapher das Vergleichswort „wie", z. B.: *Wolken sind (wie) flockige Länder.*
- **Personifikation:** Die Personifikation (Vermenschlichung) ist eine besondere Form der Metapher. Leblose Gegenstände, Begriffe oder die Natur werden vermenschlicht, d. h., ihnen werden menschliche Verhaltensweisen und Eigenschaften zugesprochen, z. B.: *die Natur schläft, das Glück lacht, der Tag verabschiedet sich, das Veilchen träumt.*
- **Lautmalerei:** Mit den Klängen von Wörtern werden Naturlaute oder Geräusche nachgeahmt, z. B.: *klirren, rascheln, zischen.*

Gedichtformen

Neben den thematischen Schwerpunkten, die es in der Lyrik gibt (z. B. Liebeslyrik, Naturlyrik), haben sich im laufe der Zeit auch verschiedene Gedichtformen (Gedichtarten) entwickelt, die sich in ihren Gestaltungselementen voneinander unterscheiden, z. B.:

Das Haiku

Das Haiku ist eine Gedichtform, die **in Japan entstanden** ist und aus drei Versen zu fünf, sieben und fünf Silben besteht. Mit insgesamt 17 Silben **gehört es zu den kürzesten Gedichten.** Traditionell geben Haikus Eindrücke und Beobachtungen über die Natur wieder.

Die Ballade

► S. 132–146; 149–150

Die Ballade ist meist ein längeres Gedicht über ein ungewöhnliches oder spannendes Ereignis. Dieses Ereignis kann erfunden oder wirklich passiert sein. Im Mittelpunkt der Ballade steht oft eine Figur, die eine gefahrvolle Situation meistern muss.

- Wie andere Gedichte sind auch Balladen meist in **Strophen** (► S. 310) gegliedert, besitzen eine **Reimform** (► S. 311) und haben ein bestimmtes **Metrum** (► S. 311).
- Viele Balladen haben einen Aufbau, den man mit Hilfe einer **Spannungskurve** darstellen kann: Nach der Einleitung spitzt sich die **Handlung dramatisch** bis zum **Höhepunkt** zu, zum Schluss folgt die Auflösung.
- Balladen enthalten oft **wörtliche Rede** der Figuren (Monologe, Dialoge), die an die Szenen eines Theaterstücks erinnern.

In ihrer Wirkung setzen Balladen auf Spannung, sie können aber auch belehrend oder lustig sein.

Die Ballade enthält Elemente aus
- der Lyrik (Metrum, Strophe, Reim),
- der Epik (abgeschlossene Geschichte wird erzählt) und
- dem Drama (dramatischer Handlungsverlauf, Dialoge und Monologe der Figuren).

Deshalb bezeichnete Goethe (1749–1832) sie als Ur-Ei der Dichtkunst, weil sie alle Gattungen (Lyrik, Epik, Drama) in sich vereint.
Viele Balladen sind vertont worden. Die Tradition der gesungenen Ballade hat in der Rock- und Popmusik ihre Fortsetzung gefunden.

Der Song

▶ S. 142–143; 145–146

Eine oft politisch aktuelle, zeitkritische bzw. **lehrhafte Liedgattung** ist der Song, im angloamerikanischen Sprachgebrauch gleichbedeutend mit „Lied“ (Folksong, Protestsong usw.). Typisch sind der **Aufbau aus Strophe und Refrain.**
Oft wird der Song nicht melodisch gesungen, sondern in einer Art Sprechgesang vorgetragen. Bekannte Songschreiber sind: Kurt Weill (1900–1950) und Bertolt Brecht (1898–1956), die gemeinsam an der *Dreigroschenoper* arbeiteten (Musik: Kurt Weill; Text: Bertolt Brecht), Franz Josef Degenhardt (1931–2011), Wolf Biermann (*1936), Bob Dylan (*1941).

Theater (Drama)

▶ S. 153–168

Die dramatischen Texte (Theater/Drama) sind neben den Gedichten (Lyrik) und den erzählenden Texten (Epik) eine der drei Gattungen der Dichtung (Lyrik, Epik, Dramatik).
In einem Theaterstück gibt es Rollen, die von Schauspielerinnen und Schauspielern gespielt werden. Die Handlung wird durch die Gespräche zwischen den Personen auf der Bühne (Dialoge) oder durch das Selbstgespräch (Monolog) einer Figur ausgedrückt. Im Theater sprechen die Schauspieler aber nicht nur ihren Text, sie gebrauchen auch ihre Stimme (Sprechweise und Betonung), ihre Körpersprache (Gestik) und ihren Gesichtsausdruck (Mimik), um Gefühle und Stimmungen auszudrücken.
Wichtige Theaterbegriffe:
- **Rolle:**
  Rolle nennt man die Figur, die eine Schauspielerin oder ein Schauspieler in einem Theaterstück verkörpert, z. B. die Rolle des Löwen, die Rolle des Ritters usw.
- **Szene:**
  Eine Szene ist ein kurzer, abgeschlossener Teil eines Theaterstücks. Eine Szene endet, wenn neue Figuren auftreten und/oder Figuren abtreten. Meistens erlischt am Ende einer Szene auch die Bühnenbeleuchtung.
- **Regieanweisungen:**
  Von der Autorin/vom Autor im Dramentext zusätzlich zu den Rollentexten bereits mitgelieferte Anregungen, wie sich die Figuren bewegen *(steht auf)*, wie sie schauen und sprechen sollten *(schaut Konrad an, seufzt)* und wie die Handlung auf der Bühne dargestellt werden sollte *(Frau Bartolotti entfernt die Kiste, die Riesenkonserve kommt zum Vorschein)*.
- **Dialog:**
  Gespräch von zwei oder mehr Figuren. Sein Gegensatz ist der Monolog.
- **Monolog:**
  Selbstgespräch einer Figur (im Gegensatz zum Dialog).

Sachtexte

▶ S. 170–188

Sachtexte unterscheiden sich von literarischen Texten (z. B. einer Erzählung, einem Märchen oder einem Gedicht) dadurch, dass sie sich vorwiegend mit wirklichen (realen) Ereignissen und Vorgängen beschäftigen und **informieren wollen.**
Es gibt **verschiedene Formen von Sachtexten,** z. B.: Lexikonartikel, Sachbuchtexte, Zeitungs- oder Zeitschriftenartikel, Beschreibungen eines Vorgangs (Gebrauchsanleitungen, Kochrezepte usw.). Häufig findet man in Sachtexten Tabellen oder Grafiken (z. B. eine Landkarte, ein Balkendiagramm), Fotos oder andere Abbildungen.

Einen Sachtext lesen (Fünf-Schritt-Lesemethode)

1. Schritt: Einen Überblick gewinnen
Lest die Überschrift(en), hervorgehobene Wörter und die ersten Zeilen des Textes, betrachtet die Abbildungen.

2. Schritt: Den Text zügig lesen
Arbeitet mit einer Kopie des Textes:
Lest den gesamten Text zügig durch und kreist unbekannte Wörter ein. Macht euch klar, was das Thema des Textes ist.

3. Schritt: Unbekannte Wörter und Textstellen klären
Klärt unbekannte Wörter und Textstellen aus dem Textzusammenhang oder durch Nachschlagen. (▶ mehr Informationen hierzu auf Seite 174).

4. Schritt: Den Text sorgfältig lesen und bearbeiten
Markiert die Schlüsselwörter farbig,
- gliedert den Text in Sinnabschnitte ⌐,
- notiert ein Fragezeichen ? am Rand, wenn euch eine Textstelle unklar ist.

5. Schritt: Informationen zusammenfassen
Gebt jedem Sinnabschnitt eine treffende Überschrift und fasst die Informationen des Textes in Stichworten oder wenigen Sätzen zusammen.

Grafiken entschlüsseln

▶ S. 176–177

Beim Entschlüsseln einer Grafik könnt ihr so vorgehen:
1 Stellt fest, worum es in der Grafik geht. Hierbei hilft euch die Überschrift, wenn es eine gibt.
2 Untersucht, was in der Grafik dargestellt wird: Erklärt sie einen Vorgang, den Aufbau oder die Funktion von etwas oder verdeutlicht sie eine Lage, wie z. B. eine Landkarte?
3 Prüft, ob die Grafik Farben, Beschriftungen oder Symbole enthält, die erklärt werden.
4 Schreibt auf, worüber die Grafik informiert.

Diagramme verstehen und auswerten

▶ S. 29; 178

Ein Diagramm ist eine anschauliche Darstellung von Daten und Informationen. Um ein Diagramm auszuwerten, geht ihr so vor:

- Schaut euch das Diagramm genau an. Lest die Überschrift und die übrigen Angaben und Erklärungen.
- Stellt fest, worüber das Diagramm informiert. Welche Maßeinheiten werden verwendet, z. B. Prozentzahlen (%), Kilo (kg), Euro (€)?
- Vergleicht die Angaben miteinander (höchster und niedrigster Wert, gleiche Werte).
- Fasst zusammen, was im Diagramm gezeigt wird. Was lässt sich ablesen?

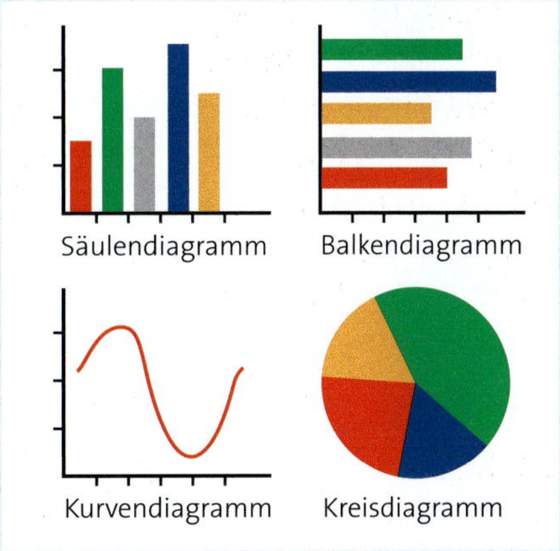

Werbung

▶ S. 189–194; 198

Werbetexte sind appellative Texte. Sie wollen den Betrachter zu etwas auffordern, meist zum Kauf eines Produkts. Weil Werbung im Durchschnitt nur zwei Sekunden lang wahrgenommen wird, muss sie auf das Wesentliche reduziert und einprägsam sein.

1 **Aufbau und Gestaltung von Werbeanzeigen:** Werbeanzeigen und -plakate enthalten meist ein Bild und verschiedene Textteile, z. B.:
   - **Headline:** Schlagzeile (meist Überschrift) einer Anzeige; sie soll den Betrachter auf die gesamte Anzeige aufmerksam machen und ist neben dem Bild das wichtigste Element einer Werbeanzeige.
   - **Bild:** Foto (evtl. Abbildung), das mit dem Produkt in Verbindung gebracht werden soll.
   - **Informationstext:** Text, der das Produkt näher beschreibt oder Zusatzinformationen gibt.
   - **Slogan:** einprägsamer Werbespruch, der fest zu einer Marke oder Firma gehört, z. B.: *Just do it! (Nike); Come in and find out (Douglas).*
   - **Logo:** symbolische Darstellung des Firmennamens, z. B.:

   Auch die **Farbgestaltung** spielt in der Werbung eine wichtige Rolle. Die Farben Weiß oder Hellblau können in einer Waschmittelwerbung besonders rein und sauber wirken, Grün kann für Natürlichkeit stehen und Schwarz kann Stärke, Exklusivität oder das Geheimnisvolle vermitteln.

2 **Zielgruppe:** Werbung ist meist auf eine bestimmte Zielgruppe ausgerichtet, z. B.: Jugendliche, preisbewusste Kunden, sportbegeisterte Personen, die Bewohner einer Stadt.

3 **Sprachliche Gestaltung:** Durch die Verwendung bestimmter sprachlicher Mittel (▶ siehe Merkkasten auf Seite 194) ist die Werbesprache auffällig und einprägsam.

4 **Wie Werbung funktioniert (AIDA-Formel):** Die wichtigsten Aufgaben von Werbung werden mit der AIDA-Formel zusammengefasst:
   - **A**ttention (engl.: Aufmerksamkeit): Die Aufmerksamkeit soll erregt werden, z. B. durch ein witziges Bild, eine grelle Farbe.
   - **I**nterest (engl.: Interesse): Das Interesse soll geweckt werden, z. B. durch einen witzigen Text.
   - **D**esire (engl.: Wunsch, Begierde): Es soll der Wunsch geweckt werden, das Produkt zu kaufen, z. B. indem bestimmte Vorteile des Produkts genannt werden.
   - **A**ction (engl.: Handlung): Das Produkt soll bald gekauft werden, z. B. durch befristete Sonderangebote.

Film, Fernsehen, Radio

Die Einstellungsgrößen

▶ S. 199–200

Die Einstellungsgröße legt die Größe des Bildausschnitts fest. Je kleiner der Bildausschnitt ist, desto näher scheint der Betrachter am Geschehen zu sein. Je nachdem, wie nah die Kamera an das Geschehen heranführt oder wie weit sie entfernt bleibt, entstehen unterschiedliche Wirkungen.

Totale

Eine Einstellung, in der die Figur/die Figuren in einer größeren Umgebung gezeigt wird/werden. Man erhält einen Überblick über den gesamten Schauplatz.

Halbnah

Die Figuren werden etwa vom Knie an aufwärts gezeigt. Die unmittelbare Umgebung ist erkennbar.

Nah

Man sieht Kopf und Schultern von Figuren. Die Einstellung wird häufig bei Dialogen verwendet.

Groß

Der Kopf einer Figur wird bildfüllend dargestellt. So kann man die Gefühle an der Mimik genau ablesen.

Die Kameraperspektiven

▶ S. 199–200

Der Standpunkt der Kamera und – damit verbunden – ihr Blickwinkel wird als Kameraperspektive bezeichnet. Man unterscheidet:

Vogelperspektive

Normalperspektive

Froschperspektive

- **Vogelperspektive** (Aufsicht): Kamera von oben
- **Normalperspektive** (Normalsicht): Kamera auf Augenhöhe
- **Froschperspektive** (Untersicht): Kamera von unten

Schnitt und Montage: Anordnung und Zusammenstellung der Filmszenen

▶ S. 201–202

Nach den Dreharbeiten mit der Kamera folgt die Bearbeitung des Filmmaterials, der so genannte **Filmschnitt** und die **Montage.** Das Rohmaterial wird in einzelne Szenen zerlegt, überflüssige Szenen werden z. B. herausgeschnitten, einzelne Szenen umgestellt und neu angeordnet. Je nachdem, wie die einzelnen Filmbilder oder -sequenzen wieder aneinandergefügt (montiert) werden, wird die **Handlung des Films** erzählt und **dramaturgisch gestaltet.** Man kann zum Beispiel:

- Handlungen, die zeitgleich an verschiedenen Orten spielen, gleichzeitig zeigen, indem man zwischen den Szenen hin- und herspringt, z. B.: Ein Einbrecher knackt einen Tresor. – *Schnitt:* Die Polizei nähert sich. – *Schnitt:* Der Einbrecher lauscht. – *Schnitt:* ...
- in einer Rückblende ein Ereignis aus der Vergangenheit zeigen, z. B.: Eine erwachsene Figur erinnert sich – *Schnitt:* Die Kindheit der Figur wird gezeigt.

Die Begriffe „Schnitt" und „Montage" stammen aus einer Zeit, als das Filmmaterial noch auf Band aufgenommen wurde. Das Filmband wurde tatsächlich mit einem Messer oder einer Schere zerschnitten, z. B. um eine Szene herauszuschneiden, und dann wieder zusammengeklebt (montiert). Heute werden Schnitt und Montage meist am Computer vorgenommen.

Das Hörspiel

▶ S. 152

Beim Hörspiel wird der zu Grunde liegende Text wie ein Bühnenstück dramatisiert (d. h. durch Sprechtexte dargestellt). Im Unterschied zu einem Bühnenstück erfahren die Zuhörerinnen und Zuhörer nur das, was zu hören ist. Durch die Dialoge (Gespräche) und die Monologe (Selbstgespräche) der Figuren, durch den Erzähler sowie durch Geräusche (z. B. Glockenschlag, Ausrufe oder Stimmengewirr) erhalten die Hörer/-innen alle notwendigen Informationen, um der Handlung folgen zu können. Die Figuren in einem Hörspiel können auch laut überlegen, fragen oder laut beobachten, um die Situation für die Hörer verständlich zu machen.

Nachdenken über Sprache

Wortarten

Das Nomen (Plural: die Nomen)

► S. 218

Die meisten Wörter in unserer Sprache sind Nomen (auch: Hauptwörter, Substantive).
Nomen bezeichnen:
- Lebewesen/Eigennamen, z. B.: *Frosch, Baum, Susanne,*
- Gegenstände, z. B.: *Haus, Schreibtisch, MP3-Player,*
- Begriffe (Gedanken, Gefühle, Zustände ...), z. B.: *Angst, Mut, Freude, Ferien, Freundschaft.*

Nomen werden immer **großgeschrieben.**
Sie werden häufig von **Wörtern begleitet,** an denen wir sie erkennen können, z. B. einem **Artikel** *(der Hase, eine Uhr)* oder einem **Adjektiv** *(blauer Himmel, fröhliche Menschen).*

Genus (grammatisches Geschlecht; Plural: die Genera)

Jedes Nomen hat ein Genus (ein grammatisches Geschlecht), das man **an** seinem **Artikel erkennen** kann. Ein Nomen ist entweder
- ein **Maskulinum** (männliches Nomen), z. B.: *der Stift, der Regen, der Hund,*
- ein **Femininum** (weibliches Nomen), z. B.: *die Uhr, die Sonne, die Katze,* oder
- ein **Neutrum** (sächliches Nomen), z. B.: *das Buch, das Eis, das Kind.*

Das **grammatische Geschlecht** eines Nomens stimmt **nicht immer** mit dem **natürlichen Geschlecht** überein, z. B.: *das Mädchen, das Kind.*

Numerus (Anzahl; Plural: die Numeri)

Nomen haben einen Numerus, d. h. eine Anzahl. Sie stehen entweder im
- **Singular** (Einzahl), z. B.: *der Wald, die Jacke, das Haus,* oder im
- **Plural** (Mehrzahl), z. B.: *die Wälder, die Jacken, die Häuser.*

Der Kasus (Fall; Plural: die Kasus, mit langem u gesprochen)

In Sätzen erscheinen Nomen immer in einem bestimmten Kasus, das heißt in einem grammatischen Fall. **Im Deutschen gibt es vier Kasus.** Nach dem Kasus richten sich die Form des Artikels und die Endung des Nomens. Man kann den **Kasus** eines Nomens **durch Fragen ermitteln:**

Kasus	**Kasusfrage**	**Beispiele**
1. Fall: **Nominativ**	*Wer oder was ...?*	*Der Junge liest ein Buch.*
2. Fall: **Genitiv**	*Wessen ...?*	*Das Buch des Jungen ist spannend.*
3. Fall: **Dativ**	*Wem ...?*	*Ein Mädchen schaut dem Jungen zu.*
4. Fall: **Akkusativ**	*Wen oder was ...?*	*Sie beobachtet den Jungen genau.*

Meist ist der Kasus am veränderten Artikel des Nomens erkennbar, manchmal auch an der Endung des Nomens, z. B.: *des Mannes, des Mädchens, den Kindern.*
Wenn man ein Nomen in einen Kasus setzt, nennt man das **deklinieren** (beugen).

Der Artikel (Plural: die Artikel)

Das Nomen wird häufig von einem Artikel begleitet. Man unterscheidet zwischen dem bestimmten Artikel *(der, die, das)* und dem unbestimmten Artikel *(ein, eine, ein)*, z. B.:

	bestimmter Artikel	unbestimmter Artikel
männlich	*der Stift*	*ein Stift*
weiblich	*die Uhr*	*eine Uhr*
sächlich	*das Buch*	*ein Buch*

Das Pronomen (Fürwort; Plural: die Pronomen)

▶ S. 220–221

Das Pronomen ist ein **Stellvertreter oder Begleiter; es vertritt oder begleitet ein Nomen.**
Es gibt verschiedene Arten von Pronomen.

- **Das Personalpronomen** (persönliches Fürwort)
  Mit den **Personalpronomen** *(ich, du, er, sie, es, wir, ihr, sie)* kann man **Nomen und Namen ersetzen,** z. B.:
  Die Katze möchte ins Haus. Sie miaut. Schnell lassen wir sie herein.

  Paul rennt zum Bus. Er hat verschlafen und weiß, dass der Busfahrer nicht auf ihn wartet.

  Personalpronomen werden wie die Nomen dekliniert (gebeugt):

Kasus	Singular 1. Pers.	2. Pers.	3. Pers.	Plural 1. Pers.	2. Pers.	3. Pers.
1. Fall: **Nominativ**	*ich*	*du*	*er/sie/es*	*wir*	*ihr*	*sie*
2. Fall: **Genitiv**	*meiner*	*deiner*	*seiner/ihrer/seiner*	*unser*	*euer*	*ihrer*
3. Fall: **Dativ**	*mir*	*dir*	*ihm/ihr/ihm*	*uns*	*euch*	*ihnen*
4. Fall: **Akkusativ**	*mich*	*dich*	*ihn/sie/es*	*uns*	*euch*	*sie*

- **Das Possessivpronomen** (besitzanzeigendes Fürwort)
  Possessivpronomen *(mein/meine – dein/deine – sein/seine, ihr/ihre – unser/unsere – euer/eure – ihr/ihre)* **geben an, zu wem etwas gehört,** z. B.: *mein Buch, deine Tasche, unsere Lehrerin.*
  Possessivpronomen begleiten meist Nomen und stehen dann in dem gleichen Kasus (Fall) wie das dazugehörige Nomen, z. B.: *Ich gebe meinen Freunden eine Einladungskarte.* (Wem? → Dativ)
- **Das Demonstrativpronomen** (hinweisendes Fürwort)
  Demonstrativpronomen *(der, die, das/dieser, diese, dieses/jener, jene, jenes/solcher, solche, solches/derselbe, dieselbe, dasselbe)* **weisen besonders deutlich auf eine Person oder Sache hin,** z. B.: *Von allen Jacken gefällt mir diese am besten.* Demonstrativpronomen können als Begleiter oder als Stellvertreter eines Nomens verwendet werden.
- **Das Indefinitpronomen** (unbestimmtes Fürwort)
  Indefinitpronomen sind Wörter, mit denen man **eine ungefähre Menge oder Anzahl** angibt, z. B.: *etwas, manches, alles, nichts, einige, kein, viel, (ein) paar.* Indefinitpronomen **stehen häufig vor nominalisierten Adjektiven,** z. B.: *etwas Neues, viel Witziges, alles Gute, nichts Sinnvolles.*

Das Adjektiv (das Eigenschaftswort; Plural: die Adjektive)

▶ S. 218

Adjektive drücken aus, wie etwas ist. Mit Adjektiven können wir die **Eigenschaften** von Lebewesen, Dingen, Vorgängen, Gefühlen und Vorstellungen genauer beschreiben, z. B.:
der starke Wind, der schwache Wind, der eiskalte Wind.
Adjektive werden **kleingeschrieben.** Adjektive, die vor einem Nomen stehen, haben den gleichen Kasus wie das Nomen: *der kalte See, die kalten Seen, des kalten Sees.*

- **Steigerung der Adjektive**
  Adjektive kann man steigern (z. B.: *schön – schöner – am schönsten*). So kann man z. B. Dinge oder Lebewesen miteinander vergleichen. Es gibt eine Grundform und zwei Steigerungsstufen:

Positiv (Grundform)	**Komparativ (1. Steigerungsstufe)**	**Superlativ (2. Steigerungsstufe)**
Lars ist groß.	*Stefan ist größer.*	*Fabian ist am größten.*

- **Vergleiche mit *wie* und *als*:**
  Vergleiche mit dem Positiv werden mit *wie* gebildet, z. B.: *Tim ist genauso groß wie Yvonne.* Vergleiche mit dem Komparativ werden mit dem Vergleichswort *als* gebildet, z. B.: *Meine Schuhe sind kleiner als deine.*

Die Präposition (das Verhältniswort; Plural: die Präpositionen)

▶ S. 218

Präpositionen wie *in, auf, unter* drücken **Verhältnisse und Beziehungen** von Gegenständen, Personen oder anderem aus. Oft beschreiben sie ein **örtliches** Verhältnis *(auf dem Dach)* oder ein **zeitliches** Verhältnis *(bis Mitternacht)*. Sie können aber auch einen **Grund** *(wegen der Hitze)* angeben oder die **Art und Weise** *(mit viel Energie)* bezeichnen.
Beispiele:

▪ örtliches Verhältnis	*auf, in, hinter, neben, unter, vor, über, zwischen*
▪ zeitliches Verhältnis	*nach, vor, seit, um, während, bis, in*
▪ Angabe des Grundes	*wegen, trotz, aufgrund/auf Grund*
▪ Angabe der Art und Weise	*ohne, mit*

Präpositionen sind nicht flektierbar (nicht veränderbar). Die Präposition steht in der Regel vor einem Nomen (mit oder ohne Begleiter) oder Pronomen. Sie bestimmt den Kasus des nachfolgenden Wortes (oder der nachfolgenden Wortgruppe), z. B.: *mit dir, wegen des Regens, bei dem Schnee.*

Die Konjunktion (das Bindewort; Plural: die Konjunktionen)

▶ S. 243–244

Konjunktionen **verbinden Satzteile oder Teilsätze** miteinander, z. B.: *Es gab Donner und Blitz. Er konnte nicht an der Wanderung teilnehmen, weil er sich den Fuß verstaucht hatte.*
Die häufigsten Konjunktionen sind: *und, oder, weil, da, nachdem.*

Das Verb (das Tätigkeitswort; Plural: die Verben)

▶ S. 222–226; 227–231; 233–236

Mit Verben gibt man an, **was jemand tut** (z. B. *laufen, reden, lachen*), **was geschieht** (z. B. *regnen, brennen*) oder was ist (z. B. *haben, sein, bleiben*). Verben werden kleingeschrieben.

- Der Infinitiv (die Grundform) eines Verbs endet auf *-en* oder *-n*, z. B.: *rennen, sagen, antworten, rudern, lächeln*.
- Wenn man ein Verb in einem Satz verwendet, bildet man **die Personalform des Verbs.** Das nennt man **konjugieren (beugen),** z. B.: *such-en* (Infinitiv) → *Ich such-e den Schlüssel* (1. Person Singular). Die Personalform des Verbs wird aus dem Infinitiv des Verbs gebildet. An den Stamm des Verbs wird dabei die passende Personalendung gehängt, z. B.: *sprech-en* (Infinitiv) → *ich sprech-e* (1. Person Singular), *du sprich-st* (2. Person Singular) usw.

Der Imperativ (Befehlsform des Verbs; Plural: die Imperative)

Die Aufforderungsform oder **Befehlsform eines Verbs** nennt man Imperativ. Man kann eine Aufforderung oder einen Befehl an eine Person oder an mehrere Personen richten. Dementsprechend gibt es den Imperativ Singular *(„Bitte komm!", „Lauf weg!")* und den Imperativ Plural *(„Bitte kommt!", „Lauft weg!")*.

- Der **Imperativ Singular** besteht aus dem Stamm des Verbs *(schreiben → schreib!)*, manchmal wird die Endung *-e* angehängt *(reden → rede!)* oder es ändert sich der Stammvokal von *e* zu *i (geben → gib!)*.
- Der **Imperativ Plural** wird in der Regel durch den Stamm des Verbs mit der Endung *-t* oder *-et* gebildet *(schreiben → schreibt!, lesen → lest!, reden → redet!)*.

Die Tempora (Zeitformen) der Verben

▶ S. 222–225

Verben kann man in verschiedenen Zeitformen (Tempora; Sg.: das Tempus) verwenden, z. B. im Präsens, im Präteritum, im Futur. Die Zeitformen der Verben sagen uns, wann etwas passiert, z. B. in der Gegenwart, in der Vergangenheit oder in der Zukunft.

- **Das Präsens** (die Gegenwartsform)
  - Das Präsens wird verwendet, wenn etwas in der **Gegenwart** (in diesem Augenblick) geschieht, z. B.: *Er schreibt gerade einen Brief.* (Es geschieht in diesem Augenblick.)
  - Im Präsens stehen auch **Aussagen, die immer gelten,** z. B.: *Suppe isst man mit dem Löffel.* (Es ist immer gültig.)
  - Man kann das Präsens auch verwenden, **um etwas Zukünftiges auszudrücken.** Meist verwendet man dann eine Zeitangabe, die auf die Zukunft verweist, z. B.: *Morgen gehe ich ins Kino.*

Das Präsens wird gebildet mit dem Stamm des Verbs und den entsprechenden Personalendungen, z. B.: *ich schreib-e, du schreib-st ...*

- **Das Futur** (die Zukunftsform)
  - Das Futur wird verwendet, um ein zukünftiges Geschehen auszudrücken, z. B.: *In den Sommerferien werde ich häufig ins Freibad gehen.*
  - Das Futur wird gebildet mit der Personalform von *werden* im Präsens und dem Infinitiv des Verbs, z. B.: *Ich werde anrufen, du wirst anrufen ...*

- **Das Perfekt**
  Wenn man mündlich von etwas Vergangenem erzählt oder berichtet, verwendet man häufig das Perfekt, z. B.: *Ich habe gerade etwas gegessen. Er ist nach Hause gekommen.*
  Das Perfekt ist eine **zusammengesetzte Vergangenheitsform,** weil es mit einer Form von **„haben“** oder **„sein“** im Präsens (z. B. *hast, sind*) und dem **Partizip II des Verbs** *(gesehen, aufgebrochen)* gebildet wird.
  - Das Partizip II beginnt meist mit *ge-*, z. B.: *lachen → gelacht; gehen → gegangen.*
  - Wenn das Verb schon eine Vorsilbe hat (*ge-*, *be-* oder *ver-*), bekommt das Partizip II keine mehr, z. B.: *gelingen → gelungen; beschweren → beschwert; verlieren → verloren.*
- **Das Präteritum**
  Das Präteritum ist eine **einfache Zeitform der Vergangenheit.** Diese Zeitform wird vor allem in schriftlichen Erzählungen (z. B. in Märchen, in Geschichten) und in Berichten verwendet, z. B.: *Sie lief schnell nach Hause, denn es regnete in Strömen.* Man unterscheidet:
  - **regelmäßige (schwache) Verben:** Bei den regelmäßigen Verben ändert sich der Vokal *(a, e, i, o, u)* im Verbstamm nicht, wenn das Verb ins Präteritum gesetzt wird, z. B.: *ich lache* (Präsens) → *ich lachte* (Präteritum),
  - **unregelmäßige (starke) Verben:** Bei den unregelmäßigen Verben ändert sich im Präteritum der Vokal *(a, e, i, o, u)* im Verbstamm, z. B.: *ich singe* (Präsens) → *ich sang* (Präteritum); *ich laufe* (Präsens) → *ich lief* (Präteritum).
- **Das Plusquamperfekt**
  Wenn etwas vor dem passiert, wovon im Präteritum oder im Perfekt erzählt wird, verwendet man das Plusquamperfekt. Das Plusquamperfekt wird deshalb auch **Vorvergangenheit** genannt, z. B.: *Nachdem sie mit dem Fallschirm sicher gelandet war, jubelten die Menschen.*
  Das Plusquamperfekt ist wie das Perfekt eine **zusammengesetzte Vergangenheitsform,** weil es mit einer Form von **„haben“** oder **„sein“** im Präteritum (z. B. *hatte, war*) und dem **Partizip II des Verbs** (z. B. *gelesen, aufgebrochen*) gebildet wird, z. B.: *Nachdem wir etwas gegessen hatten, gingen wir in den Zoo. Nachdem wir alle pünktlich angekommen waren, ging es los.*
  TIPP: Die Konjunktion *nachdem* leitet oft einen Satz im Plusquamperfekt ein.

Partizip I und II

Das **Partizip I** (Partizip Präsens) setzt sich aus **Verbstamm + (e)nd** zusammen, z. B.: *gehend, zitternd, singend.*
- Mit Hilfe des Partizips I können **gleichzeitig ablaufende Handlungen** beschrieben werden, z. B.: *Die Frau sitzt lesend im Sessel.*
- Das Partizip I kann vor einem Nomen wie ein Adjektiv verwendet werden. Es passt sich dann in Genus, Numerus und Kasus an das Nomen an, das es begleitet, z. B.: *Die lesende Frau sitzt im Sessel. Ein dampfender Tee steht neben ihr auf dem Tisch.*

Das **Partizip II** (Partizip Perfekt) setzt sich zusammen aus **ge + Verbstamm + (e)t oder en,** z. B.: *gezittert, gelaufen.*
- Das Partizip II wird für die **Bildung von zusammengesetzten Zeitformen (Perfekt und Plusquamperfekt)** verwendet, z. B.: *ich habe gelacht* (Perfekt), *ich bin angekommen* (Perfekt); *ich hatte gelacht* (Plusquamperfekt), *ich war angekommen* (Plusquamperfekt).
- Viele Perfektpartizipien können vor einem Nomen wie ein Adjektiv verwendet werden. Sie passen sich dann in Genus, Numerus und Kasus an das Nomen an, das sie begleiten, z. B.: *Die verblühten Rosen stehen auf dem Tisch.*

Aktiv und Passiv

▶ S. 227–234

- **Aktiv und Passiv der Verben**
  - Das Aktiv und das Passiv sind zwei Verbformen, die man bei der Darstellung von Handlungen und Vorgängen unterscheidet. Man kann aus zwei Perspektiven schauen:
  - **Aktiv:** Der Handlungsträger (Handelnde) wird betont, z. B.: *Der Zauberer hält einen Kochlöffel in der Hand.*
  - **Passiv:** Die Handlung/der Vorgang wird betont, z. B.: *Der Kochlöffel wird in der Hand gehalten.*
  - Im **Aktiv** ist wichtig, **wer** handelt/etwas tut. Im **Passiv** wird betont, **was geschieht.**
  - Das **Passiv** wird meist mit einer Form von **„werden"** und dem **Partizip II des Verbs** (▶ S. 322) gebildet, z. B.: *wird gehalten; werden aufgeteilt.*
  - Im Passivsatz kann der Handlungsträger ergänzt werden, z. B.: *Der Kochlöffel wird von dem Zauberer in der Hand gehalten.*

  Sätze, in denen der Handlungsträger als Subjekt des Satzes erscheint, stehen in der Verbform Aktiv. Bei der Umwandlung eines Aktivsatzes in einen Passivsatz wird das **Akkusativobjekt** des Aktivsatzes zum **Subjekt** des Passivsatzes, z. B.:

  Aktiv: *Silke führt einen Zaubertrick vor.* (einen Zaubertrick = Akkusativobjekt) → Passiv: *Der Zaubertrick wird (von Silke) vorgeführt.* (Der Zaubertrick = Subjekt)

- **Passiv aus Informationsmangel/als Informationsriegel**
  - In einem Passivsatz kann der Handlungsträger ergänzt werden, z. B.: *Die Schüler wurden von Herrn Schweppenstette zur Stellungnahme aufgefordert.*
  - In einem **Passivsatz** kann der **Handlungsträger** aber auch **völlig weggelassen werden,** z. B.
    - wenn er unbekannt ist (Passiv aus Informationsmangel): *Mein Fahrrad wurde gestohlen.*
    - wenn der Handelnde aus bestimmten Gründen nicht genannt werden soll (Passiv als Informationsriegel), zum Beispiel um eine betroffene Person zu schützen oder die verantwortlichen Personen oder Täter zu verschleiern: *Beim Fußballspiel wurde ein Fenster beschädigt.*

- **Zustands- und Vorgangspassiv**

  Während das Vorgangspassiv den Ablauf eines Vorgangs beschreibt, drückt das Zustandspassiv das Ergebnis eines Vorgangs aus.

  1. Das **Zustandspassiv** *(sein-Passiv)* wird durch eine Personalform von „sein" und das **Partizip II des Verbs** gebildet, z. B.: *Die Tür ist geschlossen.*
  2. Das **Vorgangspassiv** *(werden-Passiv)* wird durch eine Personalform von „werden" und das **Partizip II des Verbs** gebildet, z. B.: *Die Tür wird geschlossen.*

- **Zeitformen im Aktiv und Passiv**

	Aktiv: Verb *(bewundern)* in der entsprechenden Tempusform	**Passiv:** „werden" in der entsprechenden Tempusform + Partizip II des Verbs *(bewundern)*
Präsens	*Jens bewundert den Zauberer.*	*Der Zauberer wird bewundert.*
Futur I	*Jens wird ... bewundern.*	*... wird bewundert werden.*
Präteritum	*Jens bewunderte ...*	*... wurde bewundert.*
Perfekt	*Jens hat ... bewundert.*	*... ist bewundert worden.*
Plusquamperfekt	*Jens hatte ... bewundert.*	*... war bewundert worden.*

- **Ersatzformen für das Passiv**
  Um Passivformen in Texten zu vermeiden, stehen die so genannten Passiv-Ersatzformen zur Verfügung. Sie haben mit dem Passiv gemeinsam, dass der Handlungsträger nicht genannt wird. Im Unterschied zum Passiv handelt es sich bei den Ersatzformen jedoch um aktive Verbformen. Die wichtigsten Ersatzformen für das Passiv sind:

Ersatzformen für das Passiv	**Beispiele**
▪ man-Form	▪ *Man löst die Schlaufe des Seils.*
▪ Sie-Form/Du-Form	▪ *Sie lösen/Du löst die Schlaufe des Seils.*
▪ Imperativform	▪ *Lösen Sie/Löse die Schlaufe des Seils.*
▪ „sich lassen“ + Infinitiv	▪ *Die Schlaufe des Seils lässt sich lösen.*
▪ Verbform von „sein“ + Infinitiv mit „zu“	▪ *Die Schlaufe des Seils ist zu lösen.*
▪ Verbform von „sein“ + Adjektiv mit der Endung „-bar“, „-lich“, „-fähig“	▪ *Die Schlaufe des Seils ist lösbar.*

Der Konjunktiv in der indirekten Rede

▶ S. 122

Wenn man wiedergeben möchte, was jemand gesagt hat, verwendet man die indirekte Rede. Das Verb steht im Konjunktiv I, z. B.:
- *Anja sagte: „Ich muss mit meinem Hund täglich trainieren.“* (wörtliche Rede im Indikativ)
- *Anja sagte, sie müsse mit ihrem Hund täglich trainieren.* (indirekte Rede im Konjunktiv I)

Bildung des Konjunktivs I
Der Konjunktiv I wird durch den Stamm des Verbs (Infinitiv ohne -en) und die entsprechende Personalendung gebildet, z. B.:

Indikativ Präsens	**Konjunktiv I**
ich komm-e	ich komm-e
du komm-st	du komm-est
er/sie/es komm-t	er/sie/es komm-e
wir komm-en	wir komm-en
ihr komm-t	ihr komm-et
sie komm-en	sie komm-en

Das Adverb (Umstandswort; Plural: die Adverbien)

▶ S. 219

Adverbien *(dort, oben, hier, jetzt, kürzlich, heute, kaum, sehr, vergebens, gern, leider, deshalb, nämlich)* **machen nähere Angaben zu einem Geschehen.** Sie erklären genauer, **wo, wann, wie und warum** etwas geschieht, z. B.: *Hier sitze ich gern. Dieser Platz gefällt mir nämlich am besten.*
- Adverbien werden **kleingeschrieben.**
- Die Wortart des Adverbs kann man leicht mit dem Adjektiv verwechseln. Das **Adverb** ist aber im Gegensatz zum Adjektiv **nicht veränderbar** (nicht flektierbar).

Satzglieder

Satzglieder erkennen: Die Umstellprobe

▶ S. 238

Ein Satz besteht aus verschiedenen Satzgliedern. Diese Satzglieder können aus einem einzelnen Wort oder aus mehreren Wörtern (einer Wortgruppe) bestehen.
Mit der **Umstellprobe** könnt ihr feststellen, wie viele Satzglieder ein Satz hat. Wörter und Wortgruppen, die bei der Umstellprobe immer zusammenbleiben, bilden ein Satzglied, z. B.:

Seit 3000 Jahren überfallen Piraten fremde Schiffe.
Piraten überfallen fremde Schiffe seit 3000 Jahren.

Das Prädikat (Plural: die Prädikate)

▶ S. 238

Der **Kern des Satzes** ist das Prädikat (Satzaussage). Prädikate werden durch Verben gebildet. In einem Aussagesatz steht die Personalform des Verbs (der gebeugte Teil) **immer an zweiter Satzgliedstelle,** z. B.: *Oft zeichnen Piraten eine Schatzkarte. So finden sie später ihre Beute.*
Das Prädikat kann mehrteilig sein, z. B.: *Die Piraten kommen auf der Insel an. Die Piraten haben das Schiff überfallen.*

Das Subjekt (Plural: die Subjekte)

▶ S. 238

Das Satzglied, das in einem Satz angibt, wer oder was handelt, etwas tut, veranlasst ..., heißt Subjekt (Satzgegenstand), z. B.: *Der Pirat versteckt auf der Insel einen Schatz.*

- Ihr könnt das Subjekt mit der **Frage „Wer oder was ...?“** ermitteln.
  Der Pirat versteckt auf der Insel einen Schatz. → Wer oder was versteckt auf der Insel einen Schatz?
- Das Subjekt eines Satzes kann aus einem oder aus mehreren Wörtern bestehen, z. B.:
  Die alte, verwitterte Schatztruhe liegt unter der Erde. → Wer oder was liegt unter der Erde?
- Das Subjekt eines Satzes **steht immer im Nominativ (1. Fall,** ▶ S. 318).

Die Objekte

▶ S. 238

- **Akkusativobjekt:** Das Objekt, das im Akkusativ steht, heißt Akkusativobjekt. Ihr ermittelt es mit der Frage: **Wen oder was ...?,** z. B.: *Wen oder was suchen die Piraten? → Die Piraten suchen den Schatz.*
- **Dativobjekt:** Das Objekt, das im Dativ steht, heißt Dativobjekt. Ihr ermittelt es mit der Frage: **Wem ...?,** z. B.: *Wem stehlen die Piraten den Schatz? → Die Piraten stehlen ihren Opfern den Schatz.*
  Objekte können aus einem oder aus mehreren Wörtern bestehen.

- **Genitivobjekt:** Das Genitivobjekt ist ein Satzglied, das man mit der Frage **Wessen ...?** ermittelt, z. B.: *Er wird des Diebstahls angeklagt.* → *Wessen wird er angeklagt?*
  Das Genitivobjekt wird heute nur noch selten verwendet. Es gibt nur wenige Verben, die ein Genitivobjekt fordern, z. B.: *gedenken (der Toten gedenken), sich rühmen (sich des Sieges rühmen), sich bedienen (sich einer guten Ausdrucksweise bedienen).*
- **Präpositionalobjekt:** Das Präpositionalobjekt steht nach Verben, die fest mit einer Präposition verbunden sind, z. B.: *lachen über, achten auf, denken an, warten auf.*
  Diese Präposition ist auch im Fragewort enthalten, z. B.:
  *Die Einbrecher hoffen **auf** eine reiche Beute.* → *Wor**auf** hoffen die Einbrecher?*
  *Sie fürchten sich **vor** der Polizei.* → *Wo**vor** fürchten sie sich?*
  Nach den Präpositionalobjekten fragt man z. B. mit: Wofür ...? Wonach ...? Womit ...? Wovon ...? Worüber ...? Woran ...?

Das Prädikativ

Das Verb *sein* verlangt neben dem Subjekt ein weiteres Satzglied, das Prädikativ. Das Prädikativ kann ein **Nomen** oder ein **Adjektiv** sein, z. B.: *Er ist der Klassensprecher. Ich bin sportlich.*
Das Prädikativ ergänzt das Prädikat (Verb) und bezieht sich zugleich auf das Subjekt des Satzes. Weitere Verben, die häufig ein Prädikativ verlangen, sind: *bleiben, werden, heißen.*

Die adverbialen Bestimmungen (auch: Adverbialien)

► S. 239–240

- Adverbiale Bestimmungen (Umstandsbestimmungen) sind Satzglieder, die man z. B. mit den Fragen **Wann ...?, Wo ...?, Warum ...?, Wie ...?** ermittelt. Sie liefern zusätzliche **Informationen über den Ort** (adverbiale Bestimmung des Ortes), **über die Zeit** (adverbiale Bestimmung der Zeit), **über den Grund** (adverbiale Bestimmung des Grundes) und **über die Art und Weise** (adverbiale Bestimmung der Art und Weise) eines Geschehens oder einer Handlung.
- Adverbiale Bestimmungen können aus einem oder aus mehreren Wörtern bestehen.
- Durch die Frageprobe kann man ermitteln, welche adverbiale Bestimmung vorliegt.

Frageprobe	Satzglied	Beispiel
Wo? Wohin? Woher?	**adverbiale Bestimmung des Ortes**	*Wo liegt der Schatz?* *Der Schatz liegt hinter der Holzhütte.*
Wann? Wie lange? Seit wann?	**adverbiale Bestimmung der Zeit**	*Wann wurde der Schatz versteckt?* *Der Schatz wurde vor 200 Jahren versteckt.*
Warum? Weshalb?	**adverbiale Bestimmung des Grundes**	*Warum brachen sie die Schatzsuche ab?* *Wegen der Dunkelheit brachen sie die Schatzsuche ab.*
Wie? Auf welche Weise? Womit?	**adverbiale Bestimmung der Art und Weise**	*Wie werden sie die Schatztruhe öffnen?* *Sie werden die Schatztruhe gewaltsam öffnen.*

Die Attribute (Beifügungen)

▶ S. 241

Attribute **bestimmen ein Bezugswort** (meist ein Nomen) **näher.** Sie sind **immer Teil eines Satzglieds** und bleiben bei der Umstellprobe fest mit ihrem Bezugswort verbunden, z. B.:

Der große Mann / stiehlt / die Tasche.

Die Tasche / stiehlt / der große Mann.

Attribut Bezugswort

Attribute stehen **vor oder nach** ihrem **Bezugswort.**
Man kann sie mit **„Was für …?"** erfragen.

Was für ein Mann? → ein großer Mann → *ein Mann mit schwarzen Haaren*

Attribut Bezugswort Bezugswort Attribut

Formen des Attributs

Es gibt verschiedene Formen des Attributs:

- **Adjektivattribut,** z. B.: *die große Tasche*
- **präpositionales Attribut,** z. B.: *das Versteck hinter dem Baum*
- **Genitivattribut,** z. B.: *der Komplize des Erpressers*
- **Apposition** (nachgestelltes Nomen im gleichen Kasus wie das Bezugswort), z. B.:
  Herr Schummel, der Geldfälscher, tauchte unter.

Proben

▶ S. 76; 78; 79; 238

- **Umstellprobe: Satzanfänge abwechslungsreich gestalten**
  Durch die Umstellprobe könnt ihr eure Texte abwechslungsreicher gestalten. Ihr stellt z. B. die Satzglieder so um, dass die Satzanfänge nicht immer gleich sind, z. B.:
  Ich habe mir heute eine Überraschung ausgedacht. Ich will eine Schatzsuche veranstalten.
  → Heute habe ich mir eine Überraschung ausgedacht. Ich will eine Schatzsuche veranstalten.
- **Ersatzprobe: Wortwiederholungen vermeiden**
  Mit der Ersatzprobe könnt ihr Satzglieder, die sich in eurem Text häufig wiederholen, durch andere Wörter ersetzen, z. B.:
  Ich kenne ein Spiel. ~~Das Spiel~~ (→ Es) kommt aus Indien.
  Zuerst zeichnet man ein Spielbrett. Danach ~~zeichnet~~ (→ erstellt) man die Spielsteine.
- **Weglassprobe: Texte straffen, Wiederholungen vermeiden**
  Mit der Weglassprobe könnt ihr prüfen, welche Wörter in einem Text gestrichen werden sollten, weil sie überflüssig sind oder umständlich klingen, z. B.:
  Als wir den Schatz fanden, jubelten wir vor Freude ~~über den gefundenen Schatz~~.
- **Erweiterungsprobe: Genau und anschaulich schreiben**
  Mit der Erweiterungsprobe könnt ihr prüfen, ob eine Aussage genau genug oder anschaulich genug ist oder ob ihr noch etwas ergänzen solltet, z. B.:
  ✓ Ich wünsche mir ein Buch ✓. → Zum Geburtstag wünsche ich mir ein Buch über Piraten.
  Wann? Worüber?

Sätze

Satzarten

Je nachdem, ob wir etwas aussagen, fragen oder jemanden auffordern wollen, verwenden wir unterschiedliche Satzarten: Aussagesatz, Fragesatz und Aufforderungssatz.
In der gesprochenen Sprache erkennen wir die verschiedenen Satzarten oft an der Stimmführung, in der geschriebenen Sprache an den unterschiedlichen Satzschlusszeichen: Punkt, Fragezeichen und Ausrufezeichen.

- Nach einem **Aussagesatz** steht ein **Punkt,** z. B.: *Ich gehe jetzt ins Schwimmbad.*
- Nach einem **Fragesatz** steht ein **Fragezeichen,** z. B.: *Hast du heute Nachmittag Zeit?*
- Nach einem **Ausrufe- oder Aufforderungssatz** steht meist ein **Ausrufezeichen,** z. B.: *Vergiss die Sonnencreme nicht! Beeilt euch!*

Die Satzreihe: Hauptsatz + Hauptsatz

► S. 243

- Ein **Hauptsatz** ist ein selbstständiger Satz. Er enthält mindestens zwei Satzglieder, nämlich Subjekt und Prädikat, z. B.: *Peter schwimmt.*
  Die Personalform des Verbs (das gebeugte Verb) steht im Hauptsatz an zweiter Satzgliedstelle, z. B.: *Peter schwimmt im See.*
- Ein **Satz,** der **aus zwei oder mehr Hauptsätzen** besteht, wird **Satzreihe** genannt. Die einzelnen Hauptsätze einer Satzreihe werden durch ein **Komma** voneinander getrennt, z. B.: *Peter schwimmt im See, Philipp kauft sich ein Eis.*
- Häufig werden die Hauptsätze durch die nebenordnenden **Konjunktionen** (Bindewörter) *und, oder, aber, sondern, denn, doch* verbunden, z. B.: *Peter schwimmt im See, denn es ist sehr heiß.*
  Nur vor den Konjunktionen *und* bzw. *oder* darf das Komma wegfallen, z. B.: *Peter schwimmt im See und Philipp kauft sich ein Eis.*

Satzgefüge: Hauptsatz + Nebensatz

► S. 244

Einen Satz, der aus mindestens einem **Hauptsatz und** mindestens einem **Nebensatz** besteht, nennt man **Satzgefüge.** Zwischen Hauptsatz und Nebensatz muss **immer ein Komma** stehen, z. B.:
Weil die Sonne scheint, gehen wir heute ins Schwimmbad.
Nebensatz Hauptsatz

Der Regen, der seit Stunden fällt, war nach der Hitze nötig.
Hauptsatz Nebensatz Hauptsatz (Fortsetzung)

Nebensätze haben folgende Kennzeichen:

- Ein Nebensatz kann **nicht ohne** einen **Hauptsatz** stehen.
- Der Nebensatz **ist dem Hauptsatz untergeordnet.**
- **Nebensätze** werden **durch** eine unterordnende **Konjunktion** (z. B. *weil, da, obwohl, damit, dass, sodass, nachdem, während*) oder ein **Relativpronomen** *(der, die, das, welcher, welche, welches)* **eingeleitet.**
- Die **Personalform des Verbs** (das gebeugte Verb) steht im Nebensatz immer **an letzter Satzgliedstelle.**

Formen von Nebensätzen

Der Relativsatz

▶ S. 242

Relativsätze sind Nebensätze, die ein vorausgehendes Bezugswort (Nomen oder Pronomen) näher erklären. Sie werden mit einem **Relativpronomen** eingeleitet, z. B.:
der, die, das oder *welcher, welche, welches.*
Ein Relativsatz wird **immer** durch ein **Komma** vom Hauptsatz abgetrennt. Wird er in einen Hauptsatz eingeschoben, dann setzt man vor und hinter den Relativsatz ein Komma.
Daniel Düsentrieb ist eine Comicfigur, die von Carl Barks erfunden wurde.

Relativsätze nehmen im Satz die **Rolle eines Attributs ein** und werden deshalb auch Attributsätze genannt.

Adverbialsätze

▶ S. 247–252

Je nach Funktion im Satz unterscheidet man unterschiedliche Arten von Nebensätzen.
Nebensätze können die Stelle von Satzgliedern übernehmen. Man nennt sie dann auch Gliedsätze.
Adverbialsätze sind Gliedsätze, weil sie die **Stelle einer adverbialen Bestimmung einnehmen**, z. B.:
Nach dem Experiment sprachen wir über unsere Beobachtungen.
adverbiale Bestimmung

Nachdem wir das Experiment beendet hatten, sprachen wir über unsere Beobachtungen.
Adverbialsatz

Adverbialsätze werden mit einer **Konjunktion** eingeleitet. Sie können nicht ohne Hauptsatz stehen und werden durch ein **Komma** von diesem abgetrennt. Wie die adverbialen Bestimmungen können auch die Adverbialsätze mit Hilfe der Frageprobe näher bestimmt werden.

Adverbialsatz	Frageprobe	Konjunktionen	Beispiel
Temporalsatz (Zeit)	Wann ...? Seit wann ...? Wie lange ...?	nachdem, als, während, bis, bevor, solange, sobald ...	*Solange der Luftballon verschlossen ist, bewegt er sich nicht.*
Kausalsatz (Grund)	Warum ...?	weil, da	*Weil die Luft entweicht, bewegt sich der Ballon.*
Konditionalsatz (Bedingung)	Unter welcher Bedingung ...?	wenn, falls, sofern	*Wenn der Ballon mehr Luft enthält, legt er eine größere Strecke zurück.*
Konsekutivsatz (Folge)	Mit welcher Folge ...?	sodass (auch: so ..., dass)	*Die Schnur wird gespannt, sodass der Ballon gleiten kann.*
Finalsatz (Absicht, Zweck)	Wozu ...?	damit	*Wir lesen die Versuchsbeschreibung genau, damit das Experiment gelingt.*
Modalsatz (Art und Weise)	Wie ...?	indem, dadurch, dass, wie, als (ob) ...	*Der Versuch wird vorbereitet, indem das Material besorgt wird.*
Konzessivsatz (Einräumung)	Trotz welcher Umstände ...?	obwohl, obgleich, obschon, auch wenn	*Obwohl eine Rakete sehr schwer ist, funktioniert sie nach diesem Prinzip.*

Mit Temporalsätzen Zeitverhältnisse ausdrücken

▶ S. 251

Temporalsätze sind Adverbialsätze, die ein **Zeitverhältnis** ausdrücken. Sie geben an, wann sich das Geschehen im Verhältnis zum Geschehen im Hauptsatz vollzieht. Dabei kann zwischen **Vorzeitigkeit, Gleichzeitigkeit und Nachzeitigkeit** unterschieden werden.

Hauptsatz: *Marlene bereitet das Experiment vor, ...*

Temporalsätze

... *nachdem sie die Versuchsbeschreibung gelesen hat.*	... *während sie Musik hört.*	... *bevor sie den Klassenraum verlässt.*
Vorzeitigkeit: Das Ereignis im Temporalsatz liegt vor dem Ereignis im Hauptsatz.	**Gleichzeitigkeit:** Das Ereignis im Temporalsatz verläuft gleichzeitig mit dem Ereignis im Hauptsatz.	**Nachzeitigkeit:** Das Ereignis im Temporalsatz findet nach dem Ereignis im Hauptsatz statt.

Subjektsätze und Objektsätze

▶ S. 253–255

Nebensätze können die Stelle von Satzgliedern übernehmen. Man nennt sie dann auch Gliedsätze. **Subjektsätze und Objektsätze** sind Gliedsätze, weil sie **die Rolle des Subjekts bzw. des Objekts** für den Hauptsatz übernehmen. Sie lassen sich wie das Subjekt oder das Objekt mit Hilfe der Frageproben ermitteln.
Subjekt- und Objektsätze sind Nebensätze und können nicht ohne Hauptsatz stehen.
Sie werden durch ein **Komma** vom Hauptsatz abgetrennt.
Subjektsatz: Das Subjekt eines Satzes kann von einem Nebensatz gebildet werden, z. B.:
Der interessante Versuch überraschte Ben. → *Dass der Versuch interessant war, überraschte Ben.*
Subjekt — Subjektsatz (Wer oder was überraschte Ben?)

Objektsatz: Das Objekt eines Satzes kann von einem Nebensatz gebildet werden, z. B.:
Amina erklärt den Versuch. → *Amina erklärt, wie der Versuch funktioniert.*
Objekt — Objektsatz (Wen oder was erklärt Amina?)

Subjekt- und Objektsätze können unterschiedliche Gestalt annehmen, z. B.:

Satzform	Subjektsatz	Objektsatz
indirekter Fragesatz	*Wer diesen Versuch erklären kann,* hat ihn genau beobachtet.	Tom ahnte, *wie das Experiment ausgehen würde.*
dass-Satz	*Dass der Versuch gelang,* erfreute uns alle.	Er sagte, *dass er den Versuch erklären könne.*

Zeichensetzung

Satzschlusszeichen

- Nach einem **Aussagesatz** steht ein **Punkt,** z. B.:
  Ich gehe jetzt ins Schwimmbad.
- Nach einem **Fragesatz** steht ein **Fragezeichen,** z. B.:
  Hast du heute Nachmittag Zeit?
- Nach einem **Ausrufe- oder Aufforderungssatz** steht meist ein **Ausrufezeichen,** z. B.:
  Vergiss die Sonnencreme nicht! Beeilt euch!

Das Komma zwischen Sätzen

▶ S. 243–244; 271–273

Die einzelnen **Hauptsätze einer Satzreihe** werden durch ein **Komma** voneinander getrennt, z. B.:
Peter schwimmt im See, Philipp kauft sich ein Eis.
Nur vor den Konjunktionen *und* bzw. *oder* darf das Komma wegfallen, z. B.:
Peter schwimmt im See und Philipp kauft sich ein Eis.
Zwischen Hauptsatz und Nebensatz (Satzgefüge) muss **immer ein Komma** stehen, z. B.:
Wir gehen heute ins Schwimmbad, weil die Sonne scheint.

Der Nebensatz kann vor, zwischen oder nach dem Hauptsatz stehen. Zwischen Hauptsatz und Nebensatz muss **immer ein Komma** stehen, z. B.:
Wenn wir verreisen, möchte ich nicht allzu lange im Auto sitzen.
Die Sommerferien, die ich in diesem Jahr zu Hause verbracht habe, waren schön.

Ein **Satzgefüge kann mehrere Nebensätze** enthalten. Alle Nebensätze werden mit einem **Komma** abgetrennt, z. B.:
Weil ich gerne reise, fahre ich weg, wann immer es geht.
Ich glaube, dass man auch zu Hause schöne Urlaubstage verbringen kann, weil ich zu den Leuten gehöre, die gerne lesen und ins Freibad gehen.

Folgende Wörter können Nebensätze einleiten:

unterordnende **Konjunktionen**	nachdem, wenn, obwohl, weil, dass, indem ...	***Weil*** *die Sonne scheint, gehen wir ins Freibad.*
Fragewörter und **ob**	wann, woher, warum, weshalb, wie, wo, ob ...	*Ich weiß nicht genau,* ***wann*** *er kommen wird.*
Relativpronomen	der, die, das, welcher, welche, welches	*Der Junge,* ***der*** *dort vorne steht, heißt Peter.*

Das Komma bei Aufzählungen

► S. 274

Wörter und Wortgruppen in Aufzählungen werden **durch Kommas abgetrennt,** z. B.:
Mit Wolle, Garn, Stoffen, Perlen kann man immer etwas anfangen.
Dies gilt auch, wenn das Wort oder die Wortgruppe durch eine einschränkende Konjunktion wie *aber, jedoch, sondern, doch* eingeleitet wird, z. B.: *Dieses Spiel ist kurz, aber sehr lustig.*
Achtung: Kein Komma steht vor den nebenordnenden Konjunktionen *und, oder, sowie, entweder ... oder, sowohl ... als auch, weder ... noch,* z. B.: *Hier gibt es sowohl Sportkleidung als auch Sportgeräte.*

Das Komma bei Appositionen und nachgestellten Erläuterungen

► S. 275

1 Die **Apposition** ist eine besondere Form des Attributs und besteht in der Regel aus einem Nomen oder einer Nomengruppe. Sie folgt ihrem Bezugswort (meist ein Nomen) und wird **durch Kommas abgetrennt,** z. B.:
Berlin, unsere Hauptstadt, ist ein beliebtes Reiseziel für Schulklassen.
Die Apposition steht im gleichen Kasus wie ihr Bezugswort (hier: Nominativ).

2 Die **nachgestellte Erläuterung** wird oft mit Wörtern wie *nämlich, und zwar, vor allem, das heißt (d. h.), zum Beispiel (z. B.)* eingeleitet. Sie wird **durch Kommas abgetrennt,** z. B.:
Das Reichstagsgebäude, also der Sitz des Bundestags, besitzt eine Kuppel aus Glas.

Zeichensetzung bei der wörtlichen Rede

► S. 276–277

Die wörtliche Rede steht in einem Text in Anführungszeichen. Die Satzzeichen ändern sich, je nachdem, ob der Redebegleitsatz vor, nach oder zwischen der wörtlichen Rede steht.

- Der **Redebegleitsatz vor der wörtlichen Rede** wird durch einen Doppelpunkt von der wörtlichen Rede abgetrennt, z. B.: *Ich fragte: „Wohin sollen wir verreisen?“*
- Der **Redebegleitsatz nach der wörtlichen Rede** wird durch ein Komma von der wörtlichen Rede abgetrennt, z. B.: *„Ich würde gerne ans Meer fahren!“, rief Jana. „Sollen wir ans Meer fahren?“, fragte Jana. „Ich möchte ans Meer“, sagte Jana.*
  In der wörtlichen Rede entfällt der Punkt; Frage- und Ausrufezeichen bleiben aber erhalten.
- Der **Redebegleitsatz zwischen der wörtlichen Rede** wird durch Kommas von der wörtlichen Rede abgetrennt, z. B.: *„Oh weh“, rief Tina, „der Papagei!“*

Tipps zum Rechtschreiben

Verwandte Wörter suchen (Ableitungsprobe)

- Wenn ihr unsicher seid, wie ein Wort geschrieben wird, hilft fast immer die Suche nach einem verwandten Wort. Der Wortstamm (= Grundbaustein) wird in allen verwandten Wörtern gleich oder ähnlich geschrieben, z. B.: *reisen: abgereist, verreisen, die Reise.*
- Ihr schreibt ein Wort mit **ä** oder **äu,** wenn es ein verwandtes Wort mit **a** oder **au** gibt, z. B.:
  - **e** oder **ä**? → *Gläser* → *Glas*
  - **eu** oder **äu**? → *Träume* → *Traum*

  Gibt es kein verwandtes Wort mit **a** oder **au,** schreibt man das Wort meist mit **e** oder **eu.**

Wörter verlängern (Verlängerungsprobe)

Am Wortende klingt **b** wie **p** *(das Lo**b**)*, **g** wie **k** *(der Ta**g**)* und **d** wie **t** *(der Hun**d**)*. Wenn ihr die Wörter verlängert, hört ihr, welchen Buchstaben ihr schreiben müsst. So könnt ihr Wörter verlängern:

- Bildet bei Nomen den Plural, z. B.: *der Ta**g*** → *die Ta**g**e,* oder ein Adjektiv, z. B.: *der San**d*** → *san**d**ig.*
- Steigert die Adjektive oder ergänzt ein Nomen, z. B.: *wil**d*** → *wil**d**er; ein wil**d**es Tier.*
- Bildet bei Verben den Infinitiv oder die Wir-Form, z. B.: *er lo**b**t* → *lo**b**en; wir lo**b**en.*

Im Wörterbuch nachschlagen

- Die Wörter sind **nach dem Alphabet sortiert.** Wenn der erste, zweite ... Buchstabe gleich ist, wird die Reihenfolge nach dem zweiten, dritten ... Buchstaben entschieden, z. B.: *Fl**a**mme, Fl**e**iß, Fl**o**ß.*
- Die Wörter sind im Wörterbuch in ihrer **Grundform** verzeichnet.
  - **Verben** findet ihr **im Infinitiv** (Grundform), z. B.: *ich habe gewusst* → *wissen.*
  - **Nomen** findet ihr **im Nominativ Singular** (1. Fall, Einzahl), z. B.: *die Hände* → *Hand.*

Silbentrennung

Mehrsilbige Wörter trennt man nach Sprechsilben, die man beim deutlichen und langsamen Vorlesen hören kann, z. B.: *Spa-zier-gang.* Ein einzelner Vokalbuchstabe wird nicht abgetrennt, z. B. *Igel* (nicht ~~*I-gel*~~). Beachtet: Einsilbige Wörter kann man nicht trennen, z. B.: *Tisch, blau.*

Partnerdiktat

▶ S. 269

- Lest zuerst den gesamten Text durch und achtet auf schwierige Wörter.
- Diktiert euch abwechselnd den ganzen Text, am besten in Wortgruppen.
- Jeder überprüft am Ende seinen eigenen Text auf Rechtschreibfehler und verbessert sie.
- Tauscht dann eure Texte und korrigiert sie gegenseitig.
- Verbessert zum Schluss die Fehler in euren Texten.

Rechtschreibregeln

Kurze Vokale – doppelte Konsonanten

Nach einem **betonten, kurzen Vokal** (Selbstlaut) folgen fast immer **zwei** oder mehr Konsonanten. Beim deutlichen Sprechen könnt ihr sie meist gut unterscheiden, z. B.: *kalt, Pflanze, trinken.*
Wenn ihr bei einem Wort mit einem betonten, kurzen Vokal nur einen **Konsonanten** hört, dann wird er in der Regel **verdoppelt,** z. B.: *Tasse, Schiff, wissen, treffen, sonnig, satt.*
Beachtet: Statt kk schreibt man **ck** und statt zz schreibt man **tz,** z. B.: *verstecken, Decke, Katze, verletzen.*

Lange Vokale (a, e, i, o, u)

- **Lange Vokale als einfache Vokale**
  In den meisten Wörtern ist der betonte lange Vokal ein einfacher Vokal. Danach folgt meist nur ein Konsonant, z. B.:
  die Flöte, die Hose, der Besen, geben, tragen, er kam.
  Das gilt besonders für einsilbige Wörter:
  zu, los, so, wen.

- **Lange Vokale mit h**
  Das **h** nach einem **langen Vokal** steht besonders häufig vor den Konsonanten **l, m, n, r.**
  Beispiele: *kahl, nehmen, wohnen, bohren.* Man hört dieses h nicht.

- **h am Silbenanfang**
  Bei manchen Wörtern steht am Anfang der zweiten Silbe ein **h,** z. B.: *ge-hen.* Dieses **h** könnt ihr hören. Das **h** bleibt in verwandten Wörtern erhalten. Verlängert einsilbige Wörter, dann hört ihr dieses **h,** z. B.: *er geht → gehen.*

- **Wörter mit Doppelvokal**
  Es gibt nur wenige Wörter, in denen der lang gesprochene Vokal durch die Verdopplung gekennzeichnet ist. Merkt sie euch gut.
  - **aa:** *der Aal, das Haar, paar, das Paar, der Saal, die Saat, der Staat, die Waage.*
  - **ee:** *die Beere, das Beet, die Fee, das Heer, der Klee, das Meer, der Schnee, der See.*
  - **oo:** *das Boot, doof, das Moor, das Moos, der Zoo.*

  Die Vokale **i** und **u** werden nie verdoppelt.

- **Wörter mit langem i**
  - **Wörter mit ie:** Mehr als drei Viertel aller Wörter mit lang gesprochenem **i** werden mit **ie** geschrieben. Das ist also die häufigste Schreibweise.
    Beispiele: *das Tier, lieb, siegen, viel, hier.*
  - **Wörter mit i:** Manchmal wird das lang gesprochene **i** durch den Einzelbuchstaben **i** wiedergegeben.
    Beispiele: *mir, dir, wir, der Igel, das Klima, das Kino, der Biber.*
  - **Wörter mit ih:** Nur in den folgenden Wörtern wird der lange **i**-Laut als **ih** geschrieben:
    ihr, ihm, ihn, ihnen, ihre usw.

Das stimmhafte s und das stimmlose s

- **Das stimmhafte s (= weicher, gesummter s-Laut):**
  Manchmal spricht man das **s** weich und summend wie in *Sonne, tausend* oder *seltsam*. Dann nennt man das **s** stimmhaft.
- **Das stimmlose s (= harter, gezischter s-Laut):**
  Manchmal spricht man das **s** hart und zischend wie in *Gras* oder *küssen* oder *schließen*. Dann nennt man das **s** stimmlos.

Die Schreibung des s-Lautes: s, ss oder ß?

- Das **stimmhafte s wird immer mit einfachem s** geschrieben, z. B.:
  eisig, Riese, Sonne.
- Das **stimmlose s** wird **mit einfachem s** geschrieben, **wenn sich beim Verlängern** des Wortes (► S. 333) **ein stimmhaftes s ergibt,** z. B.:
  das Gras → die Gräser; uns → unser.
  Für einige Wörter mit einfachem **s** am Wortende gibt es keine Verlängerungsmöglichkeit. Es sind also Merkwörter: *als, aus, bis, es, was, etwas, niemals, alles, anders, morgens.*
- **Doppel-s nach kurzem Vokal**
  Der stimmlose s-Laut wird **nach einem kurzen, betonten Vokal** mit **ss** geschrieben, z. B.:
  essen, die Klasse, wissen.
- **ß nach langem Vokal oder Diphthong**
  Der stimmlose s-Laut wird **nach einem langen Vokal oder Diphthong** (ei, ai, au, äu, eu) mit **ß** geschrieben, wenn er bei der Verlängerungsprobe stimmlos bleibt, z. B.:
  heiß → heißer; der Kloß → die Klöße.

Großschreibung

Großgeschrieben werden

- alle Satzanfänge, z. B.: ***E**r tanzt gern.*
- alle Nomen und nominalisierten Wörter, z. B.: *die **L**iebe, der **B**uchhändler, das **S**chwimmbad, etwas **N**eues, gutes **Z**uhören ...*
- die Höflichkeitsanrede (z. B. in einem Brief) ***S**ie, **I**hnen* usw.

Nomen und Nomenmerkmale

- **Nomen** werden **großgeschrieben.** Wörter, die auf *-heit, -keit, -nis, -schaft, -tum, -in, -ung* enden, sind immer Nomen, z. B.: *Gesundheit, Tapferkeit, Ereignis, Verwandtschaft, Irrtum, Sängerin, Handlung.*
- **Nomen kann man meist an ihren Begleitwörtern (Nomensignalen) erkennen,** die den Nomen vorausgehen. Begleitwörter sind:
  - **Artikel** (bestimmter/unbestimmter), z. B.: *der Hund, ein Hund.*

- **Pronomen,** z. B.: *unser Hund, dieser Hund.*
- **Präpositionen,** die mit einem Artikel verschmolzen sein können, z. B.: *bei Nacht, am (= an dem) Fluss.*
- **Adjektive,** z. B.: *große Hunde.*
- **Zahlwörter,** z. B.: *zwei Tage, drei Stunden.*

Nominalisierungen: Großschreibung von Verben und Adjektiven

▶ S. 260–261

Verben und Adjektive schreibt man **groß,** wenn sie im Satz **als Nomen gebraucht** werden, z. B.: *das Spielen* (Verb), *das Neue* (Adjektiv). Diesen Vorgang nennt man **Nominalisierung.** Ihr könnt solche Nominalisierungen genau wie alle anderen Nomen meist an ihren **Begleitwörtern** erkennen, z. B.:

- ein **Artikel,** z. B.: *das Spielen, ein Gutes.*
- ein **Adjektiv,** z. B.: *fröhliches Lachen.*
- eine **Präposition,** die mit einem Artikel verschmolzen sein kann, z. B.: *vor Lachen, bei Rot, beim (bei dem) Spielen, im (in dem) Großen und Ganzen.*
- ein **Pronomen,** z. B.: *dieses Laufen* (Demonstrativpronomen), *unser Bestes* (Possessivpronomen), *etwas Neues, alles Gute* (Indefinitpronomen).

Weil Verbindungen von Indefinitpronomen und nominalisierten Adjektiven häufig vorkommen (z. B.: *etwas Neues, alles Gute*), lernt ihr diese Pronomen am besten als Nomensignale auswendig, z. B.: *etwas, manches, alles, nichts, einige, kein, viel, (ein) paar.*

TIPP: Nicht immer wird ein nominalisiertes Wort durch einen Nomenbegleiter angekündigt. Macht die Probe: Wenn ihr einen Nomenbegleiter (z. B. einen Artikel) ergänzen könnt, schreibt ihr groß, z. B.: *Nicht nur (das) Rätseln ist ein schöner Zeitvertreib.*

Groß- und Kleinschreibung

Groß- und Kleinschreibung bei Tageszeiten und Wochentagen

▶ S. 262–263

- **Tageszeiten und Wochentage** werden **großgeschrieben,** wenn sie **Nomen** sind. Ihr erkennt sie häufig an den üblichen Nomensignalen, z. B. *am Nachmittag, mitten in der Nacht, eines Tages; am Montag, diesen Dienstag, jeden Mittwoch.*
- **Tageszeiten und Wochentage** werden **kleingeschrieben,** wenn sie **Adverbien** sind, z. B.: *heute, morgen, gestern, nachmittags, abends, freitags.*
- Bei **kombinierten Angaben** schreibt man die **Adverbien klein** und die **Nomen groß,** z. B.: *heute Abend, gestern Nacht, morgen Mittag.*
- Auch für **zusammengesetzte Zeitangaben** aus Wochentag und Tageszeit gilt: Sie werden großgeschrieben, wenn sie Nomen sind, und kleingeschrieben, wenn sie Adverbien sind, z. B.: *der Montagnachmittag, am Mittwochabend, montagnachmittags, mittwochabends.*

Getrennt- und Zusammenschreibung

▶ S. 265–270

Wortgruppen aus Nomen und Verb

▶ S. 265

Wortgruppen aus **Nomen und Verb** werden in der Regel **getrennt** geschrieben, z. B.:
Rad fahren, Handball spielen, Schlange stehen.
Achtung: Werden sie nominalisiert, schreibt man sie zusammen und groß, z. B.:
Ich hole dich zum Fußballspielen ab. Das Radfahren macht mir Spaß.

Wortgruppen aus Verb und Verb

▶ S. 266

Wortgruppen aus **Verb und Verb** können immer **getrennt geschrieben** werden, z. B.:
kennen lernen, einkaufen gehen, liegen lassen, gesagt bekommen, gelobt werden.
Achtung: Werden sie nominalisiert, schreibt man sie zusammen und groß, z. B.:
Das Spazierengehen im Wald ist eine schöne Abwechslung.

Wortgruppen mit sein

▶ S. 266

Wortgruppen mit **sein** werden immer getrennt geschrieben, z. B.:
froh sein, zufrieden sein, zusammen sein, vorhanden sein.

Wortgruppen aus Adjektiv und Verb

▶ S. 267

Wortgruppen aus Adjektiv und Verb werden **meist getrennt geschrieben,** z. B.:
laut singen, schnell rennen, bequem sitzen.
Aber: Entsteht durch die Verbindung von Adjektiv und Verb ein **Wort mit einer neuen Gesamtbedeutung, schreibt man zusammen,** z. B.:
schwarzfahren (= ohne Fahrschein fahren), *schwerfallen* (= Mühe bereiten), *blaumachen* (= schwänzen).

Wortgruppen aus Adverb und Verb, Präposition und Verb

▶ S. 268

1 Wenn **Adverb und Verb zusammengeschrieben werden,** liegt die **Hauptbetonung** in der Regel **auf dem Adverb,** z. B.:
Wir müssen <u>zusammen</u>halten.
Bei der **Getrenntschreibung** werden **Adverb und Verb in der Regel gleich betont,** z. B.:
Ich wohne in dem Haus, das du <u>gegenüber</u> <u>siehst</u>.
TIPP: Macht die Erweiterungsprobe. Wenn ihr ein Wort oder eine Wortgruppe zwischen Adverb und Verb einfügen könnt, schreibt ihr getrennt, z. B.:
Wollen wir das Regal zusammen (in die Küche) tragen?

2 **Verbindungen aus Präposition und Verb** schreibt man in der Regel **zusammen.**
Die Hauptbetonung liegt bei der Zusammenschreibung auf der Präposition, z. B.:
Können wir <u>um</u>kehren? Möchtest du <u>mit</u>kommen?

Wortbildung

Umgang mit Begriffen

▶ S. 208

Ober- und Unterbegriffe unterscheiden

Ein **Oberbegriff** fasst mehrere Gegenstände, Eigenschaften, Begriffe zusammen, die gemeinsame Merkmale haben, z. B.: **Oberbegriff:** *Wassersportarten*

Unterbegriffe: *Schwimmen, Tauchen, Surfen, Rudern, Segeln ...*

Oft lassen sich die Unterbegriffe weiter unterteilen. → *Regattasegeln, Fahrtensegeln, ...*

Die Über- und Unterordnung von Begriffen kann man zum Beispiel in einer Mind-Map darstellen. Von einem Ast (Oberbegriff) können mehrere Zweige (Unterbegriffe) abgehen.

Wortbildung: Zusammensetzung und Ableitung

Wortzusammensetzungen

Die **Wortzusammensetzung** ist in der deutschen Sprache eine wichtige **Methode, um neue Wörter zu bilden.** Mit Hilfe dieser neu gebildeten Wörter kann man Dinge und Sachverhalte genauer und oft auch unkompliziert beschreiben, z. B.:

Kupfer + Kessel = Kupferkessel (Nomen + Nomen), *tief + rot = tiefrot* (Adjektiv + Adjektiv),
bunt + Specht = Buntspecht (Adjektiv + Nomen), *schneiden + Brett = Schneidebrett* (Verb + Nomen).
Blitz + schnell = blitzschnell (Nomen + Adjektiv),

Die Teile einer **Zusammensetzung** heißen **Grundwort** und **Bestimmungswort.** Das Grundwort steht immer an letzter Stelle, z. B.: *Suppenlöffel, Teelöffel, Rührlöffel.* Das Grundwort wird durch das Bestimmungswort näher beschrieben. **Die Wortart** der Zusammensetzung wird durch das **Grundwort bestimmt.**

Ableitungen

Mit Präfixen (Vorsilben) und **Suffixen** (Nachsilben) kann man aus vorhandenen Wörtern **neue Wörter** ableiten. Diese neuen Wörter haben auch eine **neue Bedeutung** und helfen daher dabei, sich genau auszudrücken.

- **Neue Verben** bildet man z. B. mit den Präfixen *be-, ent-, er-, ge-, miss-, ver-, zer-.*
- **Neue Adjektive** bildet man z. B. mit den Suffixen *-ig, -bar, -lich, -sam, -isch.*
- **Neue Nomen** bildet man z. B. mit den Suffixen *-nis, -heit, -keit, -ung, -schaft, -tum.*

Achtung: Die Suffixe bestimmen die Wortart. Die Groß- und Kleinschreibung kann sich daher ändern.

Wortfamilie

Wörter, die den **gleichen Wortstamm** (Grundbaustein) haben, gehören zu einer **Wortfamilie,** z. B.: *fahren, Fahrbahn, befahren, verfahren.*

Wörter einer Wortfamilie werden durch Ableitungen *(befahren, fahrbar)* und Zusammensetzungen *(Fahrbahn)* gebildet.

Der Wortstamm wird in allen verwandten Wörtern gleich oder ähnlich geschrieben, z. B.: *reisen → abgereist, verreisen, die Reise.*

Wortbedeutung

Synonyme und Antonyme

▶ S. 207

Synonyme: Wörter mit **(fast) gleicher Bedeutung** bezeichnet man als Synonyme. Mit Hilfe von Synonymen können wir **Wiederholungen** (z. B. in einem Text) **vermeiden,** indem wir ein anderes, ähnliches Wort verwenden, z. B.: statt *sagen: reden, mitteilen, sprechen.*
Antonyme: Wörter, die in ihrer Bedeutung **gegensätzlich** sind, nennt man Antonyme, z. B.: *groß – klein, stark – schwach.*

Wortfeld

▶ S. 207

Wörter oder Wendungen, die eine **ähnliche Bedeutung** haben, bilden ein Wortfeld. Je mehr Wörter eines Wortfeldes man kennt, desto größer ist der eigene Sprachschatz.

Homonyme

▶ S. 206

Wörter, die **gleich lauten, aber unterschiedliche Bedeutungen** haben, nennt man **Homonyme.** Ihre Bedeutung kann nur im Sinnzusammenhang geklärt werden, z. B.:
Bank (Sitzgelegenheit, Geldinstitut): Ich sitze auf einer Bank. Ich bin in der Bank.

Bildlicher Sprachgebrauch

Vergleiche

▶ S. 75

Bei einem Vergleich werden zwei verschiedene Vorstellungen durch ein „wie" oder ein „als ob" miteinander verknüpft, z. B.: *Das Meer glänzte schwarz wie die Nacht. In meinem Zimmer sah es aus, als ob ein Orkan durchgezogen wäre.*

Metaphern

▶ S. 75; 209

Bei einer Metapher wird ein **Wort** nicht wörtlich, sondern **in einer übertragenen (bildlichen) Bedeutung** gebraucht, z. B.: *Nussschale für ein kleines Boot, Suppe für Nebel.* Im Unterschied zum direkten Vergleich fehlt bei der Metapher das Vergleichswort „wie", z. B.: *Wolken sind (wie) flockige Länder.*

Personifikation

▶ S. 75

Die Personifikation (Vermenschlichung) ist eine besondere Form der Metapher: Leblose Gegenstände, Begriffe oder die Natur werden vermenschlicht, d. h., ihnen werden menschliche Verhaltensweisen und Eigenschaften zugesprochen, z. B.: *die Natur schläft, das Glück lacht, der Tag verabschiedet sich, das Veilchen träumt.*

Arbeitstechniken und Methoden

Informationen beschaffen

► S. 184; 294–295

Wenn ihr Informationen über ein bestimmtes Thema sucht oder etwas nachschlagen wollt, stehen euch verschiedene Informationsquellen zur Verfügung.
Die wichtigsten **Informationsquellen** sind **Bücher** (Lexika, Sach- oder Fachbücher), **Zeitschriften** und das **Internet.**

In Büchern und Zeitschriften recherchieren

► S. 184

Bücher und Zeitschriften findet ihr in der Bibliothek (Bücherei), z. B. in der Schul-, der Stadt- oder der Gemeindebibliothek.
So könnt ihr mit Hilfe des Computers in einer Bibliothek nach Büchern und anderen Medien suchen:

1. Schritt: Gebt in das entsprechende Feld der Suchmaske einen Suchbegriff ein, z. B. den Namen des Autors/der Autorin, den Titel des Buches, einen Sachbegriff/ein Schlagwort (z. B. Dinosaurier, Abenteuerbuch). Verfeinert, wenn möglich, die Suche, indem ihr eine bestimmte Medienart (z. B. Buch, CD, DVD) auswählt.

2. Schritt: Startet die Suche, indem ihr die Enter-Taste des Computers drückt oder mit einem Mausklick das Feld für die Suche anklickt.

3. Schritt: Ihr erhaltet nun Angaben zu dem gesuchten Titel oder eine Liste mit Suchergebnissen. Klickt den Titel an, zu dem ihr genauere Informationen haben wollt, z. B. eine Kurzbeschreibung des Inhalts, Angaben darüber, ob das Buch vorhanden oder ausgeliehen ist.

4. Schritt: Wenn ihr den gesuchten Titel gefunden habt, müsst ihr euch die Signatur aufschreiben, z. B.: *Ab 24 Tw.* Sie gibt euch den Standort des Buches, der CD etc. in der Bibliothek an.

5. Schritt: Orientiert euch in der Bibliothek, in welchem Regal ihr euer Buch, die CD etc. findet, z. B.: *Ab 24 Tw* (Ab = Abenteuer; 24 = Regalstellplatz; Tw = Autor, hier Mark Twain).

Im Internet recherchieren

► S. 184; 294–295

Für die Recherche im Internet verwendet man so genannte Suchmaschinen, z. B. google.de.
Für Jugendliche gibt es spezielle Suchmaschinen, z. B.: fragfinn.de, helles-koepfchen.de.
Durch die Eingabe von Suchbegriffen wird die Suche sinnvoll eingeschränkt.
Es gibt verschiedene Möglichkeiten:

- Eingabe eines Suchbegriffs, z. B. *Biber:* Internetseiten, die dieses Wort enthalten, werden angezeigt.
- Eingabe mehrerer Suchbegriffe, z. B. *Biber + Lebensraum:* Die Suche beschränkt sich auf die Seiten, die beide Begriffe enthalten.
- Eingabe eines Themas oder eines Namens in Anführungszeichen, z. B. *„europäischer Biber“:* Der genaue Wortlaut oder der vollständige Name wird gesucht.

Suchergebnisse beurteilen

▶ S. 294–295

1 Lest den Titel der Seite und den Textauszug aus dem Internetbeitrag. Geben sie Hinweise darauf, dass diese Internetseite die gesuchten Informationen enthält?
2 Prüft die Internetadresse. Scheint der Betreiber der Seite zuverlässig? Weist die Seite auf einen Onlineshop (z. B. Amazon, eBay) hin, findet ihr keine geeigneten Informationen.
3 Überfliegt den Inhalt der aufgerufenen Internetseite und entscheidet, ob euch der Beitrag tatsächlich brauchbare Informationen zum Thema oder zu euren Fragen liefert.
4 Wenn ihr sicher seid, dass die Informationen auf der Seite hilfreich sind, nehmt ihr sie in eure Materialsammlung auf. Hierzu könnt ihr die Seite ausdrucken oder speichern.

Internetseiten speichern: Lesezeichen oder Favoriten anlegen

▶ S. 294–295

Wenn ihr eine Internetseite gefunden habt, die ihr später noch einmal aufrufen möchtet, legt ihr sie als Lesezeichen oder Favoriten ab. Geht so vor:

1 **Klickt oben im Browser auf „Favoriten“ oder „Lesezeichen“.**
2 Hier findet ihr die Funktion „Zu Favoriten hinzufügen“ (beim Browser Internet Explorer) oder „Lesezeichen hinzufügen“ (beim Browser Mozilla Firefox)
   - **Lesezeichen hinzufügen:** Klickt auf den Pfeil neben dem Fenster Ordner → dann auf „Wählen“ → „Neuer Ordner“. Gebt dem Ordner einen aussagekräftigen Namen, z. B.: Klimaschutz Maßnahmen, und klickt dann auf „Fertig“.
   - **Zu Favoriten hinzufügen:** Klickt auf „Neuer Ordner“ und gebt dem Ordner einen aussagekräftigen Namen, z. B.: Klimaschutz Maßnahmen. Klickt dann auf „Erstellen“, danach auf „Hinzufügen“.

Quellenangaben machen

▶ S. 184

Es ist wichtig, zu allen Materialien Quellenangaben zu machen, damit man die Informationen noch einmal nachlesen oder überprüfen kann:

- **Buch:** Autor/-in, Buchtitel, Seitenangabe, z. B.: *Edwin Klein: Die Olympischen Spiele, S. 33.*
- **Zeitung/Zeitschrift:** Verfasser/-in, Titel des Textes, Name der Zeitschrift/Zeitung, Ausgabe (z. B. *Nr. 2/2013*), Seitenangabe, z. B.: *Felix Muster: Zwischenfälle bei den Olympischen Spielen. In: Olympiade heute, Nr. 33/2012, S. 33–36.*
- **Internet:** Internetadresse und Datum, an dem ihr die Seite aufgerufen habt, z. B.: *www.helles-koepfchen.de/artikel/2673.html (15. 3. 2013)*

Informationen auswerten

▶ S. 182–183; 295–296

Bei euren Recherchen werdet ihr meist mehrere Texte zu einem Thema finden.
Dann müsst ihr die Informationen auswählen und ordnen. Geht so vor:

1 Unterstreicht auf einer Kopie oder einem Textausdruck die wichtigsten Informationen.
2 Notiert am Textrand, zu welchen Oberbegriffen oder Teilthemen die markierten Informationen gehören, z. B.: Wiedereinführung (der Olympischen Spiele), Grundidee ...
3 Tragt die wichtigsten Informationen zusammen, indem ihr sie nach Oberbegriffen ordnet.

Einen Kurzvortrag halten

▶ S. 185; 296

1 Den Kurzvortrag vorbereiten

Ein gelungener Vortrag muss gut vorbereitet werden:

- Ordnet die Informationen für euren Kurzvortrag, z. B. nach Unterthemen, und bringt sie in eine sinnvolle Reihenfolge.
- Notiert zu jedem Unterthema wichtige Stichworte, z. B. auf Karteikarten.
- Nummeriert die Karteikarten in der entsprechenden Reihenfolge.
- Überlegt, zu welchen Informationen eures Vortrags ihr welches Anschauungsmaterial zeigen könnt, und sucht nach geeignetem Material, z. B.: Bilder, Fotos, Landkarten, Grafiken, Gegenstände, Anschauungsobjekte.

2 Den Kurzvortrag gliedern

1. Einleitung:

Die Einleitung eines Kurzvortrags soll das Interesse eurer Zuhörerinnen und Zuhörer wecken und in das Thema einführen. Es gibt verschiedene Einstiegsmöglichkeiten, z. B. ein Bild zum Thema, ein passendes Zitat, ein interessantes Ereignis.

2. Hauptteil:

Im Hauptteil werden die Informationen in einer sinnvollen Reihenfolge wiedergegeben. Beantwortet hierbei die W-Fragen (Was? Wo? Wie? Warum? ...).

3. Schluss:

Der Schluss rundet den Vortrag ab. Ihr könnt wichtige Informationen zusammenfassen oder eine persönliche Meinung zum Thema formulieren.

3 Tipps für den Vortrag

- Sprecht langsam und deutlich, sonst können euch eure Zuhörer/-innen nicht folgen.
- Versucht, möglichst frei vorzutragen. Lest wenig ab, schaut euer Publikum an und gebt ihm Gelegenheit, Fragen zu stellen.

Ideen sammeln: Der Cluster

▶ S. 184; 291

Der Cluster (engl. = Traube, Schwarm) hilft euch, Ideen zu einem bestimmten Thema zu finden.

- Schreibt das Thema in die Mitte eines Blattes.
- Notiert dann Stichpunkte (Gedanken, Ideen, Angaben, Merkmale) zu dem Thema und verbindet sie mit Linien mit dem Thema (Ausgangskreis). Zu jedem Stichpunkt könnt ihr wiederum weitere Einfälle notieren.

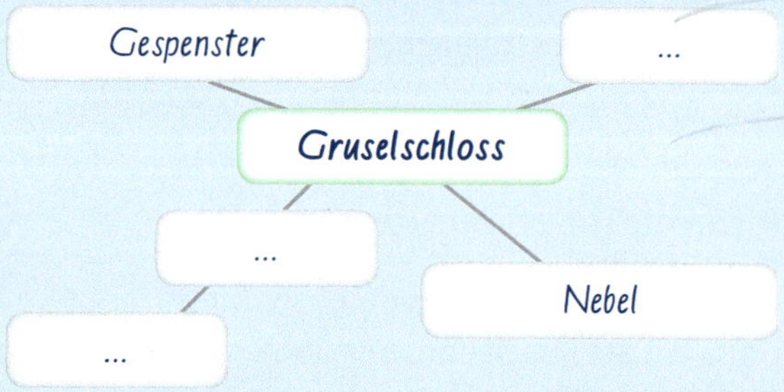

Ideen sammeln und ordnen: Die Mind-Map

► S. 175; 208

Die Mind-Map (engl. = Gedankenlandkarte) ist im Gegensatz zum Cluster (► S. 342) dazu geeignet, die Ideen zu ordnen.

- Schreibt in die Mitte eines Blattes das Thema.
- Ergänzt dann um das Thema Oberpunkte (Hauptthemen).
- Erweitert diese Oberpunkte um Unterpunkte (Unterthemen).

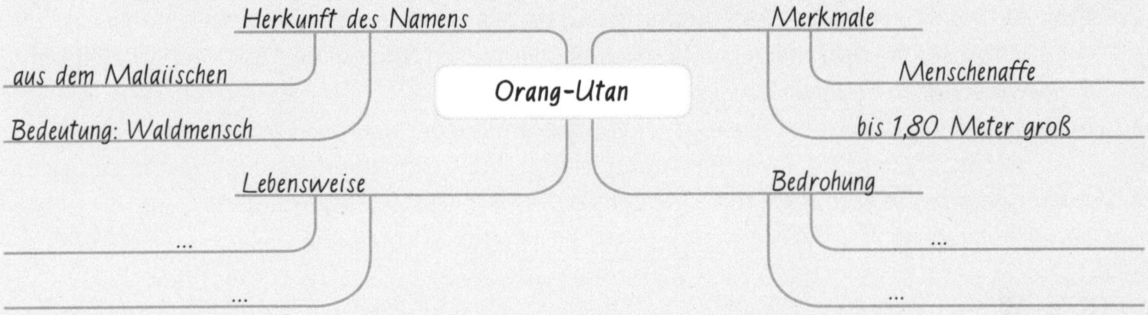

Schreibkonferenz durchführen

► S. 301–302

- Setzt euch in kleinen Gruppen (höchstens zu viert) zusammen.
- Einer liest seinen Text vor, die anderen hören gut zu.
- Anschließend geben die anderen eine Rückmeldung, was ihnen besonders gut gefallen hat.
- Nun wird der Text in der Gruppe Satz für Satz besprochen. Die Überarbeitungsvorschläge werden abgestimmt und schriftlich festgehalten.
- Korrigiert auch die Rechtschreibung und die Zeichensetzung.
- Zum Schluss überarbeitet die Verfasserin oder der Verfasser den eigenen Text.

Legt gemeinsam fest, wie ihr die Texte korrigieren wollt, z. B.:

- Anmerkungen nur mit Bleistift lesbar an den Rand schreiben.
- Folgende Korrekturzeichen verwenden:
  R = Rechtschreibfehler (Wort in der richtigen Schreibweise am Rand notieren)
  Z = Zeichenfehler (Satzzeichen einfügen bzw. streichen)
  T = Tempusfehler (richtiges Tempus notieren)
  ? = hier ist etwas unklar (= Bitte um Rücksprache)
  + = hier ist etwas besonders gut gelungen
  – = hier ist etwas nicht gut formuliert (Formulierungsvorschlag notieren)

Texte mit Hilfe der Textlupe überarbeiten

► S. 122

Mit der Textlupe helft ihr euch gegenseitig, eure Texte zu überarbeiten. Auf einem Arbeitsblatt (der Textlupe) tragt ihr ein, was ihr bei euren Texten genauer „unter die Lupe" nehmen wollt, z. B. die Überschrift, den Aufbau, die Rechtschreibung ...

1. Schritt: Bildet Vierer- oder Fünfergruppen. Jeder von euch hat seinen eigenen Text sowie eine Textlupe (► das Arbeitsblatt, S. 122). Beides reicht er an seinen Nachbarn weiter.
2. Schritt: Der Nachbar liest den Text sorgfältig und hält dann Lob, Kritik und seine Verbesserungsvorschläge auf dem Arbeitsblatt fest. Dann werden Text und Arbeitsblatt wieder weitergereicht usw.
3. Schritt: Am Ende hat jeder die Texte seiner Gruppenmitglieder überprüft und erhält seinen eigenen Text sowie das Arbeitsblatt mit den Anmerkungen der anderen zurück.
4. Schritt: Überarbeitet eure Texte mit Hilfe der Verbesserungsvorschläge auf dem Arbeitsblatt.

Vortragen/Sinngestaltendes Vorlesen

► S. 134

Vortragen oder sinngestaltendes Vorlesen bedeutet, dass ihr einen Text (z. B. eine Geschichte, ein Theaterstück oder ein Gedicht) ausdrucksvoll vortragt und eure Stimme dem Geschehen anpasst. Zum Beispiel kann eure Stimme ängstlich, wütend, feierlich, raunend, aufgeregt ... klingen und ihr könnt laut oder leise, langsamer oder schneller sprechen.
Überlegt, wie ihr welche Textstelle sprechen wollt, welche Wörter ihr besonders betonen wollt und wo es sinnvoll ist, eine Pause zu machen. Markiert dann den Text mit entsprechenden Betonungszeichen.

Betonungszeichen

◄ (lauter)	→ (schneller)	|| (lange Pause)	___ (Betonung)
► (leiser)	← (langsamer)	| (kurze Pause)	↲ (Zeilensprung)

Eine Figurenskizze erstellen

► S. 99

Die Beziehung zwischen Figuren (z. B. Abneigung, Freundschaft, Abhängigkeiten usw.) könnt ihr in einer Figurenskizze darstellen:

- Zeichnet für jede Figur/Figurengruppe einen Kasten. Schreibt in jeden Figurenkasten den Namen und evtl. auch die Eigenschaften der jeweiligen Figur.
- Bestimmt die Beziehungen der Figuren, indem ihr die Kästen durch Pfeile verbindet und diese mit einem aussagefähigen Wort beschriftet (z. B. *verliebt, fremd, gleichgültig, befreundet, verfeindet*).

Mit dem Schreibprogramm des Computers umgehen

Eine Datei anlegen

Wenn man einen Text am Computer schreiben möchte, muss man zunächst eine Datei anlegen, und das geht so:

- Computer starten, Textprogramm (z. B. Word) auswählen,
- in der Menüleiste auf **Datei** und **Neu** klicken,
- Text schreiben und die Datei unter einem Namen speichern (in der Menüleiste **Datei** anklicken und **Speichern unter** auswählen).

Einen Text am Computer gestalten

In der Menüleiste eures Computers findet ihr die folgenden Befehle, mit denen ihr einen Text gestalten könnt:

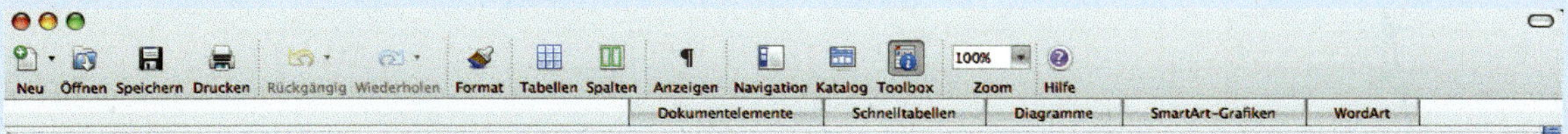

Ausschneiden und einfügen: Text mit der Maus markieren, auf die Schaltfläche Ausschneiden klicken und an anderer Stelle wieder einfügen (Symbol „Einfügen“).

Kopieren: Text markieren, auf die Schaltfläche Kopieren klicken und an anderer Stelle wieder einfügen (Symbol „Einfügen“).

Schriftart verändern: Text/Textstelle markieren, auf den Pfeil neben dem Auswahlfeld für Schriftarten klicken und Schriftart durch Anklicken auswählen.

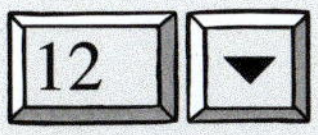

Schriftgröße verändern: Text/Textstelle markieren, auf den Pfeil neben dem Auswahlfeld für Schriftgröße klicken und Schriftgröße durch Anklicken auswählen.

Fett, *kursiv* schreiben und unterstreichen: Text/Textstelle markieren, dann auf die Schaltfläche für fette, kursive oder unterstrichene Schrift klicken.

Textausrichtung festlegen: Text markieren, dann auf die Schaltfläche für linksbündige, zentrierte oder rechtsbündige Textausrichtung klicken oder Blocksatz auswählen.

Schriftfarbe festlegen: Text markieren, dann auf die Schaltfläche für die Schriftfarbe klicken und die Farbe durch Anklicken auswählen.

Die Rechtschreibprüfung am Computer nutzen

Das Textverarbeitungsprogramm „Word“ hilft euch auch, bei einem Text falsch geschriebene Wörter zu finden und zu korrigieren:

- Aktiviert das Rechtschreib- und Grammatikprogramm des Computers. Wählt hierzu im Menü Extras das Werkzeug Rechtschreibung und Grammatik aus. Das Programm markiert nun mögliche Rechtschreibfehler rot und mögliche Grammatikfehler grün.
- Überprüft bei den rot und grün markierten Wörtern, ob diese tatsächlich falsch geschrieben wurden. Wählt dann aus dem Fenster Vorschläge das richtige Wort aus und klickt auf Ändern. Das Wort wird korrigiert und „Word“ springt dann automatisch zum nächsten falsch geschriebenen Wort.

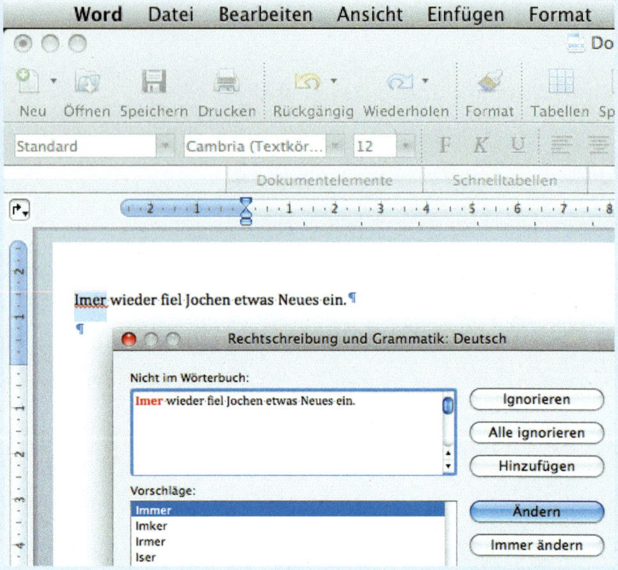

BEACHTET: Das Programm kann nicht alle Fehler finden und ist nicht immer zuverlässig. Zeichensetzungsfehler sind z. B. mit dem Programm nicht aufzuspüren und auch „das/dass-Fehler“ werden nicht gefunden.
Umgekehrt kann es vorkommen, dass korrekt geschriebene Wörter (z. B. Eigennamen) als Fehler markiert werden. Schlagt in Zweifelsfällen in einem Wörterbuch nach.

Den Thesaurus am Computer nutzen

Der „Thesaurus“ (griech. = Wortschatz) ist eine Art Wörterbuch sinnverwandter Wörter, mit dessen Hilfe man häufig benutzte Wörter wie „sagen“ durch sinnverwandte Wörter ersetzen kann:

- Markiert das Wort, zu dem ihr bedeutungsähnliche Wörter ermitteln wollt. Aktiviert dann den Thesaurus, ihr findet ihn im Menü Extras → Sprache → Thesaurus.
- Um das markierte Wort zu ersetzen, klickt ihr mit der rechten Maustaste auf ein Wort, das das Programm vorschlägt.

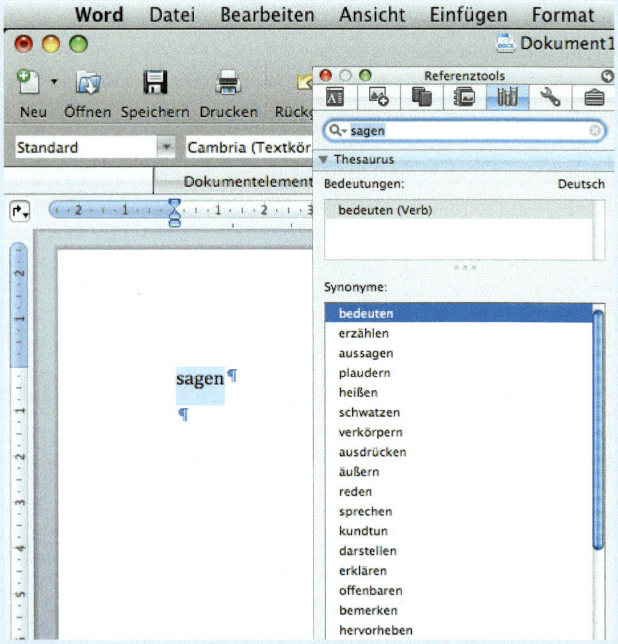

BEACHTET: Nur manche Wörter, die das Programm vorschlägt, entsprechen dem Wort, das ihr ersetzen wollt. Überprüft genau, ob das Wort wirklich passt.

Eine Bildschirmpräsentation erstellen

▶ S. 297–298

Präsentationsprogramme
Präsentationsprogramme wie „Impress“ oder „PowerPoint“ arbeiten mit Folien.
Auf diesen Arbeitsflächen könnt ihr euer Thema nennen, wichtige Informationen in Stichpunkten hinzufügen und anschauliche Grafiken oder Tabellen zeigen.

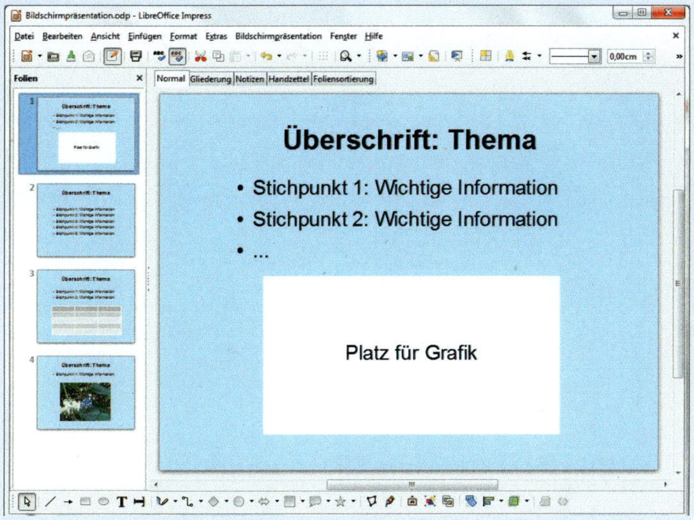

Folieninhalt
Folien dienen **zur Unterstützung** eures Vortrags. Sie geben ihm Struktur und ergänzen ihn um visuelle Inhalte wie Grafiken und Bilder, die man mündlich nicht darstellen kann.

- Bei einer Präsentation solltet ihr **nur das Wesentliche** auf der Folie festhalten, z. B.: Thema und wenige, knapp formulierte Stichpunkte (maximal 5). Alle weiteren Informationen könnt ihr im Notizenfeld unter den einzelnen Folien oder auf Karteikarten festhalten.
- **Lest** die Folien bzw. eure Notizen **nicht einfach ab,** sondern erläutert die Stichpunkte durch einen lebendigen, ausführlichen Vortrag.

Folienlayout

- Vortragsfolien sollen gut lesbar sein. Deshalb **verzichtet** man am besten **auf ablenkende** oder **mehrfarbige Hintergründe.**
- Achtet bei der Auswahl der **Schriftfarbe** auf einen guten **Kontrast zum Hintergrund.** Nehmt eine **gut lesbare Schrift** (z. B. Arial). Die **Schriftgröße** solltet ihr so wählen, dass jeder im Raum die Stichpunkte mühelos lesen kann **(mindestens 22 Punkt).**
- **Tabellen, Bilder** und andere Abbildungen müssen klar erkennbar bzw. **gut lesbar** sein. Präsentationsprogramme bieten nur grundlegende Funktionen zur Bildbearbeitung an. Gegebenenfalls müsst ihr das grafische Material vorher in einem Bildbearbeitungsprogramm für die Präsentation vorbereiten.

Ein Handout verfassen

► S. 299

Ein **Handout** gibt den Aufbau und die zentralen Informationen eines Vortrags knapp und übersichtlich wieder (möglichst auf einer DIN-A4-Seite).
Das Handout sollte

- die Namen der Vortragenden, das Datum, das Fach und das Thema des Vortrags nennen,
- eindeutige Stichworte zu den wichtigsten Abschnitten des Vortrags (Gliederung) enthalten,
- die Quellen zu den verwendeten Materialien nennen (► Quellenangaben, S. 341).

Referenten: Robin Köster, Hanna Kühn, Rufus Jessen, Miriam Schulz
Datum: 22. 5. 2013
Fach: Deutsch

Klimaschutz und Klimawandel

1) Warum ist der Klimaschutz notwendig?
- Klimawandel hat dramatische Folgen für Umwelt, Pflanzen, Tiere, Menschen

2) Ursachen für den Klimawandel
- Hauptursache: Energieverbrauch (CO_2-Ausstoß) in den Industriestaaten

3) Maßnahmen gegen den Klimawandel
- ...
- ...

4) Was jeder von uns tun kann
- Energie sparen, z. B.: Standby-Betrieb von Elektrogeräten vermeiden

---

Quellenangaben:
Ruth Omphalius / Monika Azakli: Klimawandel. Arena Verlag, Würzburg 2008.
http://www.bmu-kids.de/Themen/Klimaschutz/
http://www.nabu.de/themen/klimaschutz/

Lösungen zu den einzelnen Aufgaben

Seite 115

2 a Der Schluss C entspricht der Originalfassung von Brecht. Er lautet:
‚Dann gib auch den her', sagte er, nahm ihm den letzten Groschen aus der Hand und ging unbekümmert weiter."

Seite 144

2 – Die richtige Reihenfolge der Strophen lautet:
1. Strophe = A; 2. Strophe = C; 3. Strophe = F; 4. Strophe = B; 5. Strophe = E; 6. Strophe = D

– Das Metrum (Versmaß) ist eine Kombination aus Jambus und Anapäst.

x x́ | x x x́ | x x x́ | x x́
Der Knecht hat erstochen den edlen Herrn,

x x́ | x x́ | x x x́ | x x́
Der Knecht wär selber ein Ritter gern.

3 In der Ballade „Die Rache" von Ludwig Uhland tötet ein Knecht seinen Herrn (einen edlen Ritter), weil er selbst ein Ritter sein möchte. Der Knecht legt sich die Rüstung seines Herrn an und besteigt das Pferd des Ritters, das ihn jedoch auf einer Brücke abwirft. Der Knecht ertrinkt im Fluss und wird so für den Mord an seinem Herrn bestraft.

Seite 161

1 b **Dialog:** Gespräch von zwei oder mehr Figuren
Monolog: Selbstgespräch einer Figur
Szene: Kurzer, abgeschlossener Teil eines Theaterstücks. Eine Szene endet meist, wenn neue Figuren auftreten und/oder Figuren abtreten.
Regieanweisung: Anregungen, wie die Handlung auf der Bühne eingerichtet werden sollte, z. B. wie sich die Figuren bewegen sollten und wie sie schauen und sprechen sollten.
Spiel im Spiel: Eine Figur spielt auf der Bühne eine andere Rolle.

2 b zum Beispiel:
Nico: Nico lebt mit seinem Vater zusammen, der als Fahrradkurier arbeitet. Er schauspielert gerne und träumt davon, durch eine Karriere im Film- oder Fernsehgeschäft reich und berühmt zu werden.
Oliver: Oliver kommt aus einem reichen Elternhaus, ist neu an der Schule und freundet sich mit Nico an. Sein Vater arbeitet in einer Filmfirma, die Werbefilme dreht.
Sonja: Sonja ist eine Schulfreundin von Nico.
Pia: Pia ist Olivers Schwester.
Monika: Monika ist die neue Frau von Olivers Vater. Sie möchte, dass Oliver und Pia nach den Sommerferien ein Internat besuchen.
Herr Hannemann: Herr Hannemann ist Nicos Vater. Er lebt mit Nico allein, war längere Zeit arbeitslos und arbeitet jetzt als Fahrradkurier.

4 b Der Konflikt „Arme – Reiche“ oder „Eltern – Kinder“ könnte sich ankündigen:
Der Konflikt „Arme – Reiche“ kündigt sich an, denn Nicos Vater verdient als Fahrradkurier nicht viel Geld, während Oliver aus einem reichen Elternhaus kommt. Nico ist aber nicht nur beeindruckt von Olivers luxuriösen Lebensumständen, sondern auch von dem Beruf von Olivers Vater, denn dieser ist – im Unterschied zu Nicos Vater – Chef bei einer Filmfirma. Nico wittert die Chance, durch Olivers Vater eine Karriere im Film- oder Fernsehgeschäft machen zu können.

Es könnte sich aber auch ein Konflikt „Eltern – Kinder“ ankündigen, denn Monika (die neue Frau von Pias und Olivers Vater) möchte, dass Oliver und Pia ein Internat besuchen, was Pia und Oliver ablehnen.

Auch zwischen Nico und seinem Vater könnte sich ein Konflikt ergeben, denn Nico träumt von einem Leben (z. B. einer Urlaubsreise auf einem Kreuzfahrtschiff oder einer Karriere beim Film), das ihm sein Vater nicht bieten kann.

Seite 234

1
1 wird ... ausgebildet = Präsens Passiv
2 verabscheuen = Präsens Aktiv
3 werden ... vorgetragen = Präsens Passiv
4 lieben = Präsens Aktiv
5 kann ... schauen = Präsens Aktiv
erklettert hat = Perfekt Aktiv
6 führt ... ein = Präsens Aktiv
7 wird ... erfahren = Futur Aktiv
gehasst werden wird = Futur Passiv

2
2 Das Fach „Geschichte der Zauberei“ wird (von allen) verabscheut.
4 Im Gegensatz zu Professor Binns wird der kleine, freundliche Zauberkunstlehrer Filius Flitwick (von den angehenden Zauberern und Hexen von Hogwarts) geliebt.
6 Die Zauberlehrlinge werden (von dem großen, dünnen, mit einem schwarzen Umhang bekleidete Severus Snape) in die Zaubertrank-Braukunst eingeführt.

3
1 Harry Potter wurde in der Hogwarts-Schule für Hexerei und Zauberei zusammen mit anderen magisch begabten Schülern ausgebildet.
3 In diesen Unterrichtsstunden wurden von dem Geist Professor Binns Daten und Fakten zur Geschichte der Zauberei auf eine ermüdende Weise vorgetragen.
5 Filius Flitwick konnte nur über das Lehrerpult schauen, nachdem er einen Bücherstapel erklettert hatte.

4 Dass Severus Snape Harry Potter hassen wird, wird Harry Potter allerdings noch schmerzvoll erfahren.
oder:
Harry Potter wird allerdings noch schmerzvoll erfahren, dass Severus Snape ihn hassen wird.

5
a Nachdem die Posteule die Zeitung gebracht hat, erfahren Ron und Harry vom Einbruch bei Gringotts.
b Nachdem die Zeitung (von der Posteule) gebracht worden ist, erfahren Ron und Harry ...
c Nachdem die Zeitung (von der Posteule) gebracht worden war, erfuhren Ron und Harry ...

Seite 246

1 a
- in Deutschland: adverbiale Bestimmung des Ortes
- frühzeitig: adverbiale Bestimmung der Zeit
- der Bundeswettbewerb „Jugend forscht“: Subjekt
- Während dieses europäischen Jugendwettbewerbs im Bereich Naturwissenschaften, Mathematik und Technik: adverbiale Bestimmung der Zeit
- einer Jury: Dativobjekt
- ihre neuesten Erfindungen: Akkusativobjekt
- für den landesweiten Wettbewerb: Präpositionalobjekt
- Die Sieger des Landeswettbewerbs: Subjekt
- dann: adverbiale Bestimmung der Zeit
- Geldpreise für die Platzierungen: Akkusativobjekt

b
- Während dieses europäischen (Adjektivattribut) Jugendwettbewerbs im Bereich Naturwissenschaften, Mathematik und Technik (präpositionales Attribut)
- ihre neuesten (Adjektivattribut) Erfindungen
- für den landesweiten (Adjektivattribut) Wettbewerb
- die Sieger des Landeswettbewerbs (Genitivattribut)
- Geldpreise für die Platzierungen (präpositionales Attribut)

2 a A = Satzgefüge; B = Satzgefüge; C = Satzreihe; D = Satzgefüge; E = Satzgefüge

b A
——— Hs ———.
——— Ns ———,

B
——— Hs ———,
——— Ns ———.

C
——— Hs ——— ——— Hs ———.

D
——— Hs ———, ——— Fortsetzung Hs ———.
——— Ns ———,

E
——— Hs ———.
——— Ns ———,

Seite 281

1 Hier findet ihr den Text in der richtigen Schreibweise.

1 Ich bin Linny, 14 Jahre alt und Jugend-Reporterin, genau wie viele andere Jugendliche in Tegucigalpa, der Hauptstadt von Honduras.
2 Wir machen bei einer Kindernachrichten-Sendung, die von UNICEF unterstützt wird, mit.
3 Ich war, als ich mein erstes Interview führte, ziemlich aufgeregt.
4 Sobald die Kamera lief, wusste ich, dass nun jedes Wort, aber auch jede Geste zu sehen war!
5 Mir hat aber der Gedanke Mut gemacht, dass ich als Reporterin viele Leute, Orte und Themen kennen lerne und vor allem wirklich etwas bewegen kann.
6 Denn in Honduras, besonders hier in Tegucigalpa, gibt es viele Probleme, vor allem die Umweltverschmutzung, die wir nicht so hinnehmen wollen.
7 Weil ich darüber berichten wollte, bin ich mit Edouardo, dem Kameramann des Kinderfernsehens, zu einer großen Müllkippe gefahren.
8 Dort gibt es riesige Abfallberge, hoch wie Vulkane, und ständig bringen Lkws noch mehr Müll.
9 Wir sind dort lange stehen geblieben, was mir schwergefallen ist, weil es so übel roch.
10 Auch außerhalb der Müllkippe sieht man sowohl in den Straßen als auch in den Wäldern, den Flüssen und Bächen, in Seen oder in Tümpeln massenweise Müll herumliegen.
11 Man muss Angst haben, dass wir alle davon krank werden.
12 Als Journalistin habe ich die Pflicht, dass ich die Wahrheit herausfinde und öffentlich mache.
13 Dann können auch andere Menschen nicht mehr vor den Tatsachen davonlaufen, sondern müssen nachdenken lernen, wie die Dinge sich ändern lassen.
14 Wenn unsere Sendung mittwochabends direkt vor den Hauptnachrichten auf Kanal 5 läuft, erreichen unsere Berichte alle Menschen, die hier ein Fernsehgerät haben.
15 Meine Mutter sowie meine Geschwister gucken am Mittwochabend natürlich auch immer.
16 Dass mein Vater nicht dabei sein kann, lässt mich traurig sein.
17 Er muss in den USA arbeiten gehen, weil er dort mehr Geld verdient als hier.
18 Nur alle drei Monate kann er uns von freitagabends bis Sonntagmittag besuchen kommen.
19 Nächstes Jahr aber wird er hoffentlich zurückkehren und dann immer hier sein.
20 Wenn mir das Lernen weiterhin leichtfällt, könnte ich später Journalismus studieren.

Textartenverzeichnis

Autoren- und Quellenverzeichnis

AHRENS, THOMAS (*1952)/
LUDWIG, VOLKER (*1937)

154 Rosinen im Kopf (1)
158 Rosinen im Kopf (2)
162 Rosinen im Kopf (3)
aus: Verlag Autorenagentur, Berlin 2009

BAUER, MICHAEL GERARD (*1955)

90 Nennt mich nicht Ismael! (1)
92 Nennt mich nicht Ismael! (2)
96 Nennt mich nicht Ismael! (3)
100 Nennt mich nicht Ismael! (4)
101 Nennt mich nicht Ismael! (5)
103 Nennt mich nicht Ismael! (6)
107 Nennt mich nicht Ismael! (7)
aus: Nennt mich nicht Ismael!. Aus dem Englischen von Ute Mihr. Carl Hanser Verlag, München 2008

BIERMANN, WOLF (*1936)

145 Die Ballade vom Briefträger William L. Moore aus Baltimore
aus: Die Drahtharfe. Balladen-Gedichte-Lieder. Verlag Kiepenheuer & Witsch, Köln 1977, S. 28

BIRKEN, HERBERT (1914–2007)

127 Achmed, der Narr
aus: Geschichten finden für Theatergruppen. Verlag Grafenstein, München 1987

BOCCACCIO, GIOVANNI (1313–1375)

123 Der Koch und der Kranich
aus: Das Dekameron. Übersetzt von Albert Wesselski. Reclam, Leipzig 1956

BRECHT, BERTOLT (1898–1956)

115 Der hilflose Knabe
aus: Bertolt Brecht: Gesammelte Werke, Bd. 12, Prosa 2. Suhrkamp. Frankfurt am Main 1967, S. 297 f.
142 Die Seeräuber-Jenny
aus: Die Gedichte von Bertolt Brecht in einem Band. Suhrkamp, Frankfurt am Main 1981

BUSCH, STEPHANIE/NOLLER, ULRICH

278 Urlaub im Baumhaus (1), (2), (3)
nach: Das Haus-Buch. Bloomsbury, Berlin 2007

CESCO, FEDERICA DE (*1938)

61 Weißer Kranich über Tibet
aus: Weißer Kranich über Tibet. Arena Verlag, Würzburg 2011
117 Spaghetti für zwei
aus: Freundschaft hat viele Gesichter. Rex Verlag, Luzern und Stuttgart 1986

CRAIGHEAD GEORGE, JEAN (1919–2012)

87 Julie von den Wölfen
aus: Julie von den Wölfen. Sauerländer, Mannheim 1974

DENZER, WOLFRAM/
PRESTENBACH, RALF (*1970)

179 Mülltonnenrennen
nach: Go crazy – Unterwegs zu Europas verrücktesten Veranstaltungen. Knaur Taschenbuch Verlag, München 2009. S. 142 f.

FONTANE, THEODOR (1819–1898)

132 John Maynard
aus: Walter Keitel (Hrsg.): Theodor Fontane: Sämtliche Werke. Bd. 6. Carl Hanser Verlag, München 1964

GEIBEL, EMANUEL (1815–1884)

149 Die Goldgräber
aus: Hartmut Laufhütte (Hrsg.): Deutsche Balladen. Reclam, Stuttgart 1991, S. 313

GOETHE, JOHANN WOLFGANG (1749–1832)

135 Der Zauberlehrling
aus: Erich Trunz (Hrsg.): Johann Wolfgang Goethe: Werke. Bd. 1. C. H. Beck Verlag, München [13]1982

GRINDLEY, SALLY (*1953)

64 Das Mädchen Lu Si-yan (1)
66 Das Mädchen Lu Si-yan (2)
aus: Das Mädchen Lu Si-yan. Bloomsbury, Berlin 2006

HAAS, CHRISTIAN

170 After-Grunz-Partys und Zwergenweitwurf
aus: URL: http://www.news.de/reisen-und-leben/855049439/after-grunz-partys-und-zwergen-weitwurf/1/

HEBEL, JOHANN PETER (1760–1826)

112 Eine sonderbare Wirtszeche
aus: Schatzkästlein des Rheinischen Hausfreundes. Emil Vollmer Verlag, Wiesbaden, o. J.

HERMES, KERSTIN

210 Die Fußball-Matrix des Bundestrainers
nach: URL: http://www.wdr5.de/sendungen/morgenecho/serien-uebersicht/serien-2012/fussball-em/wissenschaft.html

HIRSCHMANN, KAI

186 Tauchen
aus: URL: www.helles-koepfchen.de/artikel/142.html

IHERING, HERBERT (1888–1977)

110 Die schlechte Zensur
aus: Karl Heinz Berger/Walter Püschl (Hrsg.): Die Schaubude. Deutsche Anekdoten, Schwänke und Kalendergeschichten aus sechs Jahrhunderten. Verlag Neues Leben, Berlin 1964

KRABBE, VICTORIA (*1962)

274 Urlaub vor der Haustür
nach: Urlaub vor der Haustür. In: GeoSaison Extra, 2008, S. 63
279 Hamburg liegt in Frankreich
nach: Urlaub vor der Haustür. In: GeoSaison Extra, 2008

LINDE, VERENA

262 Harte Schule
nach: Geolino, Heft 5, 2009, S. 20–25

LÖSCHKE, SINA

176 Die Reifeprüfung – Mit dem Hundeschlitten durch Alaska
aus: Sport. Was die Welt bewegt. GEOlino extra Nr. 15, 2008, S. 46–53

MANN, ERIKA (1905–1969)

111 Mein Vater Thomas Mann.
aus: Mein Vater, der Zauberer. Rowohlt, Reinbek 1998

MÜLLER, SIMONE

288 Der CO_2-Fußabdruck
nach: Der CO_2-Fußabdruck. In: Geolino 8/2011, S. 30 f.

NIEDER, SUSANNA

213 Sechsmal „gut": fett, krass oder knorke?
aus: URL: http://www.tagesspiegel.de/zeitung/sechs-mal-gut-fett-krass-oder-knorke/176254.html

PETERS, MARKUS

36 Benimmkurse in der Schule: Knigge im Klassenzimmer.
aus: URL: http://www.sueddeutsche.de/karriere/2.220/benimm-kurse-in-der-schule-knigge-im-klassenzimmer-1.1026649

SCHILLER, FRIEDRICH (1759–1805)

139 Der Handschuh
aus: Gerhard Fricke/Herbert Göpfert/Herbert Stubenrauch (Hrsg.): Friedrich Schiller: Sämtliche Werke. Carl Hanser Verlag, München 1958

SCHNABEL, ERNST (1913–1986)

81 Hurricane (Text gekürzt)
aus: Reportagen. Reclam, Stuttgart 1976, S. 97 ff.

SCHNEIDER, MARA

173 Wer stehen bleibt, versackt
aus: URL: http://www.news.de/sport/842185312/wer-stehen-bleibt-versackt/1/

SCHUMACHER, HAJO

276 Urlaubspläne am Familientisch (1)
277 Urlaubspläne am Familientisch (2)
nach: Entscheidung am Apfelsaftsee. In: GeoSaison Extra, 2008, S. 36 f.

SONNABEND, HOLGER (*1956)
180 Der Anfang der Olympischen Spiele
aus: Ruhmreiche Gladiatoren und mächtige Herrscher. Beltz & Gelberg Verlag, Weinheim/Basel 2008

TWAIN, MARK (1835–1910)
79 Tom Sawyer
aus: Die Abenteuer des Tom Sawyer. Dressler-Verlag, Hamburg 1999, S. 70 f

UHLAND, LUDWIG (1787–1862)
144 Die Rache
aus: Fritz Zschech (Hrsg.): Das deutsche Balladenbuch. Greifenverlag zu Rudolstadt, Rudolstadt o. J.

Unbekannte/ungenannte Autorinnen und Autoren
109 Anekdote über Ludwig XVI.
aus: Rudolf Schäfer (Hrsg.): Anekdoten. Reclam, Stuttgart 1988, S. 10

114 Das Blindekuhspiel
aus: Deutsches Anekdotenbuch. Callwey, München 1942

283 Der UNICEF Juniorbotschafter-Wettbewerb
aus: Geolino Nr. 7/2011, S. 52 f.

24 *Die Sims Social* auf Facebook

280 Eine Schülerin berichtet
nach: Geolino Nr. 2/2011, S. 46–48

196 Ferrero: Goldener Windbeutel für „dreisteste Werbelüge"
aus: URL: http://www.focus.de/finanzen/news/ferrero-goldener-windbeutel-fuer-dreiste-werbeluegen_aid_637703.html

267 Für einen Monat Rollen tauschen
nach: Geolino, 11/2011, S. 62–65

116 Giufa lässt die Kleider speisen
aus: Schwank aus Italien. Fischer-Verlag, Frankfurt am Main 1979

21 „Ich hab die Schnauze voll von Facebook"
aus: URL: http://www.bild.de/regional/hamburg/facebook-party/facebook-thessa-das-ganze-interview-schnauze-voll-18260306.bild.html

260 Lernen mit Pantoffeln?
nach: Geolino, Nr. 7/2009, S. 6 f.

40 Oma und Opa wissen es besser als wir – oder?
nach: Kölner Stadt-Anzeiger vom 15. 3. 2012

264 Suman, die Kohlensammlerin
nach: Geolino 2/2012, S. 24–28

182 Text A
nach: URL: http://www.planet-wissen.de/sport_freizeit/olympische_spiele/geschichte_der_olympischen_spiele/index.jsp

182 Text B
nach: URL: http://www.kindernetz.de/infonetz/thema/olympia/olympia/-/id=42656/nid=42656/did=42620/gl87b6/index.html.

Bildquellenverzeichnis

S. 15: ullstein bild – imagebroker.net/uwe umstätter
S. 16 oben: Ruth Krämer, Berlin
S. 16 unten (1): © creative studio – Fotolia.com; **(2):** © meerisusi – Fotolia.com; **(3):** © kameel – Fotolia.com; **(4):** © poco_bw – Fotolia.com; **(5):** © Tino Hemmann – Fotolia.com; **(6):** © Elenathewise – Fotolia.com
S. 18 Hintergrund: © Sveta – Fotolia.com
S. 19: picture alliance/abaca
S. 18 oben, 21, 30, 45, 77, 85, 147, 169, 173, 174, 179, 185, 218: picture alliance/dpa
S. 23: © jd-photodesign – Fotolia.com
S. 24, 25, 26: © Electronic Arts
S. 27: © PhotoAlto/Gerard Launet
S. 31: Caro/Oberhaeuser
S. 32 links, Hintergrund: © Martin Cintula – Fotolia.com
S. 33: © iStockphoto.com/Skynesher
S. 35: © allesalltag, Hamburg
S. 46: © Pekchar – Fotolia.com
S. 51: getty-images/Grant Faint
S. 52 links: © iStockphoto.com/zorani
S. 52 rechts: © lily – Fotolia.com
S. 52 Mitte: picture alliance/CHROMORANGE
S. 54 rechts: getty-imags/Keren Su
S. 54 links: getty-images/Jupiterimages
S. 56, 70, 71, 237, 238, 239, 240: akg-images
S. 58: picture alliance/PhotoAlto3
S. 60: getty-imags/blue jean images
S. 73: picture alliance/DeFodi
S. 74: picture-alliance/ZB
S. 76: getty-images/Richard Newstead
S. 87: picture alliance/All Canada Photos
S. 88: picture alliance/WILDLIFE
S. 89: Peter Schössow, Hamburg
S. 111: picture alliance/KEYSTONE
S. 145: ullstein bild – vario images
S. 146: picture alliance/Everett Collection
S. 153, 154, 155, 156, 158, 161, 162, 164: Thomas Schulz, Teupitz; mit freundlicher Unterstützung des New SIX Eventcenter Königswusterhausen
S. 166: Thomas Schulz, Teupitz; mit freundlicher Unterstützung der Harley Station, Königswusterhausen
S. 204, 300: Thomas Schulz, Teupitz
S. 170: getty-imags/Sean Murphy
S. 176: picture-alliance/I27/ZUMA Press
S. 177: Volkhard Binder, Berlin
S. 178 links: picture-alliance/Globus Infografik
S. 178 rechts: picture-alliance/dpa-infografik
S. 180: picture alliance/augenklick/Laci Perenyi
S. 183: picture alliance/Photoshot
S. 186: © Irochka – Fotolia.com
S. 189: Deutsches Rotes Kreuz
S. 190: Mit freundlicher Genehmigung der Berliner Stadtreinigung und der Heymann Brandt de Gelmini Werbeagentur AG
S. 191 rechts: Fachingen Heil- und Mineralbrunnen GmbH
S. 191 links: Lichtenauer Mineralquellen GmbH
S. 192: picture-alliance/dpa/dpaweb
S. 196 rechts: Foodwatch e. V, Berlin
S. 198: Brot für die Welt, Stuttgart
S. 199: Daimler AG
S. 208: picture alliance/Aflo
S. 210: © burak çakmak – Fotolia.com
S. 220: picture-alliance/Everett Collection
S. 221: picture-alliance/Mary Evans Picture Library
S. 245: © liveostockimages – Fotolia.com
S. 246: Stiffung Jugend forscht e. V.
S. 259: © FRIEDRICH STARK
S. 275: picture-alliance/dpa
S. 283: M. Henley/PANOS/VISUM
S. 284: getty-images/KidStock
S. 285: SEAN SPRAGUE/Still Pictures
S. 286: © cgar – Fotolia.com
S. 288: picture alliance/John Greve
S. 289: getty-images/Fuse
S. 291: Plant for the Planet Foundation/Michael Setzpfandt
S. 292: © Robert Kneschke – Fotolia.com
S. 301: © guukaa – Fotolia.com
S. 302: www.BilderBox.com
S. 316: Daimler AG

Nicht in allen Fällen war es möglich, die Rechteinhaber der Abbildungen ausfindig zu machen. Berechtigte Ansprüche werden im Rahmen der üblichen Vereinbarungen abgegolten.

Sachregister

Knifflige Verben im Überblick

Infinitiv	Präsens	Präteritum	Perfekt
befehlen	du befiehlst	er befahl	er hat befohlen
beginnen	du beginnst	sie begann	sie hat begonnen
beißen	du beißt	er biss	er hat gebissen
bieten	du bietest	er bot	er hat geboten
bitten	du bittest	sie bat	sie hat gebeten
blasen	du bläst	er blies	er hat geblasen
bleiben	du bleibst	sie blieb	sie ist geblieben
brechen	du brichst	sie brach	sie hat gebrochen
brennen	du brennst	es brannte	es hat gebrannt
bringen	du bringst	sie brachte	sie hat gebracht
dürfen	du darfst	er durfte	er hat gedurft
einladen	du lädst ein	sie lud ein	sie hat eingeladen
erschrecken	du erschrickst	er erschrak	er ist erschrocken
essen	du isst	er aß	er hat gegessen
fahren	du fährst	sie fuhr	sie ist gefahren
fallen	du fällst	er fiel	er ist gefallen
fangen	du fängst	sie fing	sie hat gefangen
fliehen	du fliehst	er floh	er ist geflohen
fließen	es fließt	es floss	es ist geflossen
frieren	du frierst	er fror	er hat gefroren
gelingen	es gelingt	es gelang	es ist gelungen
genießen	du genießt	sie genoss	sie hat genossen
geschehen	es geschieht	es geschah	es ist geschehen
greifen	du greifst	sie griff	sie hat gegriffen
halten	du hältst	sie hielt	sie hat gehalten
heben	du hebst	er hob	er hat gehoben
heißen	du heißt	sie hieß	sie hat geheißen
helfen	du hilfst	er half	er hat geholfen
kennen	du kennst	sie kannte	sie hat gekannt
kommen	du kommst	sie kam	sie ist gekommen
können	du kannst	er konnte	er hat gekonnt
lassen	du lässt	sie ließ	sie hat gelassen
laufen	du läufst	er lief	er ist gelaufen
leiden	du leidest	sie litt	sie hat gelitten
lesen	du liest	er las	er hat gelesen